유기적 신앙공동체를 위한

목회학

양병모 지음

머리말

'교회'(ecclesia)는 인류를 향한 하나님의 마지막 희망이다.

이 희망의 끝에 예수 그리스도의 재림이 기다리고 있다. 인류최초의 인간 아담과 하와의 가정으로부터 시작된 하나님의 공동체를 향한 바람의 또 하나의 시작이 성육신하신 예수 그리스도를 머리로 새롭게 시작된 신앙공동체인 교회이다. 그리고 이 바람은 인간 사랑을 위한 오랜 시간에 걸친 이 땅에서의 하나님의 마지막 경륜이기도 하다. 그렇기에 교회는 흔하게 접할 수 있는 용어지만 다시 생각해보면 깊이 새겨들어야 할 용어이다.

'교회'라는 말을 들을 때마다 우리는 여러 가지 생각과 감정을 떠올린다. 그 생각과 감정이 복잡함은 교회가 우리 모든 신앙인들의 사랑의 대상이기에 당연하다. 교회로 인해 상처받음도, 교회로 인해 소망을 새롭게 함도, 교회로 인해 치유 받음도, 교회로 인해 위로받음도, 교회로 인해 기뻐함도, 교회로 인해 슬퍼함도, 교회로 인해 속상함도, 교회로 인해 분노함도 이 모두 우리가 교회를 사랑하기 때문이다. 그리고 사랑하는 대상인 만큼 자신에게 적합한 교회를 만나기가 쉽지 않다.

집 입구에서 한 걸음만 나가도 쉽게 발견할 수 있는 교회당의 팻말들이 적어도 서너 개 이상이 되는 오늘날인데도 그렇다.

마실 물이 가장 귀할 때가 홍수 때라는 말이 실감나는 때가 오늘을 살아가는 기독교인들이 교회를 구할 때 겪는 어려움이다.

우리는 어떤 교회를 구하고 찾는가? 두말 할 필요 없이 '예수 그리스도의 몸'으로서의 역할을 잘 담당하는 교회이다. 사도 바울의 설명에 의하면 이러한 교회가 우리가 찾는 교회여야 하겠다(고전 12:21-27):

눈이 손더러 내가 너를 쓸 데가 없다 하거나 또한 머리가 발더러 내가 너를 쓸 데가 없다 하지 못하리라. 그뿐 아니라 더 약하게 보이는 몸의 지체가 도리어 요긴하고 우리가 몸의 덜 귀히 여기는 그것들을 더욱 귀한 것들로 입혀 주며 우리의 아름답지 못한 지체는 더욱 아름다운 것을 얻느니라. 그런즉 우리의 아름다운 지체는 그럴 필요가 없느니라. 오직 하나님이 몸을 고르게 하여 부족한 지체에게 귀중함을 더하사 몸 가운데서 분쟁이 없고 오직 여러 지체가 서로 같이 돌보게 하셨느니라. 만일 한 지체가 고통을 받으면 모든 지체가 함께 고통을 받고 한 지체가 영광을 얻으면 모든 지체가 함께 즐거워하느니라. 너희는 그리스도의 몸이요 지체의 각 부분이라.

이러한 사도 바울이 보여주고 있는 교회의 꿈을 함께 나누고 싶어 아직 채 영글지 않았지만 「유기적 신앙공동체를 위한 목회학」을 내놓는다. 가지고 있어서 내놓은 것도 아니고 알고 있어서 나누는 것도 아니다.

단지 사랑하는 교회를 향한 따뜻한 꿈을 함께 나누고 싶고, 그 사랑이 조금이나마 더 온전하게 이루어지기를 바라는 마음에 꺼내놓은 '조그만 염원'일 뿐이다. 이것을 나눔으로 함께 교회의 꿈을 꾸는 이들이 조금이나마 행복해졌으면 좋겠다.

2017년 10월

추색(秋色)이 완연한 하기동의 연구실에서

차 례

머리말 ·········· 3
제1장 현대 한국 목회상황과 과제 ·········· 9
  1. 한국교회를 위협하는 세 가지 거시적 요인 ·········· 9
  2. 한국교회를 위협하는 네 가지 미시적 요인 ·········· 19
  3. 목회 패러다임 변화(pastoral paradigm shift)의 방향 ·········· 27

I부 목회의 이해

제2장 교회와 목회 사역의 이해 ·········· 39
  1. 교회의 본질과 목회사역 ·········· 40
  2. 침례교 교회이해에 기초한 목회학 ·········· 49

제3장 목회의 역사와 주요 기능의 변천 ·········· 65
  1. 성서시대의 목회 ·········· 66
  2. 초기 및 중세 시대의 목회 ·········· 73
  3. 종교개혁시대와 근대의 목회돌봄 ·········· 79
  4. 현대 신학의 흐름 및 목회신학의 출현과 발전(18세기-현재) ··· 84

II부 목회와 목회자

제4장 목회자의 소명 ·········· 93
  1. "왜 나여야만 하는가?" ·········· 94
  2. 소명의 의미 ·········· 99
  3. 소명의 중요성과 경계할 것들 ·········· 105
  4. 소명의 확인과 대표적인 성서적 예들 ·········· 110

5. 소명의 점검 및 응답과 계발 ·················· 115
6. 소명에 부정적인 태도 및 이를 위한 조언 ·················· 119

제5장 목회자의 자질 ·················· 121
1. 목회자 자질에 관한 성서의 가르침 ·················· 122
2. 목회자의 인격과 신앙적 자질 ·················· 125
3. 목회자의 역량 ·················· 135

제6장 목회자의 자기계발 ·················· 143
1. 목회자 자기계발의 중요성과 방향 ·················· 143
2. 목회자 자기계발의 영역: 목회자 자기 자신, 중요한 타자,
   하나님과의 관계 ·················· 145
3. 공동체를 통한 자기 계발 ·················· 167

제7장 목회자의 가정 ·················· 173
1. 목회자 가정의 중요성과 어려움 ·················· 175
2. 목회자의 부부관계 ·················· 189
3. 목회자의 부모자녀관계 ·················· 191
4. 목회자 가정에 도움이 되는 방안 ·················· 195

제8장 목회자의 윤리 ·················· 201
1. 목회와 목회자 윤리의 탁월성의 필요 ·················· 202
2. 현대 목회를 둘러싼 윤리적 도전들 ·················· 204
3. 목회윤리 문제의 주요 원인 및 기본 원칙 ·················· 211
4. 윤리적 결정을 위한 목회자의 자원 ·················· 215
5. 목회윤리와 현장 ·················· 219
6. 목회현장에서의 윤리성 담보와 성숙을 위한 도움들 ········ 225

III부 목회와 현장

제9장 목회와 리더십 ·· 229
1. 리더와 리더십, 상황적 리더십 ·································· 230
2. 상황적 리더십의 목회적 적용 ·································· 233
3. 한국목회리더십의 전망 및 과제 ······························ 252

제10장 목회와 예배 및 예전 ··· 255
1. 오늘날의 예배경향과 침례교회 예배의 특징 ·············· 255
2. 신앙공동체 예배의 중요성과 정의 및 의미 ··············· 257
3. 성서와 기독교역사에서 살펴보는 예배 ····················· 261
4. 침례교회와 예전 ·· 273
5. 공동체 예배와 예전의 발전적 모색 ························· 282

제11장 목회와 갈등관리 ··· 285
1. 갈등, 가장 흔한 일이나 가장 준비가 덜된 영역 ·············· 285
2. 갈등 및 갈등관리의 이해 및 갈등의 순기능과 역기능 ······ 287
3. 목회갈등의 원인과 진행과정 ··································· 290
4. 목회갈등의 초기 징조와 예방 ·································· 295
5. 갈등의 해결과정과 방안 ··· 300
6. 교회규모에 따른 갈등의 특징과 해결방안 ················ 307

제12장 목회와 교회갱신 ··· 313
1. 갱신의 필요성: 성서적 상황적 필요 ························· 313
2. 목회자의 갱신 ·· 317
3. 교회공동체(회중)의 갱신 ·· 329

참고자료 ··· 341

제1장

현대 한국 목회상황과 과제

시대를 막론하고 길 찾기의 시작은 자신이 현재 어디에 있는지를 아는 것부터이다. 아무리 네비게이션이 발달하고 방향과 길을 잘 안내하는 앱이 있다 할지라도 현재 자신이 있는 위치를 알지 못하면 자신이 가야 할 방향을 찾지 못한다. 마찬가지로 목회 역시 오늘날 한국기독교의 목회가 어떠한 상황에 처해있는지를 알지 못한다면 앞으로 한국기독교의 목회가 어디로 어떻게 가야 할 것인지 알기 어렵다. 이러한 맥락에서 본 장에서는 먼저 오늘날 우리가 속해있는 한국교회와 목회가 어디에 서 있는지를 알기위해 두 가지 측면, 즉 거시적인 측면과 미시적 측면에서 살펴보고 이를 '현 위치'로 삼아 앞으로 한국교회와 한국교회의 목회가 나아가야 할 방향을 모색해보고자 한다.

1. 한국교회를 위협하는 세 가지 거시적 요인

교회 성장학자로 잘 알려있는 피터 와그너는 오늘날 기독교가 처해있는 사회적 상황을 "신사도시대(The New Apostolic Age)"로 명명한바 있다.[1] 즉 오늘날 교회를 둘러싸고 있는 사회적, 문화적, 종교적 상황이 마

---

1) C. Peter Wagner, *The New Apostolic Churches* (Ventura, CA: Regal, 1998), 18.

치 1세기 초 기독교가 로마제국에 전파될 당시의 사도시대와 흡사하기에 그렇게 이름 하였다.[2]

언어적으로는 1세기 당시의 라틴어 대신 오늘날은 영어가 세계 공용어가 되어 있으며, '모든 길은 로마로'를 외치며 문화 경제가 동일권역으로 되어 있어 서로 긴밀하게 연결되어 있던 그 때와 유사하게 오늘날의 세계 역시 교통과 전자통신의 발달로 세계가 이제는 '지구촌'이란 말로 표현될 정도로 문화적. 경제적으로 서로 긴밀하게 연결되어 있다. 또한 사회적으로는 인권과 민주주의라는 틀 위에서 종교의 다양성을 인정하여 여러 신들을 섬기는 것이 당연한 일로 여겨지고 있다.

도덕적으로는 극히 세속화 되었던 1세기 인간이성을 중시하였던 스토아철학 영향의 로마제국의 상황과 유사하게 인간이성이 모든 판단과 가치의 기준이 되고 있다. 또한 물질문명과 기술의 발달 및 부의 증가로 인한 삶의 풍요와 익명성의 증가는 다양한 윤리적 문제를 야기하며 전통적인 가족 공동체와 신앙공동체를 위협하고 있다. 이와 아울러 인간이성의 한계를 드러낸 두 번에 걸친 세계대전을 비롯한 여러 비인간적 문제들은 자연스럽게 사람들로 하여금 초월적 세계에 대한 관심을 불러일으켜 '뉴에이지'로 대표되는 문화와 종교적 상황을 낳고 있기도 하다. 그렇기에 오늘날 기독교교회를 연구하는 여러 학자들은 포스트모던 시대 현대 교회가 처한 사회, 종교적 상황을 '다원주의,' '세속화,' '뉴에이지' 등의 용어로 그 특성을 표현하고 있다.

---

2) 에즈버리 신학교의 하워드 스나이더 교수가 제시하고 있는 1세기와 오늘날의 시대의 유사점을 좀 더 나열하면 다음의 일곱 가지를 들 수 있다: 도시 중심의 문화, 전체적인 세계의 평화 유지 상태, 서구 문화와 영어로의 언어적 통일, 국제 여행과 교류의 빈번함, 급격한 사회적 변화와 인류의 보편성과 공동체성에 대한 관심의 증가, 기존의 세계관과 가치관의 변화 및 새로운 종교들의 발흥. 이에 대한 더 자세한 설명은 Howard A. Snyder, 「새 포도주는 새 부대에」, 이강천 역 (서울: 생명의 말씀사, 1981), 27-36을 참조하시오.

오늘날 한국교회 역시 예외는 아니다. 오늘날 한국교회도 1세기 초 기독교회가 직면했던 세속적인 사회 상황과 유사한 시대적 상황에 직면해 있다. 21세기의 한국 사회는 점점 더 종교에 대해 무관심해지거나 종교관련 사건이 발생하면 부정적인 태도를 보이는 탈종교화 내지는 세속화가 가속되고 있다. 2016년 12월 19일 통계청이 발표한 '2015년 인구주택총조사 표본집계결과(인구·가구·주택기본특성항목)'에 따르면 2015년 11월 1일 현재 한국인 가운데 종교를 갖지 않은 사람이 전체 국민의 56.1%인 약 2,750만명으로 통계조사 이래 처음으로 무교 인구가 종교 인구를 앞질렀다.[3]

이 조사는 또한 역사상 처음으로 개신교가 한국의 제 1 종교가 되었다는 괄목할만한 사실을 보여주고 있다. 이 조사에 따르면 개신교 인구는 10년 전인 2005년 844만 6,000명에서 2015년 11월 1일 기준 967만 6,000명으로 14.6% 증가하여, 불교 761만 9,000명, 가톨릭 389만 명을 젖히고 개신교가 한국의 제 1 종교가 되었다.[4] 2016년 발표된 이러한 통계청의 결과는 지난 90년대부터 개신교 쇠퇴에 대한 우려의 목소리가 지속적으로 이어져 오면서 한국교회가 지난 20년간 지속적으로 교회갱신 노력을 한 결과가 반영된듯하여 매우 의미있는 결과라 할 수 있다.[5] 개신교의 이러한 증가 이유에 관해 학자들은 그동안 한국교회가 "탈근대 문화조류와 교회

---

3) 「한국일보 인터넷판」, http://www.hankookilbo.com/v/13193c545cdb4d439b1bfd3ad5056c32, 2016년 1월 1일 접속.

4) Ibid. 가장 큰 변화는 불교인구가 10년 전 지난 2005년에 비해 거의 300만 명이 감소하였고, 가톨릭이 501만 5,000명에서 389만 명으로 크게 줄었다.

5) 김철수, "한국의 종교지형," 「21세기 종교사회학」, 김성근 외 9인 (서울: 다산출판사, 2013), 329-30. 1990년대 중반 이후 성장률이 둔화되고 중소형교회들이 어려움을 겪는 반면 대형교회들이 늘어나는 교회규모의 양극화가 가속화되기 시작하면서, 1995년~2005년 10년 동안 개신교는 약 4.3% 정도가 감소하여 교인수와 인구비중 모두 감소한 것을 볼 수 있다. 동 기간 대에 개신교와 함께 한국의 3대 종교에 속한 불교와 가톨릭과는 달리 개신교만 감소한 것이다.

와 기독교에 대한 부정적 사회인식에 적절히 대처하는 사회 윤리 운동, 영성 회복 운동 및 일반 성도를 대상으로 한 철저한 조직 관리 등의 종교적 합리성과 효율성을 중시하는" 노력으로 젊은 층을 끌어안은 때문이라 분석하고 있다.[6)]

그런데 2015년 2월 12일 여론조사기관인 한국갤럽이 2014년 4월 17일-5월 2일 전국 만 18세 이상 남녀 1천 500명을 대상으로 면접 조사해 발표한 '한국인의 종교' 보고서에 따르면, 통계에 나타난 개신교인 수와 오늘날 목회현장에서 일반목회자들이 체감하는 교인 수의 감소현상과는 괴리가 있다. 즉 갤럽조사의 통계는 인구전체의 21%, 약 1천만 정도의 사람들이 스스로를 개신교인이라고 하는데 오늘날 한국교계가 체감하는 현장의 통계는 개신교인이 '900만 성도' 내지는 '800만 성도'라고 말하는 현실과의 괴리가 그것이다.[7)]

2013년 4월 25일 명동 청어람에서 '갈 길 잃은 현대인의 영성-소속 없는 신앙의 모습'을 주제로 공개세미나에서 목회사회학연구소가 2013년 2월 4-13일 (주)글로벌리서치에 의뢰해 설문조사한 결과에 따르면 응답자 총 316명 중 '가나안 성도'인 '교회에 출석하지 않는 기독교인'은 26%인 것으로 나타났다.[8)] 조사를 진행한 정재영 교수(실천신대)는 "온라인 조사의 특성상 고학력자가 많이 표집된 것에 영향을 받은 것으로 실제는 이보다

---

6) 윤승용, "한국 종교의 30년간 변화와 종교사적 과제," 「한국인의 종교」, 한국갤럽조사연구소 (서울: 한국갤럽조사연구소, 2015), 134; 한국갤럽조사연구소, 「한국인의 종교」 (서울: 한국갤럽조사연구소, 2015), 146 표 참조. 지난 10년간 불교와 가톨릭이 젊은 층을 잃었지만 개신교는 젊은 층 비율이 그렇게 줄지 않았다. 이 조사에서는 젊은 연령대 종교인구비율이 개신교는 다른 불교, 천주교와 비교해 거의 2배 가까이 높은 것으로 나타고 있다.

7) http://www.yonhapnews.co.kr/bulletin/2015/02/12/0200000000AKR20150212066100005. HTML?input=1195m, [온라인자료], 2015년 2월 12일 접속.

8) 신앙은 있지만 교회는 출석하지 않으면서 새로운 교회를 찾아다니는 사람들을 일컫는 말로서 '안나가'를 거꾸로 표현하여 '가나안'으로 해당 연구소가 표기한 신조어이다.

적을 것으로 추정된다"고 덧붙여 설명했지만 통계적 수치는 적게는 100만 많게는 200만 정도의 '가나안'신자가 있을 것으로 추정할 수 있다.9) 갤럽의 통계와 오늘날 교계가 체감하고 있는 현장에서의 교인 수가 사실이라면 이는 2013년 4월 25일 목회사회학연구소에서 발표한 '가나안교인 100만명'이 결코 과장이 아님을 추론해볼 수 있다.

이들 '가나안 성도'의 경우 대부분이 교회를 떠나기 전 활발하게 교회활동에 참여했던 사람들이 많은 것으로 나타나고 있다. 이를 살펴보면, '(교회활동에) 어느 정도 참여했다'가 53.4%, '매우 적극적으로 참여했다'가 36.9%로 합계 90.3%로 집계되었다. 교회를 떠난 시점은 30대가 25%로 가장 많았고 고등학교 졸업 후 20대가 23.4%, 고등학교 이전이 20%이다. 교회를 떠난 이유는 '자유로운 신앙생활을 원해서(30.3%),' '목회자에 대한 불만(24.3%),' '교인들에 대한 불만(19.1%)' 순으로 조사됐다. 특히 '가능한 대로 빨리 다시 교회에 나가고 싶다'는 응답자가 13.8%, '당장은 아니지만 언젠가 다시 교회에 나가고 싶다'는 응답자가 53.3%로 나타나 자신들에게 적합한 교회를 찾으면 다시 교회를 다니고 싶다는 전체 비율이 67.1%로 나타나고 있다. 따라서 새로운 영혼의 구령과 함께 이들을 다시 불러올 수 있는 한국교회의 실제적 대책 마련이 오늘날 한국목회현장이 안고 있는 과제이다.10) 즉, 교회와 목회의 주요 사역인 새로운 영혼의 구원과 함께 자기 스스로 기독교인이라 생각하지만 교회를 떠나있는 '교회출석하지 않는 기독교인,' 즉 소위 '가나안교인'을 위한 새로운 목회적 접근이 필요하다 하겠다.

이상에서 언급한 여러 요소를 고려하여 먼저 오늘날 한국교회가 처해

---

9) http://www.pckworld.com/news/articleView.html?idxno=59514, [온라인자료], 2015년 8월 31일 접속.
10) Ibid.

있는 상황을 살펴보고 이를 바탕으로 목회를 준비하거나 또는 목회를 하고 있는 우리가 어떠한 준비와 방안을 모색해야 하는 지를 살펴볼 필요가 있다. 이를 위해 오늘날 한국교회를 둘러싸고 있는 여러 거시적 목회환경 가운데서 먼저 목회사회적 상황 요소인 양극화, 고령화, 중산층화로 대변되는 한국교회의 목회환경 특징을 살펴보고자 한다.

1) 한국교회의 양극화

이미 한국교회는 1990년대 중반부터 전체 교인수의 정체 내지는 감소를 경험해왔으나 이 시기부터 본격적으로 시작된 교회의 대형화 추세로 인해 이러한 위기를 체감하지 못하고 있는 실정이다. 전체 개신교인 수는 줄어들고 있는데 대형교회들의 숫자가 늘어가는 기형적인 현상으로 인해 마치 한국교회들이 이전보다 더욱 성장하고 있다는 착시현상을 느끼게 되는 실정이었다. 이러한 한국교회의 대형화는 대형교회 자체가 필요로 하는 자기교회의 여러 가지 당면한 과제들로 인하여 교회의 본질 회복이나 사회를 향한 노력이나 관심 보다는 교회 자체의 문제들과 당면한 필요들에 더 큰 관심과 노력을 들이게 만들어 한국개신교회가 사람들로부터 외면당하는 결과를 가져온 것이다.

즉, 기존의 대형교회들은 전도를 통해 영혼을 구원하여 새로운 신자들을 발굴하고 믿게 하기 보다는 교회를 옮기는 사람들 가운데서 대부분의 연령대를 위한 프로그램과 시설과 예배 등의 만족을 한꺼번에 얻을 수 있는 '원 스탑 쇼핑'(one-stop shopping) 신앙생활을 선호하는 기존 신자들의 정착에 더 많은 교회의 힘과 역량을 쏟을 수밖에 없는 이러한 '자기 봉사적'(self-serving) 상황에 처해 있다. 교회성장연구소의 「교회선택의 조건: 한국교회 교인 수평이동 및 교회 선택 요인에 관한 연구보고」에 따르면

미자립교회와 소형교회 교인들의 비율이 수평이동으로 말미암아 31.9%에서 11.2%로 줄어들었으나, 중소형교회와 중형교회는 48.5%에서 53.9%, 중대형교회는 4.9%에서 19.5%, 초대형교회는 6.7%에서 13.9%로 늘어났다.[11]

이 수치는 수평이동으로 인하여 한국교회의 양극화가 심화되었음을 보여준다. 한국기독교목회자 협의회가 펴낸 「한국기독교 분석리포트」의 조사에서 기독교인 중 80.7%가 역시 한국교회의 양극화가 심각한 편이라고 생각하고 있다.[12] 이러한 대형교회의 시설과 프로그램 등의 편리함과 유익을 좇아 교회를 옮기는 기존 신앙인들의 수가 갈수록 늘어남에 따라 소형교회와 대형교회 간의 양극화는 시간이 갈수록 더욱 심화되고 있는 실정이다. 일반 교인들의 대형교회선택이 잘못된 일은 아니지만 교회가 '확장된 가족공동체' 내지는 '한 몸 된 유기적 신앙공동체'라는 측면에서 볼 때 단순히 편리함이나 개인적 유익 또는 교회사역의 부담을 덜기위해 교회를 옮기는 수평이동현상은 신약성서가 보여주는 성서적 교회의 모습과는 거리가 멀다 하겠다. 교회는 생명과 삶을 공유하고 함께 성장하는 언약공동체이자 이 땅에 하나님의 뜻을 구현하는 예수 그리스도의 몸이기에 기능적이고 실용적인 개인의 유익만을 위해 언제든 바꿀 수 있는 존재는 아닌 것이다.

2) 한국교회의 고령화

양극화와 함께 한국교회가 직면하고 있는 또 하나의 도전은 한국사회의 고령화와 함께 급격히 진행되는 교회 구성원의 고령화 현상이다. 한국

---

11) 교회성장연구소, 「교회선택의 조건: 한국교회 교인 수평이동 및 교회 선택 요인에 관한 연구보고」 (서울: 교회성장연구소, 2004), 126.
12) 한국기독교목회자협의회 편, 「한국기독교 분석리포트」 (서울: 도서출판 URD, 2013), 194-5.

기독교는 한국의 산업화 및 도시화 그리고 베이비붐과 맞물려 60년대 이후 급격한 성장을 이룩하였다. 교회 수는 1960년의 약 5,000개에서 2000년의 60,000개로 40년간 약 12배 늘어났고, 교인 수는 1960년의 600,000명에서 2000년의 9,700,000명으로 16배 늘어났다.[13]

이들 70년대와 80년대 한국교회 복음화와 이에 따른 폭발적인 교회 성장의 주역들 세대가 이제 한 세대를 지나 오늘날 대부분의 한국교회에서 주요 평신도 리더십을 형성하고 있다. 즉 오늘날 대부분 한국교회 주류 평신도 지도자들은 한국교회가 급격한 성장을 이루었던 지난 60년대부터 80년대에 걸쳐 신자가 되었던 사람들이기에 세월이 지난 오늘날 이들 대부분이 교회의 주요 지도자 위치를 차지하고 있다. 한국기독교목회자협의회에서 발간한 「한국기독교 분석리포트」에서 40세~49세 연령층에서 전체 인구의 24.7%가 기독교인이며 이는 다른 주요 종교인 불교 20.4%, 천주교 19.2% 보다 상당히 높은 비율이며 심지어 비종교인비율인 20.5% 보다 높다고 나타나고 있다.[14] 오늘날 한국교회의 주류를 이루고 있는 이들 연령층은 대체로 40대에서 70대에 이른 이들이 많다. 현 추세로 나간다면 이들 세대의 고령화가 본격적으로 시작되는 10년~15년 이내에 한국교회는 교인 전체 절반에 가까운 사람들이 고령세대가 될 것이다.

한국사회 전체의 급격한 고령화와 함께 진행되는 한국교회의 급격한 고령화의 도전은 한국교회가 지속적 발전과 성장을 위해서 교회 내의 주요 평신도 지도자 그룹들의 뒤를 이을 차세대 기독교인들인 청소년과 청년층의 복음화와 신앙교육에 관심을 가지고 노력해야 할 당면 과제이다.

---

13) 이원규, "21세기의 한국교회의 변화와 수평이동 현상," 교회성장연구소, 137-64, 「교회선택의 조건: 한국교회 교인 수평이동 및 교회 선택 요인에 관한 연구보고」 (서울: 교회성장연구소, 2004), 146.
14) 한국기독교목회자협의회 편, 「한국기독교 분석리포트」, 234.

이러한 교회 내의 고령화를 대비하기 위해 한국교회는 정확한 자기 진단 및 성찰이 필요하며 나아가서 젊은 세대의 영적필요 및 사회심리적 진단과 함께 이에 부응할 수 있는 리더십 개발과 교회패러다임의 전환을 모색해야 할 필요가 있다.

3) 한국교회의 중산층화

한국교회의 고령화와 맞물린 또 하나 한국교회가 직면한 거시적 도전은 바로 중산층화 현상이다. 앞서 살펴본 한국교회 주류 신자들은 한국사회가 밟아온 1960년대 이후의 산업화 과정의 주역들이었다. 당시 저임금 경공업 중심의 비숙련 노동자였던 이들은 한국사회의 경제적 발전과 더불어 오늘날 사회경제적으로 하류층이 아닌 중하류 내지는 중중류층 정도의 지위를 가지게 되었고 이로 인해 한국교회 역시 교회구성원의 사회경제적 상승을 가져왔다.

이러한 교회 내의 사회경제적 변화는 이전까지 한국사회에서 개신교회가 지녔던 가난한 자들과의 동일시 내지는 가난하고 약한 자들의 교회라는 이미지에 변화를 가져왔다. 즉 오늘날의 교회는 더 이상 가난하고 핍박받고 어려움을 겪는 이들이 모이는 곳이 아니게 된 것이다. 이로써 교회는 경제적으로 여유 있는 사람들과 함께 사회의 안정을 원하고 변화를 달가워하지 않으며 현상 유지를 원하는 집단이 된 것이다.[15] 이러한 현상을 엿볼 수 있는 현상 중의 하나가 일부 진보 언론들의 한국개신교회를 향한 냉소적이며 비판적인 시선이다. 역사적으로 예수 그리스도의 교회는 '가난한 자, 눌린 자, 고통 받는 자'들과 늘 함께 했으며 이로 인해 성장해왔다(눅 4:18; 사 61:1).[16] 하지만 21세기 오늘날의 한국교회는 전통적인

---

15) 이원규, "21세기의 한국교회의 변화와 수평이동 현상," 149.

이러한 '가난한 자, 눌린 자, 고통 받는 자'와 함께 하는 교회라고 감히 장담할 수 있는가를 스스로 물어보아야 할 때이다.

오늘날 21세기의 초엽에 서 있는 한국교회는 한 세대를 거쳐 오면서 한국의 근대화 및 사회경제적 발전과 함께 누렸던 긍정적인 영향이 점차 감소하는 상황에 처해있다. 사회는 교회에 대해 냉담하거나 무관심해지고 있으며(어떤 면에서는 부정적인 시각을 가지고 있으며), 교회를 둘러싼 포스트모더니즘의 영향 역시 점증하고 있다.

이러한 상황적 도전은 한국교회로 하여금 그 어느 때 보다 자기를 돌아보아 점검하고 세상 속에서의 교회를 향한 하나님의 뜻을 다시 한 번 되새겨야 할 시점에 와 있음을 상기시키고 있으며 이에 대응하기 위한 다각적인 노력을 필요로 하고 있다. 역사적으로 교회는 사회의 변화에 대응하면서 발전을 이루어왔다. 그리고 이러한 사회의 변화대응의 핵심요소는 교회의 변화를 주도한 목회사역패러다임이었다. 따라서 한국교회를 위한 발전적 대응방안을 찾기 위해 우선 이러한 거시적 변화에 효과적으로 대응하지 못하고 한국교회의 여러 문제들을 야기한 주요 요인이라 할 수 있는 한국 교회의 목회 사역 패러다임을 살펴볼 필요가 있다. 다시 말해 주류 한국교회가 전통이나 유산으로 여기고 있기에 사회적 변화에 따른 변화나 변혁의 필요를 인식하지 못하고 있는 현재의 목회패러다임을 성찰하여야 '양극화,' '고령화' 그리고 '중산층화'로 대표되는 상황적 도전에 어려움을 겪고 있는 오늘날 한국교회의 변화 및 발전의 방향을 발견할 수 있을 것이다.

---

16) "주의 성령이 내게 임하셨으니 이는 가난한 자에게 복음을 전하게 하시려고 내게 기름을 부으시고 나를 보내사 포로 된 자에게 자유를, 눈 먼 자에게 다시 보게 함을 전파하며 눌린 자를 자유롭게 하고 주의 은혜의 해를 전파하게 하려 하심이라 하였더라"(눅 4:18).

2. 한국교회를 위협하는 네 가지 미시적 요인

앞서 살펴본 한국교회를 둘러싼 양극화, 고령화, 중산층화가 교회를 위협하는 거시적인 상황 요인들이라면, 다음에 살펴볼 요인들은 오늘날 한국교회를 어렵게 만드는 미시적인 내적 요인이라 할 수 있다. 1960년대 이후 한국사회의 경이적인 경제적 성공과 산업화로 인한 근대화와 급격한 도시화는 사회 심리적으로 여러 가지 부정적 현상을 초래했다. 급속한 도시화로 인한 전통적 공동체 및 대가족 제도의 붕괴와 이에 따른 사람들의 가치관과 규범의 급속한 변화 및 공동체성의 상실과 실업, 경쟁, 주거 과밀, 도덕성의 상실 등은 사람들에게 과중한 불안감과 스트레스를 가져왔다.[17]

한국사회의 이러한 급격한 산업화와 도시화에 따른 사회 경제적 변동에 따른 불안감과 상실감 그리고 스트레스는 복음전파에 긍정적 영향이 없지 않아 세계 교회사에 유래 없는 급속한 기독교 인구의 증가로 이어졌다.[18] 이러한 사회적 변동은 사람들에게 불안감과 상실감의 피난처가 되었던 교회로 하여금 이전에 경험하지 못한 양적 성장을 가져왔지만, 다른 한편으로는 다음에서 살펴볼 현재 한국교회가 겪고 있는 여러 가지 바람직하지 못한 문제들도 야기하였다.[19]

2009년에 실시된 한국교회의 사회적 신뢰도 여론조사 결과에 따르면 기독교를 불신하는 이유로 교회 지도자와 교인들의 언행 불일치가 32.2%

---

17) Keun-Won Park, "Evangelism and Mission in Korea: A Reflection from an Ecumenical Perspective," *International Review of Mission* 74, no. 293 (January 1985): 55.

18) Andrew E. Kim, "A History of Christianity in Korea: from Its Troubled Beginning to Its Contemporary Success," *Korea Journal* 35 (Summer 1995): 34.

19) Bong-Ho Son, "Some Dangers of Rapid Growth," in *Korean Church Growth Explosion*, ed. Bong-Rin Ro and Marlin L. Nelson (Seoul, Koea: Word of Life, 1983), 335.

로 가장 높고, 교회지도자의 무분별한 선교활동이 10%, 타종교 비방이 9%, 교회의 기업화 현상이 7.4%, 교인의 비도덕적 행동이 3.7%, 설교내용의 불신이 4.8% 등으로 나타났다. 이어 향후 개신교회가 신뢰를 받기 위하여 바뀌어야 할 점에 관해서는 교회지도자가 30.9%, 교인들의 삶이 23.7%, 교회의 운영이 21.1%, 교회의 사회활동이 13%, 교회의 전도활동이 11.3% 등으로 나타났다. 그리고 향후 개신교회가 신뢰받기 위한 중요한 사회적 활동이 무엇인가라는 질문에 대하여 "봉사와 사회봉사 활동"이 60.3%, "윤리와 도덕실천 운동"이 19.9%, "환경, 인권 등 사회운동"이 12.2%로 나타났다.[20]

한국사회의 경제적 고속 성장의 분위기와 교회성장운동의 영향은 목회자들로 하여금 자신들의 목회사역에서 눈에 보이는 결과들에 우선적인 관심을 가지도록 만들었다. 이로 인해 영적 지도자인 목회자들이 영성이나 근본적인 삶의 의미에 관심을 가지는 '관계 중심'의 사역보다는 교인 숫자나 교회 재정의 규모 등과 같은 '외형/결과 중심'의 사역에 더 큰 관심을 가지게 되었다. 이러한 경향은 눈에 보이는 결과를 만들어 내지 못한 목회자들은 부적절하고 무능력하며 실패한 존재라고 여기게 만들었다.[21] 그리고 이로 인한 명시적 또는 잠재적으로 드러난 한국교회의 문제들이 오늘날 예수 그리스도의 삶과 사역에서 제시된 진정한 목회자상을 따르려는 현대 목회자들과 교회의 건강에 심각한 위협 요인이 되고 있다.[22]

---

20) 기독교윤리실천운동본부, 「2009년 한국교회의 사회적 신뢰도 여론조사 결과」 (서울: 기독교윤리실천운동, 2009), 15-28.

21) Robert Schnase, *Ambition in Ministry: Our Spiritual Struggle with Success, Achievement, and Competition* (Nashville, TN: Abingdon, 1993), 71.

22) Byung Kwan Chung, "Socio-Structural Consciousness and Church Growth in Korea" (Th.M. thesis, Fuller Theological Seminary, 1989), 95-6; Park, "Evangelism and Mission in Korea," 56. 한신대학교의 박근원도 자신의 글 "Evangelism and Mission in Korea"에서 "개인주의," "경쟁주의," "물질주의" 그리고 "성공주의"를 한국교회

이러한 사회와 교회의 변화로 인하여 한국교회가 겪고 있는 문제들이 여러 가지 있지만 이들 가운데서 오늘날 한국교회의 건강과 성장을 위협하는 미시적인 내적 요인들은 대체로 다음의 네 가지로 요약할 수 있다: 권위주의, 세상주의, 개인주의, 경쟁주의.

1) 권위주의(Authoritarianism)

참 목회의 모본은 예수 그리스도의 사역이며 참 목회자 상(像, image) 역시 예수 그리스도께서 보여주신 목회자 상이다. 복음서에 나타난 예수 그리스도의 사역에서의 주된 목회자 상은 '종(servant)'과 '목자(shepherd)'의 상(像)이다. 예수께서 보여주신 이들 두 가지 목회자 상 모두가 권위주의와는 거리가 멀다. 하지만 오늘날 목회에서의 권위주의에 대한 유혹은 문화의 차이에 상관없이 교회와 기독교 지도자들에게서 나타나는 보편적인 현상이다.[23]

이러한 교회와 목회에서의 권위주의적 경향은 동양의 유교적 문화구조에서 살아가는 한국 목회자로 하여금 예수께서 보여주신 '섬기는 자,' '목자'라는 목회자 정체성을 견지하기 더욱 어렵게 만든다. 오랜 동안 권위에 복종하는 것이 미덕으로 자리잡아온 사회에서 한국 기독교인들은 목회자와 평신도의 구분이 매우 엄격하며 목회자의 권위에 복종하는 것이 신앙의 올바른 자세라고 생각해 왔다. 그리고 유교의 가족주의의 영향으로 말미암아 한국의 많은 교인들은 목회자를 영적인 아버지, 자신들을 영적인 아버지인 목회자의 자녀들로 간주하기도 한다.[24]

내에서 성서적 목회사역과 목회자 정체성 형성을 위협하는 주요 요소로 제시하고 있다(55).

23) C. W. Brister, *Pastoral Care in the Church,* 3rd ed., rev. and expanded (San Francisco: HarperSanFrancisco, 1992), 148.

이러한 유교적 영향에 더하여 급격한 한국의 급격한 사회적 변동과 변화로 말미암은 불안과 불안정감은 사람들로 하여금 쉽사리 안전감을 느낄 수 있는 권위적인 존재 안으로 도피하게 하거나 수동적인 추종자가 되게 만들거나 거꾸로 무의식적으로 불안감을 없애려고 권위주의적이 되기도 한다.25) 저술가이자 목사인 진 게츠(Gene Getz)는 자신의 저서 *The Measure of a Man*에서 쉽사리 권위주의의 함정에 빠지게 되는 경향에 대하여 다음과 같이 설명하고 있다: "불안감은 사람들을 두 가지 방향으로 이끌어 간다. 한 방향은 물러나거나 퇴행하는 방향으로서, 이쪽에 속한 사람들은 좀처럼 의사표현을 하지 않으며 모든 경쟁으로부터 물러나버린다. 또 하나의 방향은 지배적이며 권위주의적이 되는 방향이다. 이러한 사람들은 자신들의 불안감을 감추기 위해 다른 사람들을 조정하려고 한다."26)

유교적인 문화의 영향과 급격한 사회변동에 따른 사회심리적 불안감에 더하여, 한국인들의 삶에 뿌리 깊게 자리잡은 전통적인 '무속적 신관(巫俗的 神觀)'의 영향이 한국 목회자들로 하여금 권위주의에 쉽게 빠지게 만든다. 이러한 무속적 신관은 성서에서 자신을 계시하시는 창조주 하나님을 사랑의 하나님, 인격적 하나님이 아닌 길흉화복을 주관하는 조건적이며 채찍과 당근의 하나님, 두려움의 하나님으로 보게 하여 이러한 '하나님의 대리인으로서의 목회자' 혹은 구약에서의 '제사장으로서의 목회자'는 교인들의 관점에서 권위주의적으로 비춰지게 된다.27) 하지만 이러한 한국목회현장에서의 목회자의 권위주의는 근래에 와서 한국 사회가 전통적

---

24) Chung, "Socio-Structural Consciousness and Church Growth in Korea," 18-9.

25) Erich Fromm, *Escape from Freedom* (New York: Rinehart and Co., 1941), 241.

26) Gene A. Getz, *The Measure of a Man* (Ventura, Calif.: Regal Books, 1974), 129.

27) Stephen Sikyong Pak, "Adapting traditional Korean Leadership Models for Church Renewal" (Th.M. thesis, Fuller Theological Seminary, 1988), 13.

권위에 대해 회의적으로 변해가며 권력의 남용에 대해 비판적으로 됨에 따라 심각한 도전에 직면하고 있으며 오늘날 목회현장에서 목회자와 교인들 간 갈등의 주요 원인이 되고 있다.[28]

2) 세상주의(Worldliness)

한국교회 목회자들의 정체성을 위협하는 두 번째 미시적 요소는 1960년대 이후 급속한 산업화에 따른 경제적 낙관주의의 등장으로 말미암은 한국사회와 교회 내에 팽배한 물질주의적 사고방식으로 대표되는 '세상주의'이다.[29] 어떤 예비 사역자들은 경제적 동기나 개인 성취동기로 신학교를 지망하여 목회 준비를 하는 경우가 있으며 이로 말미암아 제대로 준비되지 못한 목회자들이 양산되는 경우들이 있다. 이러한 부적격한 사역자들의 양산이 한국교회의 세상주의를 부추기고 있기도 하다.[30] 세상의 기준에 따라 살려는 유혹은 다른 사람들과 마찬가지로 목회자들에게도 강렬하다. 하지만 한국목회자들이 세상의 성공 기준을 자신의 사역의 토대로 삼는다면, 자신들의 영적 지도자로서의 초월적인 특성은 상실되게 되며, 예수 그리스도의 삶과 사역에 나타난 참된 목회자 정체성이 심각하게 위협받게 될 것이다.[31] 언론에 등장하여 세인들의 이목을 끌었던 몇몇 초대형교회 목회자들의 금전적 일탈 및 학위관련 문제 등이 대표적인 예라

---

28) Young Whan Kihl, "The Legacy of Confucian Culture and South Korean Politics and Economics: An Interpretation," *Korean Journal* 34 (Autumn 1994): 45.

29) Park, "Evanglism and Mission in Korea," 56; 원호택, "권위주의와 물량주의를 극복하는 신행일치의 삶을 살자" 「목회와 신학」, 10월호 1992년, 28.

30) 김태복, "한국교회의 오염원, 신학교" 「월간목회」, 8월호 1993, 50-9; 손봉호, "한국 교회의 목회자 윤리, 무엇이 문제인가" 「목회와 신학」, 5월호 1993, 41.

31) Urban T. Holmes, III, *Spirituality for Ministry* (San Francisco: Harper & Row, 1982), 84.

할 수 있다.

한국목회자의 정체성에 위협을 주는 이 같은 '세상주의' 혹은 '세속주의(secularism)'가 팽배한 원인으로는 다음의 세 가지 요인을 꼽을 수 있다. 첫째는, 한국사회의 급격한 변동으로 인한 불안감과 이를 극복하기 위한 소유 또는 물질에의 집착을 들 수 있다.[32] 둘째는, 유교적 영향으로 인한 위계적 사회질서 속에서의 사회적 위상의 추구를 들 수 있으며,[33] 셋째는 한국사회에 뿌리 깊게 자리잡아온 기복적인 무속적 가치체계가 빚어낸 현세적이고도 물질적 축복 중시의 신앙관이다.[34]

3) 개인주의(Individualism)

급속한 도시화와 근대화는, 집단주의가 전통 한국사회의 중요한 특징이었음에도 불구하고 전통적 공동체 의식의 붕괴를 가져와 오늘날 개인주의가 한국문화와 교회에 만연하는 결과를 초래하였다.[35] 새로운 도시 또는 민주화된 사회의 공동체성이 뒷받침되지 않는 오늘날 한국 사회의 개인주의는 매우 자기중심적이며 이기적인 경향을 지니고 있다. 이러한 개인주의는 고립과 불신과 분노를 만들어서 한국교회의 상호의존적이며 협동적인 교회 공동체의 본질을 심각하게 훼손시키고 있다.[36]

목회자들은 첫 번째 아담의 범죄 이후 나타난 각자의 '본능적인 자기중심주의'를 '신앙적 공동체 정신'으로 변화시키는 일에 부름 받았다는 사실

---

32) Fromm, *Escape from Freedom*, 120-1.
33) 박봉배, "전통문화와 한국 목회자들의 윤리의식" 「목회와 신학」, 5월 1993, 51-3.
34) Kim, "Protestant Christianity in South Korea: A Historical Sociology of Its Cultural Reception and Social Impact, 1910-1989."
35) Kim, "The Explosive Growth of the Korean Church Today," 69.
36) John C. Harris, *Stress, Power, and Ministry* (Washington, D.C.: The Alban Institute, 1977), 56-7.

을 간과해 왔으며, 한국교회의 교인들은 이웃에 대한 관심보다는 자신과 자신의 가정과 자신의 교회에만 관심을 쏟아왔다.[37] 이러한 개인주의는 신자들로 하여금 다른 사람과의 관계를 수단적으로 만들기에 진정한 협동사역을 어렵게 하며 변형된 가족중심주의는 개교회중심주의로 나타나 그리스도 안에서의 연합체로서의 교회 간의 협력 또한 어렵게 만든다. 나아가서 이러한 개인주의는 자칫 외로운 직업군에 속할 가능성이 있는 오늘날 목회자들을 고립되게 만들어 목회에 여러 가지 부정적 영향을 주며 쉽게 탈진에 노출되게 만든다.[38]

4) 경쟁주의(Competitiveness)

급변해온 정치 사회적 변동과 함께 한국전쟁과 경제개발은 사람들의 도시집중을 가져왔고, 이러한 도시집중은 도시과밀로 이어져 이전에는 경험하지 못한 극심한 경쟁 속으로 한국인들을 내몰았다.[39] 이러한 극심한 경쟁 상황 가운데서 한국 사회의 전통적인 공동체 정신은 극심한 지역주의, 동창조직 등의 소집단주의적인 '새로운 부족 공동체'(neo-tribal communities) 형태로 변질되었다.[40]

현대 사회에서 어느 정도의 경쟁과 비교는 자연스러운 것이며 어떤 면에서는 건강하기까지 하지만 과도한 경쟁은 공동체 구성원들에게 부정적 영향을 미치고 결국 공동체의 약화내지는 와해를 가져온다. 이러한 과도

---

37) Chung, "Socio-Cultural Consciousness and Church Growth in Korea," 100.

38) Schnase, *Ambition in Ministry*, 28.

39) Kim, "The Explosive Growth of the Korean Church Today," 71.

40) Kwang-Ok Kim, "The Communal Ideology and Its Reality: With Reference to the Emergence of Neo-Tribalism," *Korean Journal* 38 (Autumn 1998): 19-37; Sang-Chang Paek, "Modernization and Psy-chopathology in Korea," *Korea Journal* 30 (August 1990): 29.

한 경쟁은 한국교회의 여러 영역에서 나타나 목회자의 참다운 정체성 형성을 방해한다. 목회자의 정체성 형성에 장(場)을 제공해 주는 교회 공동체 내의 과도한 경쟁은 예수 그리스도의 몸으로서 유기적 공동체를 이끌어야 하는 목회자의 건강한 정체성 형성에 부정적 영향을 미치며 그리스도의 몸으로서의 신앙공동체인 교회의 공동체성에 대한 부정적 견해를 지니게 만드는 파괴적 요인이 된다.[41]

이러한 경쟁은 또한 교파와 교파, 교회와 교회 사이에 존재하며 서로의 회중들을 유치하기 위한 경쟁을 벌이기 때문에 교회들의 협동사역과 사업들이 이루어지기 쉽지 않다.[42] 이러한 과도한 경쟁 상황에서 목회자들은 서로가 서로를 성공과 성장을 방해하는 존재로 인식하게 되어 고립되고 영적 정서적으로 피폐하게 된다.[43] 경쟁은 '성취의 기쁨'을 '승리의 감동'으로 변질시키며 자족하기보다는 다른 이들과의 상대적 비교 속에서 비로소 행복을 발견하게 만든다.[44]

만약 사람들이 자기 가치를 끊임없이 다른 사람들과의 비교와 승리에서 찾는다면 결국은 자신을 실패자로 만드는 결과를 낳는다. 왜냐하면 이 세상의 어느 누구도 늘 승리하는 사람은 없기 때문이다.[45] 이러한 경쟁에서의 실패는 '자기거부'(self-rejection)로 나타나며 이러한 자기거부는 끊임없이 목회자 자신으로 하여금 자신의 가치를 증명하기 위해 애쓰게 만든

41) Lou Benson, *Images, Heroes, and Self-Perceptions: The Struggle for Identity from Mask-Wearing to Authenticity* (Englewood Cliffs, N.J.: Prentice-Hall, 1974), 246; Homer Jernigan, "Pastoral Counseling and the Identity of the Pastor," *Journal of Pastoral Care* 15 (Winter 1961): 197.

42) Park, "Evangelism and Mission in Korea," 56.

43) Henri J. M. Nouwen, *The Wounded Healer: Ministry in Contemporary Society* (New York: Image Books, 1979), 83.

44) Schnase, *Ambition in Ministry*, 29.

45) Benson, *Images, Heroes, and Self-Perceptions*, 247.

다. 이로 인해 영적 지도자인 목회자는 눈에 잘 띄지 않는 하나님과의 관계 보다는 사람들의 눈에 드러나기 쉬운 일과 사역에만 자신의 힘과 관심을 쏟게 된다.[46] 따라서 한국교회의 경쟁주의는 영적 지도자로서의 목회자의 정체성을 혼란시키며 그 형성과정에 부정적 영향을 미친다.

이상에서 우리는 오늘날 한국 교회가 직면한 거시적 상황과 미시적인 내적 위기의 요인들을 살펴보았다. 이러한 상황과 위기에 대응하기 위해 한국교회가 노력해야 할 방안들이 다양하지만 우선적으로 그리고 근본적으로 이제껏 간과해온 신약성서에서 제시하고 있는 하나님의 형상을 닮은 그리고 그 분의 몸으로서의 교회의 유기체적 공동체의 회복이 무엇보다 요구된다 하겠다. 따라서 이러한 교회의 유기체적 공동체성 회복에 적합한 목회패러다임과 관련하여 다음에서 오늘날 어떠한 목회패러다임이 신약성서가 제시하고 있는 유기체적 공동체에 적합한 패러다임인지를 살펴보고자 한다.

3. 목회 패러다임 변화(pastoral paradigm shift)의 방향

2013년에 한국기독교목회자협의회에서 펴낸 「한국기독교 분석리포트」는 오늘날 초대형교회의 출현 가운데 살아가는 한국기독교인들이 가장 희망하는 교회가 평균 100~300명 규모의 교회로 가족적인 분위기의 교회를 선호하는 것으로 보고하고 있다.[47] 한국교회가 처한 상황에서 이러한 한국기독교인들이 원하는 규모의 건강한 교회를 세우기 위해 어떠한 목회패러다임변화의 노력이 필요한 것인가를 살펴보며 다음과 같다.

---

46) Henri J. M. Nouwen, *Life of the Beloved* (New York: Crossroad, 1992), 27-9.
47) 한국기독교목회자협의회 편, 「한국기독교 분석리포트」, 484.

1) 전통적 목회패러다임에서 유기적 목회 패러다임으로의 사고 전환

전통적 목회 패러다임은 건물 중심의 제도화된 교회구조와 목사 중심의 목회구조로 특징지을 수 있다.[48] 이러한 전통적 목회 패러다임의 특징은, "사람중심이 아닌 프로그램 중심, 가정(공동체) 중심이 아닌 건물 중심, 교회 밖을 위해 존재하는 교회가 아니라, 교회자체를 위한 교회, 삶을 중심으로 전도하는 교회가 아니라, 설명을 중심으로 전도하는 교회, 이웃 사랑을 위한 교회가 아니라, 교회성장을 위한 교회, 만인사제의 교회가 아니라, 성직자 중심의 교회"이다.[49] 이러한 전통적 패러다임 목회상황에서는 개인주의와 경쟁주의 그리고 권위주의가 생겨나기 쉽다.

대표적 소그룹 사역 운동인 셀 교회 주창자인 랄프 네이버(Ralph W. Neighbour)는 자신의 저서 「셀교회 지침서」(Where Do We Go From Here?)에서 오늘날 전통적 패러다임의 교회가 지니는 한계에 대하여 다음과 같이 밝히고 있다.[50] 전 세계 전통적 목회 패러다임의 교회 3분의 1이 신자 50명 선에서 성장을 멈추며, 또 다른 3분의 1은 신자 수가 150명이 되면 성장을 멈추고, 28퍼센트에 해당하는 교회들은 350명 선에서 멈춘다. 단지 전통적 목회 패러다임 교회의 5퍼센트만이 계속 성장하여 1,000명 내지 2,000명이 된 다음에 성장이 멈춘다. 이러한 전통적 목회 패러다임 교회에서 오늘날 목회자들과 교인들이 가장 관심을 갖는 대상은 초대형 교회들이다:

---

48) Snyder, 「새 포도주는 새 부대에」, 75-81, 93-4.
49) 김순성, "가정교회 소그룹 구조와 기능의 실천신학적 의의," 「복음과 실천신학」, vol. 16 (2008 봄): 19.
50) Ralph W. Neighbour, 「셀교회 지침서」, 정진우 역 (서울: NCD, 2008), 36.

도시 전역에 걸쳐 교인들을 두고 있는 이 초대형 교회들은 마치 식료품 체인점인 초대형 마트들이 생겨나면서 동네의 구멍가게들을 몰아냈던 것처럼 지역 교회들의 영역을 침범하고 있다. 초대형 교회들의 호화롭고도 화려한 교회당 모습과 초현대식 시설들이 주는 만족감과 편리함은 있으나 교인 개개인의 상처받은 삶에는 아무런 영향을 끼치지 못하고 있다. 이런 교회는 익명성을 보장받기 원하는 사람들에게 매력적이며 교회는 주일낮 예배 출석만으로 신앙적 만족을 누리려는 사람들로 붐빈다.[51]

이러한 전통적 패러다임의 교회와 관련하여 필립 얀시(는 "대다수의 교회가 예배보다는 즐거움을, 다양성보다는 획일을, 포용보다는 배타를, 은혜보다는 율법을 내세운다. 가시적인 교회에 대한 실망보다 더 내 믿음에 장애가 되는 것은 없었다"고 고백하고 있다.[52] 전통적 목회 패러다임 아래서 예수 그리스도의 몸으로서의 교회, 삼위일체 하나님의 형상을 닮은 유기체적 교회가 가능할 것인가는 오늘날 목회현장에 있는 사람들이 고민하는 의문이자 도전이라 하겠다.

폴 투르니에는 세상에는 "혼자 할 수 없는 것이 둘 있다. 하나는 결혼이고 또 하나는 그리스도인이 되는 것이다"라고 하였다.[53] 하지만 인류의 역사가 이익과 욕망을 좇아 이기적 집단주의와 패거리 의식으로 경쟁하여 분열하여 오는 동안 인류는 상생과 공생이 아닌 적자생존의 밀림의 법칙이 우선하고 있으며, 나누고 공유하기 보다는 독점하고 소유하기에 급급하여 가장 우선적으로 공동체성이 유지되어야 하는 가정마저도 와해되어가는 현실에 처해 있다.

사탄이 인류를 파탄으로 몰아넣는 데는 아담과 이브 개개인의 하나님과의 단절을 훨씬 뛰어넘어 궁극적으로 더 교묘한 목적, 즉 아담과 이브

---

51) Ibid., 42.
52) Philip Yancey, 「교회, 나의 고민 나의 사랑」, 김동완 역 (서울: 요단출판사, 2000) 59.
53) Yancey, 「교회, 나의 고민 나의 사랑」, 59에서 재인용.

가 함께 이루었던 삼위일체 하나님의 공동체성을 반영하는 가족공동체를 와해시키고자 하는 의도가 숨어 있었다. 그리고 그 계략은 적중하여 범죄한 인류의 조상들은 서로의 연약함을 깨닫고 기꺼이 자신의 책임을 지거나 희생하고 상대를 품어주고 이해하고 용서하기보다는 가장 친밀해야 하는 상대방을 비난하고 상대에게 책임을 전가함으로 불과 얼마 전까지만 해도 "이는 내 뼈 중의 뼈요 살 중의 살이라"(창 2:23)고 하며 서로 한 몸을 이루었던 인류 최초의 공동체가 와해되는 결과를 가져왔다.

사탄이 하나님께 대적하여 하나님을 가장 힘들게 만드는 일은 바로 하나님의 형상을 닮은 하나님이 가장 아끼는 공동체인 가정과 예수 그리스도의 몸인 교회를 파괴하는 것이다. 그렇기에 가정을 파괴하는 이혼을 하나님께서는 '미워'(hate)하시며(말 2:16), 하나님의 가족인 신앙공동체를 와해시키는 일은 육체의 본능을 따르는 일이며(유 1:10), 불신앙의 행위이며(유 1:19), 성령을 거스리는 일이며(엡 4:3-4) 성령을 근심하게 만든다(엡 4:30).

이는 거꾸로 가정과 교회의 회복이 우리의 희망이 되는 이유를 말해준다. 즉, 사탄이 가장 싫어하는 일이 바로 가정과 예수 그리스도의 몸인 교회를 건강하게 세우는 일인 것이다. 그리고 이 일이야말로 참으로 '뜻이 하늘에서 이루어진 것 같이 땅에서도' 이루어지는 일인 것이다. 이러한 신앙공동체가 건강하게 자리잡은 모습이 바로 그리스도의 몸으로서의 다음과 같은 유기체적인 교회의 모습이다:

> ...더 약하게 보이는 몸의 지체가 도리어 요긴하고 우리가 몸의 덜 귀히 여기는 그것들을 더욱 귀한 것들로 입혀 주며 우리의 아름답지 못한 지체는 더욱 아름다운 것을 얻느니라.... 몸 가운데서 분쟁이 없고 오직 여러 지체가 서로 같이 돌보게 하셨느니라 만일 한 지체가 고통을 받으면 모든 지체가 함께 고통을 받고 한 지체가 영광을 얻으면 모든 지체가 함께 즐거워하느니라(고전 12:22-6).

예수 그리스도의 몸으로서 유기체적인 교회를 좀 더 설명하자면 다음과 같은 교회의 일반적인 생명징조 세 가지를 지니고 있는 교회라 할 수 있다: 첫째, 성도 개개인이 영적으로 성장·성숙하는가, 둘째, 확신과 소망을 가지고 교회가 열심히 불신자들이 예수 그리스도를 발견할 수 있도록 돕는 일을 하는가, 셋째, 교회를 분열시키는 분란이나 갈등이 있는가이다.54) 이러한 건강한 유기적 공동체로서의 교회에 대해 프린스턴신학교의 목회신학 교수인 도날드 캡스(Donald Capps)는 다음과 같은 여덟 가지 특징을 제시하고 있다: i) 모든 구성원들의 독특성이 인정되고 확인된다. ii) 불만이나 갈등을 표현할 수 있는 절차가 적절하게 마련되어 있고 구성원들이 그에 대해 잘 알고 있다. iii) 모든 구성원들이 자신들의 정체감과 기독교의 이야기를 신앙적으로 통합시킨다(삶과 신앙이 분리되지 않고 일치되는 삶을 살고 있다). iv) 구성원들이 개방적이고도 훈련된 방식으로 의사소통을 한다. v) 교회가 단순한 개인들의 모임이 아니라 서로 경험과 의미를 공유하는 공동체이다(성격차이와 개인 갈등을 능가하는 하나님 나라의 동지 혹은 가족으로서의 연대감이 있는 집단). vi) 교회 안에만 머무르려는 본능적 충동을 거부하고 스스로를 다른 사람들에게 개방한다. vii) 본질적으로 직분과 계층과 세대를 초월한 확장된 가족같은 상호 돌봄의 공동체이다. viii) 항상 겸손하게 자신들의 부족함을 끊임없이 돌아보아 그리스도의 장성한 분량에까지 자라도록 노력한다.55)

---

54) Donald J. MacNair, *The Practices of a Healthy Church* (Phillipsburg, NJ: P & R Publishing Company, 1999), 9.

55) Donald Capps, 「인간발달과 목회적 돌봄」, 문희경 역 (서울: 이레서원, 2001), 102-7을 저자의 해석과 설명을 덧붙여 제시하였다.

2) 교회건물 중심이 아닌 소그룹의 유기적 공동체 패러다임

유기체로서의 교회는 살아있고 몸의 효율적인 생존을 위해 모든 지체는 상호보완적이며 상호희생적이다. 건강한 성장을 이루고 있는 교회들이 지닌 공통적 특징 중이 하나는 '삶을 나누고 상호 돌봄을 실행하는 살아있는 소그룹 사역'이다.[56] 이러한 소그룹 사역은 교회의 도덕적 삶을 권장 유지 발전하도록 만드는 핵심적 역할을 한다. 초대교회가 그 대표적인 예이다.

교회역사에 나타난 초대 교회가 지녔던 세상을 압도했던 두 가지 탁월한 덕목은 교인들 간의 사랑과 도덕적 순결함이었다.[57] 이 두 가지는 초대 예루살렘 교회 지도자였던 야고보 선생이 참 종교를 규정할 때 강조하였던 덕목들이었다: "하나님 아버지 앞에서 정결하고 더러움이 없는 경건은 곧 고아와 과부를 그 환난 중에 돌보고 또 자기를 지켜 세속에 물들지 아니하는 그것 이니라"(약 1:27).

도덕적으로 타락한 로마사회에 살고 있던 기독교인들은 자신들의 올바른 행실의 증거를 가지고 복음을 효과적으로 전달할 수 있었다. 복음이 죄로부터의 회개를 촉구하였기에 개종자들은 부도덕함을 그만두고 거룩함에 동참하도록 요구받았다(히 13:4-5; 약 1:19-4:12; 벧전 1:13-2:25; 벧후 2:; 유 4-23). 개종자들은 변화된 생활을 하게끔 되었고 그들의 애찬(유 12; 벧후 2:13)에서 나타난 대로 인종(행 13:1-3)과 사회계급(약 2:1-9), 그리고 성별(갈 3:28)을 초월한 자기희생적 사랑을 표현하고자 하였다.[58]

---

56) 한만오, "건강한 미래형 소그룹 사역을 위한 효과적인 전략,"「복음과 실천신학」, vol.16 (2008 봄): 34. 한만오는 건강하게 성장하는 교회의 공통된 특징을 다음의 세 가지로 제시하고 있다: i) 담임목회자의 효율적인 리더십과 좋은 설교, ii) 영적 도전과 감동이 있는 회중 예배, iii) 삶을 나누고 상호 돌봄을 실행하는 살아있는 소그룹 사역.

57) J. Herbert Kane, *A Global View of Christian Missions*, rev. (Grand Rapids, MI: Baker, 1975), 24.

오늘날 유기적 구조를 지닌 목회패러다임인 동시에 교회의 지속적 갱신과 사회적 변화를 이루는 성경적 목회 패러다임 중의 하나를 든다면 소그룹 사역(혹은 셀 사역)을 꼽을 수 있다. 소그룹 사역은 회중 중심의 집합적 목회 패러다임에서 소그룹 중심의 집합적(에클레시아)이면서 동시에 분산적인(디아스포라) 구조의 변화를 통하여 교인 개개인의 성장과 성숙을 도모하는 동시에 대 사회적 복음 전도와 영향력을 확대할 수 있는 유기적 구조이다. 이러한 소그룹 사역은 또한 전문 목회자를 중심한 지원 사역 패러다임에서 모든 신자들을 사역자로 삼는 평신도 사역자를 발굴하고 활성화하는 직접 사역의 패러다임으로의 변화를 가능하게 한다. 포스트모던 사회의 특징은 기존의 절대 가치, 절대 명제에 기초한 무조건적 신뢰나 의존이 아니라 자신의 주관적 경험과 판단을 중요시한다. 따라서 사역분야 역시 간접적 사역 방식이 아닌 직접 참여적 사역방식을 선호한다.

이러한 목회패러다임의 변화가 시도된다면 오늘날 교회가 직면한 '양극화,' '고령화' 그리고 '중산층화'로 대변되는 거시적 도전이 가져다주는 어려움과 '권위주의,' '세상주의,' '개인주의,' '경쟁주의'를 넘어 한국교회가 새롭게 되는 기회가 될 수 있을 것이다. 나아가서 소그룹 사역이 기본 구조가 되는 유기적 목회패러다임은 전신자의 사역자화와 의사결정과정에서 회중의 직접 참여가 용이하기에 교회의 존재적 사명인 영혼구원의 사명과 한국교회가 당면한 과제인 울 밖으로 나가버린 '잃어버린 양'('신앙공동체 밖의 기독교인')을 향한 효과적인 목양패러다임이 될 수 있을 것이다.

---

58) D. S. Lim, "Evangelism in the Early Church," in *Dictionary of the Later New Testament & Its Developments*, 353-9.

3) 높은 수준의 헌신과 영적 성취감(신앙적 만족감)을 주는 양육과 성장 패러다임

인간은 자신의 종교가 충분히 능력이 있고 활동적이고 강력하여 자신들에게 큰 보상을 해주기를 바란다. 사람들은 종교가 기적을 행하고 인간의 조건(상황)에 질서와 건전함을 제공해주기를 바란다. 그러나 이러한 종교의 측면들을 극대화하는 종교 단체들은 각 개인이 이러한 보상을 받을 자격을 갖추기 위해 지불해야 할 가장 높은 비용들을 또한 요구한다.[59] 그러나 본능적으로 사람들은 항상 자신들의 비용을 적당하게 낮추는 것을 좋아한다.

하지만 하나의 종교단체가 너무나 세상적이어서 세상과 구별됨에 따른 영적 만족감을 비롯한 신앙적 보상(영적만족감)들이 거의 주어지지 않게 되거나 받게 될 것 같지 않게 될 때 종교는 사라진다. 즉, 헌신을 요구하던 교회가 점차 교인이 되는 기준을 낮추게 되고 이에 따라 교인이 됨으로 얻게되는 영적 만족감 또는 특별한(구별된) 존재가 되었다는 만족감이 낮아지게 되면서 주변문화와의 긴장이 감소하고 교회는 점차 약화되어간다.[60] 따라서 교회들은 자신들이 지니고 있는 교회를 교회답게 만드는 가장 중요한 신앙들을 타협하지 않고 계속해서 변화하는 사회적 환경에 적응하는 방법을 발견하여야 한다.

미래 종교에 대한 예측을 살펴보면 다음과 같다. 우선 사람들은 꾸준히 제도적이고도 외적인 종교가 아니란 내면적 충족을 제공해주는 종교를 찾고 있으며 그들의 요구사항은 그들을 둘러싸고 있는 문화로부터 개인들을 고립시키지 않고도 교인이 되기 위해 초월적(supernatural)이고 높은

---

59) Rodney Stark and Roger Finke, 「미국 종교시장에서의 승자와 패자」(The Churching of America, 1776-2005), 김태식 역 (서울: 서로사랑, 2009), 416.

60) Ibid., 372.

헌신을 요구하는 종교가 번영한다. 1984년부터 30년간 한국인의 종교를 조사해온 갤럽종교인구조사에 나타난 일반적 경향은 한국인의 삶에서 종교가 차지하는 비중, 특히 외적 종교성은 하락하고 있지만 10년 전 보다 내적 종교성인 종교경험은 증가하고 있음은 세속화에 따른 일반적 탈종교화가 진행되는 과정에도 포스트모던에서의 내적 경험의 중시에 따른 개인 종교경험비율은 증가하고 있다는 사실을 보여주고 있다.[61]

따라서 세속으로부터 분리된 생활을 요구하면서 완전한 복종을 요구하는 종교는 쇠퇴한다. 마찬가지로 그 종교의 하나님이 너무 멀리 떨어져 있고 능력이 없는 분이어서 매일의 생활에서 별로 도움이 되지 못하고 내세 역시 별다른 약속이 없는 종교 또한 쇠퇴한다.[62] 「미국 종교시장에서의 승자와 패자」라는 책에서 로드니 스탁과 로저 핀크(Rodney Stark and Roger Finke)는 "높은 수준의 희생을 교인에게 요구하는 것이 냉담한 사람들을 쫓아낼 만큼 충분히 흥미를 끌지 못하게 되면 탈퇴가 일어난다" 말하고 있다.[63] 일반적으로 높은 헌신도를 요구하는 종교집단은 꽉 짜인 사회적 내트워크와 풍부한 자원들을 가진 독특한 종교공동체를 형성한다. 이러한 현상의 전제는 사람들이 가까이 계시고 인격적이며 민감하게 반응하는 하나님을 믿는 신앙을 소유하고 있어야 한다는 것이다.

이러한 높은 수준의 헌신과 영적만족감의 요소와 아울러 오늘날 교회의 갱신이나 변화를 방해하는 것들로는 다음의 두 가지가 있다. 첫째, 행정적으로 비대해지는 것이다. 행정적으로 비대해질 경우 권위는 그 조직을 유지하기 위해 더욱 권위는 중앙집권화하되고 통제하는 정책들이 많아진다. 이러한 조직의 정책이나 행정관리들이 쇄신을 막거나 방해한다.

---

61) 윤승용, "한국 종교의 30년간 변화와 종교사적 과제," 125.
62) Ibid., 404-5.
63) Ibid., 368-9.

둘째는 제도화된 종교조직이 기존의 (세상, 사회) 기관을 닮아가는 데 있다. 정치나 효율성을 위해 거대기업의 조직체제를 본 따오는 것 및 결재 라인의 정교화 등이 대표적이다.[64]

이상에서 우리는 한국을 둘러싼 하나님의 가족인 신앙공동체를 위협하는 오늘날 목회상황의 도전들을 살펴보았다. 교통 및 정보 기술의 발달로 인한 사회의 급격한 변화와 변동, 전통적 권위의 와해와 사회적 민주화, 교회 내의 고령화, 양극화, 중산층화, 또한 권위주의, 세상주의, 개인주의, 경쟁주의 등의 교회 내의 미시적 문제들은 오늘날 목회를 준비하는 우리들이 직면하고 헤쳐 나가야 하는 일련의 도전들을 보여준다.

세계적인 기독교 변증가이자 사회비평가인 오스 귀니스(Os Guinness)는 "교회가 전형적으로 성직자와 동일시되고 또한 건물, 기관, 교회의 계층구조와 관련된 시대"는 하나님께서 교회의 개혁을 원하시는 때라고 말한다.[65] 그리고 우리 앞에 놓인 이러한 도전들은 미래의 변화하는 사회에서 이 세상에서 하나님을 보여주는 예수 그리스도의 몸으로서 유기적 공동체성을 지닌 성서적 모델을 지향하는 목회를 준비하는 우리들에게 무엇을 어떻게 준비해야 할 것인지를 알려주는 길잡이가 되고 있다. 이러한 길잡이 앞에서 우리에게 요구되는 일은 '좁은 문'과 '넓은 문,' '좁은 길'과 '넓은 길' 가운데서 어떤 것을 선택해야 하는 결단과 헌신이다(마 7:13-4).

---

64) Ibid., 371.
65) Os Guinness, 「소명」, 홍병룡 역 (서울: IVP, 2009), 256.

1부
:
:

목회의 이해

제2장

교회와 목회 사역의 이해

목회학에서 '목회'(ministry)란 어원적으로 헬라어 'diakonia'(service, 봉사, 섬김)에서 유래한 것으로 신약성서의 여러 곳에서 사역이나 사역자를 일컫는 경우에 사용되고 있다. 예를 들면 마가복음 10장 43-44절에서 예수께서 하신 말씀, "너희 중에 누구든지 크고자 하는 자는 너희를 '섬기는 자' (diakonos)가 되고 너희 중에 누구든지 으뜸이 되고자 하는 자는 모든 사람의 '종'(doulos)이 되어야 하리라"에서 'diakonos'는 당시의 관습에서 식탁 옆에서 주인의 식사 시중을 위해 서있는 자, 'waiter'의 의미를 가지는 단어로 당시 목회사역자를 '종'(slave)이라 표현하는 'doulos'가 '신분적 의미, 즉 주인의 소유'라는 의미에 강조를 두는 것과는 달리 기능적으로 '쓸모있는 사람'을 가리키며 이는 기독교 목회자란 '예수께 쓸모있는 자'라는 의미를 내포한다 하겠다.[1]

하지만 이러한 복잡하지 않은 어원적 의미에도 불구하고 '목회가 무엇인가?'에 대한 답변은 신학적 관점과 시대와 학자들에 따라 다양하다.[2]

---

1) John Knox, "The Ministry in the Primitive Church," in *The Ministry in Historical Perspectives*, ed. Richard Niebuhr and Daniel D. Williams (New York: Harper, 1956), 1-2.

2) 한국목회학 초기 학자인 곽안련은 "목회학이란 교역자가 복음의 진리를 신자의 생활에 실제로 적용하는 일을 도와주는 학문"이라 정의하고 있다. 곽안련, 「목회학」 (서울: 대한기독교서회, 1976), 1.

그리고 이러한 다양한 목회의 이해는 기본적으로 목회의 장(場)이 되는 교회의 이해, 즉 교회의 본질과 존재 목적에 대한 견해의 다양함에서 비롯된다 하겠다. 즉, 교회의 본질과 그 존재 목적을 어떻게 이해하는가에 따라 교회를 섬기는 목회자의 정체성과 역할 그리고 교회사역인 목회의 방향이 달라지며 이에 따라 신학교육기관들이 목회자를 양육하는 목표와 과정에서의 강조 또한 달라진다.[3] 따라서 목회의 본질을 이해하기 위해서는 먼저 목회가 펼쳐지는 장(場)인 교회의 본질과 존재 목적에 대한 이해를 정립하는 일이 선행되어야 한다.

1. 교회의 본질과 목회사역

1) 교회의 이해와 목회사역

우리가 가장 쉽게 생각할 수 있는 교회의 존재 목적은 삼위일체 하나님의 사랑에서 넘쳐나온 다른 모든 창조의 목적과 마찬가지로 "삼위일체 하나님의 영광이다."[4] 하지만 불행히도 인류의 죄로 인해 이를 실현하지 못하기에 "우리가 하나님의 영광을 위해 살도록 하기 위하여 우리를 죄로부터 구속해 주셨다(엡 1:5-6, 11-14)."[5] 따라서 교회가 하는 일은 이러한 하나님의 사랑과 은혜에 응답하여 예수 그리스도에 대한 믿음을 성장시키며 제자를 양육하여 하나님의 나라를 확장함으로 하나님께 영광을 돌리는 것일 것이다. 그리고 각 교회는 자신들이 이해하고 있는 하나님께 영광 돌리는 최선의 방향을 우선적인 교회의 사역으로 정하고 이를 실행할

---

3) Franklin M. Segler, *A Theology of Church and Ministry* (Nashville, TN: Broadman Press, 1960), 3.
4) Stanely J. Grenz, 「공동체를 향한 신학: 하나님의 비전」, 장경철 역 (서울: CUP, 2000), 241.
5) Ibid.

것이다.

만약 교회가 하나님께 영광을 돌리는 가장 효과적인 일을 하나님의 말씀을 선포하는 것이라 여긴다면, 목회는 우선적으로 개개인에게 하나님의 말씀을 선포하는 일을 중심으로 펼쳐질 것이다.[6] 마찬가지로 교회가 자신들의 우선적 정체성을 영혼을 돌보는 일을 행하기 위한 예수 그리스도의 몸으로 이해한다면, 그 교회의 목회는 영혼을 돌보는 모든 종류의 사역을 중심으로 펼쳐질 것이다. 또한 만일 교회가 예배와 의식을 교회가 존재하는 가장 중요한 일이라 여긴다면 자연히 그 교회의 목회는 예전을 중시하고 예전을 중심으로 한 사역이 강조될 것이다.

이처럼 목회에 대한 다양한 이해가 교회 존재에 대한 이해, 즉 교회정체성에 대한 이해에 기초해 있다면, 목회의 이해를 위해서는 '교회가 무엇인가' 또는 '교회는 어떤 존재인가'라는 교회의 정체성에 대한 이해가 우선되어야 하겠다. 하지만 앞서 언급했듯이 교회에 대한 이해는 신앙적 전통과 역사 그리고 사회문화적 영향에 따라 다양하다. 그럼에도 불구하고 시대와 세대를 통하여 변하지 않는 교회의 정체성에 대한 이해는 교회를 '신자로 이루어진 유기체적인 예수 그리스도의 몸'이라 설명하고 있는 성서의 가르침이다(골 1:24).[7]

따라서 목회가 무엇인가에 대한 이해는 교회가 유기체적 공동체인 예수 그리스도의 몸이라는 관점에서 출발해야 마땅하기에, 목회를 '신적 공동체인 유기체로서의 예수 그리스도의 몸을 세워 하나님의 뜻을 이 땅에

---

6) Karl Barth의 신학을 바탕으로 목회신학을 정의한 Eduard Thurneysen은 목회를 "교회 안에서 개개인에게 하나님의 말씀을 선포하는 것"이라 정의한다. Eduard Thurneysen, *Die Lehre von der Seelsorge*, 6. Aufl. (Zurich: Theolo. Verl., 1988), 9. 김한옥, "목회학," 「복음주의 실천신학개론」 (서울: 세복, 1999), 172에서 재인용.

7) "이제 나는 여러분을 위하여 고난을 받는 것을 기쁘게 여기고 있으며, 그리스도의 남은 고난을 그분의 몸 곧 교회를 위하여 내 육신으로 채워가고 있습니다"(골 1:24 새번역).

서 성취하는 일'이라 간략하게 설명할 수 있다(엡 4:11-12). 이러한 간략한 목회의 이해를 전제로 하여 다음에서 목회의 장(場)이 되는 교회에 관해 살펴보기로 하자.

2) 교회의 목적

교회는 글자대로의 의미는 '부르심을 받은 사람들의 모임'(ecclesia, 부름 받은 회중)이다.[8] 이를 설명하면, 교회란 예수 그리스도를 믿어 '새로운 피조물/인간'(the new creation/humanity)이 된 부르심을 받은 '하나님의 백성들'로서 말씀과 삶을 통하여 하나님과의 유기적 공동체를 이루어 하나님 나라의 도래를 증거 하는 모임이라 할 수 있다.[9] 신학자 스텐리 그렌츠의 표현을 빌리면 교회란 "특별한 백성, 즉 성령을 통하여 공동체로 형성되어가고 있는 특정한 백성이다. 그리고 이 백성의 목적은 우리가 계속해서 강조해온 대로, 하나님, 이웃, 창조 세계와 사귐 속에서 살아감으로써 주님이 역사하시는 방향을 지시해주는 것이다."[10]

이러한 사귐 속에서 살 때, 우리는 하나님을 영화롭게 할 수 있는데 이를 가능하게 하는 참된 공동체가 되기 위해 그 구성원들은 서로 사랑으로 겸손한 섬김의 관계를 맺어야 한다. 그렇기 때문에 성경은 공동체 구성원

---

8) 영어의 'church'는 헬라어 kuriakon(큐리아콘), '주님께 속하다'는 뜻이다. ecclesia의 좀 더 정확한 영어번역은 church이기 보다는 'congregation,' 즉 회중이라 할 수 있다. Frank Viola and George Barna, 「이교에 물든 기독교」, 이남하 역 (대전: 대장간, 2011), 63-4. 본래 'ecclesia'는 1세기 로마 세계에서 일상적으로 도시의 일을 다루기 위해 소집되어 함께 모이는 시민의 모임인 '회합', '민회'를 의미하는 용어로 쓰였는데 초대 기독교인들은 자신들의 정체성을 나타내는 데는 이 용어가 적합하다고 여겨 이를 사용하게 되었다. Grenz, 「공동체를 향한 신학」, 231.

9) E. Glen Hinson, "The Church and Its Ministry," in Formation for Christian Ministry, eds. Anne Davis and Wade Rowatt, Jr. (Louisville, KY: Review and Expositor, 1988), 16-9.

10) Grenz, 「공동체를 향한 신학」, 230.

서로 간의 겸손을 강조하고 성부 하나님의 뜻에 대한 성자 하나님 예수 그리스도의 순종을 우리 신앙의 특징으로 꼽는 것이다.[11] 어떠한 영성도 순종과 겸손으로 나타나지 않으면 참다운 영성이 되지 못하는 법이다.

교회를 가리켜 성서는 '하나님의 나라이며 거룩한 제사장들'(벧전 2:9), '그리스도의 몸'(고전 12:27; 엡 1:22-3; 골 1:18), 그리고 '성령의 전'(엡 2:19-22; 벧전 2:5)이라 설명하고 있다. 이 같은 교회는 그 본질 상 신적공동체로서 '신적 선물'(divine gift)인 동시에 인간적 공동체로서 '인간적 활동'(human activity)의 두 가지 성질을 지닌다.[12]

첫째, 신적 공동체로서의 교회는 영적으로 그리스도의 몸이며, 하나님께 속해 있으며, 세상과 분리되어 있다(요 17:14, 16). 교회는 본질적으로 하나님 자녀들의 '영적 교제'(koinonia) 공동체이며 그 공동체의 구성원은 예수 그리스도를 구세주와 주님을 영접하여 구원받은 하나님의 가족들이다. 이러한 영적 교제 공동체로서의 교회는 머리되신 예수 그리스도의 몸으로서 삼위일체 하나님과 함께 유기적(organic)으로 연합되어 있다.[13]

사실 교회를 설명하고 있는 많은 성경의 가르침 가운데서 가장 분명하고 일관되며 보편적인 설명은 사도 바울이 말하고 있는 '교회는 예수 그리스도를 머리로 하는 예수 그리스도의 몸'이란 가르침이다(골 1:24). 몸은 머리의 의지와 뜻을 실행하는 기능을 한다. 즉 몸은 머리되신 예수 그리스도의 의지와 뜻을 구현하고 실천하는 일을 함으로 이 세상에 영향력을 미치고 이 땅에서 하나님의 통치가 이루어지는 하나님의 나라를 확장해 나가며 세상은 예수 그리스도의 몸인 교회의 구체적 행동과 태도로 머리이신 그리스도까지도 평가한다.

---

11) Ibid., 242.

12) Peter C. Hodgson, *Revisioning the Church* (Minneapolis: Fortress Press: 1988), 104.

13) Segler, *A Theology of Church and Ministry*, 11.

따라서 유기체로서의 신앙공동체인 그리스도의 몸인 교회는 머리이신 예수 그리스도의 의지와 뜻을 제대로 구현하기 위한 끊임없는 노력과 훈련이 필요하다. 갓 태어난 아기가 자신의 몸을 자신의 의지대로 움직이기 힘든 것처럼 그리스도의 몸된 교회도 끊임없는 훈련과 노력이 뒷받침되지 않는다면 유기적 신앙공동체로서의 교회는 머리이신 그리스도의 뜻대로 움직이기 어렵다. 따라서 교회는 머리이신 예수 그리스도의 뜻과 의지를 제대로 실현하기 위해 끊임없이 훈련하여야 한다. 이러한 훈련은 우선적으로 몸의 머리이신 예수 그리스도의 뜻을 알기위해 애쓰는 과정과 서로의 필요와 고통과 어려움을 함께 나누려는 노력과 관심이 포함되어야 한다.

　둘째, 인간적 공동체로서의 교회는 기능적 혹은 제도적 교회로서 인류 역사를 통하여 특정 시대와 특정 지역에서 그 공동체의 중심되신 그리스도와 연합하여 살기위해 노력해 오고 있는 지역교회를 말한다. 즉 교회란 특정 시기 특정 지역에 있는 그리스도의 제자들로 이루어진 유기적 신앙공동체이다. 따라서 목회자는 교회의 이러한 두 가지 본질을 이해하여 믿는 자의 공동체로서의 교회의 사역과 함께 이 세상에서 하나님의 나라를 증거 하는 지역 공동체에 속한 조직으로서의 사역을 균형 있게 수행할 수 있어야 한다.14) 이러한 기능적인 공동체로서의 교회는 지역사회에서 '조직체'(organizational)로서의 교회의 사명을 감당하고 있다.

3) 교회의 사역

　교회의 목적이 목회사역의 목적이기에 교회의 사역이 목회사역이라 할 수 있다.15) 성서에서의 목회란 하나님이 자기 백성을 돌보는 방식을 유목

---

14) Ibid., 3.

문화에서 양을 치는 모습을 은유적으로 묘사하는 표현에서 유래하였다.[16] 이러한 돌봄의 절정은 양을 위해 목숨을 기꺼이 버리시는 '선한 목자'이신 예수 그리스도의 십자가에서의 대속의 죽음이다(요 10:14-15). 이러한 예수 그리스도의 십자가 대속에 나타난 하나님의 사랑에 기초한 인류 구원 사역이 목회의 원형이자 교역(敎役, the ministry for the Church)의 궁극적 모본이며, 그리스도께서 전체 교회에 부여한 목회사역의 실천이다.[17]

교회를 예수 그리스도의 몸이라 명시한 성서적 가르침에 기초한 가장 적절한 실천적 목회 사역의 성서적 가르침은 다음과 같다: "그가 어떤 사람은 사도로, 어떤 사람은 선지자로, 어떤 사람은 복음 전하는 자로, 어떤 사람은 목사와 교사로 삼으셨으니 이는 성도를 온전하게 하여 봉사의 일을 하게하며 그리스도의 몸을 세우려 하심이라"(엡 4:11-2).

에베소 교회에 보낸 편지에서 사도 바울은 여러 종류의 교회 사역자를 언급하고는 목회자들이 하는 일인 목회사역이 바로 교인들을 '온전하게 하여'(준비시켜, prepare, equip) 봉사하게 하며 '그리스도의 몸을 세우는 일'이라고 가르치고 있다. 다르게 표현하자면 교회의 사역인 목회사역이란 교회를 세우고 보존하고 선교하는 과정을 지도하고 양육하는 일에 봉사하는 사역을 의미한다.[18]

현대 목회학에서 '목회'의 또 하나의 탁월한 정의 중의 하나는 그리스도의 몸으로서의 교회라는 성서적 가르침에 바탕을 둔 미국 남침례교의 저

---

15) Ibid.
16) 구약에서 성부 하나님을 목자로 그 백성을 양으로 표현하고 있으며, 신약에서는 예수 그리스도를 선한 목자로 그의 돌봄을 받는 백성들을 양무리로 표현하고 있다. 시 80:1; 사 40:10-11; 요 10:11; 21:15-17.
17) 김순성, "Calvin의 목회원리와 실천: 송영으로서의 목회,"「복음과 실천신학」, 20권 (2009. 가을호): 188.
18) Peter C. Hodgson,「교회론의 새 지평」, 박근원 역 (서울: 도서출판 진흥, 1996), 147.

명한 신학자 글렌 힌슨(E. Glenn Hinson)이 내린 정의라 할 수 있다. 그는 목회를 "예수 그리스도의 몸인 교회를 통한, 세상 안에서 그리고 세상을 향한 예수 그리스도의 사역"이라 정의하고 있다.[19] 힌슨은 예수 그리스도의 사역을 하나님이시자 인간이신 '예수께서 하시고자 한 사역'으로 설명하고는 그것은 한 마디로 '하나님을 사랑하고 사람을 사랑하는 일을 증진시키는 일'(마 22:36-40)이라 말하고 있다.[20]

즉, 목회란 교회가 주축이 되어 '세상에 있지만'(in), '세상에 속하지 않으면서'(not of), '세상을 향하여'(to) 행하는 하나님을 사랑하고 사람을 사랑하는 모든 종류의 일이라는 것이다. 그리고 이러한 목회의 주역은 예수 그리스도의 몸인 교회이며 예수께서는 당신의 교회가 자신보다 더 큰 일을 할 것이라고 말씀하셨다(요 14:12).[21]

4) 목회자-교회 사역자

목회자는 교회의 구성원이자 지도자이며(기능적으로는 'diaknos'이며 신분적으로는 'doulos'인) 봉사자이다. 교회의 대표자로서 목회자는 모본이 되어야 하며 지도자가 됨을 통하여 교회를 자신이 이해하고 확신하고 있는 본연의 사역으로 성도들을 동참시켜야 한다. 목회자는 교회가 맡은 사명의 성취를 돕기 위해 성도를 적절하게 준비시키는 사역을 위해 부름받은 사람이며 이러한 일을 위해 지도자로 세움받은 사람이다.

교회역사를 통하여 항상 논의의 대상이 되어왔던 목회사역과 관련된

---

19) Hinson, "The Church and Its Ministry," 15.

20) H. Richard Niebuhr, *The Purpose of the Church and Its Ministry* (New York : Harper, 1956), 27, 31.

21) "내가 진실로 진실로 너희에게 이르노니 나를 믿는 자는 내가 하는 일을 그도 할 것이요 또한 그보다 큰 일도 하리니 이는 내가 아버지께로 감이라"(요 14:12).

네 가지 중요한 사항은 다음과 같다: i) 목회자의 우선적인 사역이 무엇이며 모든 역할과 기능의 목적이 무엇인가? ii) 목회사역으로의 부르심은 어떻게 이루어지는가? iii) 목회자의 권위의 원천은 무엇인가? iv) 목회사역의 대상은 누구인가?[22] 이러한 목회자의 사역과 관련된 네 가지 중요한 사항에 대해 살펴보면 다음과 같다.

첫째, 목회자의 우선적 사역 및 기능과 역할

목회자가 교인들을 준비시키기 위한 우선적인 과업/일은 초대교회에서 찾아볼 수 있듯이 다음과 같다; 말씀의 선포와 가르침, 예배와 예전의 집전, 모든 행정의 감독과 주재, 어려움과 문제를 지닌 교우들의 돌봄. 비록 시대에 따라 강조의 차이는 있었을지언정 이 네 가지 목회자의 주요 사역은 늘 유지되어 왔다. 목회신학자 시워드 힐트너(Seward Hiltner)는 시대를 초월한 이같은 교회의 주요 목회사역을 '치유(Healing), 지탱/유지(Sustaining), 인도(Guiding), 소통(Communicating), 조직(Organizing)'의 다섯 가지로 분류하고 있다.[23]

둘째, 목회사역으로의 부르심

사역과 관련된 또 하나의 중요한 사항은 목회사역으로의 목회자의 부르심, 즉 소명이다. 소명은 어떻게 그리고 누구에 의해 주어지는가? 그리고 어떻게 분별하는가?의 문제이다. 이 부분과 관련된 자세한 내용은 목회자의 소명과 관련하여 자세하게 살펴보겠지만, 우선적으로 알아야 할 점은 소명 역시 시대에 따라 그 방법과 확증 그리고 분별하는 법 등이 달라져왔다는 사실이다. 교회는 시대를 초월하여 언제나 하나님의 일을 하는 사람에게 명확한 부르심의 자각과 확증을 요구하였다는 사실이다.

---

22) Niebuhr, *The Purpose of the Church and Its Ministry*, 58.

23) 힐트너의 다섯 가지 사역에 대한 자세한 설명은 그의 저서 *Preface to Pastoral Theology* (Nashville, TN: Abingdon Press, 1958), 3부와 4부를 참조하시오.

셋째, 목회사역의 권위의 원천

목회자와 목회사역에서 중요한 또 하나의 사항은 목회자의 권위의 원천이다. '무슨 권위로 이러한 일을 하는가?'와 관련된 요소이다. 목회의 의미가 분명하고 그에 따른 목회자의 권위가 확실할 경우 목회자의 권위의 원천을 파악하는 일은 비교적 쉽다. 하지만 오늘날처럼 기존의 가치 체계와 인정된 질서들이 불확실하고 불안정해지는 상황에서 목회자의 권위 역시 이전과는 다른 도전에 처해있다. 예외적으로 간혹 어떤 신앙지도자들은 "주께서 내게 말씀하시기를..."식으로 자신들이 하나님으로부터 직접 계시를 받았고 그 부르심에 근거하여 자신들의 권위를 내세우는 경우가 있다. 하지만 몇몇 경우를 제외하고는 이러한 자의적 인식에 근거한 권위는 건강하지 못한 종교집단이나 이단들에서 찾아볼 수 있는 현상이라 할 수 있다.

따라서 일반적으로 목회지도가 권위를 필요로 하는 경우가 성서와 교회가 가르치고 있는 목회사역의 역할 수행과 관련된 경우가 대부분이므로 목회자의 권위는 성서와 교회, 이 두 가지 원천에 근거해 있다.[24] 그리고 이 두 가지 목회자 권위의 원천은 오늘날 대체로 교회 회중의 인정과 안수함을 통하여 공적으로 뒷받침된다. 이러한 사실이 의미하는 바는 목회자가 자신의 권위의 원천이 지니는 무게에 걸맞은 윤리적 도덕적 영적 책임을 다하도록 최선을 다해야 한다는 사실이다.

넷째, 목회사역의 대상

이는 목회자는 '하나님으로부터 하나님의 자녀에게 우선적으로 보내심을 받았는가?' 아니면 '세상을 향해 보내심을 받았는가?'와 관련된 내용이기도 하다. 목회의 사역의 대상은 목회자의 신앙적 배경과 훈련의 과정,

---

24) Niebuhr, *The Purpose of the Church and Its Ministry*, 69.

그리고 하나님의 소명에 대한 자각에 따라 다를 수 있다. 성서는 하나님의 사역자들이 이 둘 다를 향하여 사역을 하였음을 보여준다. 대부분의 사역자들이 이스라엘, 즉 하나님의 백성들을 위해 보내심을 받아 사역하였지만, 간혹 어떤 경우는 하나님의 백성이 아닌 다른 세상의 사람들을 향해 보내심을 받은 사실을 볼 수 있다.

대표적으로 구약에서 보편적인 하나님의 사랑을 보여주는 요나의 경우와 드로아에서 본 마케도니아 사람의 환상으로 인하여 유럽 대륙에 발을 디뎠던 사도 바울의 예(행 16:7-12)가 대표적인 경우이다. 사회를 향한 섬김에 비교적 소극적이라 여겨지고 있는 침례교의 선배 목회자 가운데 사회복음의 주창자인 신학자 월터 라우센부쉬(Walter Rauschenbusch, 1861년-1918년)가 있음은 목회사역의 대상에 대한 우리의 이해를 돕는 예이기도 하다. 이러한 일반적인 교회와 목회사역에 대한 이해를 바탕으로 다음에서 침례교 목회의 기초를 제공하는 침례교회가 지닌 타 교단과 구별되는 성서적 교회관 및 그 실현을 위한 과제를 살펴보기로 하자.

2. 침례교 교회이해에 기초한 목회학

1) 침례교 목회학의 일반적 특징과 과제

침례교 목회학을 이해하는데 필요한 기준은 다른 교파들이 신학의 정체성을 파악하고 분류하는 주요 기준과 마찬가지로 성서와 교회의 전통 그 중에서도 자유교회의 전통이다. 즉 침례교 목회학을 규정짓는 두 가지 기준은 성서와 침례교회가 자유교회 전통가운데 역사적으로 간직해왔던 신앙적 전통이다. 이러한 침례교 신앙의 뿌리를 바탕으로 현대 개신교에 훌륭한 족적을 남긴 침례교 목회자로는 먼저, 수많은 영적 상담과 돌봄의 기록을 남긴 앤드류 풀러(Andrew Fuller), 현대선교의 아버지 윌리엄 캐리

(William Carey), 불후의 명설교가 찰스 스펄전(Charles Haddon Spurgeon) 등을 꼽을 수 있으며, 이들 침례교 목회자들을 통하여 성서적 전통에 기초한 전인적 목회돌봄이 이어져 왔다[25].

사실 종종 침례교회의 특징으로 꼽는 종교의 자유, 진정한 회심에 의한 신앙적 결정의 자율성, 모든 신자의 제사장직 등은 침례교회만의 독특한 주장은 아니다. 이러한 특징들은 일찍부터 자유교회전통에 속한 교회들이 공유하고 있던 정신이라 할 수 있다.[26]

20세기 초 저명한 영국침례교 학자인 어니스트 페인(Earnest A. Payne)은 영국의 자유교회에 대한 연구에서 자유교회가 지닌 네 가지 주요 특성을 '그리스도를 믿는 개인적 결단의 필요,' '신자들이 함께 모인 공동체로서의 교회,' '모든 신자의 제사장직분에 대한 헌신' 그리고 '신행일치를 위한 노력'으로 요약하였다.[27] 또한 남침례교 원로 사학자 글렌 힌슨(Glenn Hinson)은 자유교회 전통에 속한 침례교회의 특성을 '신앙 결정의 자율성,' '민주적 정치형태,' '종교의 자유' 그리고 '교회와 국가의 분리'로 제시하고

---

25) John T. McNeill, *A History of the Cure of Souls* (New York: Harper & Row, 1977), 271-2.

26) 자유교회는 19세기 중반에 '자유교회'라는 명칭이 공식적으로 등장하기 훨씬 이전 종교개혁시기의 재침례교도들을 비롯한 일련의 교회와 국가의 분리를 주장한 개인의 신앙자유와 신앙고백적 교회에 대한 확신을 지닌 신자들까지 거슬러 올라간다. '자유교회'(free church)란 용어는 1843년 영국 스코틀랜드 출신의 수학자이자 목회자인 Thomas Chalmers가 1843년 자신과 마음을 같이 하여 스코틀랜드 국교회인 The Church of Scotland에서 탈퇴한 스코틀랜드의 장로교회, 회중교회, 침례교회, 감리교회 목회자 474명과 함께 비국교회 연합을 공식적으로 출범시키고 '자유교회'(the Free Church)로 명명함으로서 문헌상 공식적으로 등장한 명칭이다; R. Albert Mohler, Jr., "A Call for Baptist Evangelicals & Evangelical Baptists: Communities of Faith and A Common Quest for Identity," in *Southern Baptists & American Evangelicals*, ed. Daivd S. Dockery (Nashville, TN: Broadman & Holman Publishers, 1993), 227; Walter B. Shurden, T*he Baptist Identity: Four Fragile Freedom* (Macon, GA: Smyth & Helwys Publishing, 1993), 4; Erich Geldbach and S. Mark Heim, "Free Church," in *The Encyclopedia of Christianity*, vol. 2, 346-7.

27) Earnest A. Payne, *Free Church Tradition in the Life of England* (London: SCM Press, 1944), 144-5.

있다.[28] 남침례교 조직신학자 멀린스(Edgar Y. Mullins)는 자유교회의 정신을 계승한 침례교회의 특징을 '영혼의 유능성'에 기초한 '영혼의 자유,' '중생한 회원으로 이루어진 교회,' '전 신자 제사장직' 그리고 '국교분리'로 설명하고 있다.[29]

이러한 침례교 목회학 특징의 기초가 되는 두 가지 신학적 기본 전제는 다름 아닌 '하나님의 은혜'와 '개인의 영적 자발성'이다. 즉, '하나님의 은혜'는 목회학의 핵심인 목회 돌봄의 출발이자 신학적 기본 전제이다. 그리고 온전한 자유의사에 따라 하나님의 은혜에 응답하는 '개인의 영적 자발성' 또한 침례교 목회의 기저에 흐르고 있는 또 하나의 중요한 신학적 기본전제이다. 침례교적 목회학의 기초를 이루고 있는 이러한 두 가지 신학적 기본전제 위에 침례교회의 신앙적 특성을 바탕으로 한 침례교회의 주요 특징을 살펴보면 다음의 네 가지로 요약할 수 있다: '개인의 신앙 자유 전통,' '신자 침례와 이에 기초한 자발적인 신자의 교인됨의 전통,' 신자의 교회에서 비롯된 '전신자 제사장직분과 상호 돌봄의 전통' 그리고 신앙의 자유를 담보하기 위한 '국가와 교회의 분리 전통.'[30] 이 네 가지 침례교회의 신앙적 특징은 각각이 분리된 내용이 아니라 상호 밀접하게 연관되어 서로를 보완적으로 설명해주는 내용들이다. 이러한 침례교의 신앙적 특징과 관련한 침례교의 목회사역을 살펴보면 다음과 같다.

---

28) E. Glenn Hinson, "One Baptist's Dream," in *Southern Baptists & American Evangelicals*, ed. Daivd S. Dockery (Nashville, TN: Broadman & Holman Publishers, 1993), 212-5.

29) E. Y. Mullins, *The Axioms of Religion* (Philadelphia: American Baptist Publication Society, 1908), 56-7.

30) 본 연구자의 이러한 네 가지 전통의 요약은 역사적 사료나 기본적인 침례교적인 관점으로 인해 웨인 오츠가 자신의 저서 *Protestant Pastoral Counseling* 주장하고 있는 내용과 비교적 유사하나 조금은 다른 관점을 담고 있다. 예를 들면, 오츠의 비국교적 전통과는 달리 본 연구에서는 개인의 종교적 자유로 그 내용을 다르게 하고 있다. 자세한 내용은 Wayne Oates의 *Protestant Pastoral Counseling* (Philadelphia: Westminster Press, 1962)의 2장을 참조하시오.

(1) 신앙의 자유 전통

인간은 하나님의 형상에 따라 창조되어 하나님과 인격적인 관계를 맺을 수 있는 존재로 지음 받았다. 그렇기에 침례교회는 인간이 범죄 함으로 타락한 존재이지만 하나님의 부르심에 응답할 수 있는 자유와 능력을 지니고 있다고 믿고 있다. 사도 바울은 이러한 인간의 능력과 상태에 대해 다음과 같이 언급하고 있다: "이는 하나님을 알 만한 것이 그들 속에 보임이라 하나님께서 이를 그들에게 보이셨느니라. 창세로부터 그의 보이지 아니하는 것들 곧 그의 영원하신 능력과 신성이 그가 만드신 만물에 분명히 보여 알려졌나니 그러므로 그들이 핑계하지 못할지니라"(롬 1:19-20).

따라서 신자 각 개인은 하나님과의 참된 교제가 가능하기 위해 자신의 자유로운 의지에 기초하여 하나님의 부르심에 응답하여야 하며, 어떠한 개인이나 조직이나 권력에 의해서 신앙을 강요받아서는 안 된다. 이는 신앙의 본질이 인격적 관계이기에 더욱 그렇다. 인격 간의 만남에서 강제나 강요가 개입되면 그 만남과 사귐은 건강하지 못하며 나아가서 사랑을 통한 온전한 성장을 이루지 못한다. 따라서 신앙의 본질적 특성에서 볼 때 이러한 개인의 신앙적 자유에 관한 확신과 가르침은 기독교 신앙전통에서 결코 양보할 수 없는 요소이며 침례교회신앙전통의 가장 중요한 특징 중의 하나이다.[31]

17세기 영국에서 침례교회가 시작되었을 때부터 국교에 반대하여 개인의 양심에 따라 신앙을 결정하는 개인의 신앙적 자유를 주장했던 침례교인들은 신앙적 양심의 자유를 신약성서의 핵심적 가르침으로 받아들였으

---

31) H. Leon McBeth, "하나님은 영혼의 유능성과 모든 신자들의 제사장 직분의 원리를 주셨다," Charles W. Deweese 편, 「21세기 속의 1세기 신앙」, 김승진 역 (대전: 침례신학대학교출판부, 2005), 108.

며 여러 신앙고백 속에서 이를 주장해왔다.[32] 이러한 개인의 신앙적 자유 전통은 건강하지 않은 잘못된 가르침들까지도 포함될 수 있는 위험을 감수하고서라도 어렵지만 포기할 수 없는 침례교인의 신앙적 확신이다. 나아가서 이러한 신앙적 자유는 침례교인으로 하여금 비신조적(비교리적)이며 그렇기에 성서만이 유일한 신앙의 최종적 권위로써 삼는 신앙태도를 견지하게 만든다.

침례교목회학의 관점에서 이러한 개인의 신앙적 자유 전통은 다음의 두 가지로 목회현장에 적용할 수 있다. 첫째, 비강요적 신앙적(영적) 개방성이다. 침례교인은 어떠한 신조(creeds)도 불완전하며 최종적이지 않다고 믿는다. 그렇기에 어떤 개인이나 조직도 신조나 신학적 선언을 다른 신앙인에게 강요해서는 안 된다고 믿는다. 물론 목회자가 목양 과정에서 자신의 신앙적 확신에 근거한 인도와 권면들을 피할 수 없다. 하지만 목회자가 개인의 신앙적 자유의 중요성을 제대로 인식하고 있다면 자신의 신앙적 확신을 표현하고 권면하되 '강요'하지는 않아야 한다. 즉 목회자는 목양에서 개인의 신앙적 확신을 권위주의적이며 지시적이며 억압적 태도로 강요하는 태도를 취하지 않도록 주의하여야 한다.

다시 말해 목회자는 목양과정에서 교인이 직면한 문제나 어려움에 대해 여러 가능성과 해결책을 제시하고 그것을 함께 평가하고 선택할 수 있도록 도움을 줄 수 있지만, 목회자 자신이 옳다고 여기는 방안을 선택하게끔 강요하는 일은 자제해야 한다. 목회자의 강요적이며 권위주의적 목양행태는 교인들의 신앙적 동기유발에 부정적 영향을 미쳐 교인의 자발적 사역참여에 부정적인 영향을 미친다. 동시에 해당 교인의 자율성이 무

---

32) William R. Estep, Jr., "국교반대주의(Nonconformity)의 사상이 침례교인들의 양심에 스며들어 있다," Charles W. Deweese 편, 「21세기 속의 1세기 신앙」, 김승진 역 (대전: 침례신학대학교출판부, 2005), 138; H. Leon McBeth, *A Sourcebook for Baptist Heritage* (Nashville: Broadman Press, 1990), 70.

시된 강요나 억압에 의한 행동변화는 교인 개인으로 하여금 문제해결을 통한 성장이나 성숙을 경험하기 어렵게 만든다.

둘째, 교회와 사회의 지속적 개선과 개혁이다. 침례교회의 신앙의 자유 전통은 인간과 하나님과의 자유로운 인격적 관계를 저해하는 어떠한 종류의 교회 안팎의 억압이나 권위주의나 강요된 종교적 신념이나 태도를 배격하기에 변혁적인 입장을 지니게 만든다. 그동안 목회에서의 '치유적(Therapeutic) 기능'과 '선지적(예언적, Prophetic) 기능' 가운데서 보수 복음주의 교회들이 간과해 온 기능이 '선지적 기능'이라 할 수 있다. 개인의 신앙적 자유를 주장하는 침례교회 전통은 신앙적인 면에서 온전한 자유와 해방을 전제로 하기에 이를 저해하거나 방해하는 기존 기독교의 현실지향적인 종교적 태도나 불평등이 심화되는 사회질서와는 비타협적 특성을 지니고 있다. 그렇기 때문에 참된 신앙적 자유를 지향하는 목회자는 기존 사회의 긍정적 질서와 요소들을 보존하는 동시에 본래적인 기능이나 정신에서 벗어나는 변질된 요소들을 변화 변혁시키는 새로운 시도나 개혁에 긍정적으로 반응할 수 있어야 한다. 그러므로 목회자는 개인의 신앙적 자유를 억압하는 모든 종류의 교회와 사회의 압력이나 잘못된 관습, 제도 등에 대하여 민감성을 지녀야 하며 동시에 그러한 부정적인 요소들을 개선 변혁시키는 일에 지속적인 관심과 노력을 기울일 수 있어야 한다.

(2) 신자 침례 및 신자 교회(신자의 자발적 교인됨)의 전통

침례교회는 성서의 가르침에 근거하여 하나님의 은혜로 말미암은 구원을 받지 못한 사람들은 결코 교회회원, 즉 교인이 될 수 없다고 주장한다. 다시 말해 교회의 모든 회원은 '그리스도를 주로 고백하고 은혜로 말미암아 구원을 얻은 사람'이어야 한다.[33] 그리고 이러한 신앙적 결단은 아무도 대신 할 수 없기에 신앙적으로 자발적 의사결정의 능력이 있는 사람만

이 침례를 받을 수 있다고 인정한다. 그렇기에 영아나 유아의 침례를 거부하며, 동시에 그들을 교회의 책임 있는 구성원으로 인정하지 않는다.

신자의 침례와 신자만이 교회회원됨을 주장하는 침례교회는 예수 그리스도를 구세주로 영접하고 신앙을 고백하는 사람의 그 고백에 근거하여 침례를 받고 그러한 신자들로 지역교회를 구성하여야 한다고 주장한다.[34] 이러한 성서에 근거한 '신자의 침례'와 '신자의 교회'에 대한 확신이야말로 침례교회로 하여금 오늘날 여타 다른 개신교의 교파나 신학들과 구별되게 만드는 가장 중요한 핵심적 특징이 되고 있다.

이러한 신자의 침례 및 신자의 자발적 교인됨의 전통은 침례교목회학에서 다음과 같은 특성을 지니게 한다. 첫째, 신자 개개인의 자발적인 교회회원 됨은 지역교회에서 신자들이 교회 회원으로서 사역과 재정적 책임을 지녀야 함을 의미한다. 그리고 이러한 교회회원 됨의 중요성과 그 의미는 일련의 새가족 과정을 통하여 준비되는 것이 바람직하다.

둘째 신자 개개인의 자발적인 교회회원됨은 교회의 의사결정과정에서의 회중적 민주절차에서 찾아볼 수 있다. 침례교의 교인들은 스스로 교인되기로 결정한 지역교회에서 예수 그리스도의 몸의 지체로서 전체 교회를 위한 의사결정에 적극 참여하여야 한다. 이러한 교회회원의 각종 위원회를 통한 직접 참여적 의사결정은 기존 한국 주요 교단 교회들이 시행하고 있는 당회를 중심으로 한 대의민주체제와는 궤를 달리한다.

이상에서 살펴 본 이러한 신자의 침례 및 신자의 교인됨과 그 책임이 제대로 실행되기 위해서는 각 신자들이 신앙공동체 내에서의 자발적으로 훈련받고 능동적인 교회의 구성원(회원)으로서의 책임 및 상호 돌봄을 통하여 목회현장에서 실현된다. 따라서 침례교회의 '신자의 침례 및 자발적

---

33) 최봉기 편, 「침례교회」 (대전: 침례신학대학교, 1997), 240.
34) 드위즈 편, 「21세기 속의 1세기 신앙」, 138.

인 신자의 교인됨과 그 책임의 전통'은 다음에 살펴볼 침례교회의 또 하나의 중요한 전통인 '전신자 제사장직분과 신자의 상호 돌봄 전통'과 불가분의 관계를 지닌다.

(3) 전신자 제사장직분과 신자의 상호 돌봄 전통

교회는 자발적으로 예수 그리스도께 자신들의 삶을 헌신한 신자들로 이루어져 있다. 이러한 신자의 자발성은 교회의 구성과 신앙의 표현, 그리고 교회 회원 상호간의 유기적인 관계와 밀접한 연관이 있다.[35] 하나님 앞에서 모든 신자는 제사장이기 때문에 각기 스스로 하나님께서 성경을 통해 자신에게 하시는 말씀을 해석할 수 있는 권리와 예배와 속죄를 위해 하나님 앞에 자유롭게 나아갈 수 있는 권리를 가지고 있다. 동시에 이러한 권리를 지닌 침례교회 신자들은 신앙공동체인 지역교회에 가입하고 거기서 서로 교제하며 사랑의 짐을 나누어지게끔 훈련받고 양육받는다. 이러한 사랑의 짐을 나누는 일은 상호 돌봄을 통하여 구현된다.[36]

거듭난 사람들은 구원받은 은혜와 하나님의 사랑입음에 합당한 삶을 살아야 할 책임이 있다. 하나님을 향한 우리의 사랑이 구체적으로 표현되려면 사랑하는 대상인 하나님께서 가장 사랑하는 대상 혹은 하나님께서 가장 원하시는 대상을 향한 사랑으로 표현될 수밖에 없다. 따라서 하나님을 향한 사랑의 구체적 표현은 하나님께서 가장 사랑하시는 사람들을 향한 구체적인 사랑의 표현과 돌봄으로 나타나야 하는 것이다.

침례교회는 신앙행습의 최종적 권위를 성서에 두고 있기에 침례교인들

---

35) William H. Brackney, "자원주의는 침례교 신앙전통의 핵심요소다," Charles W. Deweese 편, 「21세기 속의 1 세기 신앙」, 김승진 역 (대전: 침례신학대학교출판부, 2005), 150.

36) Ernest A. Payne, The Fellowship of Believers: Baptist Thought and Practice Yesterday and Today (London: Carey Kingsgate Press, 1952), 26.

은 성서에 대한 자신의 이해와 교회 내에서 발견한 은사를 바탕으로 유기적 신앙공동체인 교회 내에서의 자신이 섬길 분야를 결정하기에 이러한 결정은 다양하다. 그리고 예수 그리스도의 몸으로서 교회의 유기적 한 몸됨은 그 구성원들이 지닌 다양성에 대한 상호존중이 전제되어야 가능하며, 이러한 신자들의 다양성은 교회 내 지체들 간의 상호돌봄에 있어서 중요한 자원이 된다.[37]

사실 오늘날 한국 교회의 유기체적 본질을 위협하는 문제 중의 하나인 개인주의는 제사장으로서 자신의 본분과 해야 할 일을 자각한 신자들이 서로 한 몸 됨을 실천하는데 있어서 심각한 위험요소이다.[38] 그렇기에 사우스웨스턴 침례신학대학원의 목회신학자 브리스터(C. W. Brister)는 회복되어야 할 현대 목회의 본질 가운데 하나로서 교회공동체 내에서의 '상호돌봄'을 강조하면서, 상호 돌봄을 위해 지역교회 내에서 평신도를 양육하고 훈련하는 일이 목회자들의 주요 목양 목표 중의 하나임을 적시하고 있다.[39]

예수 그리스도의 몸으로서의 유기적 공동체인 교회를 온전하게 하는 상호 돌봄은 교회에 대한 교인들의 올바른 이해와 관심과 노력과 훈련을 통하여 이루어질 수 있다. 물론 오늘날 교회현장에서 수많은 평신도 사역자들이 교회의 각 분야에서 돌봄 사역을 담당하여 섬기고 있다.[40] 이러한

---

37) 최봉기 편, 「침례교회」, 263.

38) Brister, *Pastoral Care in the Church*, 82-3.

39) Ibid., 12, 40-1, 82-3, 189. Brister는 목양의 세 가지 주요목표를 다음과 같이 제시하고 있다. 첫째, 신앙생활에서 사람들의 정서적 어려움을 도와 현실적인 도움을 주는 일, 둘째, 인생의 위기나 중대한 결정의 시기, 혹은 삶의 전환기에서 영적 도움을 필요로 하는 사람들을 돕는 일, 끝으로, 상담사역자들이 현실을 직면하며 자신의 성품을 건설적으로 변화시키며 하나님과의 친밀감을 증진하도록 준비시키는 일.

40) Slayden A. Yarbrough, "선두와 중앙에 서야 할 사람들은 평신도들이다," Charles W. Deweese 편, 「21세기 속의 1 세기 신앙」, 김승진 역 (대전: 침례신학대학교출판부, 2005), 287.

상호돌봄을 좀 더 효율적으로 돕기 위해 목회자는 사역에 필요한 훈련과 자원들을 체계적으로 제공하도록 행정적으로 뒷받침하여야 하며 교인 각자가 유기체의 각 지체로서 제 역할을 할 수 있도록 준비시키기 위한 훈련프로그램을 개발하고 인적 자원들을 발굴하는데 적극적 노력을 기울여야 한다. 특히, 목회자는 유기적 공동체로서의 교회에 대한 확신과 이를 실현하기 위한 상호돌봄의 필요성을 교회의 주요 지도자들 및 교인들과 깊이 공유하고 이를 바탕으로 교회의 비전이 실현되도록 인식되도록 하여야 한다. 이렇게 될 때 비로소 전 신자가 사역자로서의 역할을 감당할 수 있으며 교회회원간의 책임 있는 상호 돌봄이 활발하게 전개되어 유기적 공동체로서의 역할을 제대로 감당할 수 있다. 그리고 이러한 상호돌봄의 책임은 지역교회 내 뿐만 아니라 지역교회 간의 관계에서도 적용된다. 즉 침례교회는 신자들의 자율적 신앙공동체로서 개교회주의를 바탕으로 하고 있지만 동시에 이러한 상호 돌봄의 책임의 측면에서 볼 때 침례교회는 '협력적 개교회주의'를 지향하고 있다 하겠다.

(4) 국가와 교회의 분리(정교분리) 전통

침례교회에서의 국가와 교회의 분리 전통은 그 태동기부터 매우 중요하게 여겨졌던 요소이다. 침례교회를 포함한 자유교회(Free Church)의 전통에 속해있는 교회들은 교회와 국가의 엄격한 분리를 자신들의 신앙적 확신으로 삼고 있다.[41] 교회역사를 통해 볼 때, 대개의 경우 교회의 자치권을 위협하는 두 가지는 국가와 종교단체들임을 볼 수 있다.[42]

---

41) 최봉기 편, 「침례교회」, 23-4.
42) Rosalie Beck, "교회는 그리스도의 주님되심 아래에서 자유롭게 자체적인 결정을 할 수 있다," Charles W. Deweese 편, 「21세기 속의 1세기 신앙」, 김승진 역 (대전: 침례신학대학교출판부, 2005), 227.

먼저, 교회의 자치권을 위협하는 국가의 경우를 살펴보자. 서로 다른 목적을 지닌 교회와 국가는 그 목적을 성취하는 방식이 서로 다르다. 교회는 자발적인 지원이나 헌금에 의해 재정을 꾸려나가지만, 국가는 강제적인 세금으로 재정을 운용한다. 또한 국가는 권력을 사용하여 강제할 수 있으나 교회는 설득에 의존하여 목적을 달성하고자 한다.[43] 따라서 신앙의 자유를 확신하고 이를 바탕으로 한 자유교회전통은 국가가 개인의 신앙의 자유를 제한 또는 강제하거나 교회에 대해 간섭하는 것을 매우 엄격하게 금지하여야 한다고 주장한다.

다음으로, 정부와 더불어 교회의 신앙적 자치와 자유를 위협하는 또 하나는 국가종교(국교)나 매우 관료적 위계 구조를 지닌 종교단체들이다. 이들은 자신들의 종교적 목적을 위해서 효과적인 수단이라고 여길 경우 정부나 기타 사회권력 기구들에게 도움을 주거나 협조하여 교회의 자치와 신앙의 자유에 영향을 미치려고 시도하는 일을 주저하지 않는다.[44]

그런데 이러한 국가와 교회의 분리라는 침례교회의 신앙전통은 교회에게 자칫 양날의 칼이 될 수 있다. 교회가 사회적 약자인 경우 국가와 교회의 분리전통을 매우 엄격하게 적용하고 예민하게 반응하지만, 그렇지 않고 교회가 사회적으로 강력한 힘을 지니고 있을 경우는 국가와 교회의 분리를 엄격하게 적용하지 않고 그 힘의 편리함에 빠져 그 힘을 남용하거나 오용하는 유혹에 빠지는 경우이다.

교회의 힘은 세상의 권력이나 금력과는 다른 종류의 힘이다. 그 힘은

---

43) James M. Dunn, "종교의 자유과 교회/국가의 분리는 떼려야 뗄 수 없는 것이다," Charles W. Deweese 편, 「21세기 속의 1세기 신앙」, 김승진 역 (대전: 침례신학대학교출판부, 2005), 128-9.

44) 이러한 경우의 대표적인 예는 오늘날 특정 종교가 지배적인 남미나 구 공산권의 세계에서 발견된다. 자신들의 교회가 속한 세속 정부의 부정적인 측면을 옹호 내지는 묵인해주는 대신 다른 종교의 선교를 방해하기 위해 여러 가지 국가의 정책이나 제도의 입법을 요구하는 일들이 이에 속한다.

근본적으로 사랑의 힘이며 사랑이 밑받침된 섬김과 낮아짐과 희생의 태도로 세상에 영향을 미쳐야한다. 예수께서 전능하신 하나님이시만 하나님께 대한 사랑으로 기꺼이 성부하나님께 순종하여 인간의 몸을 입고 오셨고 섬김과 희생과 낮아지심으로 우리에 대한 자신의 사랑을 나타내시며 "이 악한 세대가 기적을 요구하나 요나의 기적밖에는 보일 것이 없다" (눅 11:29) 말씀하시며 묵묵히 십자가를 향해 걸어가셨던 모습에서 교회는 자신들의 권력과 힘을 어떻게 사용해야 하는가를 배워야 한다.

이상에서 살펴본 '개인의 종교적 자유 전통,' '신자의 침례와 자발적인 신자의 교회회원 됨의 전통,' '전신자 제사장직분과 상호 돌봄의 전통' 그리고 '국가와 교회의 분리 전통' 등의 침례교 교회 전통에 기초한 침례교 목회의 특징은 오늘날 진리의 보편적 절대성에 의문을 가지고 경험적이고 주관적 체험을 중요시 포스트모던 사회의 도전에 직면해 있다. 이러한 상황에서 침례교목회학의 우선적 과제는 침례교목회학의 특성을 바탕으로 신앙공동체를 세우고, 가정의 건강한 관계를 촉진하며, 상처받은 영혼을 치유하고 믿음을 고양하고 유지시키는 일이라 할 수 있다.[45]

2) 침례교 목회학의 한국적 과제 및 제안

(1) 한국 침례교 목회의 과제

목회학이 목회자 개인의 신학적 인격적 요소와 교회 및 사회 종교적 상황과의 상호작용을 통하여 형성 발전되어 간다고 할 때, 목회신학 역시 다른 신학과 마찬가지로 사회와 문화 및 종교적 상황에 대응한 고유한 도전과 과제가 있다고 할 수 있다.[46] 이러한 점에서 침례교목회학 역시 일

---

45) Jan T de Jongh van Arkel, "Recent Movements in Pastoral Theology," *Religion & Theology*, vol. 7, no. 2(2000): 144.

46) Ibid., 142.

반적인 침례교 목회학과 함께 한국의 사회적 종교적 상황에서 특별히 다루어져야 하는 영역, 즉 침례교 목회학의 한국적 과제가 있다.

'대한기독교회'라는 이름으로 시작된 한국침례교회는 캐나다 출신 선교사 말콤 펜윅(Malcolm C. Fenwick, 1963-1935)에 의하여 시작되었다고 일반적으로 받아들여지고 있다.[47] 대한기독교회로 시작된 초기 한국침례교회는 침례교의 대표적 신학적 특성인 '개인의 종교적 자유 전통,' '신자의 침례와 신자의 자발적인 교회회원됨의 전통,' '전신자 제사장직분과 상호 돌봄의 전통' 그리고 '국가와 교회의 분리 전통' 가운데서 '자발적인 신자의 교회회원 됨'의 전통 및 '전신자 제사장직분' 전통과 관련된 '개교회주의' 및 '회중적 민주체제'라는 침례교의 정치 및 행정 체제 영역에서 일반적 침례교회 전통을 따르지 않았다.[48]

침례교회의 전신인 대한기독교회는 철저한 감독적 위계구조를 지니고 있었으며 상명하복의 교단적 특성을 지니고 있었기에 다른 나라의 침례교적 관점에서 볼 때는 전통적인 침례교회의 모습과는 다르다.[49] 하지만 비록 대한기독교회가 시대적 사회적 상황에 따른 교회정치 및 행정체제의 상황화는 있었지만, 오늘날 한국침례교회가 지닌 독특성인 '신자의 침례'와 '신자의 교회' 구현의 관점에서 볼 때 대한기독교회는 침례교 목회학을 한국적 상황에 구현한 침례교회로써의 역사적 신학적 가치를 지니고 있다고 할 수 있다.

이와 관련하여 오늘날 포스트모던의 21세기 한국사회와 점점 교파의 구분이 희미해져가는 한국기독교의 초교파적 교회 상황에 처한 한국침

---

47) 이에 대한 논의는 안희열, 「시대를 앞서 간 선교사 말콤 펜윅」 (대전: 침례신학대학교출판부, 2010), 111-9를 참조하시오.

48) Ibid., 104-7.

49) Ibid., 106-7.

례교 목회학의 과제 역시 다름 아닌 '신자의 침례'와 '신자의 교회'의 실천 및 '협력적 개교회주의 전통'과 이와 관련된 '민주적 회중제' 구현의 과제이다. 이러한 과제가 쉽지 않지만 저명한 침례교회사학자인 맥베스(H. Leon McBeth)로부터 이에 대한 희망적 대답을 들을 수 있다. 그는 자신의 기념비적 저술인 *The Baptist Heritage*의 서문에서 다음과 같이 선언하고 있다: "나는 침례교 교단을 여전히 기독교 신앙의 실천 가능한 표현방식으로 생각한다."50)

앞서 살펴보았던 침례교 신앙특성은 각기 그 역사적 배경과 의미가 있기에 오늘날까지 침례교의 역사적 전통과 신앙적 특성으로 자리 잡아 왔다. 국교를 강요하던 시대에 개인 신앙의 자유와 국교분리의 특성은 신앙을 지키기 위해 양보할 수 없었던 중요한 침례교회의 신앙특성이었다. 마찬가지로 성서를 신앙행습의 최종적 권위로 인정하고 따르는 침례교회의 특성 상, 성서에 나타나 있는 '신자의 침례'와 '신자의 교회'의 가르침은 하나님의 말씀이 영원한 이상 침례교의 양보할 수 없는 중요한 신앙적 특성이다. 그리고 이 두 가지 특성은 오늘날 한국기독교의 여러 교단 가운데서 침례교회를 가장 침례교회답게 만드는 중요한 신앙적 독특성이자 귀한 유산이다.

목회신학은 '이론'(*theoria*)과 '실천'(*praxis*)의 변증적인 선순환적 나선형 과정을 통하여 발전되어간다. 따라서 앞서 언급한 일반적인 침례교 목회학의 특성 가운데서 현실적으로 오늘날 교파 구분의 기준이 되는 독특한 교회론이 점점 옅어져 가고 있는 한국적 상황에서, '한국적 침례교목회신학하기'(*Doing Korean Baptist pastoral theology*)의 핵심 과제 중의 하나는 목양현장에서 '신자의 침례'와 '신자의 교회'를 어떻게 지속적으로 구현

---

50) H. Leon McBeth, 「침례교회의 역사와 유산」(The Baptist Heritage), 김용국 외 2인 역 (대전: 침례신학대학교출판부, 2013), 9.

(praxis)해 낼 것인가' 하는 문제라 하겠다.

(2) 한국 침례교 목회를 위한 제안

우선 '침례교목회신학하기'를 실천하기 위해서는 무엇보다 신학교육 현장에서 예비목회자들에게 '신자의 침례'와 '신자의 교회'와 관련된 침례교 신학에 대한 분명한 이해와 그 가치에 대한 확신을 심어주는 교육이 필요하다. 또한 신학교에서 이를 구현할 수 있는 현실적인 목양의 방안들을 모색하고 제시하는 실천적 내용을 교육함이 필요하다. 목양현장에서는 각 교회마다 신자의 침례를 확인할 수 있는 과정이라 할 수 있는 '새가족과정'(the new membership course)에서 구원의 확신을 점검하고 교회에 출석한 개인(준회원)이 개교회 상황에 적합한 소정의 과정을 수료하여 정회원으로서 교회에서 선거권과 피선거권 및 교인으로서 져야 할 책임을 지녀야 함을 교육하여야 한다. 이 과정에서 목회자는 새로 믿는 이가 아닌 기성신자들이 거부감 없이 교회의 새가족 과정을 밟도록 권면하고 이것이 해당 교회의 문화가 되도록 하여야 한다.

다음으로 논의할 '한국적 침례교목회신학하기'('Doing Korean Baptist pastoral theology')의 과제는 '협력적 개교회주의'의 문제이다. 침례교의 전 신자 제사장직분과 자발적 교회회원됨과 책임의 특성은 침례교인으로 하여금 모든 지역교회가 자치권을 가지도록 규정한다. 지방회나 총회 등이 있지만 이들 중 어떠한 기관이나 조직도 지역교회를 관할하거나 간섭하지 못한다. 하지만 이러한 개교회의 자치권은 성서와 침례교회의 정신과 신앙전통의 범주 안에서 행사되어야 하며 동시에 항상 하나님 나라의 확장을 위해 다른 교회들과 협력적이어야 한다. 특별히 유교적 문화와 장로교의 정치행태가 강한 영향력을 끼치는 한국적 상황에서 개교회의 권한을 위임받은 지방회의 역할은 협력과 상호돌봄의 특성을 지녀야지 그렇지 않으면 자칫 장로교회의 노회나 감리교의 연회와 같은 위계적 권한을 갖게 되어 개교회의 자치권이 침해받을 위험이 있음을 유의하여야 한다.

이와 관련하여 침례교회가 지녀온 의사결정과정의 특징인 회중적 민주체제 역시 침례교회의 전통에 걸맞게 지역교회의 여러 의사결정에서 실질적으로 구현되어야 할 과제라 할 수 있다. 침례교회가 지향하는 이 같은 회중제도를 바탕으로 한 협력적 개교회주의는 정보지식사회로 특징되는 민주적이고 참여적인 현대 사회에 가장 적합한 교회정치행태라 할 수 있다. 따라서 오늘날 한국침례교회에 있어서 '목회신학하기'란 치유, 지탱(유지), 인도, 화해, 해방이라는 목회학의 주요 내용들을 침례교의 신앙 선조들이 세우고 지켜온 침례교회의 신앙 전통과 행습들 안에서 실현하고 발전시켜 나가는 노력이라 할 수 있다. 그리고 이러한 침례교적 한국목회학의 지향점은 당면한 포스트모던의 한국사회에 한국침례교회를 가장 적합한 교단으로 세움 받게 만드는 첩경이 될 것이다.

제3장

목회의 역사와 주요 기능의 변천

현대목회학의 원류는 목회사역의 본질인 성서에 기록된 '목회돌봄'에
기초해 있다. 따라서 현대목회의 역사는 포괄적으로는 성서역사시대 훨
씬 이전으로까지 거슬러 간다하겠다. 성서 기록에서 찾을 수 있는 목회사
역의 시작은 하나님의 창조 사역으로까지 거슬러 올라갈 수 있다. 왜냐하
면 하나님의 창조행위 자체가 살아있는 생명체를 위한 과정이었고 그 정
점에는 인간의 창조와 그 인간에 대한 하나님의 돌봄이 있었기 때문이다.
이러한 하나님의 돌봄과 관련하여 시편 23편 1절은 하나님께서 우리 인간
의 목자 되심을 정확하게 묘사하고 있다.[1]

인간은 이러한 하나님의 돌봄의 책임을 위임받아 피조물을 다스리고
돌보는 일을 맡게 되었다(창 2:15). 하나님의 돌봄을 위탁받아 시작된 인
간의 돌봄행위는 공동체를 돌보는 방향으로 구체화되고 공동체를 돌보기
위해 선택된 사람들에 의해 발전되면서 목회의 형태를 지니게 되었다.[2]
이처럼 목회사역의 역사와 주요 기능은 우선적으로 성서에서 그 원형을
찾을 수 있다. 이러한 목회사역의 역사와 기능의 원형은 예수 그리스도의
십자가와 부활의 사건을 기초로한 새로운 하나님의 공동체인 신약교회로

---

1) 이 밖에 하나님의 목자 되심과 관련된 성서적 언급으로는 창 49:24; 사 53:6; 시 78:52-3;
   80:1 등이 있다.
2) Charles V. Gerkin, 「목회적 돌봄의 개론」, 유영권 역 (서울: 은성, 1999), 28.

새로운 목회사역이 시작되었다. 이러한 새로운 하나님의 공동체인 신약 교회는 주후 2세기를 전후하여 변형이 시작되어 중세에 이르러서는 목회의 주요 기능이 성서의 원형에서 더욱 멀어지게 되었다. 하지만 이러한 목회기능의 변질에도 불구하고 그 중 소수의 사람들은 성서에 나타나있는 목회의 유형과 기능을 충실하게 따르려고 애쓴 이들이 있었다.[3] 이러한 시대와 환경의 변화에 따른 목회의 역사와 주요 기능의 변천을 성서적 목회의 원형을 추구하려고 애쓴 노력을 중심으로 주요 시대별로 나누어 살펴보면 다음과 같다.

1. 성서시대의 목회

성서시대의 목회를 살펴보기 위해서 시간적으로 그 흐름을 분류하여 고고학적으로 고대문헌이나 관련 유물들을 살펴보는 것도 의미가 있다. 하지만 시간적인 요소와 더불어 그 속에 담겨져 있는 목회의 내용을 살펴보기 위해서는 연대기적 구분보다는 구약성서와 신양성서를 기준으로 성서시대가 지니고 있는 목회의 형태와 내용을 찾아보는 것이 바람직하다.

1) 구약성서시대의 목회

목회학이 학문적인 전문영역으로 출발하게 된 것은 20세기에 이르러서이지만, 목회에서 핵심적 개념인 '돌봄'이란 용어는 성서적으로 오랜 역사적 유래를 지니고 있다. 구약성서에서 목회돌봄의 한 영역인 상담이란 용어와 유사한 의미를 지닌 히브리어 '야아쯔'(yaazz)는 '조언하다,' '의도하다,' '고안하다,' '계획하다'의 뜻을 지니고 있는 단어로, "방침"(출 18:19), '모

---

3) Stitzinger, "Pastoral Ministry in History," 34.

략(렘 18:18; 겔 7:26), '의견,' '방책'(삿 20:7) 등의 의미로 성서에서 사용되고 있다.[4]

구약성서시대 당시 하나님의 백성들을 돌보고 지도했던 사람들은 고대 이스라엘의 지도자들이었다. 이들 지도자들은 왕이나 사사 등의 정치군사 지도자 그리고 제사장, 예언자, 현자(지혜자: the wise man)들이었다. 이들 가운데서 성서적 관점에서 목회를 최초로 행했던 사람들은 고대 이스라엘의 제사장과 선지자와 현자들이었다.[5] 구약성서에서 이들 세 부류를 언급하고 있는 기록은 예레미야 18:18이다: "... 제사장에게서 율법이, 지혜로운 자에게서 모략이, 선지자에게서 말씀이 끊어지지 아니할 것이니..." 제사장은 세습적인 신분을 지니고 공적 예배(제사)를 비롯한 의례를 담당하였고, 선지자들은 공동체의 신앙 및 도덕적 문제들과 관련된 하나님의 말씀을 대언하는 일을 담당하였으며, 때때로 공동체와 공동체의 정치적 지도자들을 책망하기도 했으며, 사람들의 회개와 근본적인 삶의 변화를 일으키는 정서적 영역에서 공헌했다. 현자들은 하나님의 백성으로서의 공동체 개인들의 선한 행실과 관련된 개인적 처신과 결정에 대하여 조언하는 역할을 하였다.[6] 선지자들이 그 시대의 국가적 사회적 위기에서 영적 각성을 촉구했던 반면에, 현자들은 개인의 양심과 도덕, 대인관계에서의 질서와 조화 그리고 책임에 대하여 가르치는 교육자의 역할까지도 담당했다.[7]

구약성서시대 당시의 '모사'(counselor)들은 왕에게 신적인 지혜를 말하거나 정치적인 문제에 대하여 조언하는 사람들이었다. 이사야 선지자가

---

4) 오윤선, 「기독교 상담심리학의 이해」 (서울: 예영 B&P, 2007), 38-9.
5) John T. McNeil, *A History of the Cure of Souls* (New York, NY: Harper & Row, 1951), 2.
6) Ibid.
7) Ibid., 11, 29.

언급하고 있는 메시아에 관한 표현 중의 하나도 "기묘자, 모사"(Wonderful Counselor)로 기록되어 있다(사 9:6). 선지자들이 사회와 국가의 공적인 영역에 관련된 가르침과 조언, 회개를 촉구하는 일을 한 반면, 현자들은 개인적 차원에서의 선한 삶과 대인관계에서의 처신과 관련된 조언을 해주는 기능을 했다. 현자들은 일반 사람들로 하여금 그들의 삶을 의미 있게 하고, 대인관계에서의 어려움이나 인생에서의 여러 가지 고통 등에 잘 대처하도록 가르침을 줌으로써 사람들을 돌보았다. 현자들은 사람들 간의 관계나 가족 간의 책임과 문제에 대해 가르침을 주거나 조언했지만, 나중에는 공익과 관련된 여러 사회적 문제들에 대하여도 가르침과 조언을 하게 되었다(잠 1:21).[8] 이후 이스라엘이 쇠퇴함에 따라 이스라엘과 유다 왕국이 멸망하게 되었으며, 현자와 제사장들이 담당했던 기능들은 '서기관'들과 '랍비'들에 의해 계승 유지되었다.[9]

서기관들은 이스라엘 사람들의 생활에서 가장 중심이 되는 가르침인 성서를 보존하고 해석하는 역할을 담당했다. 이러한 역할을 담당했던 서기관들은 포로귀환 후 유대인 사회에서 자연스럽게 현자로서의 역할을 감당하게 되었다. 이들은 신약시대에 이르러 성서의 가르침을 기반으로 사람들이 하나님의 말씀을 일상생활에 적용하고 실천하도록 가르치는 '랍비'가 되었다. 이후 서기관들은 자유로운 힐렐(Hillel)과 보수적인 샴마이(Shammai)로 대표되는 랍비들의 성서해석을 바탕으로 사람들에게 삶의 지혜를 가르쳤다.[10]

---

8) Ibid., 6, 10. 초기 이스라엘의 대표적 지혜자인 네 사람의 이름이 솔로몬과의 비교를 위해 열왕기상 4:30-31에 나타나 있다. 예스라 사람 에단, 마홀의 아들들인 헤만, 갈골, 다르다가 바로 초기 이스라엘의 대표적인 현자들이었다.

9) Gerkin, 「목회적 돌봄의 개론」, 28; McNeil, *A History of the Cure of Souls*, 11. 이들 서기관들은 아마도 제사장계급에서 갈라져 나온 것으로 보인다(에스라 7:11, 12; 느헤미야 8:1).

10) McNeil, *A History of the Cure of Souls*, 12-3. 이러한 랍비들의 삶에 관한 지혜의 가르침

2) 신약성서시대의 목회

신약성서 목회는 선한 목자이신 예수 그리스도의 삶과 사역에서 비롯된다(요 10:11).[11] 예수께서 보여주시는 목회는 자신이 불러 모으신 자신의 양(교회)을 위해 기꺼이 자신의 생명을 버리시는 '선한 목자'라는 새로운 메시아 이미지에 더불어 구약에서의 전통적 목양기능이었던 선지자, 제사장 그리고 현자의 역할을 담당했던 삶과 사역에서 찾아볼 수 있다.[12]

(1) 선한 목자 예수 그리스도

양육과 보호와 인도는 목자의 가장 중요한 역할이다(사 40:10-11; 시 23). 하지만 하나님께서 백성들을 위한 목자로 세운 정치지도자들과 종교지도자들은 목자로서의 기능을 제대로 수행하지 못하고 있었다. 사실 예수님 당시의 목자들은 사회적으로 부랑자처럼 인식되고 있었다. 그렇기 때문에 예수님은 자신을 '선한 목자'(요 10:11, 14)라고 말씀하심으로써, 목자역할을 제대로 하지 못하고 있는 종교지도자들을 비판하셨다.[13] 예수 그리스도는 자신의 삶과 가르침을 통해 선한 목자란 양떼를 위해 기꺼이 위험을 무릅쓰며, 친근하고 신뢰할 수 있으며, 양떼를 돌보고 보호하며 인도하는 사람이라는 사실을 보여주셨다. 예수 그리스도는 폭풍 가운데 떨고 있는 제자들과 함께 하셨으며(눅 8:24), 굶주림으로 고통 받는 수많은 사람들을 먹이셨고(막 6:30-44; 8:1-9), 사회적 고립과 무관심으로 상처받은 사람들을 어루만져 주심으로써 그들을 돌보셨다(눅 19:1-10; 요

을 모은 것들 중 잘 알려진 것이 탈무드이다. 사도행전 22:3에 나오는 사도 바울의 스승 가말리엘(Gamaliel)은 힐렐의 손자이다.

11) McNeil, *A History of the Cure of Souls*, 67.

12) Gerkin, 「목회적 돌봄의 개론」, 32.

13) Colin Brown, ed., *The New International Dictionary of New Testament Theology*, Vol. 3 (Exeter, UK: Paternoster Press, 1975), 566.

4:5-30).[14] 이러한 선한목자이신 목자장 예수께서 목회자를 자신의 일꾼 목자로 삼아 자신의 양떼를 돌보게 하신다(벧전 5:1-4). 그렇기에 기독교 목회자는 '선한 목자'이신 예수님의 모습을 닮아야만 진정한 목회자로서 의 태도를 지닐 수 있다.

(2) 선지자로서의 목회자 예수 그리스도

구약 시대의 선지자는 경고뿐만 아니라, 격려와 위로, 가르침과 상담의 기능까지 담당했다.[15] 비록 예수님이 자신을 가리켜 직접적으로 선지자 라 말씀하신 적이 없지만, 사도 베드로와 최초의 순교자 스데반 집사 그 리고 복음서의 기자들은 자신들의 증언을 통하여 예수 그리스도의 선지 자적인 기능에 관하여 설명하고 있다(눅 7:16; 막 6:15; 행 3:22, 23; 7:37). 유대인들은 선자자의 고유한 특징을 성령의 임하심이라고 믿었다. 실제 로 예수님이 요단강에서 침례를 받으실 때 성령이 임했으며(마 3:16; 막 1:10; 눅 3:22; 요 1:32), 나사렛 회당에서 자신을 가리켜 선지자의 예언이 이루어졌다고 선언하셨는데(눅 4:16-21), 이러한 사실은 예수님이 선지자 이상의 분이심에도 불구하고 선지자로서의 역할을 감당했다는 사실을 보 여주고 있다. 예수 그리스도의 사역은 사람들을 하나님께로 인도하여 하 나님의 자녀로 하나님의 통치 아래 살게 함으로써 하나님과의 관계를 회 복하도록 하는 일에 집중되어 있었다. 이러한 예수님의 사역의 목표는 누 가복음 4:18에 잘 나타나 있다. 그것은 바로 가난한 자에게 복음을 전하 고, 포로 된 자를 자유케 하며, 눈먼 자를 다시 보게 하며, 눌린 자(고통

---

14) Henry Blackaby 외 2인, 「왜 목사가 되려 하는가, 어떻게 목회를 하려 하는가」, 임태호 역 (서울: 디모데, 2013), 65.

15) Roger F. Hurding, *The Tree of Healing* (Grand Rapids, MI: Ministry Resources Library, 1985), 388.

받는 자)를 풀어주고, 하나님의 은혜의 해를 선포하는 일이다.16) 하나님
과의 관계의 회복을 위해 예수님은 직면을 사용하여 종교적 교만과 위선
에 사로잡혀 있던 당시의 종교지도자들에게 회개를 촉구하셨으며, 진리를
알지 못하여 방황하는 사마리아의 수가성 여인에게는 진실을 볼 수 있도
록 도와주심으로써 삶의 변화를 경험하게 하셨다(요 4:4-42). 직면과 자신
을 바로 볼 수 있게 도와주는 일은 오늘날의 목회돌봄에서 빼놓을 수 없
는 중요한 목회적 접근에 속한다.

(3) 제사장으로서의 목회자 예수 그리스도
신약의 히브리서는 예수 그리스도를 기존의 제사장에 비해 월등히 우
월한 대제사장으로 설명하고 있다(히 2:17; 4:15; 5:10). 일반 제사장들이
희생제물을 드리는 역할을 하는 것과 달리 대제사장이신 예수 그리스도
는 희생제물을 드릴뿐만 아니라 직접 자기 자신이 희생제물이 되셨다(히
9:11-2, 26, 28). 예수님은 이 땅에 계시는 동안 대제사장으로서 어려움에
빠진 사람들을 치유하셨고, 용서하셨으며, 그들에게 새 생명을 주셨다. 이
러한 예수님의 회복사역은 수많은 병자들과 사회적으로 소외된 사람들이
평안과 희락과 새로운 삶을 경험하도록 만들어 주었다(막 2:1 이하; 눅
7:36이; 19:1 이하). 그러므로 목회돌봄은 목회자의 자기희생과 섬김을 통
하여 양떼들에게 새로운 희망과 회복을 경험하도록 돕는 제사장적 특성
을 지닌 사역이라고 할 수 있다.

(4) 지혜자로서의 목회자 예수 그리스도
지혜는 적절한 시간에 올바른 결정을 내리기 위하여 어떤 일들 간의 진

---

16) 예수께서는 이 말씀을 이사야 58:6과 11:3-4에서 인용하여 사용하셨다.

정한 관계를 파악하는 능력이며, 또한 어떤 일을 실행하기 위한 올바른 방법을 결정하기 위하여 완전하고 상세하게 상황을 충분히 이해하거나 올바르게 평가하는 능력이라 할 수 있다. 예수님은 공생애 기간 동안 사람들에게 '랍비'로서 알려지셨다. 하지만 다른 랍비들과 달리 예수님은 참된 지혜자로서 사람들의 본질을 정확히 파악하셨고, 그에 따라 사람들을 가르치셨으며, 직면시키기도 하셨다.[17]

예수님은 신적인 지혜와 분별력으로 사람들을 돌보시며 다음과 같은 돌봄 사역의 특성을 보여주셨다. 첫째, 예수님은 참 지혜의 근원이신 하나님과의 관계에 우선순위를 두셨다. 한적한 시골이나 산으로 가셔서 혼자 혹은 제자들과 함께 영적으로 자신을 연단하셨으며, 하나님과 교제하는 시간을 가지셨다(마 5:1; 막 1:40-45).

둘째, 예수님은 진정한 지혜자로서 사람들의 근본적 필요를 정확하게 진단하셨다(막 10:17-22). 이러한 확실한 진단이 바탕이 되어 예수님은 가장 효율적인 치유사역을 하실 수 있었다. 그렇기에 신약성서사전 편찬자로 유명한 Gerhard Kittel은 예수님을 가리켜 "영혼의 치유자"라고 말했다.[18]

셋째, 예수님은 상담자로서 잘 준비된 지혜를 지니고 계셨다. 예수님의 가르침은 당시 지혜서나 랍비들의 저서들과 비슷한 점이 많다. 마가는 예수님을 랍비라고 네 번, 요한은 일곱 번이나 기록하였다. 하지만 예수님은 당시의 다른 랍비들과 달리 자신을 권위 있는 선생으로 잘 준비하셨다.[19]

넷째, 예수님은 인간의 진정한 모습을 볼 수 있는 깊은 통찰력을 지니고 있었으며, 한 개인 개인을 중요하게 여기셨고, 이러한 바탕 위에서

---

17) Ian F. Jones, *The Counsel of Heaven on Earth* (Nashville: B & H Publishing Group, 2006), 96.

18) McNeil, *A History of the Cure of Souls*, 70.

19) Ibid.

인간적인 대화를 통해서 상담하셨다(누가복음 15장의 비유들; 막 9:42; 마 18:1-6).

이상과 같은 목양자로서의 예수님의 모습 이외에도, 신약성서는 베드로나 바울과 같은 사도들의 모습을 통해서 목회돌봄과 관련된 정보들을 제공하고 있다.[20] 이 시기의 장로, 감독, 목사의 명칭은 동일한 목회자직을 기능적으로 달리 표현한 것이며, 교사와 설교자(딤전 5:17; 히 13:7) 역시 동일한 목회직분을 기능이나 역할을 강조한 표현이라 할 수 있기에 성서시대의 목회자는 장로이자, 감독이며, 목사이자, 설교자요 교사라 할 수 있다.

2. 초기 및 중세 시대의 목회

성서시대 이후 감독이라는 명칭이 일반 장로나 집사와 구별되는 상위직으로 구별되어 성직주의로 변해간 시기는 2세기 말경 무렵이었다.[21] 이러한 일반 성도와 구별되는 신분으로서의 목회자의 지위는 목회자 간에도 감독, 장로, 집사의 서열로 정착되어 초기 교회에서의 성서적 목회자의 위치와 역할에서 멀어지게 되었다.

---

20) 이러한 예들을 고린도 교회를 향한 서신서나 다른 사도들의 서신서들에 나타난 문제들을 해결하기 위해 이루어진 조언과 위로, 직면 그리고 인도 등을 통하여 찾아볼 수 있다. 또한 성서에서 언급하는 장로, 감독, 목사의 단어는 동일한 목회자직을 지칭하는 기능적 표현이라 할 수 있다(벧전 5:1-4), 이에 대한 자세한 설명은 Joseph B. Lightfoot, "The Christian Ministry," in *Saint Paul's Epistle to the Philippians*, reprint (Grand Rapids: Zondervan, 1953), 196-201; Stitzinger, "Pastoral Ministry in History," 39-40을 참조하시오.

21) 문헌상 최초로 '평신도'(laity)라는 용어를 사용한 기록은 주후 96년 로마의 클레멘트의 문헌에서 찾아볼 수 있다. 존 하워드 요더, 「그리스도의 충만함」, 김복기 역 (대전: 대장간, 2012), 44; Stitzinger, "Pastoral Ministry in History," 40.

1) 초기 교회시대(박해시대, 1세기-313년)

초기 교회시대의 목회의 형태는 주로 가르침, 격려, 훈계를 통해 예수님의 재림을 기대하는 개인과 공동체를 신앙으로 가르치고 인도하는 일이었다(행 15:29). 이후 2-3세기(초기 교부시대)에 이르러서는 교회의 제도화과정에 따라 교회 내에서 신앙 지도자들이 사도들의 후계자로서 감독이라는 전문적인 목회자 계층으로 구분되고 이들이 목회의 주된 사역자가 되었다. 하지만 시간이 지나면서 예수님의 재림에 대한 임박성에 대한 기대가 옅어졌으며, 로마의 박해에 직면한 초기 교회들 내부의 신앙적 결속과 유지가 주된 관심사가 되었다. 특히 교회가 확장되고 많은 부류의 사람들이 교회로 들어옴에 따라 교회 내에서의 여러 도덕과 신앙적 지침들이 세분화되고 권징도 다양한 형태를 지니게 되었다.[22]

이와 더불어 초기 교회지도자들에 의해서 이루어진 목회는 고아와 과부 그리고 나그네들을 돕는 전통적인 기독교 공동체의 돌봄과 매일의 일상 속에서 성도들을 탁월한 윤리적 영적 생활로 인도하는 일이었다.[23] 한편 초기 교회지도자들은 이러한 목회활동과 함께 박해로부터 교회를 보호하며, 배교자들을 교회에서 추방하는 일들을 했다. 다른 한편 초기 교회지도자들은 신앙을 굳건하게 지킨 사람들과 변절했다 돌아온 사람들을 용서하고 화해시키는 일을 했다. 이것은 목회사역에서 교회공동체의 유지를 위해 할 수 있는 또 하나의 중요한 일이었다. 이 과정에서 '참회'와 '고해'가 화해와 용서를 위한 주요한 과정이 되었다.[24] 이러한 과정에서

---

22) McNeill, *A History of the Cure of Souls*, 19.

23) 고린도전서 7:1; 갈라디아서 6:2(서로 다른 사람의 짐을 지라); 로마서 12:9, 12, 16; 로마서 14:2-6.

24) Charles Jaeckle and William A. Clebsch, *Pastoral Care in Historical Perspective* (Englewood Cliffs, NJ: Prentice-Hall, 1964), 15-8.

주로 사용되었던 방법들은 상호교화와 형제 같은 충고 그리고 중보기도
였다.25)

이 시기에 진행된 일반적인 성직제도의 발달 및 평신도와 목회자의 구
별과는 달리 이 시대에도 몇몇 저명한 목회자들은 성서적 가르침에 따라
목회하려는 시도를 하였다. 대표적인 인물로는 1세기의 폴리캅(Polycarp),
2-3세기의 클레멘트(Clement of Alexandria)와 오리겐(Origen), 4-5세기 예수
그리스도의 말씀이 살아 역사하는 모범으로서의 목회자의 삶을 강조한
크리소스톰(John Chrysostom) 그리고 어거스틴(Augustine of Hippo)의 가르
침과 사역은 수도원적 목회사역의 이해로 인해 기존 목회리더십에 심대
한 영향을 끼쳤다.

2세기 후반부터 진행된 교회의 성례주의적이며 권위주의적 제도화 과
정에 반대하며 성서적 목회사역의 원형을 따르려는 2세기 중엽 '교회의
세속화문제로 인하여 생겨난 최초의 교회의 반동적 개혁운동'으로 꼽히는
몬타니스트, 3세기 중엽의 노바티안들, 4세기 초엽의 도나티스트 등으로
대표되는 교회들의 노력이 있었다.26) 이들에 대한 자세한 신학적 검증은
남아있는 대부분의 자료가 이들을 반대한 이들에 의한 것이기에 정확하
게 파악하기 어려우나, 교리적 이단성의 낙인 이면에는 기존 교회(또는
국가교회)의 제도화를 반대하는데 따른 불이익이 작용한 면이 없지 않
다.27) 대표적으로 이들 중 도나티스트들은 교회의 순수성과 목회의 성서

---

25) McNeill, *A History of the Cure of Souls,* 85-6, 로마서 14:19; 데살로니가전서 5:11, 14; 야고
보서 5:16, 5:14(치유사역); 에베소서 3:14-9; 에베소서 6:18(중보기도).

26) Gunnar Westin, *The Free Church through the Ages* (Nashville: Broadman, 1958), 1-9; J. L.
Neve, 「기독교 교리사」, 서남동 역 (서울: 대한기독교서회, 1965), 107-9, 157. 몬타니스트
에 속한 대표적인 신학자로는 삼위일체라는 말을 최초로 사용하였고 이를 설명하는데
있어서 '실체'(substance) '인격'(person)을 소개한 터툴리안이 있다.

27) Jaroslav Pelikan, *The Chrisitan Tradition* (Chicago: University of Chicago Press, 1978), vol.
3, 3:17-8.

적 원형 및 목회자의 성결을 지키기 위해 제도화된 공식교회와 갈등을 겪었던 신앙집단으로 알려져 있다.[28]

2) 기독교 공인 이후부터 서로마제국 멸망
(후기교부시대 313-476년)

기독교가 국가종교가 된 이후 기독교 성직자들인 목회자들은 교회는 물론이고 사회적으로 도덕과 신앙을 가르치는 역할을 담당하였다.[29] 이들은 사람들의 일상적인 삶을 성서적 지혜를 사용하여 돌보았으며, 형식이 갖추어지기 시작한 예배를 인도했고, 슬픔을 당한 사람들을 돌보는 위로와 병자들을 위해 성유를 바르는 치유의식도 사용하였다. 또한 이 시기에 고해성사를 통한 화해의 기능이 관례화되었으며 병자, 사별을 경험한 사람, 죽어가는 사람들에 대한 돌봄이 목회자들의 일반적 임무가 되었다. 이 시기는 세상과 기독교 공동체의 경계가 모호했던 국가교회의 시기였기 때문에, 교회지도자들인 목회자들은 기독교 공동체의 유지를 위한 돌봄의 방법으로 예배와 의식을 중요시하여 발전시키고, 영혼과 인간의 육체적 질병과의 관련성에 관심을 가지고 병자를 위한 치유와 위로의 사역을 활발하게 시행하였다.[30]

이 시기의 대표적인 교회지도자로는 콘스탄티노플의 대주교이자 '삼위일체의 신학자'로 알려진 나지안젠의 그레고리(Gregory of Nazianzen), 암브로스(Ambrose of Milan), 라틴어성경을 번역 정리한 제롬(라틴어 *Hieronymus*)

---

28) 이와 관련된 자세한 설명은 Westin, *The Free Church through the Ages*, 9-23; Donald F. Durnbaugh, *The Believers' Church* (New York: Macmillan, 1968), 3-40; W. H. C. Frend, *The Donatist Church, a Movement of Protest in Roman North Africa* (Oxford: Clarendon, 1952), 315-32을 참조하시오.

29) Jaeckle and Clebsch, *Pastoral Care in Historical Perspective*, 20.

30) Gerkin, 「목회적 돌봄의 개론」, 39-40.

등을 들 수 있으며, 이들은 슬픔을 당한 사람들에게 개인적 혹은 공적으로 함께 슬퍼하거나 위로와 소망을 제시했다.[31] 하지만 이 시기의 목회돌봄은 여전히 그 주체가 주교나 수도사들을 중심으로 이루어지고 있었으며, 설교나 성례전 그리고 고해성사 등을 중심으로 하여 공적 돌봄을 제공하였다. 그러나 개인적이거나 인격적인 돌봄은 보편화되지 못했다.[32]

3) 중세 시대(476-1500년)-서로마제국 멸망 후부터 종교개혁 이전 시기

이 시기는 서방세계에서 정치적 문화적으로 로마 사회를 지탱해오던 로마 제국이 멸망하고, 그 유일한 대안으로 교회가 세상의 중심과 엘리트로서 역할을 하던 시기였다. 따라서 교회 지도자들인 목회자들이 그 사회를 지도하는 역할과 일반 사람들을 교화하며 돌보던 시기였다. 이 시기 서방교회의 일반적 상황은 성직자의 권위와 독신주의의 강화였으며 많은 목회지도자들이 제국교회의 세상주의에서 탈피하여 수도원으로 들어갔다. 하지만 수도원교회 역시 성서의 가르침에서 벗어나 심각하게 부패한 길을 걸었다. 하지만 성서적 목회사역의 암흑기임에도 불구하고 바울파(Pailicans),[33] 왈도파(Waldenses)[34] 등으로 대표할 수 있는 분파운동과 위

---

31) Ibid., 20-1; McNeill, *A History of the Cure of Souls*, 102-3.

32) 오윤선, 「기독교 상담심리학의 이해」, 47. 초기의 고해성사는 당시의 영혼과 육체 사이의 긴밀한 상관관계를 깊이 확신하였던 목회자들에 의해 신자들의 영적인 건강과 죄로 인한 내면적 고통을 치유하는 중세초기교회의 대표적 상담적 돌봄의 수단으로 사용되었다.

33) http://ko.mythology.wikia.com/wiki/%EB%B0%94%EC%98%A4%EB%A1%9C%ED%8C%8C?oldid=97015'. 2015년 3월 13일 접속. 중세 비잔틴 문헌들에 따르면, 바울파라는 이름은 AD 260-268년 동안 안디옥의 감독이었던 사모사타의 바울(Paul of Samosata)의 이름에서 유래하였다. AD 650-872년 동안 아르메니아와 비잔틴 제국(AD 330-1453)의 동부 테마들에서 번성한 양자론(Adoptionism-예수가 요셉과 마리아 사이에서 일반 사람들처럼 태어났으나 침례를 받을 때에 하느님의 아들로 선택되어 하느님의 양자로 입양되었다는 주

클리프(John Wycliffe), 후스(John Huss), 틴데일(William Tyndale) 등의 신학자들과 개혁가들의 교회갱신과 성서적 목회를 위한 노력이 이어졌다. 그러나 대부분의 경우 기성교회를 벗어난 교회의 본질과 순수성을 회복하려는 이러한 노력은 이단으로 정죄되어 제국교회에 의해 토벌되거나 이단으로 파문되어 고난을 겪었다.[35]

일반적으로 이 시기 목회자들은 '영혼의 의사'로 비유되었다.[36] 이 시기는 영혼과 육체적 질병과의 상관관계에 대한 믿음에 의해서, 육체적 질병뿐만 아니라 정서적인 불안이나 고통에도 고행성사는 물론이고 성유(聖油)나 연고 등을 바르는 치유활동이 목회돌봄의 형태로 실시되었다. 예전이 아닌 이 시기의 일반 목회활동에서의 대표적인 주체들은 베네딕트 수도사들이었다. 특히 그레고리 대주교(Gregory the Great, c. 540-604)는 신자의 영혼을 위한 개인적인 지도와 기도 묵상(명상), 영적 훈련을 통한 일상생활의 조절을 중요시하였다. 그레고리 대주교는 목회자들이 어떻게 사람들을 돌보아야 하는지에 관하여 지침서를 만들고 이것을 교회 내에서 실천하도록 하였다.[37]

장)을 믿었다고 정죄된 이단이다.

34) 1176년 리옹의 부자 상인 피에르 왈도(또는 발데스, Waldo 또는 Valdes)에 의해 시작된 "리옹의 가난한 자들"이란 이름으로 조직한 신앙운동(가톨릭에서는 이단이라고 규정하고 있다). 왈도는 '하나님께로 가는 최선의 길'을 찾던 중 '소유를 팔아 가난한 자들에게 주고 재물을 하늘에 쌓으라'(마1 9:21)는 답을 얻고 그리스도를 따르는 삶을 살기로 작정하고 아내와 딸에게 필요한 것만 남기고는 모든 재물을 팔아 가난한 자들을 구제했다. 결국 1184년 교황 루치오 3세는 이들을 이단으로 규정하고 파문하였다. 하지만 왈도 파는 유럽전역에 걸쳐 상당한 추종자들을 얻었다. 오스트리아, 보헤미나, 독일 헝가리 폴란드, 남부 스페인, 이탈리아에까지 확산되었다. 왈도파에 대한 더 자세한 내용은 Donald F. Durnbaugh, 「신자들의 교회」, 최정인 역 (대전: 대장간, 2015), 73-89을 참조하시오.

35) Roland H. Bainton, "The Ministry in the Middle Ages," in *The Ministry in Historical Perspectives*, ed. Richard Niebuhr and Daniel D. Williams (New York: Harper, 1956), 108.

36) Gerkin, 「목회적 돌봄의 개론」, 46.

이 시기에는 성직자들 외에 아씨시의 성 프란시스(St. Francis of Assisi)
와 같은 수도사가 있었다. 그는 대화와 설교뿐만 아니라 실천을 통하여
많은 사람들에게 영향을 끼쳤으며, 서민들을 위한 돌봄을 강조하였다. 그
를 따르는 사람들은 사회적 신분이나 계층을 초월하여 인간에 대한 존중
을 실천했으며, 깊은 사랑과 친절을 통해 다른 사람들을 돌보았다.[38) 중
세에 접어들면서 성례전적 치유는 면죄부를 포함한 고해성사와 다양한
의례적 행위들로 정교하게 이루어졌다. 그러나 교회는 점점 더 심각하게
성서적 가르침으로부터 멀어져갔다. 그러나 일반 사람들이 성서의 가르
침을 직접 접할 수 있게 되면서 여러 가지 교회와 목회의 비성서적 문제
로부터 교회를 새롭게 하기 위한 종교개혁이 일어나게 되었다.[39)

3. 종교개혁시대와 근대의 목회돌봄

1) 종교개혁시대(1500-1648년)

개신교의 종교개혁은 교회역사와 목회사역에서 가장 중요한 사건 중의
하나로써, 중세 경건주의와 신비주의 및 르네상스의 학문적 영향을 받아
현존하는 성서적 원리에 따라 기성교회를 개혁하고자 하는 운동이었다.[40)
목회가 교인 개인과 그 교인이 속한 공동체의 신앙을 돌보는 것을 포함한

---

37) 그레고리 대주교의 이 저서는 중세 초기의 대표적인 목회 돌봄에 관한 지침서로서
   Regula Pastoralis (목회지침서. 영어로는 *Pastoral Care*로 번역되어 있음)가 있다.

38) 성 프란시스의 목회적 돌봄에 관한 자세한 설명은 McNeill, *A History of the Cure of
   Souls*, 138-44를 참조하시오.

39) McNeill, *A History of the Cure of Souls*, 161-2. 기록에 의하면 1500년대에 이르러 도시 사
   람들의 문맹율이 50% 정도로 줄어들었다. 이것은 일반 교인들 간의 상호 돌봄을 가능
   하게 하는 계기가 되었다.

40) Steven Oament, *The Age of Reform 1250-1550, an Intellectual and Religious History of Late
   Medieval and Reformation Europe* (New Haven: Yale, 1980), xi-xii.

다면, 종교개혁시기는 만인제사장설과 이신득의와 같은 새로운 신앙전통을 받아들임으로써, 목회에서 가장 급격한 패러다임의 변화가 일어난 시기라고 할 수 있다. 즉, 목회자를 중심으로 돌봄이 시행되었던 중세와 달리, 제사장된 모든 평신도 사역자들이 서로를 돌보고 약한 자를 지탱해주며 회복시키는 사역을 담당하게 되었다. 이러한 중세의 종교개혁은 대체로 크게 두 가지로 진행되었는데 그 하나는 루터와 칼빈으로 대표되는 국가와 교회의 결합형태를 띤 '관료후원적'(Magisterial Reformation) 종교개혁이며 또 다른 하나는 루터파, 칼빈파, 영국국교회파와 구별되는 제 4의 종교개혁이라 불리는 신앙을 철저한 개인적인 선택의 대상으로 보았던 재침례교도로 대표되는 자유교회적 '근본적 종교개혁'(Radical Reformation)이다. 이들 근본적 종교개혁세력들 간에는 각기 교리적인 차이는 있었지만 성서적 원리에 입각한 교회와 목회를 추구한 점에서 공통점이 있었다.[41]

한 마디로 관료후원적 종교개혁세력은 기존교회의 '개혁'에 중점을 둔 반면 자유교회가 중심이 된 근본적 종교개혁세력은 개혁이 아닌 성서적 교회의 '복원'(복구, 회복, restitution)에 중점을 둔 종교개혁운동이었다. 루터와 칼빈으로 대표되는 관료후원적 종교개혁은 어떠한 개혁형태이든 최종적으로 기독교국가로 귀결되어야 한다고 주장하는 점에서는 동일하였으나 다음과 같은 차이점 또한 존재하였다.

루터(Luther)가 성서에서 잘못된 것이라 명기되지 않은 교회와 목회의 전통은 수용하기로 한 반면 칼빈은 성서가 가르친 것만 교회와 목회사역에 적용한 점이라 하겠다.[42] 이로 인해 루터의 목회사역에 관한 견해는 예전적으로 좀 더 많은 기존교회의 전통을 수용한 반면 말씀사역은 모든 신자와 목회자가 해야 할 사역으로 보았다. 목회에서 루터의 주된 관심은

---

41) Stitzinger, "Pastoral Ministry in History," 50.

42) Ibid., 51.

위로의 사역이었다. Luther는 전인적인 인간이해를 바탕으로 육체적 질병과 영적인 원인의 관련성을 이해하였다. 이러한 그의 목회사역은 광범위하게 영향을 미쳤으며, 그의 서신을 통해서 더욱 더욱 확장되었다.[43] 루터의 제자이자 칼빈의 스승인 마틴 부쳐(Martin Bucer)는 목사의 직분과 사역에 많은 관심을 기울였다. 그는 목사의 네 가지 주요 임무를 말씀을 부지런히 가르치는 일, 예전의 집전, 교인들을 돌보는 사역의 시행, 그리고 어려운 사람을 돕는 일이라 규정하였다.

칼빈(1509-1564)의 신학과 저술을 통한 목회사역에 대한 공헌은 지대하다. 그는 설교와 행정과 목양을 강조하면서 목사는 두 종류의 음성을 가져야 하는데 하나는 자신의 양떼를 모으는 음성이며, 또 다른 음성은 늑대와 도둑을 쫓아내는 목소리라고 가르쳤다.[44] 칼빈은 성도들을 돌보기 위해 성서를 중심으로 한 목회의 원리를 적용했다. 따라서 칼빈의 목회에서는 성서의 역할이 중요시되었다. 그리고 칼빈은 성도들의 돌봄을 위해 가정심방을 강조했으며, 자신이 이를 직접 실천하기도 하였다.[45] 이 밖에 하나님과 신자가 직접 관계를 맺도록 개인의 영혼을 하나님과 화해시키는 일과 교회 구성원의 영적 삶을 지도하는 목회자의 직무를 강조하였던 존 녹스(John Knox), 윌리엄 틴데일(William Tyndale) 등의 종교개혁자들은 중세의 성례전 중심의 돌봄에서 벗어나 개인의 영혼을 돌보는 일에 관심을 두었다.

콘라드 그레벨(Conrad Grebel, 1495-1526), 마이클 새틀러(Michael Sattler, 1490-1527), 발사사르 후버마이어(Balthasar Hubmaier,1480-1528), 메노 사이

---

43) 오윤선, 「기독교 상담심리학의 이해」, 48.

44) John Calvin, *The Epistle of Paul to Titus*, in *Calvin's New Testament Commentaries*, ed. David W. Torrance (Grand Rapids: Eerdmans, 1964), 361.

45) Ibid., 48-9.

몬(Menno Simons, 1496-1561) 등의 재침례교종교개혁가들은 비록 루터와 즈빙글리의 신학에 영향을 많이 받았으나 이들보다 한 걸음 더 나아가 성서적인 초대교회의 교회 본질과 목회를 회복하려는 시도를 하였다. 이들은 관료후원적 종교개혁파들이 주장하였던 택함받은 사람들인 '보이지 않는 교회'(an invisible church)를 인정하지 않고 오직 교회를 중생한 성도들의 자발적인 모임, 즉 '신자들의 교회'로 보았다. 이들은 또한 교회는 국가로부터 자유로운 신약성서적 초대교회의 모습으로 돌아가야 한다고 하였으며 오직 교회가 지켜야 할 의식은 주의 만찬과 침례만이라고 주장하였다.[46] 이들이 성서적 초대교회를 지향하였기에 이들이 추구하였던 목회 자체도 성서에 근거하여 말씀을 읽고 가르치며 성도를 훈육하며 교회의 식을 진행하며 구제하기에 힘쓰는 등의 가능한 단순하게 목회와 행정을 규정하고 실행하였다.[47]

이상의 종교개혁운동과 함께 가톨릭의 반동종교개혁의 선구자 중 한 사람이었던 로욜라의 이그나시우스(Ignatius of Loyola)는 예수회를 창시하여 개인의 영혼을 돌보는 일에 관심을 두었다.[48] 이처럼 종교개혁시대의 목회는 성서에 기초한 하나님과 개인이 직접적으로 관계를 맺을 수 있도록, 그리고 개인과 개인이 사제나 목회자를 통해서가 아니라 직접 화해할 수 있도록 이루어졌다.[49] 종교개혁 이후 목회에서 이러한 개인주의적인 경향은 더욱 강화되었으며, 이로 인해 전통적인 목회의 한 영역이었던 권징의 기능은 점차 약화되었다.

---

46) Stitzinger, "Pastoral Ministry in History," 55.

47) Ibid., 56.

48) Gerkin, 「목회적 돌봄의 개론」, 48-9.

49) Jaeckle and Clebsch, Pastoral Care in Historical Perspective, 27.

2) 계몽주의 시대(1648년-18세기)

중세 이후 인간 이성에 바탕을 둔 계몽주의의 특징은 인간이성에 대한 신뢰, 인간 학습능력의 가능성 개발, 경험주의적 학문방법 등이었다. 이로써 사람들은 더 이상 하나님이나 종교에 의지하여 삶의 여러 영역에서 일어나는 문제들에 대한 해답이나 설명을 찾지 않게 되었다. 목회 역시 이러한 이성주의적이며 합리주의적인 경향에 발맞추어, 사람들로 하여금 새로운 가치체계에 적응하며 살아가도록 하기 위해 보다 과학적이고 실용적으로 변화되었다.

이 시기의 대표적 목회자로는 *The Reformed Pastor*로 유명한 영국 장로교회 목사인 리차드 백스터(Richard Baxter, 1615-1691)를 들 수 있다. 백스터는 사도행전 20장 28절을 말씀을 자신의 목회 모토로 삼아 회중을 돌보는 부모와 같은 목회자 상을 강조하였으며, 이를 실천하기 위해 매일 한 시간 이상 가정 심방을 하였다.[50] 그는 영혼 구원을 위해 어려움에 처한 사람들을 지탱하는 일과 그들의 개인적인 도덕성을 유지시키는 일에 관심을 두었다. 이를 위해 백스터는 목회자가 명심해야 할 내용 세 가지를 구체적으로 제시하고 있다. 첫째, 성도들의 영적 건강에 대해 알아야 하며, 둘째, 성도들에게 진정한 행복의 근원을 알려 주어야 하며, 마지막으로 진정한 행복을 얻는 방법을 가르쳐 주어야 한다. 특히 백스터는 자신이 평생 질병으로 고생했기 때문에 병자와 죽어가는 사람들을 돌보는 일에 특별한 관심을 두라고 강조하였고 이를 실천에 옮겼다. 백스터는 목회자가 교인들인 내담자와 친밀한 관계를 지니는 것이 중요하다는 사실을 보여주었으며, 나아가서 매일의 관계를 매우 진지하고 소중하게 다루어야

---

50) "여러분은 자기를 위하여 또는 온 양 떼를 위하여 삼가라 성령이 그들 가운데 여러분을 감독자로 삼고 하나님이 자기 피로 사신 교회를 보살피게 하셨느니라."

한다고 가르쳤다. 또한 그는 가족관계의 소중함을 강조하기도 하였다.[51]

이 시기는 청교도들의 교회와 목회관이 큰 영향을 끼쳤던 기간이었다. 대표적인 목회자로는 존 오웬, 토마스 브룩스, 로버트 볼턴, 토마스 굿윈, 조나단 에드워드 등이 있다. 청교도들 역시 성서에 기초한 예배와 교회정치구조를 주장하였으며 교회 내에서의 예배 및 기타 사역에서의 평신도들의 지위를 향상시켰다. 이들 청교도들의 교회관과 목회사역관은 장로교파나 회중교파들에 영향을 미치게 되었다.

4. 현대 신학의 흐름 및 목회신학의 출현과 발전(18세기-현재)

청교도시대 이후, 감리교 창시자 존 웨슬리(John Wesley, 1703-1791)는 사회적 약자들인 가난한 사람들과 병자들 그리고 죄수들을 방문하여 목회의 사회적 기능을 실천하였고, 산업화로 인하여 황폐해진 사람들의 영혼을 소그룹(Band) 운동을 통하여 회복시키려고 노력하였다. 이 밖에 스코틀랜드 자유교회의 헨리 드루먼드(Henry Drumond)는 목회에서 과학적인 접근 방법을 통한 진단의 중요성을 강조기도 하였다.[52] 이후 이러한 계몽시대의 목회는 시대적 발전과 더불어 좀 더 심리학적인 통찰력을 지니며 좀 더 개인주의화되어 갔다. 그리고 이러한 과정을 통해 자아의 건강, 균형 잡힌 자아의식, 구원의 경험 등에 대하여 좀 더 폭넓은 지식이 목회돌봄에서 중시되었으며 교회는 좀 더 사회적 교제의 장소로서의 기능을 하게 되었다.[53] 19세기 찰스 스펄전을 비롯하여 캠벨 모르간(G. Campbell Morgan), 롤란스 알렌(Roland Allen), 신학자로 유명한 프린스턴

---

51) Gerkin, 「목회적 돌봄의 개론」, 52-4.

52) 오윤선, 「기독교 상담심리학의 이해」, 50-1.

53) Gerkin, 「목회적 돌봄의 개론」, 57-8.

신학교의 벤자민 와필드(Benjamin B. Warfield) 등이 성서적 목회사역을 발전시키는데 기여하였다.

계몽주의로부터 시작된 인간 이성에 대한 신뢰와 지식의 발전은 20세기에 접어들면서 그 절정을 이룬다. 이의 영향으로 신학적 자유주의가 주요 개신교단에 영향을 끼쳐 성서적 목회사역보다는 사회복음에 많은 관심을 기울이게 되었다. 하지만 일부 자유교회 전통에 영향을 받은 남침례교를 위시한 몇 몇 교단이 중심이되어 성서를 중심으로 한 목회사역에 대한 관심을 새롭게 하였고 이 시기 마틴 로이드존스(D. Martyn Lloyd-Jones) 같은 훌륭한 강해설교자가 출현하였고, 남침례교의 조지 트루엣(George Truett) 등과 같은 훌륭한 목회자들이 배출되었다. 이러한 일반 목회에서의 자유주의의 영향과 이에 대응하는 복음적 목회사역이 발전하는 20세기 중반에 현대목회학의 새로운 영역인 목회상담과 목회신학이 출현하게 되었다.

1879년 독일의 빌헬름 분트(Wilhelm Wundt, 1832-1920)에 의하여 현대 심리학이 출현하고, 이후 지그문트 프로이드(Sigmund Freud, 1856-1939)의 정신분석학과 분트와 함께 현대 심리학의 창시자로 불리는 미국의 종교 심리학자 윌리엄 제임스(William James, 1842-1910) 등을 통하여 비교적 체계적이고 객관적인 심리학적 방법들이 생겨나고 1942년 상담과 심리학의 통합을 시도한 칼 로저스(Carl Rogers)의 전인적 인간 이해에 기초한 인간의 자율능력에 강조를 둔 '내담자 중심치료' 혹은 '비지시적 상담'방법이 소개되고 이의 영향을 받은 시워드 힐트너(Seward Hiltner), 폴 존슨(Paul Johson), 캐롤 와이즈(Carroll Wise), 그리고 웨인 오츠(Wayne Oates) 등의 현대목회신학(상담)학자들의 등장으로 기존의 목회학에서 목회적 돌봄이 학문적으로 정립되는 목회신학이 출현하게 되면서 목회신학이 비로소 하나의 실천신학 영역으로 자리 잡게 되었다.[54]

이후 이들 초기 목회신학의 선구자들 뒤를 이어 기존의 다양한 신학적 사회과학적 통찰들을 목회돌봄에 도입하여 통합을 시도하는 일련의 학자들이 등장하였다. 성장상담이론을 제시한 하워드 클라인벨(Howard Clinebell)을 위시하여, 목회신학에서의 회중적 상황을 강조한 씨 더블유 브리스터(C. W. Brister), 신앙공동체 상황을 강조한 존 패튼(John Patton), 해석적 접근과 목회 돌봄의 사회적 영역에 관심을 두었던 찰스 거킨(Charles V. Gerkin), 이 밖에 도날드 캡스(Donald Capps), 앤드류 레스터(Andrew Lester), 하워드 스톤(Howard Stone), 데이빗 슈와이쳐(David Switzer) 등의 학자들이 오늘날에도 지속적으로 목회신학과 상담의 학문적 지평을 문화, 여성, 공동체 등으로 넓혀가고 있다.

끝으로 이상에서 거론된 현대 목회학의 새로운 분야를 좀 더 자세하게 살펴보면 다음과 같다. 목회학에 포함된 학문적으로 유사하거나 중복되는 영역으로는 목회돌봄, 목회상담, 목회신학 그리고 목회심리치료 등이 있다. 이에 대하여 알아보면 다음과 같다.

1) 목회돌봄, 목회상담, 목회심리치료, 목회신학의 구분

일반적으로 '목회상담'(pastoral counseling)과 '목회(적)돌봄'(pastoral care)을 엄격하게 분리해서 사용하지 않는다.[55] 왜냐하면 목회상담의 학문적 태동에서 설명하였듯이 목회상담이란 신학적 전통에서 볼 때 또 다른 분야의 사역이 아니라 기존 목회돌봄이 좀 더 기능적으로나 이론적으로 발전한 것으로 보기 때문이다. 하지만 굳이 이들 목회돌봄과 목회상담을 구분하자면, 일반적으로 목회돌봄을 좀 더 포괄적인 개념으로 받아들이고

---

54) 전영복, 「기독교 상담의 이론과 실제」(안양: 잠언, 1993), 38-9.

55) A. Jones, "Spiritual Direction and Pastoral Care," *Dictionary of Pastoral Care and Counseling*, 1213-5.

있으며 목회상담은 심리학적인 영역들을 접목한 특화된 또는 공식화된 목회돌봄으로 인식되고 있다.[56] 물론, 학자에 따라 목회상담을 '목회돌봄' 보다 광의의 의미로 사용하고 있는 경우도 있다.[57]

미국 콜롬비아신학대학원(Columbia Theological Seminary)의 명예교수인 존 패튼(John Patton)이 「목회돌봄과 상담 사전」(Dictionary of Pastoral Care and Counseling)에 서술한 바에 따르면, '목회상담'이란 "삶에서 고통을 겪고 있으며 자신들의 고통을 표현할 수 있는 동시에 그것을 해결하기 위해 목회적 도움을 구하고자 하는 개인이나 부부 혹은 가족들에게 제공되는 특별한 종류의 목회돌봄"으로 정의할 수 있다.[58] 이러한 패튼의 정의는 목회상담을 '목회돌봄'의 특화된 영역으로 보고 있는 대부분의 목회상담과 목회돌봄에 대한 견해를 대표한다 할 수 있다. 이와 관련된 또 하나의 영역은 목회심리치료(pastoral psychotherapy)로 목회현장에서는 잘 다루어지지 않는 목회상담관련 영역으로 내담자의 변화를 위한 장기적이고 심층적인 사회 심리적 통찰을 적용한 전문화된 목회돌봄으로 이해하고 있다.[59] 하지만 목회심리치료 역시 목회돌봄이 심층심리적으로 특화된 분야이기에 목회상담의 한 영역으로 봄이 마땅하다.

---

56) 목회상담과 목회돌봄을 분명하게 구별하려는 입장에 서 있는 이들은 대체로 목회상담의 심치치료적 영역을 강조하며 전문화와 유료화 및 자격증 제도 등을 통하여 목회상담을 교회사역의 영역을 넘어 사회적 전문 직업영역으로 확장하려는 견해를 가지고 있다고 할 수 있다. 양병모, "웨인 오우츠," 「현대목회상담학자연구」, 한국목회상담학회 편 (서울: 돌봄, 2011), 106; F. Brooks Holifield, A History of Pastoral Care in America (Nashville: Abingdon Press, 1983); 거킨은 그의 저서 An Introduction to Pastoral Care에서 목회상담은 1950대와 60년대 목회돌봄의 특화된 형태로 발전되었다고 설명하고 있으며 힐트너, 클라인벨 등의 견해도 거킨의 견해와 다르지 않다.

57) 저자의 미국유학시절 스승 중의 한 분이었던 디킨스(Douglas Dickens) 박사 역시 이러한 견해를 가지고 있었다. 이재훈, "한국 목회상담의 새로운 전망," 「한국교회를 위한 목회상담학」, 기독교사상 편집부 편 (서울: 대한기독교서회, 1997), 56, 69.

58) John Patton, "Pastoral Counseling," Dictionary of Pastoral Care and Counseling, 849.

59) Gary R. Collins, Christian Counseling (Dallas, TX: Word, 1998), 16-7.

다음으로 목회상담관련 유사 분야로 목회신학(Pastoral Theology)이 있다. 목회신학이란, "목양적인(shepherding) 관점에서, 교회와 목사의 기능과 실제를 연구관찰하고 이 과정에서 생기는 신학적인 질문과 그에 대한 해답을 깊이 구하는 성찰과정(reflecting)에서 얻어진 이론들을 조직화하는 (organizing) 실천신학의 한 분야'라 정의할 수 있다.[60] 이러한 정의는 오늘날 미국을 중심으로 한 목회상담과 목회신학자들 사이에서는 널리 인정되고 있으나 유럽 특히 영국이나 독일의 목회상담과 목회신학을 연구하는 학자들은 목회신학에 대한 견해를 조금 달리하는 경우도 있다. 즉 목회신학을 실천신학의 대체영역으로 보거나 목회신학을 전통적인 목회학(Pastoral Ministry)인 목회전반의 영역을 다루는 학문분야로 정의하기도 한다.

2) 목회상담과 기독교상담의 구분

목회상담을 기독교 신앙 안에서 상담훈련을 받은 목회자와 도움을 필요로 하는 내담자 간의 의도된 치유적인 대화로 볼 때, 기독교상담이란 목회상담의 영역에 포함되는 분야라 할 수 있다.[61] 왜냐하면 목회상담과 기독교상담의 관계에서 목회상담은 기독교상담이 지닌 요소들 모두 지니고 있지만 기독교상담은 목회상담의 요소들 모두 포함하고 있지는 못하기 때문이다.[62] 따라서 학자에 따라 기독교상담과 목회상담을 명확하게

---

60). "목양적 관점에서 교회와 사역자의 실제(operations)와 기능(functions)들을 연구관찰하고 이를 바탕으로 성찰(reflection)을 통해 체계적인 신학적 이론들을 도출해 내는 신학적 지식과 주장의 한 분야." Seward Hiltner, 「목회신학원론」, 4, 20.

61) Daniel G. Bagby, "Pastoral Counseling in a Parish Context," *Review and Expositor*, vol. 94 (1997): 568; 김현진, 「성경과 목회상담」 (서울: 솔로몬, 2007), 19.

62) 이관직, "목회상담의 정체성," 안석모 외 7인, 「목회상담 이론입문」 (서울: 학지사, 2009), 17.

구분하지 않는 경우도 있다.[63] 하지만 일반적으로 기독교상담은 신학교육을 받고 교회공동체로부터 목회지도자로 인정된 목회사역자가 아닌 기독교적 세계관에 기초한 상담이론과 상담자에 의해 이루어지는 교회 안팎의 상담이라 할 수 있다.[64]

논어(論語)에 나오는 공자의 '온고지신'(溫故知新)의 말과 같이 옛것을 알고 그 속에서 또한 오늘 우리의 삶의 가르침을 발견하는 일이야 말로 역사를 알고자하는 이유라 하겠다. 이상에서 살펴본 목회의 역사에서 볼 수 있는 한 가지 사실은 하나님의 교회를 위한 섬김과 돌봄이 계속적으로 성서적 원형에서 멀어지려는 경향이 있었다는 것이다. 이는 바로 오늘날 목회의 주역이 될 우리에게 여러 경로를 통해 목회를 배워야 하겠지만 늘 잊지 말아야 할 사실이 우리가 '성서에서 보여주는 교회, 성서에게 말하고 있는 목회'를 염두에 두고 하나님의 교회를 섬기고 있는가 하는 것이라 하겠다. 성서는 개인의 경건과 설교와 교육의 기초이자 교회의 모든 사역, 즉 목회의 원형을 보여주는 교과서이며 우리가 평생 목회현장에서 우리의 목회를 비춰볼 수 있는 거울이라 하겠다. 그렇기에 목회자는 평생 자신의 목회를 성서의 기준으로 바라보고 평가함으로 스스로를 경계하고 나아가서 시대를 초월한 하나님의 나라를 계승할 수 있게 될 것이다.

---

63) 대표적으로 풀러신학교에서 가르쳤던 사무엘 서더드(Samuel Southard)와 기독교상담학자 게리 콜린스(Gary Collins)를 들 수 있다. 이관직, "목회상담의 정체성," 16-7.
64) 기독교상담과 목회상담을 구분하는 기준으로는 여러 가지를 고려할 수 있으나 본서에서는 간략하게 상담자의 신분적 차이(목회자냐 아니냐)로 구분하여 설명한다.

II 부

· · ·

목회와 목회자

제4장

목회자의 소명(Call to Ministry)

목회는 '영적지도'(spiritual direction)와는 다르다. 영적지도는 인간 상호
간에 일어나는 신앙적 조언이나 교육을 말한다. 영적지도는 지도의 원천
이 한 개인의 신앙적 능력이나 우월성에 기초해 있다. 하지만 이와는 달
리 목회는 영혼을 돌보는 하나님의 위로부터의 돌봄에 그 원천을 두기에
영적지도와는 다르다. 또한 영적지도는 인간을 죄에서 구원하거나 온전
한 용서를 이루어내지 못하나 목회는 하나님의 사랑으로부터 시작되어
예수 그리스도 안에서 하나님께서 직접 행동하시는 '사죄'와 '용서'와 '거듭
남'을 이루어 낸다(고후 5:20).[1] 따라서 하나님의 직접 개입으로 인한 돌
봄이 목회이기에 그 출발은 한 개인의 의지나 각오나 자격이 아니라 하나
님의 부르심으로부터 시작될 수밖에 없다.

'목회 소명'이란 단어를 들을 때 한 번이라도 이 문제를 심각하게 생각해
본적이 있는 사람들은 다음과 같은 질문들을 가지게 된다. "목회란 무엇이
며, 소명이란 어떤 것인가?" 또한 "주님께서 모든 신자들을 사역자로 부르
시지 않았는가? 그렇다면 소명이란 오직 전문 목회자(vocational ministry)에
게만 해당되는 용어인가?" "오늘날 많은 교회와 신학생들이 있는데 내가

---

1) Jay C. Rochelle, 「디트리히 본회퍼의 목회학총론」, 김윤규 역 (서울: 한신대학교출판부,
   2012), 72. "그러므로 우리가 그리스도를 대신하여 사신이 되어 하나님이 우리를 통하여
   너희를 권면하시는 것 같이 그리스도를 대신하여…"(고후 5:20).

꼭 목회자가 되어야 하나?" 나아가서 "전문 목회(vocational ministry)란 과연 무엇인가?" 그리고 "사역에로의 소명은 반드시 목회로의 소명이어야 하는가?" "일반 목회로의 소명은 다른 사역의 소명과는 어떻게 다른 것인가?" "이중직 목회로의 소명은 어떻게 생각해야 하는가?" "하나님의 소명은 불변하는가?" 등등...

목회로의 '부르심' 혹은 목회자 '소명'이란 주제는 모든 목회자들이 경험하는 공통적인 요소와 함께 각 목회자들이 경험하는 독특한 요소들을 지니고 있기에 목회자들의 소명 이야기는 각기 독특한 동시에 공통적 특징을 지니고 있다. 또한 신적인 동시에 인간적인 이중적 속성을 지닌 교회를 섬기기 때문에 목회자의 소명 역시 신적인 동시에 인간적인 요소를 지닌다.[2] 본 장에서는 먼저 "왜 나여야만 하는가?"와 관련된 목회소명의 개인적 확신 영역을 간단하게 살펴본 후 목회자가 되는 첫 걸음인 소명과 관련하여 반드시 짚고 넘어가야 할 내용들이라 할 수 있는 소명의 중요성과 의미, 성서적인 소명의 예들, 소명의 분별과 점검, 그리고 유지 발전을 위한 제언을 살펴보고자 한다.

1. "왜 나여야만 하는가?"

1) 교회는 왜 목회자가 필요한가?

성경은 모든 하나님의 구원받은 자녀들은 교회의 지체로서 교회의 사역을 담당하는 사역자란 사실을 변함없이 가르치고 있다(고전 12:27-30). 하지만 교회의 지체로서의 사역 가운데서도 하나님의 백성이 연합하여 살아있는 그리스도의 몸인 교회의 원활한 한 몸 됨을 이루고(그리스도의

---

2) Segler, *A Theology of Church and Ministry*, 41-2.

몸을 세우기 위해) 예수께서 행하셨던 일들을 오늘날 우리들을 통해 하시도록 돕기위해 부름 받은 사역이 있다.[3]

이 땅에 삼위일체 하나님의 형상을 닮아 만들어진 가장 중요한 두 가지는 가정과 교회이다. 이 두 기관의 특징은 본질상 삼위일체 하나님의 형상을 닮아 복수의 개체임에도 하나로 이루어진 것이지만 인간성의 불완전함으로 인해 온전한 하나 됨을 이루기 위해 지속적인 노력이 필요하다. 마치 갓 태어난 신생아가 온전히 자기 몸을 다 갖추고 태어났지만 자신의 의지대로 그 몸을 움직일 수 있게 되기까지는 수많은 연습과 훈련과 시행착오가 따라야 하는 것처럼 가정과 교회 역시 그 본질은 한 몸임에도 온전한 한 몸 됨을 이루어 머리이신 예수 그리스도의 뜻을 이루기 위해 끊임없는 노력과 훈련이 요구된다.[4] 이 과정에서 목회자는 그리스도의 몸인 교회를 온전히 세워 예수 그리스도의 일이 이 땅에서 계속하여 성취되도록 하는 일을 맡은 이들이다.

2) 그런데 왜 그 목회자가 하필이면 '나'여야만 하는가?

오늘날 우리 주변에는 수많은 교회들이 있고 그와 비례하여 그 교회를 섬기는 목회자들 역시 수없이 많이 있다. 그리고 이러한 교회를 위해 목회자를 발굴하고 양육하며 교육시키는 신학교와 신학생 역시 허다하다. 이렇게 많은 목회자와 신학생들이 있는 상황에서 하나님께서는 왜? 나를 목회자로 부르셨는가를 자문하지 않을 수 없다. 스스로에게 묻는 이와 같은 질문에 사람마다 각기 서로 다른 여러 답을 찾을 수 있을 것이다. 이러

---

3) "그가 어떤 사람은 사도로, 어떤 사람은 선지자로, 어떤 사람은 복음 전하는 자로, 어떤 사람은 목사와 교사로 삼으셨으니 이는 성도를 온전하게 하여 봉사의 일을 하게 하며 그리스도의 몸을 세우려 하심이라"(엡 4:11-12). 블랙커비 외 2인, 「왜 목사가 되려 하는가」 (서울: 디모데, 2013), 67.

4) Ibid., 69.

한 질문에 대한 여러 대답 가운데 한 가지를 제시하면 다음과 같다.

오늘날 70억이 넘는 인구 가운데서 여전히 하나님께서는 수많은 새 생명을 주시고 각자의 삶을 의미있게 살아가게 하신다. 예수를 믿든 믿지 않든 이러한 하나님의 사랑과 은혜는 세대를 이어오면서 한결같이 동일하게 모든 이들에게 적용된다.[5] 즉 모두가 깨닫든 깨닫지 못하든 각 사람은 하나님으로부터 와서 이 땅에서 그 시대 그 곳에서 자신에게 주어진 삶을 살다가 생을 마감한다. 그리고 과학과 역사는 세대와 역사를 이어오면서 생겨났던 사람들이 하나도 똑같은 사람은 없었음을 보여준다.

즉 시대와 역사를 거쳐오며 수많은 사람들이 태어나고 죽어갔지만 그 각각의 사람은 그 시대 그 장소와 상황에서 유일하고도 독특하게 자신의 삶을 살아갔고 또한 살아오고 있다. 물론 그 가운데서 어떤 삶은 하나님께서 원하시던 모습일 수 있었을 것이며 그렇지 않은 경우도 있었을 것이다. 하지만 창세 이래로 인류의 역사는 사랑이신 하나님의 선하신 의지대로 진행되어 왔으며 하나님께서는 역사의 흐름에 따라 우리 인류와 더욱 더 가까이 계시려 애쓰시다 마침내 임마누엘로 거하신 예수 그리스도를 보내셔서 우리와 함께 계시다가 마침내 예수 그리스도를 믿음으로 성령 하나님께서 우리 마음 중심에까지 자리잡게 되셨다.

그렇기에 인류의 역사는 하나님 사랑의 역사라 하겠다.[6] 하나님의 온전하신 사랑과 은혜의 섭리 아래에서 인류는 시대와 상황에 따라 각기 자

---

5) "하나님이 지나간 세대에는 모든 민족으로 자기들의 길들을 가게 방임하셨으나 그러나 자기를 증언하지 아니하신 것이 아니니 곧 여러분에게 하늘로부터 비를 내리시며 결실기를 주시는 선한 일을 하사 음식과 기쁨으로 여러분의 마음에 만족하게 하셨느니라 하고..."(행 14:16-7).

6) 창조 시에 하나님과 우리 인간의 관계는 창조주와 피조된 인격체의 관계였다. 그리고 사탄은 이러한 관계를 파괴하였으나 하나님께서는 이러한 사탄의 악의적 계획을 예수 그리스도의 십자가를 통하여 전화위복의 계기로 만드셔서 창조주와 피조된 인격의 관계를 '부모와 자녀의 관계'로 업그레이드 시키셨다.

신에게 주어진 역할과 사명을 감당하면서 살아오고 있는 것이다. 이러한 우리에게 주어진 역할과 사명을 발견하는 일이야 말로 우리에게 있어서 인생의 참된 존재 목적이며 이는 때로는 타인이 이해하기 힘든 매우 개인적인 것이지만 동시에 우리가 그것을 위해 살기도 하고 죽을 수도 있는 열정의 대상이 된다.[7)]

그리고 오늘 신학을 공부하고 있는 우리가 부인할 수 없는 객관적 사실은 오늘날 수 없이 많은 그리스도인들 가운데서 하나님께서 나 자신 '김 아무개' '이 아무개'를 목회를 준비하는 곳으로 인도하신 현실이다. 또한 수 없이 많은 사람들이 인류 역사에 나타났다 사라져 갔지만 모두가 한 시대 한 세대를 살아갔기에 인류가 역사를 이어오게 된 것처럼, 비록 우리가 모두 알 수는 없지만 하나님께서 이 시기 이 세대에서 '나'를 신학교로 인도하심은 오늘날 수많은 교회와 신학생이 가운데서 '이 시기, 이 세대'에 이전에도 없었고 앞으로도 없을 '나만이 할 수 있는 교회와 목회사역이 있기에 오늘 이 시간에 나를 부르신 것임을 깨달아야 하겠다. 즉 '내가 꿈꾸는 교회상'과 '내 마음 가운데 심겨진 목회사역의 꿈'은 어느 다른 누군가가 대신 꾸고 열망할 수 있는 것이 아니기에 하나님께서는 그 어느 누가 아닌 우리 각자를 '그 교회'(*the church*)를 위해 선택하시고 부르신 것이다.[8)]

이런 관점에서 볼 때, 소명이란 하나님께서 우리 각자를 너무나 분명하

7) Os Guinness, 「소명」, 홍병룡 역 (서울: IVP, 2009), 19.
8) 일반적으로 하나님의 우주적 교회를 영어로 표현할 때 대문자를 사용하여 'the Church'로 표기한다. 이 땅에서 오직 유일한 예수 그리스도의 몸된 교회를 의미하기에 정관사 'the'와 영어 대문자 'C'를 사용하여 표기한다. 이와 유사하게 우리가 사역자로 부름받은 교회는 누구든지 그리고 아무나 대신할 수 있는 'a'(another) church가 아니라 오직 이 시대에 '나'만이 꿈꾸던 교회이고 목회이기 때문에 어느 누구도 대신할 수 없는 전무후무한 교회이기에 우주적 교회와 구별하는 동시에 그 독특성과 유일성을 강조하여 비록 소문자이지만 정관사를 사용하여 'the church'로 표기한다.

고도 결정적으로 부르셨기에 그분의 소환과 은혜에 응답하여 우리의 모든 존재, 우리의 모든 소유가 헌신적이고 역동적으로 그분을 위해 드려진다는 것이다.9) 그렇기에 하나님께서는 목회자와 자신의 관계를 아주 특별한 관계로 여기시기에 이 목회로의 소명은 사람으로 말미암은 것이 아니라 하나님의 뜻에 따른 것이다(엡 1:1; 갈 1:1; 골 1:1; 딤후 1:1).10)

「하나님을 경험하는 삶」의 저자로 유명한 헨리 블랙커비는 소명에 대해 이렇게 단언한다: "아무도 스스로 목회를 선택할 수 없다. 목회자는 선택될 뿐이다."11) 우리가 오늘 이 소명에 대해 듣고 말하고 생각하고 있는 이 시간 이 순간 이 장소에 우리 자신이 있다는 사실 자체가 우리가 인정하든 인정하지 않든 부르심을 받은, 즉 소명을 받은 사람이라는 확실한 증거이다. 하나님께서는 당신의 목적을 위해, "하나님에 의해, 하나님의 시간에, 하나님의 장소에서, 하나님의 방법으로" 우리를 부르신다(갈 1:1; 골 1:1).12)

이 과정에서 교회의 많고 적음, 목회 준비하는 이들이 넘쳐 남은 문제가 되지 않는다. 마실 물이 가장 구하기 어려운 때가 홍수 때라 하지 않는가? 즉 우리의 소명의 확인 여부는 내가 이제까지 꿈꾸고 달려왔던 교회의 유무에 달려 있다 하겠다. 우리가 꿈꾸고 평생을 매진하고 달려왔던 교회가 우리 주변에 이미 존재한다면 우리는 '또 하나의 유사한 교회'(a/another church)를 필요로 하지 않는다. 하지만 이 땅에 존재하는 어느 교회도 우리 각자가 마음속에 그려왔던 그리고 좇아왔던 '그 교회'(the

---

9) Guinness, 「소명」, 21.

10) 블랙커비 외 2인, 「왜 목사가 되려 하는가」, 43-4.

11) Henry T. Blackaby 외 2인, 「왜 목사가 되려하는가, 어떻게 목회를 하려하는가」, 임태호 역 (서울: 디모데, 2013), 42.

12) Ibid. "사람들에게서 난 것도 아니요 사람으로 말미암은 것도 아니요 오직 예수 그리스도와 그를 죽은 자 가운데서 살리신 하나님 아버지로 말미암아 사도 된... "(갈 1:1).

church)를 대신하지 못한다고 판단이 될 경우 우리는 '그 교회'(the church) 때문에 목회소명의 길을 가야만 하는 것이다.

이것은 마치 창세 이래로 인류가 수십억 또는 그 이상이 있었지만 그 어느 누구도 똑같은 유전자를 지닌 사람이 존재하지 않았기에 하나님께 서 오늘날 우리 각자를 당신의 창조사역의 한 부분으로 우리를 빚으시고 사용하시고 계신 것과 마찬가지로 교회의 시작 이후로 수많은 교회가 있 어왔지만 하나님께서 우리 각자를 위해 당신의 마음속에 그리고 계신 '그 교회'를 위해서 이전에도 없었고 앞으로도 없을 우리 각자를 부르신 것이 다. 부르시는 분이 없다면 소명도 없다. 단지 일만 있을 뿐이다. 따라서 소명의 유무를 감정적이거나 현상적으로 판단하기 보다는 '교회의 꿈의 유무'로 판단하는 것은 성서적이고도 건강한 자세라 할 수 있겠다. 왜냐하 면 사역의 소명은 교회를 위한 것이기 때문이다.

2. 소명의 의미

성서에서 소명에 해당하는 헬라어는 'kaleo'(call, 부르다)라는 단어이다. 성서에서 이 단어가 쓰이는 경우는 '하나님께서 사람들을 구원과 봉사로 부르신다'는 의미로 주로 사용되고 있다.[13] 즉 신약성서에서 사용되고 있 는 '소명'이란 용어는 오늘날 목회자 소명의 경우와는 달리 전문목회로의 부르심이 아니라 하나님과의 믿음의 관계와 하나님의 말씀에 대한 순종 으로의 부르심을 의미한다.[14] 성서에서 의미하는 '사역'(ministry) 혹은 '목

---

13) 에베소 4장 1절에서 사도 바울은 이 단어를 사용하여 "부르심'을 받았으니, 그 부르심에 합당하게 살아가십시오"(표준새번역)라고 권면하고 있다. 미국 남침례교 대표적 윤리학 자 중의 한 사람인 Henlee Barnette은 자신의 책 *Has God Called You?*에서 이 용어와 관 련된 단어는 복음서와 서신서에서 거의 200여 회나 사용되고 있으며 그중 신학적인 의 미로 사용된 경우는 70 여회이며 이 중 바울서신에서 40여 회가 언급되고 있다고 말한 다. Henlee H. Barnette, *Has God Called You?* (Nashville, TN: Broadman, 1969), 15.

회'(pastorate)는 모든 신자들의 책임과 일을 의미하는 동시에 특정 사람들이 행하는 전문 목회 사역을 지칭하는 경우에도 사용되고 있다(롬 12:6-8; 고전 12:4-11; 엡 4:4-16). 교회가 '부르심을 받은 사람들의 모임'임을 감안할 때, 하나님께서는 모든 사람을 자신의 구원받은 백성으로 부르시고 계시며(롬 1:1, 6, 7; 8:28), 그러한 하나님의 부르심에 응답하는 사람들은 모두가 성도들이자 사역자이자이며(고전 1:2), 제사장직분을 가진 제사장이라 할 수 있다(벧전 2:9).

다시 말해 신약성서에서 의미하는 소명은 모든 사람의 구원을 위한 부르심인 동시에, 그 중 어떤 사람들을 봉사 혹은 사역으로 부르는 소명의 경우에 사용되고 있다.[15] 이처럼 신약성서에서 사용되고 있는 '소명' 혹은 '부르심'이란 용어가 대부분 모든 신자를 대상으로 사용되고 있다면, 오늘날 대부분의 교회 목회자들이 자신을 전문목회자로 부르시는 특별한 소명을 경험하는 현상은 어떻게 이해해야 하는가를 살펴보기로 하자.

1) 일반소명과 특수(특별)소명의 구별[16]

오늘날 목회자로 부름 받은 사람들이 경험하는 '특수(특별)한 부르심' 혹은 '제한된 부르심'[17]은 어떻게 이해해야 하는가? 종종 이러한 특수한 부르심은 '전임사역자'로의 부르심이나 '유급사역자'로의 부르심으로 생각

---

14) Felix E. Montgomery, *Pursuing God's Call: Choosing a Vocation in Ministry* (Nashville: Convention Press, 1981), 15.

15) G. Willis Bennett, "Ministry as Profession and Calling" *Review & Expositor*, vol. 70, (Winter 1973): 6.

16) 이후 아래에서는 '특수소명,' '특별소명,' '제한된 소명'을 같은 의미로 보아 구별 없이 사용하기로 한다.

17) Frank Stagg, "Understanding Call to Ministry," in *Formation for Christian Ministry*, eds. Anne Davis and Wade Rowatt, Jr. (Louisville, KY: Review and Expositor, Southern Baptist Theological Seminary, 1988), 31.

할 수 있으나 이러한 기준은 성서적으로 뒷받침되지 않고 있다. 성서는 모든 그리스도인은 자신들의 삶의 전부를 주님 앞에 드리는 사역자이며 이러한 드림은 그 일에 따른 급여의 여부에 관련이 없이 적용된다고 가르치고 있다.[18] 유대교 전통에서 제사장들은 급여를 받았지만 대부분의 선지자들과 서기관들은 금전적인 도움을 받지 않았음을 볼 수 있다.[19]

초대교회는 사도들을 제외하고는 이러한 목회사역의 부르심과 일반 성도들의 소명 사이의 명백한 구별을 두고 있지 않았다. 신약시대의 대부분의 목회사역은 당시의 유대교 회당의 상황과 비슷하게 평신도들에 의해서 이루어졌으며 대부분의 경우 이중직을 지닌 목회사역자들이었다.[20] 신약성서는 목회사역이란 철저하게 자원적인 의미로 이해했고 이러한 목회지도자들을 자발적으로 따르는 사람들은 자신의 소유를 드려서 자신의 사역을 감당하였다(눅 8:1-3). 이러한 제한적 의미의 재정적 지원은 초대교회에서는 보편적이었다. 그러다 신약시대 이후부터 전적으로 재정적 지원을 받는 목회사역이 시작되었다. 그리하여 2세기경에 이르러는 재정적 지원을 받는 문제로 교회가 혼란스러웠기에 참된 목회자와 자신의 이익을 추구하는 목회자를 엄격하게 구별하는 기준을 담은 지침서들을 만들어 배포하기도 했다.[21]

또한 어떠한 직업을 가졌든지 모든 기독교인들은 하나님의 사역자로 교회를 섬겼다. 이들 가운데 어떤 이들은 사도 바울과 같이 자신들의 세상 직업을 유지하면서 하나님의 사역을 하며, 어떤 이들은 베드로처럼 교

---

18) Paul L. Stagg, "An Interpretation of Christian Stewardship," in *What is the Church?* ed. Duke K. McCall (Nashville, TN: Broadman, 1958), 148-63.

19) Frank Stagg, "Understanding Call to Ministry," 31-2.

20) 대표적으로 사도 바울과 브리스길라와 아굴라 등을 들 수 있다.

21) John Polhill, "Toward a Biblical View of Call," *Preparing for Christian Ministry*, eds. David P. Gushee and Walter C. Jackson (Wheaton, IL: Victor Books, 1996), 69.

회에 전적인 도움을 받으며 하나님의 일을 하기도 하였다. 이 모두가 사역으로 부르시는 하나님의 부르심에 대하여 자신들의 삶 전체를 드려서 응답하는 자세였다.[22] 즉 신약교회에서의 일반소명과 특별소명을 구분짓는 기준이 '전임,' '비전임' 혹은 '사례비 유무'의 차이가 아니었다. 단지 차이는 하나님의 소명을 받은 사람으로서 자신이 소유한 은사에 따라 어떤 특정 사역의 영역을 통해 하나님의 부르심에 응답하는 경우가 있는데 목회사역도 그 중의 하나에 해당한다고 보는 것이었다.[23]

건축으로 비유하자면, 일반소명은 창문, 벽지, 도기, 타일 등의 집을 짓는데 필요한 자재를 준비하는 이들의 부르심이며, 특별소명은 이러한 자재를 모아 전체적으로 집을 짓는 일에 사용하는 이들(집을 세우는 이들)을 위한 부르심이다. 자재를 준비하는 이들이나 이들 자재를 사용하여 집을 세우는 이들이나 서로 높낮이는 없는 것이며 동시에 어느 것도 경중의 차이가 있지 않다.

2) 특수소명의 부름방식

성서적으로 볼 때, 하나님의 사역의 지도자들은 크게 두 종류로 부름을 받은 사실을 볼 수 있다. 하나는 사회적으로 제도적으로 인정된 과정을 거쳐 사역자로 부름을 받는 경우이고, 또 다른 하나는 사도 바울이나 구약의 선지자 아모스처럼 사회적으로나 제도적인 과정이나 절차 없이 초차연적으로 혹은 하나님의 부르심을 자각하여 자연적으로 세워진 사역자이다.[24]

---

22) Barnette, *Has God Called You?*, 17, 68; J. Winston Pearce, *God Calls Me* (Nashville: Convention Press, 1960), 47; Dennis M. Campbell, *Who Will Go for Us?* (Nashville: Abingdon, 1994), 18.

23) Segler, *A Theology of Church and Ministry*, 39.

이러한 두 종류의 부르심의 방식은 각각의 장점이 있으며 상호보완적인 요소가 있다. 사회적 종교 제도적으로 인정된 절차에 의해 목회자로 세워지는 방식은 대부분 기성 교회제도에서 채택하고 있는 방식이다. 이러한 제도적이며 사회적으로 인정된 소명에는 적어도 네 가지 조건의 충족을 필요로 한다: 첫째, 기독교인, 즉 신자로의 부르심(the call to be a Christian)이다. 목회사역자는 우선적으로 하나님의 자녀, 즉 예수 그리스도의 제자로서 하나님의 교회의 구성원인 신자여야 한다. 둘째, 내적 확신(the secret call)의 요소이다. 목회사역자가 가지게 되는 하나님께서 자신을 부르신다는 내적 체험 혹은 그 부르심에 응답해야 한다는 부담감이 그것이다. 셋째, 섭리적 준비(the providential call)이다. 사역 현장에서 주어지는 기회나 사역에 필요한 은사 및 능력과 준비, 그리고 열매가 나타나는 일련의 과정이 그것이다. 환경이나 상황을 통하여 일할 기회가 주어지고 그 일에 적합한 여건들과 준비들이 갖추어지는 하나님께서 섭리하시는 일련의 과정이 그것이다. 넷째, 교회의 인정(the ecclesiastical call)이다. 속한 신앙 공동체가 그 사역자의 준비와 갖추어짐을 확인하고 사역자를 공식적으로 목회지도자로 세우는 일이다.[25]

하지만 이러한 제도적으로 용인되고 사회적으로 인정된 신앙공동체와는 달리 국가적으로나 사회적으로 용인되지 못한 신앙공동체의 경우, 이상에서 언급한 네 가지 소명의 요소들을 갖추지 못하는 경우가 많다. 즉 하나님의 강력한 부르심에 대한 자각과 자신에게 주어진 은사만으로 신앙공동체를 섬기고 이끄는 리더가 되는 경우가 그것이다. 이에 대하여 감리교 창시자 요한 웨슬레도 내·외적 소명의 확인이 필요하다는 사실에 대하여 인정하지만 그것이 반드시 하나님의 일을 하는 사역자의 필수 조

---

24) Niebuhr, *The Purpose of the Church and Its Ministry*, 63-4.

25) Ibid., 64.

건이어야 한다는 사실에 대하여는 부정하고 있다.[26]

3) 특수소명의 요건

초대교회에서 '은사'(恩賜)는 교회지도자로서의 자질에서 매우 중요한
요소였다. 신자들은 자신들의 받은바 은사를 교회를 위해 사용했으며 교
회는 그러한 은사들을 잘 알고 있었다. 이러한 은사들은 교회에서 사역의
종류를 결정짓는 우선적 기준이 되었다. 즉 교회를 섬기는 사람들을 향한
하나님의 부르심, 즉 목회 소명은 성령께서 주신 각 개인의 은사에 의해
결정되었다. 이러한 은사들은 다양하였으며 이러한 다양성은 초대교회교
인들로 하여금 은사들 간의 우열을 가리려는 문제로 번지기도 하였다(고
전 12:4 이하; 롬 12:3-8). 초대교회에서는 모든 신자들이 각양의 은사를 받
았으며 따라서 모든 이들이 하나님의 일꾼이었다. 하지만 이러한 은사에
기초한 교회의 사역은 교회의 역사적 발전과정과 함께 좀 더 조직화되고
공식화되어 갔다. 은사에 기초한 일반사역과 교인들을 섬기는 목회사역
을 구별하기 시작한 흔적을 볼 수 있는 성서의 자료가 에베소서 4:11-12이
라 할 수 있다. 이 구절은 모든 신자들을 사역자로 부르시는 소명과 어떤
이들을 성도들을 섬기는 목회사역으로 부르시는 소명을 구별하고 있는
성서적 뒷받침이라 볼 수 있다.[27]

사도바울은 에베소 교인들을 향한 서신에서 "성도들을 온전하게 하여
봉사의 일을 하게하며 그리스도의 몸을 세우는 일"(엡 4:12)을 위한 교회
일꾼들을 부르심에 대하여 분명하게 언급하고 있다. 이러한 부르심에 대
하여 종교개혁신학자 존 칼빈(John Calvin)은 모든 목회사역자들이 인식하

---

26) Ibid., 65.
27) Polhill, "Toward a Biblical View of Call," 72.

는 은밀한 부르심이 있다고 주장하고 있으며, 오스왈도 챔버스(Oswaldo Chambers)는 각 목회자들이 경험하는 은밀한 부르심은 "어떤 사람의 경우는 천둥치는 소리같이 오기도 하는 반면 어떤 사람의 경우는 새벽이 밝아오는 것처럼 다가오기도 한다. 급작스럽든 점진적이든 부르심의 자각은 다가오며 항상 어떠한 종류의 초자연적인 경험들이 함께 따른다"고 설명하고 있다.[28] 하지만 이러한 특정 영역, 즉 하나님의 교회를 돌보는 사역으로의 소명이 다른 신자들이 교회를 섬기기 위해 받은 소명보다 우월한 것이라고 하는 생각은 비성서적인 태도이다.[29]

3. 소명의 중요성과 경계할 것들

1) 소명의 중요성

목회자가 되려는 사람에게 있어서 목회 소명의 확증과 확인은 다음과 같은 세 가지 이유로 중요하다.

첫째, 소명의 확증은 목회 상황에서 겪는 여러 가지 어려움들을 이겨나갈 수 있는 자원이 된다. 목회에는 예측 가능하고 확실한 결과들을 볼 수 있는 일들도 있지만, 그렇지 못한 불명확한 여러 가지 일들과 예상치 못했던 사건들도 있다. 사람으로는 불가능해 보이는 꿈을 외롭고도 힘들게 추구해 나가야만 하는 목회자들에게 있어서 자신의 목회사역의 소명에 대한 확증은 여러 가지 어렵고 힘든 상황 가운데서도 하나님을 향한 믿음을 견고하게 유지해주며 끝까지 인내할 수 있게 도움을 준다.[30] 목회현장

---

28) Oswald Chambers, *My Utmost for His Highest: An Updated Version* (Grand Rapids, MI: Discovery House, 1992), September 29.

29) Henlee S. Barnette, *Christian Calling and Vocation* (Grand Rapids, MI: Baker, 1965), 79.

30) Charles Bridges, *The Christian Ministry* (London: Banner of Truth, 1967), 101; W. A. Criswell, *Criswell's Guidebook for Pastors* (Nashville, TN: Broadman, 1980), 345; Howard F.

에는 사람과의 관계에서의 말 못할 어려움들, 교회성장의 부담과 교회 건강성 유지 사이의 긴장, 탈진의 위험과 영성의 고갈, 현대 목회의 전문성이 초래하는 정체성의 혼란 등과 같은 목회자를 위협하는 여러 가지 어려움들이 도사리고 있다. 목회에서의 이러한 어려움을 인내하고 극복해 가는데 가장 큰 자원이 되는 요소는 다름 아닌 하나님께서 부르셨다는 소명의식이다.

둘째, 소명의 확증은 목회를 건강하게 유지해 준다. 목회자의 소명의식은 목회사역을 해 나가면서 빠지기 쉬운 자신의 목회사역 결과들로 인한 교만이나 자기만족의 위험을 예방하거나 극복하는데 도움을 준다. 부름을 입은 이는 자신이 맡은 일의 결과들에 대해 그 공을 자신에게로 돌리지 않는다. 소명에 관한 건강한 확신을 지닌 하나님의 일꾼들은 하나님께서 부르시고 맡기신 목회 사역에서 얻어지는 모든 종류의 성공들과 긍정적 결과들을 자신이 아니라 자신을 부르신 하나님의 은혜 때문임을 인식하고 하나님께만 영광을 돌린다. 단지 목회자인 자신은 이러한 결과들로 인해 감사하고 기쁨을 누릴 뿐이다.

셋째, 소명의 확증은 목회의 효율성을 향상시킨다. 소명에 대한 강한 확신은 목회자로 하여금 목회사역에서의 지향점을 명확하게 함으로 목회사역의 효율성을 성취하는데 도움을 준다. 목회현장에서의 많은 프로그램과 이를 위한 자원들은 자칫 하나님께서 뜻하시는 교회의 존재목적과 일치하지 않을 수 있다. 그러한 때 소명을 확신하고 명심하는 자세는 부르심의 주체인 하나님이 원하시는 교회의 존재목적에 집중할 수 있도록 도움을 준다. 목회자의 이러한 태도는 자신이 목회하는 교회의 여러 프로그램과 자원들이 성서적인 초점을 잃지 않고 집중할 수 있도록 도움을 주

Sugden and Warren W. Wiersbe, *When Pastors Wonder How* (Chicago: Moody, 1973), 9; C. W. Brister, *Caring for the Caregivers* (Nashville, TN: Broadman, 1985), 30.

어 교회의 본래적 목적을 효과적으로 달성하도록 한다(요 15:16).[31] 그렇다면 목회현장에서 이처럼 중요한 기능을 하는 소명이란 무엇이며 어떠한 의미를 지니고 있는가?

2) 소명에서의 경계할 것들

(1) 소명의 첫 번째 경계 대상: 교만/자만심/우월의식

고상한 마음이 짓는 죄에 속하는 교만 또는 자만이 대표적인 소명의 어두운 부분이다. 즉, 소명의 이면에는 자만심의 유혹이 도사리고 있다. 선택받음과 자만심은 다음의 두 가지 측면에서 볼 때 매우 밀접하게 연관되어 있기에 당사자가 성숙하지 않은 경우 이 둘을 혼동하게 될 위험이 있다.[32] 첫째는 소명받은 이는 그 소명 자체가 매우 고상하기 때문에 교만에 취약하게 된다. 둘째는, 소명의 특징이 오직 하나님의 인정하심에만 매달리는 매우 개인적인 특성을 지니기 때문에 교만에 취약하다. 강한 소명의 확신을 지닌 사람은 자칫 다른 사람을 멸시하거나 무시하면서 오직 하나님의 인정하심에만 의지하여 살아간다. 문제는 이 때, 그 하나님의 인정하심이 건강하게 유지되지 않고 하나님이 아닌 우리 자신의 인정함으로 바뀌게 되는 것이다. 이렇게 될 경우, 독선과 우월감과 선민의식 등이 그 사람을 삼켜버리게 된다. "진짜 사악하고 음흉한 교만은, 당신이 다른 사람들을 너무나 멸시하고 그들이 당신에 대해 어떻게 생각하든 전혀 상관하지 않을 때 생겨난다."[33] 이러한 교만의 유사어들을 보면, 이기심, 거만, 방자, 자기 본위, 허영심, 자고함, 건방짐, 자랑, 잘못된 자부심, 자기만족, 자기중심주의 등이다.[34]

---

31) Segler, 38.
32) Guinness, 「소명」, 198.
33) Ibid.

"나는 선택받았어, 나는 재능이 있어, 나는 정말 특별한 존재야"는 속삭임은 자칫 건강한 자기 이해와 자기인정이 결핍될 경우 로마 가톨릭에서 종종 언급되는 7가지 죽음에 이르는 죄 중 가장 첫 번째로 언급되는 '교만'(pride)으로 이어지기 쉽다.[35] 세상을 구원하기 위해 선택받았던 이스라엘이 범했던 잘못이 바로 이것이었다. 선민의식이 바탕이 된 우월감과 배타성이 이스라엘 민족이 범했던 교만이었고 패망의 원인이 되었다. 소명의 확신이 깊은 사람이나 신앙심이 아주 깊다고 알려진 사람 가운데 종종 이러한 잘못을 범하여 신앙적 우월감을 지니고 살아가는 이들을 볼 수 있다. 역사적으로 "가장 흔하고 교묘하며 조작적인 왜곡은 종교적인 제국 건설에서 볼 수 있다. 얼마나 많은 교회와 선교회와 자선 단체와 대학과 부흥 집회와 개혁 운동과 기부 행위가 하나님의 소명을 외치면서도 실제로는 지도자들을 부추겨 그들의 자아를 왜곡시켰는지는 오직 하나님만 아실 것이다."[36]

하지만 인종과 시대를 초월하여 역사적으로 인정받는 훌륭한 신앙인의 공통된 특징을 꼽으라면 한 마디로 '겸손'한 사람이라는 것이다. 다른 사람을 나보다 낫다고 여기는 마음에서 하나님의 깊은 은혜를 자각할 수 있다. 영성이 뛰어난 사람일수록 더욱 겸손해질 수밖에 없다. 빛되신 하나님께 가까이 나아가는 신앙의 삶에서 신앙심과 영성이 뛰어날수록 하나님께 더 가까이 나아간 사람이라 하겠다. 그리고 빛되는 하나님께 가까이 나아가면 갈수록 그 당사자는 이전까지 어두워서 잘 보지 못했던 자신의 모습을 제대로 볼 수 있게 되기에 더욱 낮아질 수밖에 없다.

---

34) Ibid., 197.
35) Ibid., 191-2, 197. 이 7가지 죽음에 이르는 죄, 다른 용어로 대죄(大罪)인 칠죄종(七罪宗)은 다음과 같다: 교만, 탐욕, 색욕, 탐식, 시기, 분노, 나태.
36) Ibid., 196.

(2) 소명의 두 번째 경계 대상: 경쟁심과 질투

자유주의 경쟁 사회에서 열망과 경쟁은 당연할 뿐만 아니라 나아가 권장되기까지 한다. 열망과 야망은 다른 이들과 함께 노력하는 소명을 이루는 건설적인 원동력으로 소명의 중요한 요소가 될 수 있다. 하지만 질투는 단순한 열망이나 야망과는 다르다. 질투는 타인과 비교함으로 자신의 자존감에 상처를 입고 말과 행동으로 상대를 현재 자신의 수준이나 그 아래로 끌어내리려고 애쓰는 파괴적인 태도이다. 질투는 상대의 성공 때문에 자신이 보잘것없는 존재가 되었다고 느끼는 것이다. 그렇기 때문에 상대를 마땅한 수준으로 끌어내리려야 한다고 느끼고 그렇게 행동함으로 개인은 물론 공동체를 파괴하게 만든다.[37]

질투는 본질적으로 비교와 경쟁의 속성을 지니며 자신의 교만이 경쟁에서 상처입은 결과로 생겨난 부정적인 감정이다. 세계적인 기독교 변증가인 오스 기니스(Os Guinness)는 자신의 저서 「소명」에서 질투에 관하여 다음과 같이 말한다:

> 경쟁이라는 요소가 개입되면 질투가 생겨나는 것은 시간문제다. 당신이 자신의 소명의 길에서 잠시 멈추어 건너편 사람을 바라본다면 어떤 일이 생기겠는가? 당신은 누군가가 더 행복한 결혼 생활을 즐기고, 더 예쁜 아이들을 키우며, 더 많은 돈을 벌고... 더 많이 인정받는 것을 보며 그들이 당신의 욕구 저변에 깔려 있는 깊은 곳을 건드리는 것을 항상 발견할 수 있다. 그러한 비교 의식을 좀더 저급한 욕망과 뒤섞어 보라. 그러면 질투심이 다시 고개를 쳐들 것이고, 그것은 나이가 들면서 줄어들기는커녕 오히려 더 커질 것이다. 질투는 사소하게 보일지 모르지만 모든 것을 삼켜버릴 것이고, 당신의 재능과 소명의 영역에서 가장 경쟁적인 관계에 있는, 즉 가장 가까운 사람들에게 초점을 맞추게 될 것이다. 결국 질투는 자기 파괴적인데, 그 이유는 질투하는 자가 즐길 수 없는 것은 어느 누구에게도 허용되지 않기 때문이다.[38]

---

37) Ibid., 210.

우리는 예수님의 제자들 가운데서도 이와 유사한 문제가 있었음을 발견할 수 있다. 요한복음 21장 20-22절은 부활하신 예수님을 만난 베드로마저 요한의 미래에 대한 궁금함을 토로하는 것을 볼 수 있다. 주변을 두리번거리며 서로를 비교하면서 다른 사람의 성공이나 진보를 보며 우리 소명의 성공 여부를 판단하는 잣대를 삼는 것은 건강하지 않은 소명자의 내적 태도이다. 이러한 우리의 태도에 대하여 우리 주님께서 우리에게 하시는 말씀은 다름 아닌 "네게 무슨 상관이냐 너는 나를 따르라"(요 21:22)일 것이다.

4. 소명의 확인과 대표적인 성서적 예들

하나님께서는 모든 그리스도인들을 당신의 사역자로 부르시고 동시에 그 중 어떤 이들은 목회사역으로 부르시는 이유는 무엇일까? 그리고 이상에서 언급한 일반 소명과 특수소명은 어떻게 구별할 수 있을까? 칼빈(John Calvin)은 목회사역의 소명확인에 필요한 요소를 교회의 부름과 하나님의 부르심에 대한 개인의 내적 확신, 이 두 가지로 보았다.[39] 이러한 성령께서 이끄시는 개인의 내적 소명의 확신과 교회를 통해 이루어지는 외적인 증거들을 통한 소명의 확신이야말로 교회와 예수 그리스도를 위한 목회자에게는 반드시 필요한 요소들이다.[40]

사람들은 자신만의 독특한 삶의 상황 속을 거쳐 오면서 자신들을 향한 하나님의 부르심을 자각하게 된다. 이러한 부르심은 적절한 때에 분명히 깨달을 수 있거나, 아니면 다른 사람의 도움으로 깨달을 수도 있다. 목회

---

38) Ibid., 211-2.

39) John Calvin, *Institutes of the Christian Religion*, translated by Henry Beveridge, reprint (Grand Rapids, MI: Eerdmans, 1962), 2:326.

40) Thomas C. Oden, *Pastoral Theology* (San Francisco: HarperCollins, 1983), 25.

로 부르시는 하나님의 부르심에 응답하는 일은 계속적인 하나님과의 대화와 그 분의 말씀에 귀를 기울이는 일련의 과정이 요구된다. 하나님의 부르심을 자각하는 과정에서 유의해야 할 점은 이러한 부르심이 과연 내가 속한 사회나 단순한 도덕심이나, 혹은 나 자신의 자기만족을 추구하려는 무의식적인 충동에 의한 착각이 아닌가 하는 점이다. 어떤 이는 목회로의 소명을 분별하는데 도움이 되는 요소로 은사를 꼽고 있으며, 어떤 이는 사역에서의 열매로 자신들의 소명을 분별하는 기준을 삼기도 한다.[41] 목회사역으로의 부르심은 이러한 하나님께서 부르셨다는 하나님과 개인의 관계에서 형성된 부르심에 대한 응답의 부담과 더불어, 개인을 둘러싼 교회와 사람들의 필요에 대한 개인의 자발적 반응이 함께 어우러져서 이루어진다.[42] 이를 좀 더 자세하게 살펴보면 다음과 같다.

1) 소명의 확인에 필요한 요소 및 공통된 현상

목회소명을 확증하는데 필요한 요소들은 대략 다음과 같다.

첫째, 개인의 사역상황을 통한 타인들과 하나님의 부르심에 대한 확신 둘째, 목회지도자로서의 일을 수행하는데 필요한 능력의 소유. 셋째, 목회사역에 대한 강렬한 바램. 넷째, 목회자에게 필요한 도덕적 자질. 다섯째, 소속한 교회의 판단과 지지, 그리고 여섯째, 사역에서의 효율성을 나타내는 열매 등이다.

이러한 목회사역으로의 부르심에 대한 확인 과정에서 발견되는 공통적인 현상 세 가지를 살펴보면 아래와 같다.

첫째, 현재 자신이 하고 있는 일에 대하여 평안함이 없다. 이러한 현상

---

41) Stagg, "Understanding Call to Ministry," 43.
42) Brister, *Pastoral Care in the Church*, 22.

은 아마 현재 직업에 대한 자신의 불만족이나 하나님을 위해 더 많은 일을 하고 싶은 욕구 등으로 나타날 수 있다. 이러한 현상은 다음과 같은 형태로도 나타나기도 한다. 현재 다른 사람이 맡고 있는 사역에 대하여 관심이 가거나 특정 부류의 사람들을 위해 헌신하고 싶은 마음이 강하게 드는 경우. 물론 이러한 평안함이 없음을 느끼는 원인이 사역으로의 소명 때문인지 아니면 다른 이유들 때문인지를 조심스럽게 분별할 수 있어야 한다.

둘째, 내적인 끌림이 있다. 이러한 요소는 설명하기 힘드나 자신이 하고 있는 일이 해야만 한다는 느낌이나 확신을 주는 경우가 이에 속한다. 논리적으로 설명하기 쉽지 않으나 현재 하고 있는 교회사역에 대해 개인적인 만족이나 평안함이 느껴질 때 이것이 사역으로의 소명의 요소일 수 있다. 이러한 일이 오히려 더 큰 어려움을 가져다줄지라도 자신이 결정하고 하고 있는 현재의 일이 옳은 일이라는 확신이 드는 경우도 이에 속한다.

셋째, 신앙공동체로부터의 확증이 있다. 하나님의 소명을 확신하고 그 일을 해 나갈 때 자신이 속한 공동체의 성숙한 신앙인들로부터 받는 인정이나 격려 혹은 감사나 평가 등이 이에 속한다.

반드시 귀로 들려야만 하나님의 소명이 아니라 이상에서 언급한 공통적인 특징들이 사역자로 부르시는 하나님의 음성을 확인하는 요소일 수 있다. 소명을 듣는 일이란 자신의 마음속에 생기는 확신일 수도 있으며, 혹은 어떤 일을 행하려고 할 때의 벅찬 감동이나 흥분이 그러한 부르심의 음성일 수도 있다.

2) 소명의 확인 방법과 과정

그럼 이러한 소명을 각 개인이 확인하는 방법과 과정은 어떠한가를 알아보면 다음과 같다.

첫째, 하나님께서는 성경말씀을 통해 부르신다. 소명을 확인하고 깨닫기 위해 개인은 하나님의 말씀을 주의 깊게 읽고, 공부하며, 묵상하는 일이 필요하다. 소명을 깨닫고 확신하고 싶다면 반드시 하나님의 말씀에 깊은 관심과 주의를 기울여야 한다.

둘째, 하나님은 기도 가운데 부르신다. 기도는 가장 깊고도 은밀하게 하나님의 음성을 듣는 기회이다. 기도는 하나님께 우리 자신을 복종시키는 일이기에 기도를 통해 소명을 확신하기도 한다.[43]

셋째, 하나님은 환경을 통하여 부르신다. 기회의 오고 감이 종종 우리 자신을 부르시는 하나님의 소명일 수 있다. 바울도 하나님의 뜻을 알기위해 자신을 둘러싼 환경의 변화를 지켜보고 있는 경우를 말하고 있다(고전 16:8-9). 이를 위해 기회를 찾는 습관을 기르며, 기회를 분별하기 위해 다른 이들의 도움을 청할 필요도 있다. 기회를 분별하기 위해 현실을 직시하여야 하며 억지로 어떠한 기회를 만들려고 하지 않는 것이 좋다.

넷째, 하나님께서는 사람의 능력이나 관심을 통하여 부르신다. 하나님께서는 우리를 창조하시고 창조한 우리의 능력이나 관심을 사용하여 당신의 일을 성취하신다.

다섯째, 하나님은 사람들이 지닌 은사를 통하여 부르신다.

여섯째, 하나님은 우리의 내면의 느낌을 통해 부르신다. 하나님은 우리를 압박하지 않고 우리를 인도하신다. 또한 우리에게 우리의 느낌이 참된 것인지를 점검할 시간과 기회를 주신다. 하지만 여전히 너무 우리 자신이 감정에 치우치는 일은 조심해야 한다. 하나님의 뜻을 확인하기 위해 성경을 주술적이나 미신적으로 사용하지 말아야 한다. 꿈이나 환상을 너무 신

---

43) Henry Blackaby and Claude King, *Experiencing God* (Nashville, TN: Lifeway, 1990), 87.

뢰하지 않아야 한다. 하나님 앞에서 겸손하고 예상치 못한 일들에 대해 마음의 준비를 하여야 한다. 일곱째, 마지막으로 부르심에 대하여 확신이 없을 때는 자신의 삶을 주관하시는 분이 하나님이심을 기억하고 현재 지금의 일을 통해 하나님을 섬기면서 확증과 확신을 기다리는 것이 좋다.

3) 성서에서의 소명의 대표적 예들

구약성서에서의 소명의 예들은 제사장의 경우는 혈통으로 선정되기에 대부분의 경우 구약의 소명은 선지자들의 부름과 관련이 있다. 이러한 선지자의 부르심 가운데 어떤 경우는 매우 극적인 부르심이 있었던 한편, 다른 경우는 매우 점진적이고도 은밀한 형태를 띠는 등의 여러 가지 형태로 나타났다. 선지자의 소명은 또한 남성과 여성, 빈부귀천을 초월하여 이루어졌다.[44] 남선지자가 대부분이었으나 여선지자의 예로는 요시야의 개혁 때 중요한 역할을 감당했던 여선지 훌다를 들 수 있다(왕하 22:14-20). 또한 선지자 가운데 이사야와 같은 왕족이 있는가 하면 아모스와 같이 보잘 것 없었던 목자이자 뽕나무를 가꾸던 사람도 선지자로 소명을 받았다(암 7:14-5).

잘 알려진 성서에 나타나 있는 소명의 예로는 택하신 나라를 준비하는 아브라함의 소명(창 12:1-3; 17:1), 모세의 '불타는 떨기나무의 경험'으로 잘 알려진 소명(출 1:1-7; 3장, 7장), 요나의 소명(욘 1-4), 이사야의 소명(사 6장) 등이 있다. 또한 사무엘은 어려서 하나님의 부름을 받았으며(삼상 3:1-18), 이사야는 심각한 개인적 위기 상황을 통하여 소명을 확인하였으며(사 6:1-5), 예레미야는 출생 전부터 하나님의 부르심을 입었다고 고백하고 있다(렘 1:5). 열두 사도들은 예수께서 직접 부르셨고, 후에 유다를

---

44) 여선지자의 예로는 요시야의 개혁 때 중요한 역할을 감당했던 여선지 훌다를 들 수 있다(왕하 22:14-20).

대신한 맛디아 사도는 제비를 통하여 사도로 택하심을 입었다(행 1:24-26). 초대교회 일곱 집사들은 교회 회중에 의해 뽑혔으며(행 6:1-6), 사도 바울은 회심과 동시에 소명을 받았다(행 9:1-19; 22:1-21; 26:1-23).

이상에서 살펴본 성서에서의 여러 가지 소명의 예들은, 오늘날 목회자로 소명을 받는 사람들이나 이들을 양육하는 사람들 모두에게 다음과 같은 도전을 제기한다. 우리는 '어떻게 참된 소명을 분별할 수 있으며 점검할 수 있는가' 하는 겸손을 기초로 한 각 개인, 또는 집단의 응답이라는 문제가 그것이다.

5. 소명의 점검 및 응답과 계발

목회에 대한 소명의 건강성을 확인하는 방법들 중의 하나는 목회사역에 대한 자신의 동기와 태도를 점검하는 일이다. 대부분의 건강하지 않은 소명의 경험들은 당사자가 자신의 사역의 동기나 소명의 근거를 깊이 점검하지 않거나 충동적으로 결정함으로 인해 발생한다. 이러한 건강하지 않은 소명의 특징을 살펴보면 다음과 같다.

1) 건강하지 않은 소명의 특징

목회사역을 지망하는 동기들 중 건강하지 않는 동기나 소명의 특징은 다음과 같다. i) 소명이 하나님 아닌 외부에 의해 오는 경우이다. 소명이 하나님이 아닌 교회나 교회의 목회자에 의해 주어지는 경우나, 가족의 전통이나 가업 혹은 배우자의 소망에 의해 사역을 선택하는 경우; ii) 목회사역을 단순히 직업의 한 종류, 즉 생계를 위한 하나의 방법으로 여기는 태도; iii) 교회에서나 사회에서의 지위를 획득하거나 누리려는 동기로 목회사역을 원하는 태도; iv) 단순히 인생을 행복하게 살아가는 길로 목회사역을 선택하려는 태도; v) 내적인 욕구 충족을 위한 태도. 종종 건강하지 않은 소명은 개인의 의식적 혹은 무의식적인 욕구나 해결되지 않은 문제들에 의해 오기도 한다; vi) 개인의 죄의식이나 수치심의 결과로 인한 소명의 경우이다. 예수를 믿고 곁길로 갔던 사람들 중 간혹 진정한 소명과 자신의 죄의식이나 수치심을 상쇄하고자 하는 개인적인 무의식적 의도를 구별하지 못하는 경우가 있다. 이러한 동기들은 목회사역에 필요한 하나님과의 관계에서 비롯되는 '거룩한 부담'이나 '하나님의 부름'에 대한 깊은 자각이 결여되어 있는 태도들이다.[45)]

2) 소명의 응답

목회자의 소명은 하나님과의 개인적 관계, 개인이 속한 신앙공동체, 그리고 사회적 상황과의 상호작용 아래에서 형성되어 간다. 그리고 헌신된 목회자는 자신의 전 생애를 통하여 규칙적인 주님과의 인격적 교제를 통하여 지속적으로 소명을 새롭게 하며 살아간다. 소명에 응답한 개인은 세상의 진정한 필요에 응답하면서 동시에 참된 만족과 기쁨의 열매를 거둘 수 있다.[46)] 대체로 소명이 구체화되는 시기는 자아정체감이 형성되기 시작하는 청소년기나 청년기이다.[47)] 이 시기에 목회자로 준비되기 원한다면 하나님과 깊고도 친밀한 관계를 형성하는데 도움을 주는 훈련들을 쌓을 필요가 있다. 하나님께서는 이 시기에 사역과 관계를 통하여 소명자를 성장시키고 준비시키신다. 청소년기와 청년기를 지나면서 소명을 받은

---

45) James M. George, "The Call to Pastoral Ministry," *Rediscovering Pastoral Ministry*, ed. John MacArthur, Jr. (Dallas, TX: Word, 1995), 102; Segler, 49-51.

46) Frederick Buechner, *Wishful Thinking: A Theological ABC* (New York: Harper & Row, 1973), 95.

47) Brister, *Pastoral Care in the Church*, 220.

사역자들은 자신의 은사를 분명하게 분별하고 이를 자신의 사역에 적용하여 사역에서의 경험을 통하여 성장 발전해 나간다.[48]

3) 소명의 계발

소명을 받은 예비 사역자는 본격적인 사역을 시작하기 전까지 자신을 준비하는 과정이 필요하다. 다음은 소명 받은 일꾼이 자신의 소명을 계발하는 준비에 대한 내용들을 소개한다.

첫째, 하나님께 열린 자세를 갖추도록 하여야 한다. 하나님께서 어디로 인도하시든지 무엇을 원하시든지 따르겠다는 열린 마음가짐이 중요하다. 하나님의 타이밍이 우리의 타이밍인 경우는 드물다. 하지만 하나님께서는 우리의 때를 아시며 우리를 우리 자신보다 더 잘 아시고 계신다. 우리가 해야 할 일은 단지 하나님을 신뢰하는 열린 자세인 것이다.[49]

둘째, 하나님의 부르심에 응답하는데 따르는 여러 가지 고려해야할 요소들과 잠재적인 장애들을 살펴보는 일은 중요하다. 자신의 준비, 나이나 학력, 혹은 가정형편, 가족의 반대, 자신의 치유되지 못한 내적 상처들 등이 소명을 순종하기위해 고려해야 할 실제적인 요소들이다.

셋째, 지녀야 할 자세로는 중생한 그리스도인으로서의 확신, 소명의 자각, 현재 하나님께서 인도하시는 방향에 대한 민감성, 과거와 현재의 경험들을 통한 하나님의 준비시키심에 대한 깨달음과 자각, 자신의 재능과 은사의 고려. 주변의 사람들의 필요나 고통에 대한 안타까움과 연민, 그리고 사역에 대한 자발적인 마음가짐 등이 있다.

넷째, 계속적인 영적성장과 성숙을 지향해야 한다. 현재 하나님과의 관

---

48) J. Robert Clinton, *The Making of a Leader* (Colorado Springs, CO: Navpress, 1988), 45-6.
49) Guinness, 「소명」, 362.

계에 대한 점검-만족하는가 아니면 불만족인가? 왜 그러한가의 점검, 나아가서 자신의 영적 성장의 영역에서 관심이 느껴지는 일들, 하나님의 용서와 씻겨줌이 필요한 영역의 발견, 성령께서 깨닫게 하시는 자신의 부족함과 깨어짐, 그리고 허무함과 참 기쁨, 평안함 등의 점검을 통한 영적 성숙을 도모한다.

다섯째, 부르심에 응답하여 자신의 은사로 할 수 있는 사역을 시작함과 함께 신학교육을 받는 일에 최선을 다한다.

여섯째, 자신이 속한 교회에 자신의 소명을 알리고 기도를 부탁하며 동시에 목회자가 된 것과 같은 자세로 사역에 적극 임한다.

끝으로, 자신의 개인 일기나 내면 여행을 기록한 일지를 작성하여 하나님의 인도하심에 대해 성찰한다.

4) 소명의 재정립

성서에 나타난 여러 소명을 볼 때 잊지 말아야 할 사실 중의 하나는 사역자의 소명이 한 번에 완성되고 고정되어 불변하는 것은 아니란 것이다. 목회자들의 소명 이야기들은 소명이 결코 불변하는 것이 아니라 경우에 따라 이전의 소명이 그 이후의 사역을 위한 소명의 발판이 되는 경우도 있음을 보여준다. 성서에서도 소명의 변화와 재정립의 경우들을 볼 수 있다. 대표적인 예가 바로 스데반과 빌립 집사의 경우이다. 이들은 처음에 예루살렘 교회에서 과부들을 돌봐주는 사역자로 부름을 받았으나 곧 전도자로서 열정적인 삶을 살았다(행 6:1-6).

많은 신학생들이 신학을 공부하는 과정이나 실습을 하는 기간을 통하여 혹은 부사역자로서의 경험을 하면서 자신들의 소명을 재확인하거나 새로운 사역으로 자신의 소명을 재정립하는 과정을 거친다. 많은 신학생들이 처음 목회소명을 받고 신학교를 왔지만 자신들의 분명한 사역목표를 잘 알지 못하는 경우가 많다. 하지만 신학교의 학업과정과 개인적인 여러 가지 소명의 계발 과정과 경험의 확장을 통하여 비로소 자신의 소명들을 재정립하여 신학교를 나서게 된다. 심지어 신학교를 졸업한 후 사역자 생활을 하면서 자신의 사역에 대한 비전을 새롭게 발견하고는 자신만의 사역영역을 새롭게 재정립하여 그 길을 나아가는 경우도 종종 있다.

6. 소명에 부정적인 태도 및 이를 위한 조언

1) 소명에 대해 주저하게 만드는 요인

하나님의 소명에 대하여 응답하기를 주저하게 만드는 요인들에는 여러 가지가 있다. 그 중 대표적인 세 가지를 들면, 첫째, 하나님 말씀에 대해 잘 알지 못함의 자각 혹은 자신의 자격 없음(혹은 부족함)으로 인한 주저함이 있다. 이를 극복하기 위해 먼저, 가까이 있는 목회자들과 상의한다. 그리고 자신이 부족하다고 여기는 구체적인 영역이 무엇인지 찾아보고 그 부분을 채우기 위한 방법을 모색한다. 또한 자신의 부정적인 자아상이 형성된 원인을 찾아보고 극복하기 위한 방법을 찾아 실행한다. 끝으로 자신의 재능이나 장점 등을 파악하고 이를 강화하고 더욱 발전시키기 위해 노력한다. 둘째는 목회사역에 대한 막연한 두려움이 부르심에 대하여 응답하기를 주저하게 만든다. 셋째는 목회자가 됨으로 인해 겪게 될 재정적인 어려움에 대한 부담으로 인해 소명에 제대로 응답하지 못한다.

2) 소명이 불확실한 경우를 위한 제안

하나님의 부르심이 분명하게 느껴져서 즉각적이고도 헌신적으로 응답하는 사역자들이 있는 반면, 그렇지 못하고 소명이 불확실하여 좀 더 분명한 확신이 필요한 사람들도 있다. 이러한 경우, 다음의 지침들을 통하여 자신들의 소명을 확실하게 분별하는 과정이 필요하다:

i) 영적으로 더욱 건강하게 자신을 유지한다.
ii) 교회 사역에서 자신의 영적 은사를 발견하고 사용하는 일에 관심을 가지라.
iii) 조급하게 사역에 뛰어들어 그것을 자신의 소명으로 착각하지 않도록 주의하라.
iv) 소명을 위한 모든 조건이 충족되기를 기다리지 말라.
v) 소명의 경험을 지닌 성숙한 선배 목회자나 상담자와 상담하라.
vi) 기도를 부탁하라.
vii) 평신도 사역자로 부르심과 목회 사역자로 부르심을 혼동하지 말라.
viii) 현재 자신이 맡은 일과 해야 할 일에 최선을 다하며 하나님의 인도하심을 기다리라.

이상에서 목회에서 가장 중요한 영역 중의 하나인 소명에 대해 '주마간산'(走馬看山)격으로 살펴보았다. 따라서 소명의 확립과 재정립에 좀 더 관심이 있는 사람들을 위해 도움이 되는 서적들을 소개하면 다음과 같다: 헨리 블랙커비, 케리 스키너, 「헨리 블랙커비의 소명」, 최문정 역(서울: 두란노, 2002); 오스 기니스, 「소명」, 홍병룡 역(서울: IVP, 2009); 유진 피터슨, 「목회자의 소명」, 양혜원 역(서울: 포이에마, 2012); 폴 트립, 「목회, 위험한 소명」, 조계광 역(서울: 생명의 말씀사, 2013).

제5장

목회자의 자질: 인격, 신앙(영성), 역량

목회자는 복음의 사역자이자 하나님의 백성을 세우기 위해 부름받아 성도들을 돌보며 양육하는 하나님과 교회의 지도자이다. 동시에 목회자 역시 하나님의 은혜로 구원받은 인간이며, 미성숙하지만 하나님을 닮아가려고 성장하며 사람들을 사랑하기에 애쓰는 '질그릇' 같은 유한한 인간이다(고후 4:7). 목회자가 완벽할 수는 없다 하지만 하나님의 자녀들인 성도들을 돌보는 일을 맡은 자이기에 최선을 다하여 자신을 준비함이 마땅하다. 즉, '최고의 하나님을 위한 우리의 최선'이야말로 목회자인 우리가 지녀야 할 올바른 자세인 것이다.[1]

교회 역사에 지속적으로 나타난 목회자의 문제점은 "그들이 마땅히 있어야 할 곳에 있지 않은 것이 아니라, 그들이 서있는 자리에서 마땅히 보여야 할 모습을 갖고 있지 않다는 것이다."[2] 하나님의 거룩한 부르심이라 하더라도 거룩하지 않은 사람을 구원하지 못하며 거룩하지 않은 사람이 하나님의 거룩한 부름에 응답할 수도 없다.[3]

오늘날 목회자의 존경과 권위의 상실은 교회가 그 영향력을 잃어가는

---

1) Guinness, 「소명」, 145.

2) Ibid., 262.

3) Segler, *A Theology of Church and Ministry*, 91.

이유 중의 하나이기도 하다. 교회 지도자로서 목회자의 영향력이 목회자의 자질을 이루는 성품과 신앙(영성)과 역량에서 비롯되는 것은 시대와 장소를 불문하고 분명한 사실이다.[4] 이러한 목회자의 자질은 하나님의 말씀과 성장배경 및 살아온 환경, 그리고 개인의 분별력이 역동적으로 아우러져 형성된다 할 수 있다.[5] 본 장에서는 하나님의 사람으로서의 성서에서 가르치고 있는 목회자의 자질을 인격과 신앙과 역량으로 구분하여 살펴봄으로 목회자의 자기 이해와 자기계발에 도움을 주고자 한다.

1. 목회자 자질에 관한 성서의 가르침

목회란 목회자의 자질을 통하여 인격적인 하나님의 계시 안에 나타난 예수 그리스도를 전파하는 일이기에 목회자의 올바른 성품과 신앙과 자질은 필요 이전에 필연의 영역이며, 자신의 유익은 물론 교회의 유익 그리고 궁극적으로 하나님의 영광을 위해서 필요한 영역이다.[6] 목회자 자질에 관련된 대표적 성경의 가르침은 디모데전서 3:1-7; 디도서 1:6-9; 베드로전서 5:2-3에서 찾을 수 있다. 목회자의 자질을 가르치는 성경 가르침의 공통된 강조점은 무엇보다 '흠잡을 데가(책망할 것이, 탓할 데가) 없어야 함(above reproach)'이다. 그리고 이 모든 것의 기초는 사랑이어야 한다. 즉 목회자는 자신이 사람들로부터 사랑을 받는 것보다 더욱 더 자신이 다른 사람을 사랑하는 사람이어야 한다.[7] 사랑이야말로 모든 것을 변화시키는 능력이다.

---

4) Ibid.

5) Jeff Iorg, 「성공하는 리더의 9가지 성품」, 서진영 역 (서울: 요단, 2010), 16.

6) 신현광, "목회자의 자질," 한국복음주의실천신학회 편, 「복음주의 목회학」 (서울: 기독교문서선교회, 2009), 121-2; Segler, A Theology of Church and Ministry, 89.

7) Segler, A Theology of Church and Ministry, 90.

진 게츠(Gene Getz)[8]는 그의 대표적 저서 *The Measure of a Man*(인물평가)에서 목회자의 자질을 성경을 중심으로 하여 다음의 20가지를 제시하고 있다:[9]

i) 책망할 것이 없는 사람(딤전 3:2); ii) 한 아내의 남편(딤전 3:2); iii) 절제(temperate, 자제력이 있는, 행동을 조심하는, 딤전 3:2); iv) 신중함(self-controlled, 딤전 3:2; 딛 1:8); v) 단정함(품위가 있어야 함, 딤전 3:2); vi) 나그네를 후히 대접함(딤전 3:2; 딛 1:8); vii) 가르치기를 잘함(딤전 3:2; 딛 1:9); viii) 술을 즐기지 아니함(딤전 3:3; 딛 1:7); ix) 제 고집대로 아니함(거만하지 아니함, 딛 1:7); x) 급히 분내지 아니함(딛 1:7); xi) 다투지 아니함(난폭하지 않는, 딤전 3:3; 딛 1:7); xii) 관용함(너그러움, 딤전 3:2-3); xiii) 부당한 이익을 탐하지 않음(딤전 3:8; 딛 1:7); xiv) 구타하지 않음(딤전 3:3; 딛 1:7); xv) 자기 집(가정)을 잘 다스림(「공동번역」 "그의 자녀들은 신자라야 하고 방탕하거나 순종하지 않는다는 비난을 받아서는 안 됩니다" 딤전 3:4; 딛 1:6); xvi) 외인에게 선한 증거를 얻음(교회 밖의 사람들에게도 좋은 평판을 받아야 함, 딤전 3:7); xvii) 선을 행하기 좋아함(딛 1:8); xviii) 의로움(올바름, 딛 1:8); xix) 경건함(거룩함, 딛 1:8); xx) 새로 입교한 자가 아님(딤전 3:6).

강해설교자로 잘 알려진 존 맥아더(John MacArthur, Jr.)는 목회자의 자질에 관하여 디도서 1:6-9절의 가르침을 바탕으로 성적인 도덕성, 가정에서의 리더십, 성품의 고결함 세 가지를 다음과 같이 강조하고 있다:[10]

첫째, 목회자는 한 아내의 남편(1:6), 헬라어 문자적 표현으로는 'a

---

8) 현재 교회갱신센터(Center for Church Renewal) 회장이자 Fellowship Bible Church 은퇴목사이며 달라스신학교 교수를 역임했던 학자이자 목회자.

9) Getz, *The Measure of a Man*, 21-215.

10) John MacArthur, Jr., "The Character of a Pastor," in John MacArthur, Jr. et al. eds., *Rediscovering Pastoral Ministry* (Dallas: Word, 1995), 87-101.

one-woman man'(한 여자의 남자)여야 한다. 이는 목회자의 성적 도덕성을 의미하는 구절로써 이는 목회자가 사별 후 재혼한 사람이어서는 안 된다는 의미가 아니며(롬 7:1-3 참조), 목회자가 반드시 결혼한 사람이어야 한다는 의미도 아니라, 목사는 이혼한 사람이거나 혼외관계를 가지는 사람이어서는 안 된다는 의미로 이해하여야 한다고 맥아더는 말하고 있다.[11]

둘째, 목회자는 가정을 잘 다스리는 자이이야 한다. 이는 결혼하지 않았거나 자녀가 없는 이는 목회자로서의 자격이 없다는 의미가 아니다.[12] 여기서 다스린다는 의미는 '지도한다' 또는 '잘못을 고쳐준다'는 뜻이라 하겠다. 가정은 영적 지도자로서의 목회자를 가장 잘 평가할 수 있는 영역 중의 하나이다.[13] 따라서 목회자는 가정을 균형있게 잘 돌보는 이어야 하며 목회자의 아내와 자녀는 신자들이어야 하며 동시에 목회사역에 어려움을 주지 않는 행실이 올바른 이들이어야 한다.

셋째, 목회자는 고결한 성품을 지녀야 한다. 고결한 성품과 관련하여 바울은 디도서에서 다섯 가지 부정적 표현으로 된 성품과 여섯 가지 긍정적으로 표현된 성품을 말하고 있다. 다섯 가지 지니지 말아야 할 성품은 자기 고집대로 하지 않으며, 쉽게 성내지 아니하며, 술을 즐기지 아니하며, 폭행하지 아니하며, 부정한 이득을 탐하지 아니하는 것이다. 여섯 가지 지녀야 할 성품은 손님을 잘 대접하며, 선행을 좋아하며, 신중하며, 의로우며, 경건하며, 자제력이 있으며, 신실한 말씀의 가르침을 굳게 지키는 성품을 지닌 사람이어야 함을 말하고 있다.[14]

---

11) Ibid., 89.
12) Ibid., 92.
13) Ibid.
14) Ibid., 95-101.

2. 목회자의 인격과 신앙적 자질

1) 성숙한 인격과 신앙의 소유자

목회자는 성숙한 인격과 함께 성숙한 신앙의 소유자가 되어야 한다. 성숙한 인격과 신앙은 상호 불가분의 관계인 동시에 보완적인 관계라 할 수 있다. 하지만 진정한 의미에서 성숙한 인격은 성숙한 신앙이 반드시 그 기초가 되어야 한다. 예수 그리스도가 없이는 참다운 인격의 형성은 불가능하기 때문이다. 그렇다고 신앙이 반드시 성숙한 인격을 보장하지는 않는다. 사실 종종 오래된 신앙인 가운데서 인격적인 문제가 종종 발생함을 볼 수 있다. 그러나 인간이 영적, 지적, 정서적 존재임을 볼 때 이러한 인격과 신앙의 불일치는 그 개인의 건강하지 못한 문제로 인한 것이라 할 수 있다. 인격이 뒷받침되지 않는 신앙은 독선이나 위선이 될 위험이 있으며 신앙이 뒷받침되지 않는 인격은 인본주의에 빠질 위험을 안고 있다.

저명한 목회자이자 교수인 제임스 민즈(James E. Means)는 자신의 저서 *Effective Pastors for a New Century*에서 목회자에게 요구되는 다음의 네 가지 필수적인 신앙과 인격적 특성을 언급하고 있다: 성실성, 영적 생명력, 상식, 사람을 사랑하는 목회 열정.[15] 이 네 가지를 좀 더 살펴보면 다음과 같다.

첫째, 성실성이다.

민즈는 오늘날 교회주변에서 일어나고 있는 목회자를 둘러싼 성추문, 금전적 유용과 횡령의 근저에는 오늘날 목회자의 성실성의 문제가 있다고 지적한다. 즉, 이전까지는 교회가 세상을 향하여 회개와 변화를 요구했지만 오늘날은 세상이 교회를 향하여 회개와 변화를 요구하고 있는 실

---

15) James E. Means, 「21세기에는 목회자가 변해야 교회도 변한다」, 배헌석, 김응국 역 (서울: 나침반, 1997), 17-31.

정이다.16) '성실'의 영어말 'integrity'는 건전함을 뜻하는 라틴어 'integritas'
에서 유래했다고 하는데, 그 의미는 안과 밖이 한결같이 같음을 의미하며,
끊임없이 충실한 상태를 나타낸다.17) 따라서 성품으로서의 성실성은 '윤
리, 정직, 명예, 도덕성' 등을 내포한다. 이는 "이미지 조작, 권력의 끈을
잡기 위한 약삭빠른 조정, 아첨이나 허위 약속에 의한 교묘한 유혹, 원칙
을 무시하는 아둔한 실용주의, 또는 자기 과장을 위해 사람들을 수단으로
이용하기 위한 위선과 의심스러운 책략 등을 거부한다."18) 성실은 진실과
통하는 것으로 성공이나 인기와 부합되지는 않는다. 요약하면 성실성은
"진리에 대한 각별한 헌신, 거짓에 대한 줄기찬 항거, 그리고 윤리, 도덕,
미덕에 대해 변하지 않는 헌신을 모두 포함한다."19)

둘째, 영적 생명력이다.

목회자의 영적생명력은 하나님에 대한 사랑과 순종으로 요약할 수 있
다.20) 날마다 하나님의 임재를 확인하는 것은 목회에 실제성과 참신성을
가져다준다. Means의 말처럼, "의와 경건과 믿음과 사랑과 인내와 온유(딤
전 6:11)와 같은 깊은 영성의 증거를 갖지 않고서는" 목회에서 리더십을
제대로 발휘할 수 없다.21) 하나님과의 개인적 관계나 하나님에 대한 신뢰
성보다 다른 어떤 것이 목회자의 삶에 더 우선적 위치를 차지하게 되거나
일 자체에 너무 몰두하게 되거나 비전을 잃어버린다면 목회자는 목회사
역에서 영적생명력을 유지할 수 없다. 어느 누구도 자신이 갖지 못한 것
을 다른 이에게 나누어줄 수는 없다. 그러므로 영적 지도자인 목회자는

---

16) Warren W. Wiersbe, *The Integrity Crisis* (Nashville: Oliver-Nelson Books, 1988), 17.
17) Means, 「21세기에는 목회자가 변해야 교회도 변한다」, 18-9.
18) Ibid., 19.
19) Ibid.
20) Ibid., 22.
21) Ibid., 23.

무엇보다 영적으로 생명력을 풍성하게 가꿀 수 있도록 노력하여야 한다.

셋째, 상식(common sense)이다.

목회자에게 있어서 상식은 개인의 능력이나 은사보다 더 중요하다.[22] 상식이란 특수한 지식이나 훈련에 관계없이 건전하고 실제적으로 판단하는 자질을 의미한다. 빌립보서 1장 9-10절에서 사도 바울이 빌립보교인들을 위해 기도하는 내용 가운데서 "여러분의 사랑이 지식과 모든(총명)통찰력으로 더욱 더 풍성하게 되어서, 여러분이 가장 좋은 것이 무엇인가를 분별할 줄 알게 되는 것입니다"라는 부분의 '통찰력'이란 말의 뜻은 헬라어로 '상식'을 뜻하는 *aisthesis*로 '깨닫는 것,' '이해하는 것'을 의미한다. 상식은 지도자로 하여금 합리적인 우선순위를 정하게 하며, 자신의 일과를 균형있게 짜게 하며, 여러 선택들 가운데서 더 나은 대안을 제시하도록 하며, 서로 다른 사안들 속에서 공통의 가치를 발견하도록 하며, 문제를 조기에 발견하여 해결하도록 만드는 바탕이 된다.

넷째, 목회 열정이다.

하나님을 향한 사랑은 사람을 사랑함을 통하여 표현되며 이는 목회에서의 열정으로 나타난다. 청교도의 대표적 목회자였던 리차드 백스터는 "우리가 행하는 목회의 전반적 동기는 하나님의 백성들에 대한 따뜻한 사랑에서 비롯되어야 한다…. 우리가 그들을 거짓없이 사랑할 때, 그들은 우리말에 귀를 기울일 것이다. 그들은 우리가 요구하는 것을 명심할 것이고 우리를 더욱 기꺼이 따를 것이다"라고 말한다.[23] 목회는 꿈으로 시작하여 은혜와 감사로 결실을 맺는다. 따라서 꿈(vision)으로 표현되는 열정이 없이는 목회도 교회도 하나님의 나라도 이 땅에서 이루어지기 어렵다. 본 장에서는 인간의 심리적 발달을 연구하는 학자들이 공통적으로 꼽는

---

22) Ibid., 25.

23) Richard Baxter, *The Reformed Pastor* (Portland, OR: Multnomah, 1982), 22.

성숙한 인격과 더불어 이와 관련하여 일반적인 성숙한 신앙의 특성을 살펴보기로 한다.

(1) 성숙한 인격의 특성
성숙한 인격은 다음과 같은 다섯 가지 공통적인 특성을 지니고 있다:[24]
첫째, 자신과 타인에 대하여 현실적인 관점을 지니고 있기에 자신과 타인에 대한 비교적 정확하고도 객관적인 평가를 내릴 수 있다. 따라서 성숙한 사람은 자신과 타인을 필요이상으로 비하하거나 우상화하지 않는다.
둘째, 자신과 타인을 있는 그대로 수용한다. 즉, 성숙한 사람은 자신과 타인에 대한 현실적 인식을 바탕으로 옳고 그름의 잣대가 아니라 자신과 타인이 모두 불완전함에도 불구하고 하나의 인격체로서 진실하고도 참되게 상대를 신뢰하며 인정하며 받아들인다. 따라서 타인과 긍정적으로 관계를 맺고 유지할 수 있다.
셋째, 현재를 직시하고 충실하게 살아가는 동시에 미래에 대한 확실한 목표를 지니고 있다. 즉 현실과 미래에 대한 균형 있고도 건강한 태도를 지니고 살아간다.
넷째, 바람직한 가치관을 지니고 있다. 성숙한 사람은 자신의 인격과 통합된 가치관을 가지고 있으므로 자신의 계획과 행동이 추구하는 삶의 목표와 가치와 조화를 이룬다. 따라서 성숙한 사람은 본능적 욕구의 차원을 넘어서는 목적과 가치를 지니고 있으며 가치관 없이 살아가지도 또한 강박적으로 도덕에 얽매여서 살아가지 않는다.
다섯째, 자신을 꾸준히 개발시키며 공동체를 위한 삶을 살려고 노력하

---

24) John D. Carter, "Maturity," in *Wholeness and Holiness,* ed. H. Newton Malony (Grand Rapids, MI: Baku Book House, 1983), 184-8, 사미자, 「종교심리학」 (서울: 장로회신학대학 교출판부, 2001), 222-5에서 재인용한 내용을 보충하였다.

는 사람이다.

(2) 성숙한 신앙의 특성

성숙한 신앙의 특성을 학자에 따라 여러 가지를 들 수 있으나 대체로 다음과 같이 성숙한 신앙의 특징에 대하여 설명할 수 있다:[25]

첫째, 하나님과의 관계에서 자신과 타인을 이해하려고 노력한다.

개인이 지닌 사회경제적 조건이 아니라 하나님과의 관계에서 모든 사람을 이해하고자 하는 태도를 말한다. 즉, 사람을 볼 때 하나님의 사랑받는 자, 또는 모든 사람은 용서를 필요로 하며 구원을 위해 예수 그리스도가 필요한 존재로 이해하는 태도이다. 목회자의 경우, 교인을 바라볼 때 사회적 지위나 조건 등이 아니라 하나님과의 관계에서 그 교인을 제자 또는 영적 자녀로 바라보는 자세가 요구된다. 이럴 경우, 목회자는 열등감이나 우월감 또는 비성서적인 권위주의적 태도를 피할 수 있다.

둘째, 자신과 타인을 있는 그대로 수용하는 태도이다.

예수께서는 누가복음 5장 29-31절에서 제자 레위의 집에서 사람들과 함께 잔치에 참여하였는데 "바리새인과 그들의 서기관들이 그 제자들을 비방하여 이르되 너희가 어찌하여 세리와 죄인과 함께 먹고 마시느냐 예수께서 대답하여 이르시되 건강한 자에게는 의사가 쓸 데 없고 병든 자에게라야 쓸 데 있나니 내가 의인을 부르러 온 것이 아니요 죄인을 불러 회개시키러 왔노라"고 말씀하시고 계신다. 교회가 사람들을 있는 그대로 수용하는 자세를 지닐 때 비로소 교회는 세상이 제공할 수 없는 '대안공동체'로서 세상에 상처받고 지친 사람들에게 참된 쉼과 치유를 제공할 수 있다. 이에 대한 예로는 예수 그리스도께서 당신의 공생애 기간 동안에 보

---

25) Carter, "Maturity," 189-91, 사미자, 「종교심리학」, 226-7에서 재인용.

여주신 많은 사람과의 만남(수가성 우물가에서 만난 여인, 여리고에서의 삭개오와의 만남 등)을 들 수 있다.

셋째, 미래를 소망하면서 현재를 충실하게 살아가는 태도이다.

성숙한 신앙인은 영원한 삶을 기대하면서 그 영원한 삶에서 함께 하실 하나님께 기쁨을 드리기 위해 매일을 성실하게 살아간다. 즉 신앙인은 종말적 신앙, 'already, not yet'의 태도로 하루하루를 살아가는 사람이다.

넷째, 성숙한 신앙인은 삶의 '주인'(헬라어 'kurios')이자 가치 기준인 예수 그리스도를 위한 선택과 실행을 실천한다.

다섯째, 성숙한 신앙인은 청지기로서 자신의 삶의 자원들(재능과 은사들)을 효율적으로 개발 사용한다.

2) 목회자의 인격과 신앙 개발을 위한 제안

하나님께서는 인간을 당신의 형상대로 관계적이면서 인격적으로 창조하시고 인격을 바탕으로 한 관계형성에 가장 필요한 두 종류의 공동체를 주셨다. 그것은 바로 가정과 교회이다. 이 두 조직은 모두 관계적 특성을 지닌 신앙과 인격 개발에 가장 중요한 요소인 안전감과 자기중요감을 제공하는 바탕이다.[26] 건강한 신앙과 인격개발은 가정과 교회, 이 두 공동체를 건강하게 만들고 그 안에서 각 개인이 자랄 수 있을 때 가능하다.

(1) 건강한 가정

신앙과 인격 모두 인생의 초기부터 형성되기 시작하기에 전 생애에 걸쳐 계속하여 신앙과 인격의 성장과 성숙에 영향을 미치는 가장 중요한 요소는 가정이다. 특히 가정에서도 부모의 영향은 신앙과 인격발달에 한 개

---

26) Lawrence J. Crabb, Jr., 「인간이해와 상담」, 윤종석 역 (서울: 두란노, 1993), 166-72.

인의 초기부터 시작하여 가장 지속적으로 영향을 미친다. 부모와의 관계 속에서 자녀는 부모를 동일시하고 모방하면서 가장 중요한 타자인 부모들의 반응에 따라 의식적 무의식적으로 부모들로부터 배우는 것들을 내면화시킨다. 이러한 내면화과정을 통하여 우리는 양심이나 가치관, 규범, 사회질서, 세계관 등을 갖추어 간다. 따라서 부모를 중심한 가정의 건전한 가치관이나 민주적이고도 일관성 있는 양육태도는 매우 중요하다.[27) 무엇보다 부모와의 긍정적 애착관계는 안정된 정서와 정체성 형성에 필수적인 자율성 형성에 매우 중요하다.

또한 건강하고 일관성 있는 가정의 양육 태도는 인간의 초기 신앙형성, 특히 신앙대상인 하나님에 대한 개념과 그분과의 인격적 관계를 형성하는데 매우 중요한 역할을 한다. 물론 신앙 또는 믿음은 하나님의 선물임에 틀림없고 은혜에 전적으로 의존해 있다. 하지만 이러한 신앙이 성장할 수 있는 조건과 상황을 마련해 주는 역할은 가정의 몫이라 할 수 있다.

개인의 인격과 신앙에 중요한 역할을 하는 가정과 관련하여 트리니티 신학교 교수인 게리 콜린스는 건강한 가정을 세우기 위한 몇 가지 중요한 지침을 다음과 같이 제시하고 있다.[28)

i) 가정에 대한 헌신을 격려하라. 가정을 하나님께서 주신 귀한 선물로 여기고 그 가정을 위하여 헌신하는 일을 귀하게 여기고 존중하여야 한다.

ii) 서로의 의견이 맞지 않을 때라도 존중해 주라. 가족 구성원은 '같아지지 위해서'(for the sameness)가 아니라 '하나 되기 위해서'(for the Oneness) 존재한다. 그리고 비록 가족 구성원이 서로 의견이 다르더라도 변함없이 사랑하고 있다는 사실을 확인시켜주는 일은 매우 중요하다.

iii) 가족 돌보는 일을 매우 중요하게 여기라. 건강한 가정은 가족 구성

---

27) 사미자, 「종교심리학」, 231.
28) Gary R. Collins, 「가정의 충격」, 안보현, 황희철 역 (서울: 생명의 말씀사, 1997), 141-52.

원 중에서 힘없고 연약한 이들을 돌보는 일을 소중하게 생각한다.

iv) 가정의 규범과 책임을 잘 알도록 하라. 건강한 가정이 안정을 누리려면 일관성 있고 예측 가능한 지침과 분명한 책임을 통하여 잘 조직화되어 있기 때문이다.

v) 융통성이 있도록 하라. 건강한 가정은 위기나 갈등, 혹은 예상치 못했던 변화에 직면하였을 때에도 서로에게 여유를 주고 수용할 내면의 공간을 가지고 잘 적응할 줄 안다.

vi) 올바른 대화를 우선순위에 두라. 건강한 가정은 가족끼리 기꺼이 이해하려는 자세와 자신이 느끼고 있는 바를 다른 가족에게도 알려 주려는 태도를 가지고 있다. 건강한 가족 구성원들은 가족 모두 서로의 의견을 적대감 없이 정직하게 말하고 그 의견을 들으려고 노력한다.

vii) 건강한 가정을 유지하기 위해 재정적 자원, 안전과 용납을 경험할 수 있는 정서적, 영적 자원들을 지니고 있어야 한다.

viii) 동일한 신앙을 소유하라. 신앙심이 깊을수록 결혼 생활의 만족도가 높으며 가족들도 신체적으로나 정신적으로 더 건강하다.

이와 더불어 부모들은 정서적, 영적 발전과 더 나은 건강을 위해 몇몇 소그룹에 참여하는 노력이 필요하다. 부모들은 지원그룹, 회복 그룹, 성경공부 그룹, 기도회, 사회봉사 그룹 등에 참여함으로 자신들의 가정을 건강하게 만드는데 도움을 받을 수 있다.[29] 특히 도시화와 핵가족화가 정점에 이른 사회에서 가족들이 다른 건강한 가족 구성원들을 만날 기회가 많지 않다. 따라서 건강한 가정을 유지 발전시키기 위해 부모들은 소그룹을 통한 지지와 후원 및 도움을 발견하는 일이 필요하다.

---

29) Jack Hayford, et al., *Seven Promises of a Promise Keeper* (Colorado Springs: Focus on the Family, 1994), 110-1.

(2) 건강한 소그룹 공동체

성숙한 인격과 신앙개발을 위한 건강한 가정의 필요와 함께, 또 하나의
필요한 일은 건강한 공동체 또는 소그룹에 참여하는 일이다. 소그룹은 경
영과 관리, 조직과 관료제를 중심으로 움직이는 기존의 전통적 목회 패러
다임을 대체할 자발적이며 대면적인 동시에 분권적이며 회중적 특징을
지닌 안정된 소규모 공동체이다.

소그룹은 현대사회의 다원화와 관계성의 욕구 충족 및 빠른 변화에 적
합한 상호 관계적이며 유기적이기에 포스트모던 사회의 변화에 적절하게
대응하는 동시에 집합적(에클레시아)이면서 동시에 분산적인(디아스포라)
구조를 통하여 교회 내의 생명력과 건강성을 담보하며 교인 개개인의 성
장과 성숙을 도모하기 위한 최적의 방안이라 할 수 있다.[30]

목회자의 신앙과 인격개발에 소그룹 공동체가 도움이 되는 이유를 좀
더 자세하게 살펴보면 다음과 같다:

첫째, 소그룹 공동체는 훈련과 양육에 매우 유용한 장(場)이 되기 때문
이다.

신앙이 제대로 성숙하지 못하는 이유는 신앙에 대하여 제대로 배우지
못하거나, 신앙적 삶의 모델을 보지 못하기 때문이다.[31] 소그룹 안에서
생활하며 다른 사람의 신앙생활을 보면서 배우는 모델링을 통한 훈련과
양육이야말로 가장 효과적인 신앙과 인격 개발 방안이다. 사실 대부분의
경우 신앙적인 삶의 실제 모델을 보고 배울 수 있는 기회는 전통적 교회
구조에서는 쉽지 않다. 하지만 삶을 나누고 그러한 삶을 가까이서 지켜보
며 평가할 수 있는 소그룹에서는 그리스도의 주권을 인정하고 그것을 실
천하는 삶이 어떠한 것인지를 분명히 보고 배울 뿐만 아니라 모델링

---

30) 정재영, 「소그룹의 사회학」 (서울: 한들출판사, 2010), 20-1.
31) 박영철, 「셀 교회론」 (서울: 요단출판사, 2004), 89-92.

(modeling)을 통하여 강화 발전시켜 나갈 수 있다.

둘째, 소그룹 공동체는 교회의 본질적 모습인 교제의 회복을 통한 치유와 성장을 경험하게 하기 때문이다.

현대 기독교의 대표적 문제 중의 하나가 개인주의이다. 이러한 교회의 개인주의는 교회의 본질인 공동체성에 부정적인 영향을 미친다. 이러한 개인주의를 극복하기 위한 효과적 방안 중의 하나가 소그룹이다.[32] "소그룹이 없는 교회는 복음의 가장 기본적인 본질 중 하나인 진실하고, 풍성하며, 깊은 기독교의 교제를 경험하지 못한다."[33] 소그룹 안에서 구성원들은 안전감을 바탕으로 자신을 개방하고 상대를 수용하며 서로 돌봄을 통하여 성령 안에서 하나님께서 주신 목표를 이루어나가는 함께 성장하는 공동체를 이룬다. 교회갱신의 대표적 학자인 하워드 스나이드는 소그룹을 "현대 도시 사회에서 복음의 교제를 위한 가장 효과적인 구조"이며 "교회 내의 새로움을 위한 은사의 발견과 사용에 대한 최대의 희망을 제공하여 준다"고 평가한다.[34]

셋째, 소그룹은 기억과 소망의 신앙공동체로서 해석적 기능을 통하여 지체들의 신앙과 자아의 발전을 촉진시키기에 유용하기 때문이다.[35]

변화를 위한 재사회화 과정은 신앙공동체라고 하는 사회적 조건 안에서 사회화를 주관하는 사람들과의 강한 감정적 동일화과정을 상당한 정도로 반복해야 한다. 이 과정에서 신앙공동체 내의 중요한 타자들인 신앙의 선배들이나 지도자들이 새로운 관점이나 세계를 중재한다. 신앙적 회심은 신앙공동체의 역할을 앞선 경험이다. 하지만 이러한 신앙적 회심의

---

32) Julie A. Gorman, *Community That Is Christian* (Wheaton, IL: Victor Books, 1993), 57-77.
33) Snyder, 「새 포도주는 새 부대에」, 160.
34) Ibid., 159.
35) Stanley J. Grenz, 「조직신학」, 신옥수 역 (고양: 크리스찬다이제스트, 2003), 715.

경험을 계속하여 심각하게 받아들이기 위해서는 이전의 삶의 상황을 대신하는 근거 구조를 제공하는 신앙공동체가 필수적이다.[36] 그리고 이러한 새로운 근거 구조인 신앙공동체 안에서 새로운 중요한 타자와의 상호작용과 대화에 의해 개인의 주관적인 현실이 바뀌게 된다.[37]

이 밖에도 소그룹 공동체는 목회자의 신앙과 인격발전에 중요한 요소 중의 하나인 기도생활을 촉진시키며, 전신자의 사역자화를 통하여 개인의 신앙 갱신과 활력에 도움을 준다. 소그룹은 기도하는 것을 매우 중요하게 여긴다. 소그룹 교회들은 모임에서 전체 시간의 "3분의 1 내지 절반을 기도하는 데 사용한다."[38] 신앙인들 모두가 사역자가 되어 일하지 않으면 교회는 그 본질적 생명력을 잃게 된다.[39] 사실 오늘날 전통적 교회는 교회 신자들의 10-15퍼센트만이 교회의 기능에 필요한 사역을 하고 있다.[40]

3. 목회자의 역량

목회자의 자질과 관련하여 인격과 신앙 외에 또 하나의 중요한 요소는 목회자의 훈련된 역량이다. 물론 어떠한 역량도 내적 자질인 인격이나 신앙적 자질의 중요성에 비할 바 아니지만 목회자 개인이 지닌 역량은 목회에 중요한 영향을 미치는 요소임에 틀림없다.

하지만 목회에 있어서 어떠한 역량이 중요한 것인가에 대한 판단은 쉽지 않다. 왜냐하면 목회는 다양한 공동체 구성원을 대상으로 한 사역이며

---

36) Peter L. Berger and Thomas Luckman, 「지식형성의 사회학」, 박충선 역 (서울: 홍성사, 1982), 211.
37) Ibid., 212.
38) Neighbour, 「셀교회 지침서」, 44.
39) Paul R. Stevens and Phil Collins, 「평신도를 세우는 목회자」, 최기숙 역 (서울: 미션월드 라이브러리, 2000), 11.
40) Neighbour, 「셀교회 지침서」, 43.

이러한 구성원들은 각기 자신들이 처한 문화와 전통과 계층 등의 사회적 환경에 영향을 받아 목회자의 역량에 대한 생각이 다양하기 때문이다. 하지만 목회자에게 요구되는 역량과 관련한 복잡성에도 불구하고 일반적으로 목회자에게 요구되는 중요한 역량을 꼽는다면 다음의 성경에 해박함, 사회문화적 민감성, 인간관계의 역량, 대화기법, 그리고 리더십 등을 대표적으로 들 수 있다.[41]

첫째, 성경과 신학에 해박함이다.

목회사역은 영혼을 돌보는 일이며 하나님의 자녀들을 하나님과의 관계가 성숙해지도록 돕는 일이다. 인격적인 존재들 간의 관계의 성숙과 친밀함은 서로를 알아가는 과정을 통하여 이루어진다. 성도 개개인이 하나님을 아는 가장 확실하고도 효과적인 방법은 하나님의 생각과 뜻이 분명하게 나타나 있는 성경을 아는 것이다. 따라서 목회자는 영혼돌봄에 있어서 무엇보다 성도들로 하여금 하나님의 말씀인 성경을 잘 이해하고 생활에 실천할 수 있도록 성경에 해박할 필요가 있다. 이는 목회자 자신이 하나님의 말씀이 성경을 잘 알아야 하는 일을 포함하여 하나님의 말씀을 사랑하고, 그 뜻을 정확하게 해석하고 적용하여 제시하는 일을 포함한다.

또한 목회자는 성경에 대한 해박한 지식을 바탕으로 건전하고 균형잡힌 신학을 지니도록 노력하여야 한다. 이를 위해 목회자는 광범위한 독서와 열정적인 배움을 통하여 자신의 신학적 기량을 향상시키도록 노력하여야 한다.

둘째, 사회문화적 민감성이다.

목회자는 성서의 세계와 오늘날의 세계를 연결하여 성도들로 하여금 성서에서의 가르침을 오늘날의 현실에서 실천하며 살아가도록 돕는다.

---

41) Means, 「21세기에는 목회자가 변해야 교회도 변한다」, 31-2.

따라서 목회자는 성서에 해박할 뿐만 아니라 오늘날의 교회가 속한 사회 문화적 상황을 잘 이해하고 있어야 한다. 그래야만 복음으로 사람을 변화시키고 세상을 변화시킬 수 있다.

사도 바울 역시 사회문화적 환경의 중요성을 잘 알았기에 다음과 같이 말하고 있다:

> 나는 어느 누구에게도 얽매이지 않은 자유로운 몸이지만, 많은 사람을 얻으려고, 스스로 모든 사람의 종이 되었습니다. 유대 사람들에게는, 유대 사람을 얻으려고 유대 사람같이 되었습니다. 율법 아래 있는 사람들에게는, 내가 율법 아래 있지 않으면서도, 율법 아래에 있는 사람을 얻으려고 율법 아래 있는 사람같이 되었습니다. 율법이 없이 사는 사람들에게는, 내가 하나님의 율법이 없이 사는 사람이 아니라 그리스도의 율법 안에서 사는 사람이지만, 율법 없이 사는 사람들을 얻으려고 율법 없이 사는 사람같이 되었습니다. 믿음이 약한 사람들에게는, 약한 사람들을 얻으려고 약한 사람이 되었습니다. 나는 모든 종류의 사람에게 모든 것이 다 되었습니다. 그것은, 내가 어떻게 해서든지, 그들 가운데서 몇 사람이라도 구원하려는 것입니다"(고전 9:19-22).

따라서 사회문화적 민감성과 관련하여 목회자는 자기 자신과 자신이 속한 사회경제적 형편, 연령대, 성별 주거 및 문화적 독특성을 충분히 이해하고 이를 바탕으로 한 목양을 하도록 노력하여야 한다. 나아가서 성도들의 상황과 그들의 독특성을 이해하기 위해서 규칙적인 심방을 계획하여 시행하는 것이 좋다.

셋째, 인간관계의 역량이다.

목회의 핵심단어 중의 하나는 '관계'이다. 하나님과의 관계, 사람과의 관계가 목회의 핵심적 요소이기 때문이다. 이 가운데서 인간관계, 즉 대인관계야말로 목회에서 가장 중요한 동시에 가장 어려운 영역 중의 하나이다. 대인관계를 발전시키는 첫 걸음은 다름 아닌 자기가 누구인지를 정확하게 파악하는 자기정체감의 확립이다. 대인관계의 발전에 도움을 주는 요인들로는 다음의 자기개방하기, 공감하기, 피드백하기 그리고 열린 마음 갖기 등을 대표적으로 들 수 있다.[42]

i) 자기개방하기(Self-disclosing)

사람들이 처음 만나 관계를 발전시켜나가는데 있어서 가장 중요한 상호작용 중의 하나는 서로를 상대방에게 보여주는 자기개방이다. 자기개방이란 단순한 자기 고백이나 자기 자신에 대하여 말하는 행위가 아니라 "상대방과 관계를 형성하기 위해 자발적으로 자신의 정보나 감정을 다른 사람과 나누는 행위"를 의미한다.[43] 대인관계를 발전시키는 의미는 자신에 대한 상대방의 반응에 대하여 자신을 개방하는 기회를 가지는 것이다. 이러한 자기개방은 의도하기도 하지만 즉흥적이기도 하다. 의도된 자기개방은 대부분 이미 기존의 관계가 잘 형성되어 있는 상태에서 어떤 정보나 감정을 나누는 경우에 해당된다.

ii) 공감하기(Empathizing)

공감은 상대방의 입장에서 이해하고 느끼는 것을 말한다.[44] 다른 사람에 대하여 세심한 사람은 상대의 감정이나 입장에 대한 배려와 공감을 쉽게 할 수 있다. 즉, 세심한 사람은 상대방의 언어적 또는 비언어적 전달을 잘 인식하고 그에 따라 적절하게 반응한다. 이러한 사람은 비교적 대인관계에서 긍정적 평가를 받으며 다른 사람과 쉽게 관계를 맺는다. 이러한

---

42) Kathleen M. Galvin and Cassandra Book, *Person to Person: An Introduction to Speech Communication*, 5th ed. (Lincolnwood, IL.: National Textbook Company, 1994), 163-89.

43) Ibid., 172.

44) 양창삼, 「인간관계론」 (서울: 경문사, 2005), 189.

공감 능력은 종종 우리 자신이 상대방과 비슷한 상황을 경험하였는가의 여부 또는 그러한 상황에서 느꼈던 감정의 유무에 따라 달라진다.

대인관계의 형성에 긍정적 영향을 주는 세심함은 선천적인 요인이기도 하지만 동시에 학습과 노력에 의해 개발할 수 있기도 하다. 대인관계를 발전시키는 세심함의 개발을 위해 먼저, 상대방이 쉽게 감정적으로 빠지게 되는 주제들에 대하여 관심을 가져야 한다. 둘째, 상대방이 현재 경험하고 있는 주제나 문제가 그 상대방의 배경이나 이전의 감정적 경험과 관련이 있는가를 파악하여야 한다. 셋째, 이를 바탕으로 상대방의 입장에 자신을 놓고 느끼며 이해하도록 한다. 즉, "나 자신이 이러한 상황을 어떻게 느끼는가?"가 아닌 "내가 상대방의 입장이라면 어떠한 감정을 가질까?"의 자세가 필요하다.[45)]

iii) 피드백하기(Giving feedback)

긍정적 피드백은 대인관계의 지속적 발전에 매우 중요하다. 피드백은 각자에게 자신이 처한 상황에서 어떻게 처신하여야 할 것인가를 알려주는 역할을 하기에 대인관계의 형성과 발전 그리고 지속에 매우 큰 영향을 미친다. 건설적인 피드백은 다음과 같은 특성을 지닌다: 상대방의 인격이나 사람 자체보다 그 행동이나 구체적 행위에 초점을 맞춘다; 행동이나 행위에 대한 평가가 아닌 묘사나 설명을 하도록 한다; 과거나 이전의 경험이나 행위가 아닌 현재 발생한 또는 현재 직면한 행위나 문제 자체를 다룬다; 자신의 무의식적 태도나 비언어적 전달에 유의한다; 피드백의 타이밍에 유의한다.[46)]

---

45) Galvin and Book, *Person to Person,* 178-9.

46) Ibid., 182.

vi) 열린 마음 갖기(Being Open-minded)

'열린 마음'이란 "어떠한 상황이나 사람에 대하여 반응하는데 있어서 유연한 태도를 가지는 능력"을 말한다.[47] 즉, 어떤 사물이나 사건 또는 사람을 대하는데 있어서 흑백 논리적 태도가 아니라 상황에서 벌어지는 변수에 대하여 긍정적으로 수용하는 태도를 말한다. 열린 마음을 갖기 위한 노력은 다음과 같다: (i) 사람이 아닌 문제 자체에 관심을 가져야 한다. 사람이 아닌 문제해결에 관심을 가짐으로 문제를 바라보는 여러 가지 관점이 있으며 그 접근방안 역시 다양함을 받아들이도록 하여야 한다. 문제와 그 문제의 해결방안에 초점을 맞춤으로써 자신의 생각이나 관점만을 주장하는 오류를 벗어날 수 있다. (ii) 새로운 관점을 수용하여야 한다. 어떠한 문제나 주제에 새로운 정보나 생각이 주어질 때 그 문제나 주제를 바라보는 관점을 바꿀 수 있어야 한다. 주제나 문제에 새로운 정보나 환경의 변화가 발생했음에도 불구하고 자신의 기존 생각이나 관점을 고수하는 태도는 상대방에 대한 고정관념을 유지시켜 자칫 대인관계를 경직시키고 제한하게 된다. (iii) 새로운 생각이나 경험을 위한 노력을 하여야 한다. 안전감을 본능적으로 추구하는 대부분의 사람들에게 있어서 갖기 쉽지 않은 태도이나 조직이나 개인의 발전과 대인관계의 긍정적 발전을 위해 새로운 관점이나 경험을 능동적으로 찾도록 하여야 한다.[48]

넷째, 효과적인 대화기법이다.

대화기법 역량의 핵심은 경청의 기술과 자신을 명확하게 표현하는 표현기법을 포함한다. 잘 경청한다는 것의 진정한 의미는 '이해'(under-stand)이다. 오감을 통해 상대의 의식적 무의식적으로 표현하는 메시지를 파악하는 노력이 필요하다. 다음의 네 종류의 상황은 각기 문제파악 정도에

---

47) Ibid., 186.
48) Ibid., 186-7.

알맞은 대화의 기법들을 보여준다:

유형1. 뚜렷한 해결책이 없는 문제(사랑하는 이의 죽음이 대표적인 예):
이러한 경우, 반영적 청취 기법을 사용함으로, 내담자가 자신의
어려움에 잘 대처해 나갈 수 있도록 함께하는 경우.

유형2. 내담자가 문제를 정확히 알고 있으며 해결이 가능한 상황일 때:
먼저, 반영적 청취 기법을 통해 내담자가 설명하는 문제에 동참할
수 있다. 내담자 자신이 문제를 정확히 파악하고 있기 때문에, 대
화를 해 나가면서 스스로 문제의 해결책을 발견하게끔 도와줄 수
있다.

유형3. 문제가 분명하고 구체적이어서, 내담자가 문제를 정확히 알고 또
한 해결해 나갈 방법이 있으나, 당사자가 그 상황을 해결할 수 없
을 경우: 이 상황에서 문제해결의 기법을 이용하여, 상대가 문제
의 해결책을 찾거나 계발하도록 도와준다.

유형4. 문제가 불분명하거나 광범위 하여 해결책 역시 모호한 경우, 해결
책이 있을 수 있으나, 문제가 분명해지기까지는 해결책이 없는 경
우: 이 상황에서는 문제를 명확히 하는 것이 도움이 된다. 문제를
분명히 파악하기 위해 좀 더 광범위한 반영청취가 요구된다.

다섯째, 리더십 역량이다.
교회의 지도자인 목사는 리더로서 "하나님께로부터 능력을 부여받아
영향력을 행사하기 위해 하나님께서 주신 사명을 가지고 하나님의 백성
들을 하나님의 뜻대로 나아가게 하는 사람"이다.[49] 리더는 '옳은 일을 하
는 사람'이나 관리자는 '일을 옳게 하는 사람'이다.[50] 그러므로 리더는 통

---

49) Clinton, *The Making of a Leader*, 197.

제가 아닌 신뢰에 기초하여 구성원을 이끌며 책임수행보다는 창조적인 혁신과 본질적인 영역에 관심을 가지고 '언제' '어떻게'보다는 '무엇을' '왜'에 관심을 둔다.

특히 산업사회가 정보화 사회로 변화함으로 인해 정보통신 기술의 발달과 정보의 접근성이 증가하면서 시대변화의 속도와 정도가 이전과는 비교할 수 없을 정도로 빠르고 혁신적으로 변화하는 후기정보화시대인 오늘날은 이러한 속도와 혁신의 변화에 적절하게 대응하기 위해 유기적이고도 기능적인 목회조직과 이러한 조직에 적합한 목회리더십이 요구되고 있다.[51]

후기정보화시대의 목회리더는 상호주의적이며 민주적인 리더십을 발휘하여야 하며 이와 같은 상호주의적 리더십의 특징은 다음과 같다: i) 의미 있는 목적을 제시한다. ii) 투명하게 소통하며 대화와 진실을 말하기를 장려한다. iii) 구성원들을 부하가 아닌 동료와 협력자로 대한다.[52] 목회리더십과 관련한 좀 더 자세한 내용은 다음 9장에 나타나있다.

이상에서 살펴본 바와 같이 목회자는 목회자의 자질과 관련하여 이 모든 일에 사도 바울의 권면처럼 "(자신의)삶과 가르치는 일을 잘 살펴 꾸준히 그 일을 계속하시오. 그러면 그대 자신과 그대의 말을 듣는 사람들을 다 구원하게 될 것입니다"(딤전 4:16. 현대인성경)란 말씀을 기억하며 자신의 자질을 함양하기에 힘쓰는 충성스러운 일꾼이 되어야 하겠다.

---

50) Warren Bennis and Burt Nanus, *Leaders* (New York: Harper & Row, 1985), 21.

51) 김광웅, 「창조! 리더십」 (서울: 생각의 나무, 2009), 37. 한국의 경우, 시대 구분을 하여보면 다음과 같다: 산업화 세대(1940-54), 베이비붐 세대(1955-1963), 386세대(1960-69), X세대(1970-79) 등의 구분이 있다.

52) 강정애 외 4인, 「리더십론」 (서울: 시그마프레스, 2011), 6.

제6장

목회자의 자기계발

1. 목회자 자기계발의 중요성과 방향

목회의 주요 주체 중의 하나인 목회자 자신은 목회사역의 진단과 그 대응방법, 목회의 본질인 관계성을 고려할 때 가장 먼저 돌보고 가꾸어야 할 대상이다. 조직신학자이면서 심리학과 정신의학에 깊은 관심을 지녔던 미국신학자 다니엘 데이 윌리암스(Daniel Day Williams)는 "영혼을 책임지고 있는 사람들은 반드시 자기 자신을 이해해야 한다"고 충고한다.[1]

목회현장에서의 여러 가지 일과 상황을 진단하고 대처하는 사람은 그 교회를 돌보는데 있어서 일차적인 책임을 지고 있는 목회자이다. 교회지도자로서의 목회자는 '맡겨진 일을 제대로 해내는 사람이기보다는 어떤 일이 올바른 일인지를 파악하여 그 일을 하는 사람이다.'[2] 그렇기에 지도자로서의 목회자는 무엇이 올바른 일이고 어떤 것이 현재의 상황과 형편에서 우선적으로 해야 할 지에 직접적인 영향을 미치는 판단과 선택에 기초가 되는 균형잡힌 시각과 건전한 인격과 생명력 있는 영성을 함양하여야 한다. 그리고 이것은 목회자 개인의 자기계발을 통해 이루어질 수 있

---

1) Daniel Day Williams, *The Minister and the Care of Souls* (New York: Harper & Brothers, 1961), 95.
2) Bennis and Nanus, 「리더와 리더십」, 47.

다. 즉, 지도자로서의 목회자가 효율적인 사역자가 되기 위한 핵심요소는 지속적인 자기계발함이다.

목회의 비전과, 그 비전을 성취하기 위한 과정과 진단 및 해결과정 등의 모든 영역에 목회자는 영향을 미친다. 목회는 유기적 공동체로서의 그리스도의 몸인 교인들을 인격적으로 돌보는 일이기에 단순 기능이나 기술이 아니라 본질상 목회자 자신의 인격과 신앙에서 우러나온 사랑과 섬김을 통하여 계속하여 교인들을 돌보기 때문에 자칫 목회자 자신이 소진되기 쉽다. 또한 목회는 필연적으로 목회자 자신의 의식적 또는 무의식적인 신학과 꿈(dream)이 투영(reflection)되는 과정으로 이루어져 있기에 목회자 내면을 이루고 있는 신앙과 인격은 자기계발 노력을 통해 지속적으로 함양되어야 한다.[3] 따라서 귀중한 영혼돌봄의 일을 맡은 목회지도자가 그리스도의 몸인 교회를 돌보고 세우는 부름에 합당한 지도자로 준비되기 위해서는 기능적인 훈련과 준비에 앞서 무엇보다 가장 중요한 목회주체 중의 하나인 목회자 자신의 인격과 신앙의 철저한 자기훈련 내지는 자기계발이 요구된다.

'별세목회'(別世牧會)로 잘 알려진 고(故) 이중표 목사는 신앙공동체를 책임지고 있는 목회자의 됨됨이에 관하여 언급하기를 예수 그리스도의 사역을 맡은 목회자가 기억해야 할 일은 "자신이 '예수 기능인'인가 아니면 '예수 인격자'인가를 성찰하는 일"이라고 말한다.[4] 따라서 본 장에서의 목회자 자기계발의 방향은 목회현장에 필요한 기능이나 기법의 계발이 아니라 보다 본질적 영역인 목회자의 자기이해의 확장을 통한 자기계발

---

3) 양병모, "목회상담자의 자기이해에서의 인간됨(Personhood)과 신학(Theology)," 「한국기독교상담학회지」, vol. 11 (2006): 124.

4) 이중표, "위대한 목회자," 이중표 외 10인, 7-20, 「교회발전을 위한 인격개발」 (서울: 쿰란출판사, 1990), 10.

에 맞추어져 있다.

앞 장에서 우리는 목회자의 자질을 이루는 요소인 '목회자의 신앙과 인격, 그리고 역량' 세 가지를 살펴보았다. 이 가운데서 목회자의 신앙과 인격은 관계적 본질을 지닌 삼위일체 하나님과의 인격적 교제를 친밀하게 하는데 필수적 요소인 동시에 예수 그리스도의 몸인 교회를 전인적 사회성과 건강한 인격성을 지닌 유기적인 신앙공동체로서 성장·성숙하게 하는데 있어서 필수적인 요소이다.[5] 이러한 목회자에게 요구되는 자질들은 목회자로서 준비되는 과정에서도 필요할 뿐만 아니라 목회현장에서 성도들을 섬기는 과정에서도 계속적으로 요구되는 자질들이다. 따라서 목회현장에서 그리스도의 몸으로서의 유기적 신앙공동체인 교회를 건강하고 온전하게 성장하도록 하기위해 목회자는 평생에 걸쳐 자기 자신을 가꾸고 성장시켜나가야 한다.

2. 목회자 자기계발의 영역: 목회자 자기 자신, 중요한 타자, 하나님과의 관계

본 장에서의 목회사역 전반에 큰 영향을 미치는 목회자의 건강한 인격과 신앙의 계발은 하나님의 형상을 닮은 목회자의 인간으로서의 관계적 본질과 관계를 이루고 있는 구성요소를 이해할 필요가 있다. 왜냐하면 다른 사람들과 마찬가지로 관계적 본질을 지닌 인간의 인격적이고도 관계적인 특성에 영향을 미치는 요소들인 여러 대상들과의 의미 있고 건강한 관계가 목회자 인격과 신앙 발달의 기초가 되기 때문이다.[6]

목회자의 인격과 신앙 형성발달에 영향을 미치는 대상요소로는 다음의

---

5) Miroslav Volf, 「삼위일체와 교회」, 황은영 역 (서울: 새물결플러스, 2012), 304.

6) Crabb, Jr., 「인간이해와 상담」, 165-6.

세 관계 대상을 들수 있다: '목회자 자기 자신'(self), '중요한 타자'(significant others, 가족 및 이웃), 그리고 '하나님.' 다른 사람들과 마찬가지로 목회자 역시 대부분의 경우 이 세 영역에서의 관계 경험과 기억이 목회자 개인의 가치관과 판단의 틀(frame) 형성에 중대한 영향을 미친다. 따라서 목회자의 계속적인 자기 계발을 위해서는 이 세 영역에서의 건강한 관계에 영향을 주는 요인들인 이 세 영역에서의 부정적 기억이나 상처와 아픔의 치유와 회복이 요구되며 나아가서 그러한 기억과 경험의 긍정적이고도 건설적인 재해석이 요구된다.[7] 그리고 이 세 영역과의 관계에서 목회자 개인의 기억과 경험(또는 상처의 치유)의 재해석에 가장 필요한 요소는 화해와 용납이다. '자기 자신,' '중요한 타자' 그리고 '하나님,' 이 세 관계 영역에서의 화해와 용납이야말로 건강한 목회자로 변화되어가는 시발점이 된다(엡 4:2).[8] 따라서 본 장에서는 목회자의 인격과 신앙 계발에 영향을 미치는 가장 중요한 세 관계 영역인 '자기 자신,' '중요한 타자' 그리고 '하나님'과의 관계에서의 화해와 용납과 관련된 내용들을 살펴본 후 공동체를 통한 목회자의 자기계발을 살펴보고자 한다.[9]

1) '자기 자신'과의 화해와 용납을 통한 자기계발

(1) 건강하지 못한 자아상과 목회에 미치는 영향

목회상담학자 캐롤 와이즈(Carroll A. Wise)는 "목회 돌봄을 제공하는 사람[목회자]은 내담자[교인]의 인격의 역동적 과정을 이해해야 할 뿐만 아니라 자기 자신을 알아야 할 필요가 있다"고 말한다.[10] 그런데 오늘날 건강

---

7) 양병모, 「목회상황과 리더십」, 123-6.

8) "모든 겸손과 온유로 하고 오래 참음으로 사랑 가운데서 서로 용납하고..."(개역개정).

9) 이러한 인간의 기본적 관계에 관한 또 다른 유용한 자료로는 Les and Leslie Parrott, 「5가지 친밀한 관계」, 서원희 역 (서울: 이레서원, 2015)가 있다.

한 목회를 위협하는 요소들 중 하나는 목회자들의 낮은 자존감이다.[11] 따라서 목회자의 자기계발에서 요구되는 첫 번째 과제는 자기 자신과의 화해와 용납을 통한 건강한 자존감형성이다.[12]

일반적으로 건강한 자존감은 자기 인정 및 자기 사랑의 두 가지로 이루어져 있다. 인정받고 사랑받고 싶어 하는 인간의 기본적인 관계적 욕구 가운데서 우리는 누구로부터 가장 우선적으로 인정받고 사랑받고 싶어 할까? 그것은 다름 아닌 바로 '우리 자신'이라 할 수 있다. 우리 스스로 우리 자신을 인정하지 못하거나 우리 자신의 모습을 있는 그대로 사랑하지 못하여 자기 스스로를 인정하지 않고 소외시켜 버린다면 아무리 주변에서 자신을 인정하고 수용하고 사랑해준다 할지라도 늘 자신에게 불만족하게 되고 자신을 싫어하거나 미워하게 된다. 이러한 건강하지 못한 자아관을 가진 사람은 '지족'(知足)함이 없다. 그렇기에 이러한 사람은 자신에게 결핍된 건강한 자기인정의 요소를 계속하여 외부의 어떤 것으로 대체하여 채워 일시적인 만족을 얻으나 결국에는 또 다시 온전한 충족감을 갖지 못하고 또 다른 것으로 그 부분을 채우려고 찾게 된다. 그리고 이러한 반복된 방황은 자신과의 화해, 자신에 대한 진정한 수용과 용납이 이루어질 때까지 계속된다.[13] 이러한 자기로부터의 소외는 결국에는 자신이 속한 (가족 및 신앙)공동체와 하나님으로부터의 소외로 이어지게 된다.[14]

건강하지 못한 자아관을 갖거나 자기존중감이 결여되게 된 이러한 목

---

10) Carroll A. Wise, *Pastoral Counseling: Its Theory and Practice* (New York: Harper & Brothers, 1951), 11.

11) 양병모, 「목회상황과 리더십」, 23.

12) Bennis and Nanus, 「리더와 리더십」, 83.

13) "그러나 만족하는 마음으로 경건하게 사는 사람에게 신앙은 큰 유익이 됩니다"(딤전 6:6).

14) 이희철, "안톤 보이슨," 한국목회상담학회 편, 33-63, 「현대목회상담학자연구」 (서울: 돌봄, 2011), 51.

회자는 다른 사람들이 볼 때에는 어느 하나 부족한 것이 없어 보이는 모두가 부러워하는 사람이지만 계속적으로 자신을 비하하거나 냉소적이 되기 쉬우며 나아가서 타인과의 관계에서도 이러한 부정적 태도가 투영되어 어려움을 겪는다. 이러한 목회자는 목회현장에서 자칫 목회상황을 비관적으로 보거나 왜곡되게 진단할 가능성이 높으며 나아가서 자신의 채워지지 않은 내면의 불만과 불안이 목회현장에서의 관계적 일탈과 갈등으로 이어져 교회사역의 비효율성으로 이어질 수 있다.

(2) 객관적 자기이해에 기초한 '자기 자신'과의 화해와 용납을 통한 건강한 자존감 형성

대체로 하나님으로부터 인정받은 목회지도자들의 삶을 보면 그들 대부분은 과도하게 자신을 비하하지도 그렇다고 과도하게 자신을 과대평가하지 않은 것을 볼 수 있다. 그들은 정확하게 자신의 현재의 모습을 알고 있었고 거기서부터 하나님의 도우심과 은혜를 구하며 하나님의 일을 성취해 나갔다. 즉 그들은 자신의 모습과 가치를 객관적이고도 정확히 알고 있었다(출 3:11; 4:1, 10).[15] 그들은 자신의 건강하지 못한 자아나 자아상이 목회자로서의 삶에 장애가 되도록 내버려두지 않으면서도 '하나님 안(또는 그리스도 안, In Christ)에서의 자신을 신뢰'하였다(고후 5:17; 빌 4:13). 비록 불완전하고 모자라는 자신이지만 불완전함과 모자람을 통하여 자신을 드러내시는 하나님을 신뢰하고 자신의 현 모습을 인정하고 사랑하는 자세를 가지게 되는 것이다. 이러한 목회자의 건강한 자기이해에 기초한 자신과의 화해와 용납에는 다음의 두 가지 내적확신이 요구된다; 첫째는 하나님의 절대사랑이며, 둘째는 자기평가의 기준을 부르심에 대한 순종에

---

15) Les and Leslie Parrott, 「5가지 친밀한 관계」, 42.

두는 일이다.

목회자의 인격과 신앙의 계발은 자기 자신과의 관계 화해의 과정인 자신에 대한 용서와 수용과 사랑에서 시작되며 이를 가능하게 하는 힘은 하나님의 절대사랑을 재확신하는 믿음에서 나오는 자기인정과 자기 사랑이다. 개인의 능력이나 신분에 관계없이 베푸시는 '참 좋으신 하나님'의 무조건적 절대사랑이야말로 모든 인간의 자기 중요감과 자기 수용의 건강한 기초가 된다 (롬 8:38-9).[16] 하나님의 본질인 사랑만이 인간의 죄에서 파생된 자기 자신과의 관계문제인 자기거부나 열등감을 근원적으로 해결할 수 있는 것이다.

다음으로 목회자의 자기 수용과 용납에 필요한 내적확신은 자신을 사회적 기준에 기초한 자기이해가 아니라 하나님의 부르심에 순종하는 사람으로서의 자기에 대한 수용적 이해이다. 이것이 목회자의 건강한 '자기 존중' 또는 '자존감'의 바탕이 되는 자기이해이다. 하나님께서는 '우리가 월등하다고 생각하는 다른 어떤 누구'가 아니라 바로 지금의 '우리 자신'을 요구하시고 계시며 그것이 목회소명의 첫 단계인 부르시는 분의 의지이다. 그리고 이 의지에 순종하여 응답하는 태도야말로 성령께서 일하시는 목회자의 인격과 신앙발달의 출발점이 되는 것이다.

그리고 목회자 자신의 현재 모습에 대한 수용적 이해는 사회적 기준에 의한 자기평가가 아니라 하나님의 부르심을 인정하고 그에 순종하는 신앙적 태도에 기초한 자기평가에 의해서만이 가능해진다. 즉, 목회자의 자기 존중은 '다른 누군가가 되고 싶은 마음이 아닌' 현재 자신의 모습 있는 그대로의 건강한 자기 수용과 용납과 사랑이 바탕이 될 때 이루어지며 이것이 바람직한 목회자의 인격과 신앙계발의 첫 걸음이 된다.

---

16) "내가 확신하노니 사망이나 생명이나 천사들이나 권세자들이나 현재 일이나 장래 일이나 능력이나 높음이나 깊음이나 다른 어떤 피조물이라도 우리를 우리 주 그리스도 예수 안에 있는 하나님의 사랑에 끊을 수 없으리라"(롬 8:38-9).

(3) 목회자의 자기이해 확장의 방법과 조하리의 창(Joharri's Window)

목회자의 자기 자신과의 화해와 용납의 출발점이 되는 목회자 자신의 자기이해를 위한 방법에는 다음과 같은 몇 가지가 있다. 첫째, 자신이 자신을 돌아보는 것이다. 즉 목회자 자신의 특징, 강점이나 약점을 열거하면서 자신을 살펴보는 방법이다. 자신의 강점을 인식하고 약점을 보완하는 이 과정은 건강한 자존감을 갖기 위한 실용적 방법이기도 하다.[17] 두 번째는 이렇게 열거한 장점과 약점들을 친구나 가까운 동료 목회자의 도움을 받아 평가함으로 자신을 파악할 수 있다. 세 번째는 성령께 자신의 평가를 위해 간구함으로 자신을 이해하는 방법이 있다.[18]

목회자의 자기 이해를 위한 또 다른 방법으로서 다음의 '조하리의 창'(Joharri's Window)이 도움이 된다.[19] 이것은 자기공개와 타인으로부터 받는 피드백의 측면에서 사용할 수 있는 방법 중의 하나이다. 조하리의 창은 심리학자 러프트(Joseph Luft)와 잉행(Harry Ingham)에 의해 개발되어 두 사람의 이름을 합성해 명명된 것으로 자기공개와 피드백의 축으로 각 스케일이 1부터 9까지로 이루어진 네 개의 영역으로 구분된다. 이들 영역은 '공개적 영역,' '맹목의 영역,' '숨겨진 영역,' '미지의 영역'으로 명명된다.

첫째, 공개적 영역(open area)은 나도 알고 있고 다른 사람에게도 알려져 있는 나에 관한 정보의 영역이다. 둘째, 맹목의 영역(blind area)은 나는 모르지만 다른 사람은 알고 있는 나에 관한 정보의 영역이다. 자신이 인식하지 못하는 무의식적인 행동습관, 말버릇 등이 이에 속한다. 셋째, 숨겨진 영역(hidden area)은 자신은 알고 있지만 다른 사람은 알지 못하는 자신에 관한 정보의 영역이다. 자신이 알고 있는 자신의 약점이나 비밀이 이에 속한다.

---

17) Bennis and Nanus, 「리더와 리더십」, 82.

18) 양병모, "목회상담자의 자기이해에서의 인간됨(Personhood)과 신학(Theology)," 128-9.

19) 양병모, 「목회상황과 리더십」, 135.

넷째, 미지의 영역(unknown area)은 자신도 모르고 다른 사람도 모르는 자신의 영역을 의미한다. 대체로 심층적이고 무의식의 영역이 이에 속한다.[20]

공개적 영역은 일반적으로 상호관계가 진전됨에 따라 자기 개방과 타인으로부터의 피드백에 따라 다양해지고 그 깊이도 깊어진다. 이러한 공개적 영역이 확장되어가는 것은 대체로 건강한 자기이해와 수용이 이루어져가는 증거라 할 수 있다. 공개적 영역의 확장은 자연스럽게 이루어져야 하며 자칫 지나친 자기개방은 상대로 하여금 부담을 주어 오히려 관계에 부정적 영향을 준다. 일반적으로 사람들은 자신이 상대방에게 개방하는 정도로 상대가 자신에게 개방하는 것을 편안하게 여긴다. 즉, 자기개방이 대인관계 발전에 중요한 요소이지만 실제로는 자기개방의 상호작용이 대인관계에서 더욱 중요한 작용을 한다고 할 수 있다.[21]

〈목회자의 자기이해 확장과 조하리의 창(Joharri's Window)〉

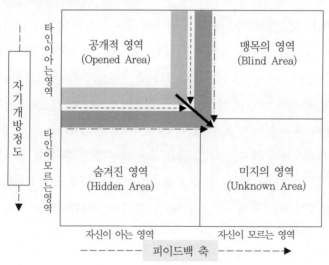

20) 권석만, 「젊은이를 위한 인간관계의 심리학」, 56-7.
21) 지용근 외 3인, 「인간관계론」, 25-7;

이상에서 설명한 네 영역이 차지하는 영역의 차이에 따라 사람의 유형을 다음의 네 가지로 나눌 수 있다: 첫째, 공개적 영역이 가장 넓은 사람은 개방형으로 대체로 인간관계가 원만한 사람이 이에 속한다. 이들은 적절하게 자기를 드러낼 줄 아는 동시에 다른 사람의 말도 잘 경청하는 사람들이다. 그러나 지나치게 공개적 영역이 넓은 사람은 '말이 많고 주책맞다' 또는 '경박하다'는 느낌을 주기도 한다.

둘째, 맹목의 영역이 가장 넓은 주장형이다. 이들은 자신의 기분이나 의견을 잘 표현하며 나름대로 자신감을 지닌 솔직하고 시원시원한 사람일 수 있다. 하지만 이들은 다른 사람의 반응에 무관심 또는 둔감하여 독선적이거나 안하무인격인 사람으로 비춰질 수 있다.

셋째, 신중형이다. 숨겨진 영역이 가장 넓은 사람이다. 이들은 다른 사람에 대해 수용적이며 속이 깊고 신중하다는 평을 듣는다. 다른 사람의 이야기는 잘 경청하는 편이나 자신의 이야기는 잘 하지 않는 편이다. 이들 중에는 자신의 속마음을 잘 드러내지 않는 사람이 많으며 대체로 계산적이며 실리적 경향을 지닌다. 이러한 신중형은 잘 적응하지만 내면적으로 고독감을 느끼는 경우가 많다.

넷째, 미지의 영역이 가장 넓은 고립형이 있다. 이들은 인간관계에 소극적이며 혼자 있는 것을 좋아한다. 다른 사람과 접촉하는 것을 불편해하거나 무관심하여 혼자 있는 고립된 삶을 즐긴다. 이런 유형 중에는 고집이 세고 주관이 지나치게 강한 사람도 있으나 대체로 심리적 어려움이나 고민이 많으며 사회적 부적응인 삶을 살아가는 사람이 있다.[22]

---

22) Galvin and Book, *Person to Person*, 176-7.

(4) '자기 자신'과의 화해와 용납을 통한 자기계발과제로서 생득적 요소
   와 후천적 요소

목회자의 자기이해를 통한 화해와 용납을 통한 자기계발에 영향을 미치는 또 다른 요소에는 목회자 개인의 삶에 영향을 미친 생득적 요소와 후천적 요소가 있다. 가족, 성별, 인종, 지능, 계층 등의 본인이 태어나면서 지니고 있는 생득적 요소는 개인이 성장하면서 교육환경, 신앙공동체 및 사회문화적 환경 등의 후천적 요소들과의 상호작용을 통한 역동적 과정을 거치면서 개인의 독특한 인격과 신앙을 이루어간다.[23] 목회자 자신의 화해와 용납을 통한 자기계발에서 이 두 요소에 대한 이해와 해석은 건강한 자기계발과 성장에 필요한 과정이라 하겠다.

 i) 생득적 요소와 목회자의 자기계발과제

먼저 '자기 자신'과의 화해와 용납의 과정에서의 생득적 요소를 살펴보면 다음과 같다. 목회자의 삶은 지도자 개인의 생애 전체를 통하여 이루어지는 배움과 깨달음과 성숙의 과정이다. 이러한 점에서 목회자의 인격과 신앙에서의 생득적 요소는 '자기 자신'과의 화해와 용납과정에서 하나님의 섭리를 깨닫고 이를 통하여 개인의 성숙을 이루어가는 영역이라 할 수 있다.

목회자 개인의 의지나 노력과 상관없이 태어나면서 주어진 삶의 여건들인 가족, 환경적 여건, 역사적 사건 등은 하나님의 섭리 가운데 목회자의 인생의 기초를 다지는 시기이다. 비록 이 단계에서 형성되는 여러 경험들은 개인들이 통제할 수 없으며, 영적으로 특별한 경험들이 형성되는 일이 드물지만 목회자로서 준비되기 위해서는 이 단계에서 하나님께서

---

23) 양병모, "목회상담자의 자기이해에서의 인간됨(Personhood)과 신학(Theology)," 127.

준비하시고 허락하신 환경과 만남과 경험들에 대하여 (신앙성장과 신학을 배움으로 인한 깨달음으로) 새로운 해석을 하여야 하며 본인의 의지와 상관없이 주어졌던 상황 가운데 숨겨져 있었던 하나님의 섭리와 그 유익을 발견하는 작업이 필요하다.

즉, 이러한 생득적 요소와 관련된 것들 가운데는 비록 우리가 지금은 깨닫지 못하거나 인정하지 못하는 여러 요소들이 있을 수 있으나 하나님은 자신이 부르신 목회자를 위해 이 모든 것들이 '합력하여 선을 이루게' 하신다(롬 8:28). 훗날 이전에는 미처 이해하지 못했던 하나님의 주권적 섭리를 깨닫게 될 때 우리는 비로소 일찍부터, 심지어는 우리가 기억하지 못할 때부터 우리의 삶에서 섭리하신 하나님의 은혜와 사랑에 깊이 감사하게 된다.[24] 이러한 생득적 요소에서 유익을 얻는 효과적인 방법 중의 하나는 다음에서 자세하게 소개할 목회자 개인이 자신의 생득적 삶의 요소를 외면하거나 간과하지 않고 계속적으로 신앙 안에서 그것들을 성찰하여 해석하고 이해하여 치유하는 '재구성'(reframing)의 과정을 밟아가는 것이다.

ii) 후천적 요소와 목회자의 자기계발과제

목회자의 '자기 자신'과의 화해와 용납의 과정에서 후천적으로 영향을 주는 대표적인 요소는 생득적 요소와 밀접한 관련이 있는 '중요한 타자들'(the significant others)이다. 이러한 중요한 타자들 가운데서 인격과 신앙 계발에 무엇보다 가장 중요한 영향을 미치는 요소는 가족이다. 가족은 각 개인의 인격형성에 깊은 영향을 미치며 소속감과 역할을 익히게 한다. 하지만 가족 구성원들은 서로에게 미치는 영향이 다르며 대부분의 경우

---

24) 양병모, 「목회상황과 리더십」, 222.

가족에서 부모의 영향이 목회자의 인간됨에 가장 중요한 요소이다. 즉 부모와의 상호관계의 작용을 통하여 자녀들은 부모의 인성과 가치관과 그들을 통한 여러 가지 사회적 역할을 배운다.25)

목회자의 인격과 신앙형성에 영향을 미치는 또 하나의 '중요한 타자'는 선생님이나 친구들이다. 학령기에 들어서면서 선생님과 동료 친구들로부터 경험하는 수용과 인정은 한 개인의 인격과 신앙에 커다란 영향을 미친다. 특히 사회적 관계가 확대됨에 따라 점차 가족 특히 부모 이외의 다른 사람들의 평가를 중요하게 여기게 됨으로 청소년기와 그 이후과정을 지나면서 선생님과 동료집단의 중요성은 더욱 커지게 된다.

목회자의 인격과 신앙에 깊은 영향을 미치는 또 다른 요소는 신앙공동체인 교회가 있다. 목회자는 자신이 속한 집단이나 조직의 정치 사회적, 문화적 분위기에 의해 자신의 인격과 신앙에 의식적 무의식적으로 깊은 영향을 받는다.26) 목회자가 성장하면서 속했던 교회는 기본적인 신앙형성과 인격형성의 '모판'(seed bed)이 된다. 본인이 속했던 신앙공동체 구성원들과 교회목회자를 통한 배움과 교제를 통해 목회자는 자신의 삶의 모델을 발견할 수 있고 설교와 성경공부 등을 통한 가르침으로 인격과 신앙의 성숙을 꾀할 수 있다. 아울러 이러한 후천적 요소는 목회자가 건강한 자존감을 형성하는데 있어서 중요한 훈련의 장이 된다. 이 밖에 목회자의 '자기 자신'과의 화해와 용납을 통한 자기계발에 영향을 미치는 요인들로는 독서나 기도 등이 있다.

iii) 생득적 후천적 요소와 관련된 '자기 자신'과의 화해와 용납의 재구조화 과정27)

---

25) 양병모, "목회상담자의 자기이해에서의 인간됨과 신학," 127-8.

26) Ibid., 128.

(i) 인생은 하나님과 우리 자신의 공동저작 이야기이다.

생득적 요소와 후천적 요소의 끊임없는 역동적 상호관계로 이루어지는 모든 사람의 인생은 그 자체가 하나의 서사적 이야기이다. 이러한 이야기는 어떠한 일을 경험한 사람이 자신이 기억하고 있는 경험들을 바탕으로 그것들을 해석하고 그 해석한 결과에 의미를 부여할 때 만들어진다. 즉, 경험된 사건은 그 사건에 (무의식적으로 자신이 해석한 것으로 받아들이든 아니든)해석이 주어질 때 그 사건은 비로소 의미를 지니게 되며, 이렇게 자신의 해석을 통하여 의미가 부여된 이야기는 한 개인의 삶에 특별한 노력이나 전문적 훈련의 필요 없이 사람들에게 자연스럽게 긍정적 또는 부정적인 영향을 미치게 된다.[28] 그리고 개인들에게 영향을 미치는 이러한 이야기는 이후 겪게 되는 자신들의 또 다른 경험들에 의해 의미가 수정되거나 재구성되는 과정들을 거치면서 지속적으로 한 개인의 삶에 영향을 미친다.

목회자의 삶 역시도 그 자체가 하나의 이야기이다. 이 이야기의 '우선적 저자'는 하나님이시며 하나님께서는 자신을 드러내셔서 우리가 우리 삶의 이야기를 만들어 가는 과정에 우리를 이야기의 공동저자로 초대하신다.[29] 우리 인생 이야기는 미리 짜진 각본에 의한 것이 결코 아니기에 우리를 사랑하시는 하나님께서는 때때로 매우 고통스럽지만 공동저자로서의 우리의 독자성과 결정을 절대적으로 존중하신다.

---

27) Paul Watzlawick, et al., *Change: Principles of Problem Formation and Problem Resolution* (New York: W. W. Norton, 1974), 95. 재구조화란, "경험되는 상황에 대한 개념, 감정, 그리고 가치관을 변화시켜서, 그 상황이 변형되거나 또는 최소한 같이 유지되어도, 그 관점과 해석이 이전과 달라지도록 새로운 인식으로 이끄는 과정"을 말한다.

28) David A. Steere, *Spiritual Presence in Psychotherapy: A Guide for Caregivers* (New York: Brunner/Mazel, 1997), 181.

29) Dan B. Allender, 「나를 찾아가는 이야기」, 김성녀 역 (서울: IVP, 2006), 26.

다시 말해, 삶에서 일어나는 일들은 하나님의 각본대로 혹은 프로그램 된 로봇처럼 진행되는 것이 아니라 그 삶에 하나님과 함께 의미를 부여하는 이야기의 공동 저자인 우리 자신의 주체적인 반응과 역할에 따라 그 이야기는 다른 전개로 발전 혹은 변해간다. 따라서 목회자는 자신을 결정론적이고 숙명론적인 존재가 아니라 자유의지를 지니고 자기의 삶의 이야기를 스스로 해석하고 만들어 가는 능력을 지닌 존재로 보는 인간이해가 필요하다. 사건과 경험은 이미 주어졌지만 그러한 사건과 경험에 어떠한 의미를 부여할 것인가 하는 것은 개인의 해석에 달려 있으며, 이렇게 해석된 이야기를 통하여 개인은 자신이 존재하는 세계를 의미있게 만들어 간다.30)

(ii) 나의 주체적 해석인가? 아니면 무의식적으로 타인 또는 주변 사람들이 만든 해석을 그대로 가져온 것인가?

그런데 이러한 의미부여는 의식적이고도 자주적인 경우도 있지만, 종종 개인에게 중요한 영향을 미치는 주변 사람들이나 집단에 의해서 만들어진 해석의 틀에 의해 무의식적으로 이루어지기도 한다. 즉, 비록 나의 이야기이지만, 내가 해석한 이야기가 아니라 다른 사람이 해석하여 나에게 끊임없이 주입된 이야기가 나의 이야기가 되는 경우가 있다는 것이다.

하나님과 인간이 함께 엮어가는 각 개인의 삶의 이야기는 신앙이 성숙하고 신학 훈련을 받아가는 과정 속에서 좀 더 분명하게 자신의 정체성을 발견하게 하거나, 과거의 사건과 그 사건 속에 담긴 의미들을 분명하게 하고, 현재를 이전과는 다른 시각으로 보게 하며, 이를 바탕으로 새로운 미래의 가능성을 발견하게 한다. 즉, 어떤 과거 경험 때문에 무의식적으

---

30) Steere, *Spiritual Presence in Psychotherapy*, 181.

로 형성된 부정적 이야기가 아닌 '현재 그리스도 안에 있는 자기 자신의 관점'으로 자신의 인생이야기를 새롭게 해석할 때, 그 자신의 삶은 새로운 이야기로 만들어지게 된다.31) 이러한 개인의 이야기를 새롭게 만들어가는 목적은 단순히 목회자 개인의 깨달음이나 변화만이 아니라 새롭게 된 그 목회자의 이야기를 통해 그 목회자가 속한 공동체인 가족과 교회와 이웃을 변화시켜 이전에는 숨겨져 있었던 우리 인생의 주 저자이신 '하나님의 이야기'(다른 표현으로는 '하나님의 영광')를 드러내기 위함이다.32)

피조된 존재로서의 인생에서 후회 없는 삶이란 존재하지 않는다. 모든 사람은 첫째 아담의 후손으로서 죄성과 그 죄성에 근거한 본능의 영향에서 완전히 벗어나지 못하기에 완전무결하지 못하다. 그렇기에 모든 사람은 정도와 종류의 차이는 있으나 삶에서 후회하는 것들이 있다. 그렇지만 모든 사람이 자신이 인생에서의 후회로 인해 어려움을 겪지는 않는다. 후회로 인해 어려움을 겪는 이는 자신의 과거와 화해하지 못한 사람이다. 그렇기에 현재의 자신도 믿을 수 없고 자신을 존중 할 수도 없다. 믿음은 과거 경험의 반영이기 때문이다.33)

인생에서 과거의 실수나 상처 자체는 세월이 지나도 없어지거나 재설정(reset)되지 않는다. 우리의 인생에서 과거를 변화시킬 수 있는 유일한 방법은 창세기 45장에 나타난 요셉의 경우처럼 그 과거 사건의 해석을 지금 새롭게 하는 방법뿐이다:

...나는 당신들의 아우 요셉이니 당신들이 애굽에 판 자라 당신들이 나를 이 곳에 팔았다고 해서 근심하지 마소서 한탄하지 마소서 하나님이 생명을 구원하시

31) Barbara J. Hateley, *Telling Your Story, Exploring Your Faith: Writing Your Life Story for Personal Insight and Spiritual Growth* (St. Louis: CBP Press, 1985), 7.

32) Allender, 「내 마음의 치유」, 74-5.

33) Ibid., 37.

려고 나를 당신들보다 먼저 보내셨나이다.... 하나님이 큰 구원으로 당신들의 생명을 보존하고 당신들의 후손을 세상에 두시려고 나를 당신들보다 먼저 보내셨나니 그런즉 나를 이리로 보낸 이는 당신들이 아니요 하나님이시라 하나님이 나를 바로에게 아버지로 삼으시고 그 온 집의 주로 삼으시며 애굽 온 땅의 통치자로 삼으셨나이다"(창 45:4-5).

(iii) 과거 경험 해석변화를 위한 재구조화(Reframing) 과정[34]

자신의 과거 이야기 해석을 바꾸기 위한 과거 경험(기억)의 해석 재구조화 과정은 다음의 단계를 거치면서 진행 된다(해석의 재구조화는 본 장의 끝 부분인 '신앙공동체에서의 해석을 통한 목회자의 자기계발'에서 다시 한 번 자세하게 설명되고 있다):

첫째, 현재 해석 주체인 자신의 가치관과 신앙과 삶이 건강한지를 점검하여야 한다. 이렇게 해야 자신의 과거를 바라보는 관점이나 가치관이 비교적 객관적일 수 있다. 사실 인격과 신앙 모두 성숙한가의 여부는 자신과 타인에 대하여 비교적 정확하고 객관적인 평가를 내릴 수 있는가를 통해 확인할 수 있다.[35]

둘째, 과거 경험과 상처의 직면을 위한 결단과 실행이다. 자신의 현재 삶을 방해하고 있는 과거의 경험과 상처를 자세하게 기억하며(등장인물, 시간, 사건의 진행과정 등) 그 때의 상황과 사건을 떠올리며 기록한다.

셋째, 과거의 경험과 상처에 대한 첫 번째 해석, 즉 본인이 가졌던 수치심, 고통, 억울함 등의 모든 과거의 기억을 적어본다.

넷째, 과거의 경험과 상처로 인한 과거의 기억들을 하나씩 점검하며 그 해석과 남겨진 기억들이 다른 사람이 만든 것이나 강요에 의한 것인지,

---

34) 재구조화에 관한 더 자세한 내용은 Donald Capps, 「재구조화」, 김태형 역 (대전: 엘도론, 2013), 41-5를 참조하라.
35) 양병모, 「목회상황과 리더십」, 248.

아니면 자신이 다르게 해석(대안해석) 할 수 있을지를 살펴본다.

다섯째, 대안 해석을 찾아낸 후 그것이 성경적이며 긍정적 해석인 경우 그 대안해석을 정착시킬 수 있도록 (개인과 신앙공동체의) 중요한 타자들과 자신의 대안해석을 나누며 피드백을 받는다. 이러한 과정에서 자신의 혼자 힘으로 이러한 새로운 해석이 어려운 경우, 신뢰할 만한 성숙한 신앙의 선배나 멘토의 도움을 받아 함께 과거의 그 경험가 기억들을 탐색하며 해석의 타당성을 살펴본다.

(iv) 지속적 재구조화를 통한 목회자의 자기 계발-전 생애에 걸친 성화와 성숙의 과정이자 하나님의 재발견 과정

목회자는 앞에서 제시한 재구조화의 과정을 통하여 자신의 삶의 이야기에 스며있는 생득적 또는 후천적 경험과 기억이 만들어낸 부정적인 자기 암시와 수동적이고도 패배적인 해석의 틀을 경건과 신학의 훈련을 통해 발견해내고, 그 해석의 틀을 목회자 자신의 주체적이고도 능동적인 관점이 담긴, 즉 하나님의 절대 사랑과 하나님께서 부르신 소명의 확신을 깨달음으로 발견한 '자신이 새롭게 경험한 하나님과 그분의 섭리'를 바탕으로 새로운 해석의 틀로 바꾸어 새로운 이야기로 만들 수 있을 때 자기 자신과의 진정한 화해가 시작된다. 그리고 이러한 자신의 삶의 이야기의 재구조화 과정은 목회자의 전 생애를 통하여 계속되어 간다.

목회자는 이러한 재구조화를 통한 계속적 자기계발을 위해 건강한 자기를 유지 발전시키도록 노력해야 하며, 이를 위해 자신의 중요한 관계들, 특히 가족과 자신의 동료 및 교인들과의 관계에서 건강함을 유지하도록 노력하여야 한다.[36] 또한 목회자는 영적 지도자이기에 하나님께 대한 경

---

36) 양병모, "목회상담자의 자기이해에서의 인간됨과 신학," 130-1. 이를 위해 목회자는 3 C, 즉, 헌신(Commitment), 통제력(Control), 그리고 도전(Challenge)을 통한 심리적 내구력을

외심을 일깨우는데 도움을 주는 일들을 규칙적으로 해야 한다. 그러기위해 목회자들은 "홀로 하나님과 있고, 그 분께 말하고, 우리의 가슴 속에 있는 그분의 말씀을 묵상하는 침묵의 시간이 필요하다. 우리는 새롭게 되고 변화되기 위해 침묵 속에서 하나님과 홀로 있는 것이 필요하다."[37]

2) 중요한 타자들(가족, 친구 및 동료, 연인)과의 관계

중요한 타자들인 가족, 친구 및 동료와의 건강한 관계를 위한 화해와 용납은 앞부분에서 다룬 자신과의 화해와 용납이 건강하게 이루질 경우 중요한 타자들과의 관계에 상당히 많은 변화를 경험하게 된다. 즉, 비록 상대가 여전히 변하지 않거나 잘못을 알지 못하거나 잘못을 알지만 용서를 빌지 않는 경우라 할지라도, 나 자신이 그러한 상대라도 포용할 수 있는 인격적 신앙적 용량을 지니고 있다면 더 이상 그 상대와의 사귐이 문제가 되지 않는다.

하지만 중요한 타자가 내 마음에서 차지하고 있는 영역이 깊고 클 경우 포용할 수 있는 용량이 제한될 수밖에 없다. 마치 길에 파인 웅덩이가 있더라도 수레바퀴가 그 웅덩이 크기보다 훨씬 클 경우 수레는 별 어려움 없이 그 웅덩이를 지나갈 수 있지만, 만약 그 웅덩이가 수레바퀴 크기보다 클 경우 수레는 그 웅덩이에 빠지게 되고 결국은 헤어 나올 수 없다. 그러므로 자신의 사랑하는 사람들과의 건강한 관계의 회복과 유지는 목회자의 삶과 사역에 깊은 영향을 미친다.[38]

기르도록 하여야 하는 동시에 무엇보다 자신의 영적인 감각을 새롭게 하여야 한다.

37) Mother Teresa, *Mother Teresa: Contemplative in the Heart of the World* (Ann Arbor: MI: Servant Books, 1985), 101.

38) Thomas M. Skovholt, 「건강한 상담자만이 남을 도울 수 있다」, 유성경 외 3인 역 (서울: 학지사, 2003), 291-3.

(1) 중요한 타자들(가족, 친구 및 동료, 연인)과의 관계 회복의
    첫 걸음–이해와 용서

사실 상대를 사랑하는 정도에 비례하여 상대와 관계가 어긋날 때 겪는 고통과 실망은 커진다. 대체로 부모를 제외하고는 하나님의 무조건적 사랑을 조금이나마 실천하는 사랑의 관계는 드물다. 심지어 성숙하지 못한 부모의 경우는 자녀에게까지 자기중심적인 모습을 보이기도 한다. 따라서 중요한 타자들과의 관계회복을 위한 첫 걸음은 '상대가 용서받아야 할 필요가 있는 유한하고 흠이 많은 존재이며 그 상대에게는 아니지만 나 역시도 용서받아야 할 필요가 있는 존재라는 사실을 인정하는 일'이다.

이 세상에서 용서가 필요하지 않은 존재는 오직 하나님뿐이시다. 모든 인간은 첫 번째 아담 이후 벗어날 수 없는 죄성으로 인하여 정도의 차이는 있지만 본질적으로 자기중심적이다(창 3:12-3). 그리고 중요한 타자들과의 관계에서 오해와 실망은 여러 가지 경우에서 유한한 인간의 자기중심성이 표출될 때 발생하며, 이로 인한 마음의 상처는 상대에 대한 신뢰를 약화시키게 된다. 그리고 상대에 대한 신뢰의 약화는 상대와의 친밀감에 부정적 영향을 미친다. 즉, 이전과는 다른 서먹함이나 거리감을 느끼게 되는 것이다. 그렇기에 사랑의 핵심 요소 중의 하나가 '신뢰'인 것이다.

(2) 중요한 타자들(가족, 친구 및 동료, 연인)과의 관계 회복
    방안–사랑의 회복

사랑의 본질과 관련하여 여러 설명이 있지만 성숙한 사랑은 감정이나 열정이기보다는 의지가 그 바탕이 된다. 즉, 사랑이 가슴의 언어가 아니라 한 개인의 전 인격이 바탕이 된 의지와 그 의지에 기초한 선택이라는 사실이다. 하나님의 사랑이 그렇기 때문에 끊임없는 인류의 반역과 배반에도 한결같이 '자신의 살아계심을 걸고' 그 사랑을 실현하셨다.

우리의 소중한 '중요한 타자'들과의 관계도 마찬가지이다. 우리는 스스로 생각하기를 이성적이고 합리적인 존재라 여기지만, 사실 우리 대부분은 감정적이고 비합리적인 존재기도 하다. 올림픽에서 동메달을 딴 사람이 은메달을 딴 사람보다 행복감이 더 큰 것이 하나의 예라 하겠다. 그러므로 소중한 관계의 회복을 위해서 필요하다면 시간을 가지고 감정적인 영역이 다스려지는 방법을 모색할 필요가 있다. 무작정 만나기보다 냉각기 시간을 조금 가짐으로 긍정적인 감정들이 자리 잡을 수 있도록 부정적인 감정으로 가득 차 있는 우리 자신의 감정의 탱크가 비워지기를 기다릴 필요도 있다.

하나님께서는 우리의 소중한 관계 대부분이 깨어지기보다는 용서하고 화해하여 회복하는 것을 기뻐하신다(물론 여기에는 자신의 욕구만족을 위해 상대를 이용하거나 착취하는 집착이나 욕심은 해당되지 않는다). 하나님께서는 자신의 본질이 반영된 건강한 가족관계, 신앙공동체, 우정과 연인관계를 유지하고 발전시켜나가기를 원하신다. 성서가 보여주는 창조주 하나님은 건강한 사랑의 관계가 형성되고 유지되며 발전되기를 원하시며 이를 위해 밤낮으로 일하시는 분이시다. 하나님께서는 사랑의 관계를 파괴하는 어떠한 종류의 증오나 생명을 소멸시키는 일을 싫어하시는 (hate) 분이시다. 따라서 생명을 살리는 하나님의 일을 위임받은 목회자는 중요한 타자들과의 관계를 소중히 여길 뿐만 아니라 더욱 발전시켜나가 하나님을 기쁘시게 하여야 한다.

상대를 믿지 못하면 마음 놓고 우리 자신을 상대에게 개방하지 못한다. 그리고 그 사귐이나 관계는 표피적이 되거나 한계가 있게 된다. 따라서 우리는 우리와 가까운 중요한 타자들 모두 우리 자신과 마찬가지로 죄성의 영향을 받는 '용서가 필요한 불완전한 존재'임을 다시 한 번 인식하고 중요한 타자들과의 관계회복에 핵심이 되는 '사랑'을 회복하는데 도움이 되는 방법을 「5가지 사랑의 언어」로 잘 알려진 개리 채프먼(Gary D. Chapman)의 제안을 통하여 간략하게 소개하도록 한다.

채프만은 자신의 책에서 5가지 사랑의 언어; 인정하는 말, 함께하는 시간, 선물, 봉사(섬김), 스킨십을 사랑의 관계를 회복하거나 발전시키는데 필요한 요소로 제시하고 있다.[39] 물론 채프만은 우선적으로 가정, 즉 부부나 부모자녀, 사랑하는 연인을 염두에 두고 자신의 책을 통하여 방법을 제안하고 있지만 사실 이 5가지 사랑의 언어 원리 자체는 사랑이 요구되는 모든 관계에 적용이 되는 공통의 방법이라 할 수 있다.

3) 하나님과의 화해와 용납

인격적 관계에서 오해와 실망은 종종 상대방을 충분히 알지 못할 때 발생한다. 모든 관계에는 실망과 갈등이 존재한다. 우리와 하나님 사이도 인격적 관계이기에 갈등이나 실망이 존재한다. 그런데 우리가 믿고 사랑하는 하나님과의 관계에서의 갈등이나 실망은 항상 우리의 오해나 이해 부족으로 말미암아 발생한다는 것이 일반 사람과의 관계에서와 다른 점이다.

사랑이 본질인 하나님께서는 그분의 성품상 '정말 좋으신'(so good) 분이시기에 그 분의 가장 사랑하는 대상인 우리에게 항상 자기희생적인 태도로 가장 좋은 것으로 우리를 돌보시고 계신다. 이 말은 바로 하나님의 본질과 성품으로 미루어 하나님과 우리 사이의 오해와 실망의 원인이 이러한 하나님을 제대로 이해하거나 신뢰하지 못하는 우리 자신에게 있다는 의미이다. 성경은 끊임없이 하나님의 우리들을 향한 사랑과 선하심을

---

39) Gary D. Chapman, 「5가지 사랑의 언어」, 장동숙, 황을호 역 (서울: 생명의 말씀사, 2010), part 2 참조.

확언(confirm)해주고 있다. 인격적 관계에서의 사실과 진실은 그 관계에 직접 관련되어 경험한 당사자들만이 증언하거나 확인할 수 있다. 따라서 하나님과 우리의 관계가 인격적 관계라면 제 삼자가 바라보는 관점으로 우리와 하나님의 관계를 제대로(진리답게) 표현하거나 말하거나 이해하기 어려울 것이다.[40]

그렇기에 우리가 하나님께 가지는 오해와 실망 역시 제 삼자인 다른 사람의 이성이나 미숙한 우리의 경험이나, 과학적 잣대, 그리고 모두가 공감하는 답이 아니라 관계 당사자인 우리가 경험한 하나님과 그 경험(관계)에서 느끼고 확인한 우리 자신의 주관적인 이해정도와 감정에 기초한 것이라 하겠다. 따라서 우리 자신이 느끼고 있는 하나님과의 관계에서의 오해와 실망을 제 삼자가 아무리 설명하고 설득하더라도 우리 자신은 납득하기 어렵다.

하나님과의 인격적 관계에 있는 우리가 삶에서 경험하는 하나님께 대한 오해와 실망에 대하여 미국의 저명한 기독교저술가 필립 얀시는 다음과 같은 세 가지 의문으로 요약하여 설명하고 있다: '하나님은 정말 공평하신가?' '하나님은 왜 침묵하시는가?' '왜 하나님은 역사하지 않으시나?'[41]

사실 이 세 가지 질문이 가리키고 있는 방향은 한 가지: '하나님은 신뢰할 만 하신 분인가?'이다. 믿을 수 있다면 대부분의 경우, 하나님의 불공평한 듯 보이는 어떠한 것도, 침묵하고 계시는 어떠한 경우도, 개입하지 않는 어떠한 일들도 그 순간에는 견디기 어렵고 고통스럽지만 적어도 하나님께 대한 돌이킬 수 없는 깊은 오해나 실망에 빠지지 않고 인내하면서

---

40) Leonard Sweet, 「의문을 벗고 신비 속으로」, 윤종석 역 (서울: IVF, 2007), 83-4.

41) 이에 대한 자세한 내용은 Philip Yancey, *Disappointment with God: Three Questions No One Asks Aloud* (Grand Rapids, MI: ZondervanPublishingHouse, 1992), 155-256을 참조하시오.

기다릴 수 있다. 목회자에게 있어서 개인이 경험한 하나님께 대한 실망은 어떻게 극복되어야 하는가? 그것은 인격적 관계에 있는 모든 당사자에게 해당하듯이 상대를 마주하여 듣고 대화하는 것이 첫 번째이며, 두 번째는 상대와의 과거 관계에서의 일들을 기억하는 일이다. 즉, 하나님과의 갈등과 실망을 극복하고 신뢰를 회복하는데 도움이 되는 것은 '듣는 일'과 '기억하는 일'이다.[42]

(1) 듣는 일이다.

영어에서의 '듣다'(hear)와 '순종'(obey)은 어원상 매우 밀접하다. 영어 'obey'는 라틴어로 *oboekid*(ob + audio: 청각 또는 음), '귀를 기울이다, 경청하다, 잘 듣는다'는 뜻이다.[43] 들어야 상대의 참 마음과 참 모습을 알 수 있으며 마음으로 상대를 인정하고 순종할 수 있다. 따라서 하나님께 대한 실망을 회복하고 싶다면 힘들더라도 해야 할 첫 번째 일은 하나님께서 하시는 말씀을 듣는 일이다.

1960년대 미국의 흑백문제가 첨예할 당시 흑백문제해결방안으로 소개된 '접촉이론'(contact theory)'이 있다. 이 이론은 편견과 선입견을 지닌 관계에서 서로의 편견과 선입견을 완화하는데 가장 효과적인 방법은 접촉하는(만나는) 횟수를 늘이는 것이 효과적인 방법이란 이론이다. 마찬가지로 하나님과의 오해나 선입견이나 실망 역시 접촉을 늘임으로 비로소 해결이 시작될 수 있다. 이러한 듣는 일에는 규칙적인 성경읽기와 묵상, 설교말씀 듣기, 경건서적을 통한 하나님 말씀, 타인의 간증, 그리고 자신의 영적 멘토나 지도자를 찾아 상담하는 것 등의 방법이 있다.

---

42) John Patton, 「목회적 돌봄과 상황」, 장성식 역 (서울: 은성, 2000), 31.
43) Sweet, 「의문을 벗고 신비 속으로」, 95.

(2) 기억하기이다.

하나님께 대한 실망을 해결하기 위해서 우리가 해야 할 두 번째 시도는 자신의 지난 인생에서 하나님이 개입하신 흔적들을 찾아보는 일이 그것이다. 모든 인격적인 관계는 기억에 기초해 있다. 기억이 뒷받침되지 않는 관계는 존재하지 않는다. 아무리 가까운 부모자녀 관계라 할지라도 기억을 잃으면 그 관계는 더 이상 정상적으로 유지되지 않는다. 따라서 깨어진 관계를 회복하는 또 하나의 효과적인 방법은 상대와의 과거의 만남과 베풀어준 호의와 사랑의 기억들을 되짚어보는 일이다.

이를 위한 효과적인 방법으로는 자신의 인생을 5~10년 단위로 구분하여 그 특정 시기를 나타내는 이름을 짓고, 그 시기의 주요 사건 개요와 그 사건에 개입된 사람들과 그 사람들의 역할을 기억하여 회고하며 좋은 기억의 사건 속에서는 하나님의 손길을 찾아보고 부정적 기억의 사건 속에서는 본인의 책임(실수)과 하나님의 은혜와 도우심의 흔적을 찾아보고 기억하여 기록해 보는 방법이 있다.

3. 공동체를 통한 자기 계발

신앙공동체는 예수 그리스도의 몸으로서 사랑의 공동체이자 여럿이 하나를 이루는 하나님의 본질이 반영된 신자들의 모임인 유기적 신앙공동체이다. 이러한 신앙공동체는 구성원들에게 관심과 지지와 사랑의 실천을 통해 유기적 관계를 형성하고 있으며 나아가서 목회자의 계속적인 자기계발에 필요한 치유적이면서도 해석적인 기능을 제공하기도 한다.[44] 그런데 신앙공동체가 목회자의 자기계발에 치유적이고도 해석적 기능을

---

44) 이 부분에 대한 설명은 일부분 양병모, 「목회상담: 이론과 실제」 (대전: 그리심어소시에이츠, 2015)의 68-78을 요약 재 기술하여 제시하였다.

제공하기 위해서는 안전감의 원리, 상호개방의 원리라는 두 조건이 충족되어야 한다.

신앙공동체를 통한 치유에는 구성원 간의 자기 개방은 필수조건이다. 신앙공동체에 속한 개개인의 자기 개방은 자신들이 속한 신앙공동체가 자신들의 상처와 고통과 실수 등에 관한 비밀을 지켜줄 뿐만 아니라 그 구성원들의 비판단적이고도 무조건적으로 수용적이며 공감적일 때에 신앙공동체가 지닌 치유적 효과를 담보할 수 있다. 따라서 신앙공동체 내에서 치유가 효과적이기 위해서는 상호 나눔과 돌봄의 과정에서 반드시 구성원들이 자신들의 내면의 이야기들을 안심하고 개방할 수 있는 비밀 유지를 비롯하여 구성원들 상호 간의 수용성과 공감적 태도로 이루어진 신앙공동체의 안전감이 필수적이다.[45]

또한 이러한 신앙공동체 내에서의 개방은 자신의 타인을 향한 개방은 물론이거니와 애써 외면하였던 자기 자신의 참 모습을(참 자기를) 향하여 스스로가 개방적이 됨을 의미한다.[46] 이러한 개방을 통하여 한 개인의 이야기는 공감과 동일시의 과정을 거쳐 그 공동체 전체의 이야기로 형성되어 공동체 구성원 전체가 서로의 자기개방을 통한 상호 치유를 경험하게 만든다. 이같이 신앙공동체 내의 치유가 가능한 이유는 공동체의 구성원들이 다른 사람의 현재나 과거의 비밀이나 상처나 고통의 경험을 들으며 공감하고 동일시함으로 자신들의 억눌려져 왔던(애써 외면했던) 상처와 고통에 관련된 감정들을 인식하고 이것이 표출됨으로 감정적 정화(카타르시스)를 경험할 수 있기 때문이다. 또한 다른 사람의 경우를 통하여 자신들의 문제를 해결할 수 있는 소망과 가능성을 발견하고 실천할 수 있기 때문이다.[47]

---

45) Rod Wilson, 「상담과 공동체」, 김창대 역 (서울: 두란노, 1997), 250.
46) 박영철, 「셀교회론」, 257.

1) 신앙공동체에서의 치유를 통한 목회자의 자기계발

치유공동체로서의 신앙공동체는 구성원 각자의 고통과 상처의 의미를 재 정의하며 동시에 그 구성원을 기존 공동체 구성원과의 동일시를 통하여 공동체의 새로운 구성원이 되게 만드는 역할을 한다.[48] 즉 치유공동체의 구성원들을 통하여 각자는 이제까지 부정적으로 간주되었던 자신의 삶의 경험들의 의미를 새롭게 조명하여 재해석할 수 있다. 또한 치유공동체는 개인들로 하여금 고착된 부정적(병적인) 자기 역할을 벗어나 자신이 진정 원하는 역할을 할 수 있도록 만든다. 이렇게 될 때, 상처 입은 구성원은 치유자로서의 역할까지도 담당할 수 있게 된다. 치유공동체는 이전에는 부정적으로 인식되었던 개인의 행동이나 태도를 공동체 내에의 규범과 신앙체계라는 관점에서 재구성하여 낙인찍혔던 행동이나 태도의 의미를 긍정적이고도 새롭게 인식하도록 돕는다. 이러한 공동체 내에서의 치유 과정을 단계별로 살펴보면 다음과 같다:

i) 가입 또는 참여의 단계: 문제를 지닌 개인은 치유공동체에 구성원이 되어 공동체 내에서의 규범을 받아들이고 정도의 차이는 있지만 그에 적응한다. 이 과정에서 공동체의 힘은 그 개인은 더 이상 치유의 대상이 아니라 공동체 내에서 자신이 치유의 주체로서 책임이 있음을 깨닫게 하여 자존감과 소망의 가능성을 찾게 만든다.

ii) 신뢰형성의 단계: 공동체 내에서의 고백과 카타르시스(정서적 정화)를 통하여 개인은 수동적인 입장에서 벗어나 능동적인 태도를 지니

---

47) Ibid., 256.

48) Leigh C. Bishop, "Healing in the Koinonia: Therapeutic Dynamics of Church Community," *Journal of Psychology and Theology,* vol. 13, no. 1 (1985): 13.

게 된다. 고백의 과정은 죄책감의 해소와 용납을 경험하게 하며, 카타르시스는 감정적 정화를 통하여 당사자로 하여금 공동체 전체와의 동질감을 갖게 만들며 동시에 공동체 구성원들은 그 당사자가 자신들의 한 부분임을 확인하게 만든다. 이 과정이 신앙공동체 안에서는 소위 신앙적인 회심이 일어나 새로운 정체성(또는 자아)을 발견하게 되는 단계이다.

iii) 일치의 단계: 공동체 내의 개인은 모방을 통하여 공동체의 새로운 규범을 배우며, 동일시를 통하여 새로운 정체성을 지니게 된다. 즉 모방과 동일시를 통하여 공동체의 규범과 역할기대를 내면화(internalize)한다.

iv) 몰입의 단계: 개인은 공동체 내에서 헌신을 통하여 그 공동체와 하나 되는 통합의 과정을 겪는다.[49] 이는 계속적으로 이루어지는 과정이며 호혜적으로 공동체 내에서 서로 상호작용을 통하여 관계의 발전을 이루어간다.

2) 신앙공동체에서의 해석을 통한 목회자의 자기계발

신앙공동체는 치유기능뿐만 아니라 해석기능을 통하여 목회자의 계속적인 자기계발을 돕는다. 신앙공동체를 통한 재해석 또는 인식 틀의 재구성의 과정은 대체로 다음의 다섯 단계를 통하여 이루어진다:

i) 첫째 단계: 공동체 구성원이 지닌 기존의 문제 의미체계를 파악한다.

---

49) Ibid., 13-5.

신앙공동체는 개방적이고도 진정어린 자세로 해당 구성원의 자기 개방과 고백을 통하여 그(그녀)가 지닌 부정적인 자기 암시와 수동적이고도 패배적인 해석의 틀을 함께 찾아낸다.

ii) 둘째 단계: 중요한 타자들은 해당 구성원으로 하여금 현재 자신의 해석 틀이 사회 환경적으로 사실(reality)이 되었음을 깨닫도록 돕는다. 공동체의 목회지도자들이 사회적으로 형성된 이러한 부정적이고 자기 파괴적인 기존 해석의 해체과정을 돕기 위해 경우에 따라 다양한 상담기법들을 사용하는 것도 도움이 된다.[50]

iii) 셋째 단계: 공동체의 중요한 타자들은 그(그녀)가 새로운 공동체의 규범과 인식 틀을 통하여 문제 해석과는 다른 해석이 있음을 보여주고, 그 해석을 새로운 자신의 해석으로 받아들이도록 돕는다. 이 과정에서 이 과정에서 중요한 타자들은 그(그녀)로 하여금 자신이 겪고 있는 문제 해석과는 다른 해석을 돕기 위해 다음과 같은 질문을 통하여 도움을 줄 수 있다. "이러한 어려운 문제 가운데서도 당신을 지켜온 것은 무엇인가?," "그와 같은 힘은 어디서 왔는가?,"

---

[50] 이러한 기법들에는 다른 가족 구성원의 역할을 가지고 동일한 문제를 바라보게 만드는 '역할 전환의 이야기,' 문제에 더 가까이 다가가서 내담자가 느끼는 문제가 실체가 아님을 경험하게 해주는 '역설적 방법(paradoxical intention),' 내담자가 자신이 지닌 해석의 틀에 과도하게 지배당할 때에 잠시 그 틀의 영향에서 벗어나는 기회를 주기 위하여 긍정적이고 건강하게 자신이 하고 싶은 일들을 생각하도록 하는 '딴 생각하기(de-reflection),' 내담자의 자기 방어기제가 강할 때 사용하는 '혼란(confusion),' 내담자가 지닌 문제가 비교적 가벼울 때 사용하는 '약점 광고(advertising),' 자기주장이 강한 내담자의 태도 변화를 위한 '호의적 방해(benevolent sabotage)' 외에 '이름 다시 붙이기(relabeling),' '더 나쁜 대안 제시하기(providing a worse alternative)' 등이 있다. 공동체 구성원의 기존 틀(frame)을 변화시키는 이러한 기법들에 대한 좀 더 자세한 이해를 위해서는 Donald Capps, *Reframing: A New Method in Pastoral Care* (Minneapolis, MN: Fortress, 1990), 28-51을 참조하시오.

"현재의 어려움을 직면하는 최선의 방법은 무엇인가?." 이러한 하나
님의 개입을 발견하는 일과 자신의 이야기를 새롭게 재구성하는 과
정이 어우러져서 문제에 대한 새로운 이해의 틀이 형성된다.

iv) 넷째 단계: 공동체의 중요한 타자들은 해당 구성원의 새로운 해석을
안착시키기 위해 지속적으로 공동체의 의미체계와 규범을 통하여
지지하고 강화한다. 이때 공동체 구성원들의 지속적인 온정적 공감
과 비판단적 수용은 매우 효과적인 강화의 방법이다.

v) 다섯째 단계: 새로운 해석을 실천하여 그 결과를 구성원들과 나눔으
로 공동체의 공감과 지지 및 동일시를 통하여 새로운 해석을 고착
화시킨다. 이 단계에서 비로소 개인은 또 다른 사람을 돕는 중요한
타자의 역할을 할 수 있다.[51]

이밖에 목회자 자기계발 방안으로는 개인 멘토를 통한 자기계발, 목회
자 연장교육 및 세미나 또는 규칙적인 독서 등을 통한 자기계발이 있다.
사실 목회자에게 있어서 자기계발은 평생에 걸친 여정이라 할 수 있다.
이러한 평생에 걸친 목회자의 자기 계발과정에서 다음에 제시하는 네 가
지 자세는 목회자들이 자신의 목회인생을 살아가면서 자신을 비춰보고
성장하는데 도움이 된다: 목회자는 어린아이 같아야 한다, 목회자는 심령
이 가난해야 한다, 목회자는 섬기는 사람이어야 한다, 목회자는 자신을
점검하는 사람이어야 한다.[52]

---

51) June A. Smith, "Parishioner Attitudes Toward the Divorced/Separated: Awareness Seminars
As Counseling Interventions," *Counseling and Values*, vol. 45, no. 1 (October 2000): 17.
52) Shawchuck and Heuser, *Leading the Congregation*, 29.

제7장

목회자의 가정

신약성서에서 목회자의 자질을 말할 때 빠지지 않고 등장하는 내용은 바로 목회자의 가정생활이다(딤전 3:2, 4-5; 딛 1:6). 심지어 디모데전서 3:5 은 "사람이 자기 집을 다스릴 줄 알지 못하면 어찌 하나님의 교회를 돌보 리요"(개역개정)라고까지 목회자의 가정생활을 강조하고 있다. 성서적으로나 정서적으로 가정은 목회자의 영성과 성품의 기초를 이루는 중요한 요소이다.

하지만 성서는 역사에 등장하는 하나님의 지도자들이 가정 돌봄에 실패한 여러 경우를 보여주며 가정돌봄의 중요성을 가르치고 있다. 야곱의 경우는 편애와 다수의 배우자와의 관계에서 문제가 있었으며, 기드온은 물질과 성적인 절제에서 실패했으며(삿 8:21 이하), 사무엘은 사역에는 성공적이었으나 가정적으로 일찍 부모와 떨어짐으로 부모상이 결여되어 자녀양육에 어려움을 겪었다(삼상 8:1-3).[1]

교회 역사에서도 역사적으로 커다란 족적을 남긴 저명한 목회자들 가운데도 가정 돌봄에 실패한 경우를 찾아볼 수 있다. 대표적인 경우 중의 하나가 종교개혁자 존 칼빈의 가정이다. 칼빈의 아내 이들레뜨(Idelette de

---

[1] "사무엘이 늙으매 그의 아들들을 이스라엘 사사로 삼으니 장자의 이름은 요엘이요 차자의 이름은 아비야라 그들이 브엘세바에서 사사가 되니라. 그의 아들들이 자기 아버지의 행위를 따르지 아니하고 이익을 따라 뇌물을 받고 판결을 굽게 하니라."

Bure)는 칼빈보다 6살 연상의 두 아이를 둔 과부로 칼빈과 결혼 후 칼빈이 반대자들로 인하여 어려움과 갈등을 겪을 때 헌신적으로 뒷바라지 하였지만 이 과정에서 가정은 제대로 돌보지 못하였다. 결국 아내 이들레뜨는 자신의 아이들이 장성하기도 전 결혼 9년 만에 사망하였고 칼빈의 의붓딸 중의 하나인 줄리아(Julia)는 간통죄로 어려움을 겪었다.[2] 감리교 창시자 요한 웨슬리의 아버지 사무엘 웨슬리는 교인들과의 관계에 어려움을 겪었으며 정서적으로 아이들을 학대하고 아내를 무시하였다. 웨슬리 부부는 별거 후 합쳤지만 곧 사무엘 웨슬리는 채무로 인해 수감생활을 하였다. 이 영향은 고스란히 가족들에게 돌아갔다. 요한 웨슬리의 19명의 남매 가운데 살아남은 10명 가운데 어머니 수잔나(Susanna)의 노력에도 불구하고 딸 다섯 중 오직 한 딸만 행복한 결혼생활을 했고 나머지 네 명의 딸들은 이혼이나 불륜, 알콜중독 등의 희생자가 되었다.[3] 비록 요한과 찰스 두 유명한 아들을 남겼지만 요한 웨슬리 역시 아내와 심각한 갈등을 겪는 결혼생활을 하였다. 결혼을 미루던 요한 웨슬리는 자신이 다쳤을 때 치료받은 기회로 알게 된 4명의 자녀를 둔 49세의 몰리 바질(Molly Vazeille)이라는 과부와 결혼하였으나 아내의 과도한 질투심과 좋지 못한 성품으로 인해 결혼생활 30년을 힘들게 보냈다.[4]

오늘날 현장 목회에서 목회자들이 겪는 어려움 가운데 과반수이상이 목회자가정의 영역과 관련된 것이다.[5] 여성 목회자의 남편이 교회에서

---

2) Daniel L. Langford, *The Pastor's Family* (New York: The Haworth Pastoral Press, 1998), 57.
3) Ibid., 58.
4) 안도현, 「우울증, 죽음으로 향하는 다리」 (서울: 예영커뮤니케이션, 2003), 127-8.
5) Paul A. Mickey and Ginny W. Ashmore, *Clergy Families: Is Normal Life Possible?* (Grand Rapids: Zondervan, 1991), 129-36. 이러한 목회자 가정의 어려움으로는 '경제적 어려움,' '과중한 사역,' '가족에 대한 압박,' '목회자나 목회자 가족의 건강의 어려움,' '자녀 양육의 소흘함' 등이 있다.

마치 왕자처럼 살아야 하듯 남성 목회자의 아내는 교회에서 마치 회중의 신데렐라처럼 허드렛일 일꾼으로 여겨진다. 또한 목회자의 청빙과정에 목회자 배우자의 면접은 매우 중요한 고려요소가 되지만 대부분의 교회가 정작 목회자의 가정에 대하여 아예 가정이 없는 사람으로 기대하거나 아니면 가정이 당연히 목회자에 부수되는 영역이라 여긴다.6)

이와 같은 중요성과 현실적인 어려움에도 불구하고 오늘날 교회현장에서 목회자 가정에 대한 관심과 중요성에 대한 인식에 걸맞은 목회자 가정에 대한 돌봄과 배려가 부족한 실정이다. 본 장에서는 목회자에게 가장 중요한 영향을 미치는 목회자 가정과 관련된 내용들을 살펴보기로 한다.

1. 목회자 가정의 중요성과 어려움

1) 목회자 가정의 중요성

그러면 왜 성서는 목회자의 가정생활을 이처럼 중요시하는가? 그것은 적어도 다음의 세 가지 이유 때문이라 할 수 있다.

첫째, 가정은 성서적으로 교회의 원형이며 하나님의 인간을 위한 돌봄의 우선순위에서 차지하는 비중이 가장 크기 때문이다.7)

창조과정에서 하나님께서는 인간을 창조하시되 남자와 여자로 이루어진 가정으로 창조하시고자 하셨다. 하나님께서는 삼위이자 일체이신 자신의 핵심 본질인 사랑을 우리 사람들이 가정을 통하여 경험하는 동시에 실천할 수 있기를 원하셨다. 남녀이자 서로 다른 인격이지만 '한 몸'(one flesh)을 이루는 가정이 하나님의 의도였다(창 2:25; 엡 5:28-31).8) 나아가서

---

6) Langford, *The Pastor's Family*, 51.

7) 박광철, "목회인가, 가정인가," 「목회와 신학」, 1999년 5월, 53.

8) Langford, *The Pastor's Family*, 52.

당신의 믿음의 자녀들이 신앙공동체를 이루는데 있어서 가족과 같은 사랑의 공동체를 이루기를 원하신다. 따라서 가정은 오늘날 하나님의 형상을 닮은 우리들의 믿음을 구현하고 경험하는 장(場)이기에 목회자가 건강한 가정을 형성하고 유지하는 일은 신앙공동체의 지도자로서 매우 중요한 책임이자 의무라 할 수 있다.

둘째, 목회자가 가정을 통해 하나님을 더욱 깊이 알아감으로 성도들에게 하나님을 더욱 효과적으로 소개할 수 있기 때문이다.

가정은 삼위일체 하나님께서 자신의 형상을 닮도록 창조하신 인간의 첫 번째 공동체이다. 모든 창조과정의 하이라이트였던 인간창조에서 하나님께서는 "자기 형상 곧 하나님의 형상대로 사람을 창조하시되 남자와 여자를 창조"하심으로 인간창조를 처음부터 한 개인이 아닌 가족공동체로 창조하신 의도를 보여주고 있다.9) 이는 하나님과의 더욱 친밀한 교제를 위해 남자와 여자가 각기 다르지만 부부로서 한 몸을 이루는 경험을 통하여 세 분의 인격이 한 몸을 이루고 계신 삼위일체 하나님을 더욱 잘 이해하게하기 위함이라 할 수 있다. 즉, 목회자의 중요한 역할 중의 하나인 회중과 하나님과의 친밀한 교제를 위해 하나님을 회중들에게 더 잘 알려주기 위해 목회자가 자신의 결혼생활을 통해 하나님을 더 잘 이해할 수 있기 때문이다.

셋째, 신앙공동체인 교회는 하나님 안에서 확장된 가족 공동체이기에 목회자의 가정생활이 목회사역에 직접 투영되기 때문이다.

교회는 예수 그리스도가 머리되신 한 몸으로 부름받은 공동체이다. 하나님이나 가정과 마찬가지로 교회역시 여럿이 모여 있으나 한 몸을 이루도록 부름받은 공동체이다. 따라서 목회자의 가정에서의 리더십은 유사

---

9) 안석모, "가정의 이미지가 문제다," 「목회와 신학」, 1999년 5월, 57.

한 한 몸 됨의 공동체인 교회에도 적용될 뿐만 아니라 나아가서 목회자의 가정생활은 목회자와 그 가족 구성원들을 통하여 교회공동체에 영향을 미치게 되기에 목회자의 가정생활은 중요하다.[10] 나아가서 목회자의 영적 정서적 안녕은 목회자 가정의 안녕과 불가분의 관계에 있다. 즉 목회자 가정에서의 여러 가지 상황은 목회자의 영적 정서적 영역에 영향을 미치며 이러한 영향은 바로 교회 공동체에 투영되어 나타난다. 따라서 목회자 가정생활은 목회자의 모든 목양행위에 가장 밀접하게 영향을 미치기에 목회자 가정의 안녕은 매우 중요하다.

2) 목회자 가정을 위협하는 어려움과 원인

이러한 중요성에도 불구하고 목회자 가정은 다른 신앙인들의 경우처럼 돌봄을 받을 수 있는 기회나 기관이 많지 않다. 다른 분야의 지도자들과는 달리 가정의 개방이나 노출이 가져올 교회지도자로서의 입장과 섬기고 있는 교회에 미칠 부정적 영향을 염려하기 때문이다.

(1) 목회자 가정의 가장 큰 위협: 스트레스

사실 목회자들이 직면하고 있는 어려움은 대부분 스트레스와 관련된 것들로서 목회자를 위한 상담전화의 분석결과는 목회자 상담 전화 중 약 3분의 2 정도가 목회에서 오는 스트레스와 결혼생활에서 오는 스트레스 상담이었다.[11] 설교 후 강단에서 내려오는 순간 다음 설교를 생각해야하고, 목회의 특성상 일과 쉼의 구분이 어려우며, 회중의 요구에 적절하게 반응하여야 하며, 행정과 사무 일에 하루 일과의 3분의 2 이상의 시간을

---

10) 이경준, 이성희, "나의 가정사역을 공개한다," 「목회와 신학」, 1999년 5월, 96-100.

11) Donald Harvey and Gene Williams, 「목회자 가정, 그들만의 스트레스」, 김재덕 역 (서울: 생명의말씀사, 2004), 35, 37.

사용하는데 따른 목회사역의 의미의 결여 등이 이러한 스트레스의 대표적인 내용이라 하겠다.

목회자 사모들의 경우 상담의 절반은 사모의 역할과 관련된 스트레스였고 나머지 절반은 결혼생활에서 오는 스트레스 때문이었다.[12] 성서의 어느 부분도 목회지도자 아내에 대한 언급이나 가르침을 구체적으로 말하고 있지 않다. 그렇기에 사모들의 대부분은 사모가 해야 할 역할이나 기능을 명확하게 알지 못하기에 역할혼란이나 역할갈등에 따른 스트레스를 경험한다. 더구나 이러한 사모의 역할은 교회 상황에 따라 다르기 때문에 어려움은 더욱 가중된다. 또한 목회자는 회중들의 인정을 받고 적절한 보상이 주어지지만 사모의 경우는 목회자의 보조자 내지는 목회자와 함께 보이지 않게 취급되기에 교회 내에서 많은 사역을 담당하지만 그에 따른 성취감이나 적절한 경제적 또는 사회적 인정을 받지 못하고 있다. 이러한 여러 교회 사역에 더하여 가사와 육아의 부담까지 주어지는 상황이기에 사모의 스트레스 또한 목회자 못지않다 하겠다.

이러한 스트레스는 일부 목회자가정에만 해당되는 현상이 아니라 대부분의 교회 목회자가 겪고 있는 공통된 현상이라 할 수 있다.[13] 물론 살아가면서 겪는 스트레스는 목회뿐만 아니라 모든 사람들이 정도의 차이는 있지만 공통적으로 겪는다. 대체로 지도자의 위치에 있는 사람들의 경우 대부분은 목회자가 겪는 스트레스와 비슷한 종류의 어려움을 겪고 있다. 정치, 교육, 법조 심지어 경제 영역에 이르기까지 지도자는 지도자로서 치러야 하는 대가가 있는 것이다. 하지만 이들의 경우는 일반 목회지도자들과는 달리 대부분의 경우 지도자에게 주어지는 경제적 혜택이나 사생활 보호가 이루어진다.

---

12) Ibid., 38-9.
13) 안석모, "가정의 이미지가 문제다," 59.

하지만 목회자가 겪는 스트레스의 경우는 교회 회중의 지도자로서 다른 사람의 기대, 시대적 변화에 따른 요구에 지속적으로 부응해야 하는 것, 개인의 사생활보장이 다른 직업군보다 취약한 것, 그리고 대부분의 경우 경제적인 어려움 등의 요인으로 그 정도가 심한 경우가 많다. 사회적으로 지위불일치의 대표적 직종이 목회자라는 사실은 잘 알려져 있다. 즉, 사회적으로 인정받지만 경제적 또는 실질적인 권력의 영역에서는 그만큼의 인정을 받지 못하는 대표적인 직업군이 목회자라는 것이다. 또한 다른 직종과는 달리 목회자가 겪는 사회심리적 환경이 외형적으로는 개방되어 있지만 하루 종일 만나는 사람이 교인과 교회뿐이기에 마치 감옥이나 양로원 같은 '패쇄기관'에 갇혀 있는 것과 유사한 사회심리적 환경이라 할 수 있다.[14]

이러한 상황이지만 교계 내에서 목회자나 목회자 가정의 어려움을 전문적으로 돕는 기관이나 기회가 많지 않기에 목회자는 스스로의 힘으로 스트레스로 인한 어려움에 대처할 수밖에 없는 형편에 처해 있다. 이처럼 목회자 가정의 스트레스는 다른 영역의 지도자와는 다르기에 목회자 가정의 스트레스와 어려움은 인지적 접근을 통한 해결, 즉 생각의 전환과 소규모로 이루어진 지지집단 등의 도움으로 건강한 가정이 제공하는 영적, 정서적으로 충분한 쉼과 건강한 정체성 확립을 통해 어느 정도 해소할 수 있다.

(2) 목회자 스트레스의 원인: 잘못된 생각

대부분 목회자들은 자신들이 겪는 스트레스를 목회사역 자체가 지닌 특성 때문이라고 믿고 있다. 하지만 같은 목회자이지만 어떤 목회자는 이

---

14) Ibid.

러한 스트레스에서 어느 정도 자유로운 것을 볼 수 있다. 이러한 이들의 공통적인 특징은 대부분의 경우 목회사역에 대한 생각과 목회자의 역할 이나 정체성에 대한 생각이 다른 목회자들과 차이가 있는 것을 볼 수 있 다. 이들 가운데 어떤 이들은 자신들이 섬기는 교회가 객관적으로 다른 교회와 견주어 더 크다거나 더 나은 대우를 받고 있다거나 하지 않지만 목회를 정말 '즐거운 일'로 생각하고 만족한 목회자의 삶을 살아간다.

목회가 다른 사람을 돌보는 직업군과 같이 스트레스가 많은 직업이지 만 상당수의 목회자들이 스트레스의 원인 제거를 위한 별다른 실제적인 노력을 하지 않는 경우가 많다. 사실 목회자 가정이 겪는 스트레스의 상 당부분 역시 목회자 부부가 지니고 있는 가정과 목회사역에 대한 잘못된 생각들로 인한 것이라 할 수 있다. 만약 목회자가 이러한 잘못된 사고의 프레임에서 벗어날 수 있다면 이전보다 훨씬 더 자유로운 목회사역, 훨씬 더 풍요로운 가정생활과 결혼생활을 누릴 수 있을 것이다. 목회자들이 지 니고 있는 이 같은 '잘못된 생각(myths)'은 어떤 것인지 그리고 그 해결책 은 어떠한가를 살펴보면 다음과 같다.[15]

i) 목회자는 모든 것에서 흠이 없어야 한다

이를 다르게 표현하자면 다음과 같다: "모든 면에서 완벽해야 해" vs. "완벽할 필요가 없어 하지만 하나님의 도우심으로 진정한 우리 자신이 될 수 있어."

물론 신앙지도자로서 최선을 다해 자신을 잘 준비하고 자기관리에 엄 격해야 한다. 하지만 '최선을 다하는 자세'과 '완벽해지고자 하는 태도'는 다르다. 무엇보다 최선을 다하는 사람은 자신의 역량을 우선 파악하고 있

---

15) Harvey and Williams, 「목회자 가정, 그들만의 스트레스」, 50-63.

는 사람이며 그 역량의 범위 안에서 자신이 할 수 있는 힘을 다하는 사람이다(눅 14:28).[16] 이렇게 될 때 타인의 평가와 다른 사람과의 비교에서 오는 평가에서 어느 정도 자유로울 수 있으며 자신을 수용하고 인정할 수 있게 된다.

하지만 완벽을 추구하는 사람은 자신의 역량에 대한 객관적 평가가 결여된 상태로 자신이나 교인들이 바라는 기준에 다다르려고 애를 쓴다. 하지만 자신의 역량을 제대로 알지 못하고 외부에서 주어진 부담이나 기대 또는 자신의 막연한 기대나 열망을 목표로 정하고 그것을 달성하기 위해 시도하면 대부분의 경우 달성이 어렵다. 그 결과 늘 죄책감이나 자기비난에 쉽게 노출된다. 이럴 경우, 자신에 대한 비난이나 죄책감을 완화하기 위해 목표가 달성되지 않으면 다른 방법으로 자신의 시간과 노력을 더욱 쏟아 일에 열심을 다한다. 이러한 노력은 일시적으로 교인들의 비난이나 자신의 죄책감을 완화시킬 수 있지만 목표에 도달하지 못하기에 그 노력과 희생으로 인한 자기합리화는 곧 그 힘을 잃게 된다.

이러한 과정이 지속될 경우 일중독에 빠질 위험에 노출되며 자칫 '탈진'(burnout)에 이르게 되어 목회사역에 더 큰 어려움을 겪게 된다.[17] 이러한 악순환에 빠질 경우 이러한 '열심 → 좌절 → 더 큰 희생과 열심 → 좌절'의 악순환을 겪는 경우가 많다. 이 과정에서 가장 쉽게 희생할 대상은 자신과 가족의 시간과 삶이기에 가족들은 더욱 힘든 상황에 처하게 되고 심할 경우 이로 인해 심각한 부부갈등이나 가정폭력이 발생하기도 한다.

---

16) "너희 중의 누가 망대를 세우고자 할진대 자기의 가진 것이 준공하기까지에 족할는지 먼저 앉아 그 비용을 계산하지 아니하겠느냐"(눅 14:28). 이 말씀은 예수를 따르는 데 있어서 그 대가를 치루는 일을 충분히 고려하고 결단할 것을 가르치는 말씀이다. 하지만 같은 맥락에서 주님이 맡겨주신 목회사역에서 자신의 역량과 재능을 충분히 고려해야 하는 측면에서도 적용할 수 있는 말씀이라 할 수 있다.

17) 목회탈진에 관한 더 자세한 내용은 양병모, "목회탈진: 그 주요원인의 분석과 결과에 관한 소고" 「복음과 실천」, 35권 (2005 봄): 319-48을 참조하시오.

ii) 결혼/가정생활보다 목회사역이 우선해야 한다

'공선사후'(公先私後)의 유교적 영향과 서구사회보다 체면 및 집단 문화에 더 젖어있는 우리 사회에서 가정생활은 종종 뒷전으로 밀려난다. 교인들 또한 동일한 문화권에 속해있기에 자신의 가정과 교회사역의 경우와 마찬가지로 목회자 가정에 대해서도 목회자 가정생활이 목회사역보다 중요하지 않다고 여기는 경향이 있다.[18] 오히려 목회자 가정에 대해 기대는 높고 평가만 무성하다.[19]

가정과 교회를 이분법적인 관점에서 보는 것은 잘못된 접근이다. 마치 아이들에게 '엄마가 좋아, 아빠가 좋아"라고 묻는 질문과 같은 것이라 하겠다. 어느 것도 소홀히 할 수 없는 그러면서 밀접하게 상호보완적인 관계에 있는 것이 가정과 교회이다. 이것은 경험을 통하여 잘 알 수 있다. 가정이 편하지 않으면 교회사역이 더 힘들어진다. 마찬가지로 교회사역 과정에서 어려움이 있으면 가정에서도 편하지 않다. 따라서 일부 기독교인 가운데 교회와 가정을 양립할 수 없는 것이라 여기고 어느 한쪽의 희생을 당연시하는 태도야말로 성서적으로 건강하지 않은 자세라 하겠다.

가정이 건강해야 교회가 건강하며 교회가 건강해야 가정 역시 건강한 것이다. 결혼생활은 우리의 하나님과의 관계와 마찬가지로 관계의 영역이며 목회사역은 하나님과의 관계에서 나오는 관계를 표현하는 '하나의 방식,' 즉 '일'의 영역이라 할 수 있다.

사실 목회자에게 있어서 가정이란 하나님께서 그 집안의 가장인 목회자에게 돌봄을 위임하신 가장 우선하는 목양의 장이라 할 수 있다. 그렇기에 성서는 목회자의 자격을 말하면서 반드시 가정을 잘 돌보는 사람이라야 한다고 가르치고 있는 것이다.

---

18) Langford, *The Pastor's Family*, 59.

19) 이문장, "목회자의 가정, 어떻게 보아야 하는가?", 「목회와 신학」 1999년 5월, 49.

그런데 성서적 가르침이나 지식적으로는 교회사역보다 가정이 더 소중하다고 여기면서도 그렇게 행할 경우 무의식적으로 근거없는 부담감이나 죄책감이 느껴지는 경우가 있다. 이것은 목회자가 여전히 교회사역과 가정에 관해 명확한 신앙적 가치관을 정립하지 못했음을 보여준다. 이 둘 사이의 경계나 우선순위를 제대로 정립하지 못할 경우 근거 없이 또는 알 수 없이 죄책감이 느껴지고 이 죄책감을 해소하기 위해 무리하게 건강을 해치면서 사역하거나 자신을 혹사하게 된다. 나아가서 죄의식이 신앙의 기초가 되는 경우 목회자 자신의 희생을 넘어 자신의 배우자, 또는 목회자 가족구성원의 '희생'이 있을 때 비로소 마음이 편해진다. 신앙적 헌신이나 경건에 대한 잘못된 생각이 이런 건강하지 못한 행태의 기저(基底)에 자리잡고 있는 것이다.

건강하지 않은 자의식이나 자존감(다른 쪽으로는 열등감)을 지닌 목회자의 경우 자신의 현재 사역을 통해 자신의 자격 있음을 인정받고자 하거나 다른 사람보다 우월함을 증명하고자 할 경우 자신과 자신의 가족의 희생을 무릅쓰면서 목회사역에 무조건 열심을 다할 위험이 있다.[20] 목회자들 가운데 가끔씩 무의식 가운데 성도들을 섬긴다는 생각으로 자신과 가족의 안녕을 간과한 채 희생을 감수하는 경우가 있다.

이렇게 정도 이상으로 목회자가 가족이나 자신의 필요를 무시하면서 교인들의 요구에 몰입하고는 거기서 교인들을 통제할 수 있는 자신의 지도자로서의 정당성이나 자존감의 근거를 찾는 경우 자칫 '동반의존성'(co-dependency)을 지니게 된다. 동반의존성은 겉으로 드러난 행태는 철저히 이타적인 성격을 지니지만 그 내면의 무의식적 동인(動因)은 자기 자신의 열등감이나 지도자로서 느끼는 부적절함을 상쇄하기 위한 자

---

20) Langford, *The Pastor's Family*, 75-6.

기중심적인 노력이다. 이런 경우 자칫 일중독(workaholic)에 빠지기 쉬우며 자신이 희생하는 것이 온전히 다른 사람(성도)을 위한 것이라고만 여기고 자신의 희생에 다른 사람이 기대했던 반응을 보이지 않는 경우 분노하거나 실망하거나 하여 결국 탈진에 이르게 되기도 한다.[21]

이러한 동반의존을 피하기 위한 태도로는 다음과 같은 자세가 필요하다.[22] 첫째, 사람이 아닌 하나님께 의존적이 되어야 하며, 둘째, 일방적 의존이 아니라 상호의존을 하도록 하며, 셋째, 다른 사람을 압박하기 위한 희생적 태도를 벗어나야 하며, 넷째, 희생의 결과에 대하여 상대의 결정을 존중하여야 한다.

사실 건강한 자의식을 지녔거나 건강한 자존감의 소유자는 다른 사람의 평가가 그렇게 중요하지 않다. 자신이 누구며 자신의 한계가 어디며 자신의 능력이 어떠한가를 어느 정도는 자각하고 그 범위 내에서 계획하고 그 한계를 인식하면서 자신을 평가한다. 이런 사람은 다른 사람의 성공과 다른 사람의 앞서감을 비교적 편안하게 인정하고 받아들이며 자신을 관리해 나간다.

iii) 목회자는 사생활이 없다

목회자의 사생활은 목회사역에서 필수적인 요소이다. 스트레스가 많은 직업일수록 자신을 내려놓고 충분히 쉴 수 있는 사적공간이 절대 필요하다. 그래야만 팽팽하게 당겨진 긴장의 끝을 놓고 다음을 위해 자신을 준비할 수 있다. 그러므로 목회자는 다른 어느 직업군의 사람보다 편히 쉴 수 있는 자신의 사적공간과 압박과 일로부터 해방되는 시간이 필요하다.

---

21) Ibid., 76-7.
22) Nancy Groom, *From Bondage to Bonding* (Colorado Springs, CO: Navpress, 1991), 156, 183, 200.

이러한 사적공간과 시간은 가정을 제외하고는 불가능하다. 따라서 목회자에게 있어서 가정이라는 공간 안에서의 사생활은 목회자 가족을 위해서는 물론이고 목회사역의 효율성과 건강성을 위해서라도 절대 필요하다. 이를 위해 성도들은 목회자의 사적 공간과 시간을 포함한 사생활을 가능하면 충분히 보장할 수 있도록 사역에서의 적절한 위임과 협력을 통하여 도와야 한다.

3) 목회자 가정이 겪는 주된 어려움

오늘날 목회현장에서 목회자가 목회와 가정의 건강한 균형과 조화를 이루기 어려운 주된 원인은 다음과 같은 세 가지가 주된 요인이라 할 수 있다. 첫째는 가정의 경제적 어려움이며 둘째는 목회가 가진 특성으로 인한 가정을 위한 시간배분의 어려움, 셋째 사생활유지의 어려움이다.[23) 이에 대하여 좀 더 자세히 설명하면 다음과 같다.

(1) 목회자의 경제적 어려움

목회자 가정의 경제적 어려움은 한국 목회자 사모들이 목회현장에서 꼽는 가장 큰 어려움으로 나타나고 있다.[24) 하지만 목회자나 목회자의 아내가 자신들의 경제적 어려움을 공개적으로나 외부인들에게 알리거나 도움을 받기 쉽지 않다. 이런 가운데 교회는 목회자의 경제적 어려움을 이해하지 못하거나 또는 애써 외면하는 경우가 있다.

이러한 목회자의 경제적 어려움이 사람들의 관심에서 멀어져 있는 이유 중의 하나는 '검소한 삶에서 탁월한 영성이 나온다'는 잘못된 일반화이

---

23) 이문장, "목회자의 가정, 어떻게 보아야 하는가?" 46-7.
24) 송기정, "목회자 자녀들이 경험하는 어려움에 대한 돌봄," 「가족과 상담」, vol. 6, no. 1 (2016): 50.

다. 즉, '목회자는 가난해야 한다'거나 '목회자는 돈에 신경쓰지 말아야 한다'는 일부 신앙인들의 잘못된 인식이 목회자의 경제적 어려움에 대한 성도들의 관심을 멀어지게 만든다. 물론 목회자나 목회자가 아닌 사람이나 물질적으로 사치한 삶을 사는 사람이 신앙적으로 건강하지 않은 것은 틀림없다. 하지만 개인의 영성의 깊이를 물질의 풍요 정도에 따라 판단하는 것은 참된 영성을 이해하는 올바른 태도가 아니다.

물질적 풍요 가운데서 스스로 선택한 검소한 삶과 목회자의 절대적 가난의 문제는 구별되어야 한다.[25] 목회자의 경제적 상황이 검소함을 넘어 가난함에 이를 때 오히려 목회자의 건강한 영성을 해칠 수 있다.

전통적으로 한국목회 환경은 목회자가 목회 이외의 직업이나 생업을 가지는 일을 금기시해 왔다. 이에는 나름의 성경적 실제적 이유가 있겠지만 사실 전업목회에 대한 신약성서적 근거는 다양한 해석의 여지를 주고 있다.

초대교회에서 사도들은 성도들의 경제적 후원으로 사역과 선교를 담당했으나 사도 바울의 경우는 종종 교회의 재정적 지원을 마다하고 자신의 직업인 천막 짓는 일을 통하여 스스로 경제적 필요를 채웠던 것을 알 수 있다(고전 9:6-18). 다시 말해 전업 목회가 성서에서 제시하고 있는 기준이 아니라 여러 상황과 여건에 따라 결정된다는 사실이다. 이러한 사실은 어떤 소수 개신교단의 경우 목회자들이 겸직을 하도록 하고 있는 경우가 있음을 보아도 알 수 있다.[26]

따라서 목회와 가정의 건강한 조화를 위해 한국교회는 개 교회의 형편을 고려하여 또는 개 목회자의 상황과 여건을 고려하여 겸직 목회(또는 이중직 목회)를 인정할 필요가 있다. 사실 전업 목회의 여부는 목사가 사

---

25) 이문장, "목회자의 가정, 어떻게 보아야 하는가?" 48.
26) 미국의 메노나이트 교단의 경우가 이러한 경우의 예라 할 수 있다.)

역에 쏟는 '시간의 절대 양(量)'으로 평가받는 것이 아니라 사역에 쏟는 '마음의 양(量)'으로 평가받아 마땅한 것이다.

(2) 목회자의 시간관리의 어려움

다음으로 목회자 부모가 바쁘기에 목회자 가정이 겪는 어려움이다. 우리는 모두 시간의 테두리에 구속받고 살아가는 존재이다. 따라서 사람의 어떤 일은 시간, 그 중에서도 시기가 매우 중요하다. 목회현장에서 가끔 볼 수 있는 현상이 바로 목회자가 자녀에 대해 가진 죄책감이다. 부모와의 교감이 가장 중요했을 아이들의 성장기에 목회현장의 필요 때문에 제대로 시간을 쏟지 못하여 자녀들이 진학에서 어려움을 겪는다든지 또는 사회에서 일탈을 저지른다든지 할 때 목회자 부모들이 겪는 깊은 죄책감이다.

가끔 주변에서 듣는 "하나님의 일에 전념하면 하나님께서 가정과 자녀는 책임져 주신다"는 이야기는 신앙적으로 건강하지 않은 소리이다. 하나님께서 창조의 질서 가운데서 보여주신 각기 해야 할 일의 범위에서 가정과 자녀는 남편과 아내가 우선적으로 책임지고 돌보아야 하는 영역인 것이다. 위임은 인간의 창조 이후 하나님께서 가장 먼저 인간에게 명령하신 일이시다(창 1:28). 가정은 부부에게 그 돌봄을 위임하신 하나님의 가장 중요한 작품이다.

(3) 사생활보장의 어려움

목회자의 가정이 일반 가정과 다른 점은 무엇보다 교회의 다른 가정과는 달리 가장 주목받고 있는 가정이기에 사생활보장과 관련된 여러 가지 어려움에 노출되고 있다. 일반적으로 목회자 가정이 겪는 사생활보장의 어려움의 원인은 다음과 같다.

첫째, 일반가정보다 개방(노출) 정도가 많기 때문이다.

교회 내 다른 가정은 사람들의 관심이 목회자 가정만큼 주목받지는 않는다. 그렇기에 목회자 가정을 '유리어항'(fish bowl), 또는 '유리집'(glass house)라고 할 정도로 사람들에게 노출되어 있고 그만큼 사람들의 입에 오르내리기 쉬운 가정이다. 가정은 가장 친밀한 관계의 사람들이 외부의 시선으로부터 보호받으며 편안히 쉴수 있는 곳이다. 하지만 다른 일반 가정보다 목회자 가정이 다른 사람의 시선에 노출되는 정도가 훨씬 크기에 이로 인한 자녀양육 및 부부관계의 어려움 들이 목회자 가정이 다른 가정과 달리 어려움을 겪는 주된 이유라 하겠다. 안팎이 속속들이 들여다보이는 환경에 처한 사람들은 편히 쉴 수 없을 뿐만 아니라 늘 다른 사람의 시선을 염두에 두고 살아야 하는 부담, 즉 실수하거나 책잡히지 않는 모습을 유지해야 하는 부담을 지게 된다.[27]

둘째, 다른 가정보다 훨씬 더 개방되어있으므로 인하여 가정의 가장 중요한 기능 중의 하나인 쉼(휴식)의 기능을 제대로 제공하지 못하여 스트레스가 지속되기 때문이다.

목회는 그 업무의 속성상 출근과 퇴근이 분명하지 않다. 이로 인하여 '일과 쉼'의 구분이 명확하지 않다. 그래서 어떤 이는 목회를 '24시간 비상대기조'라고 표현하기까지 한다. 물론 이 정도는 아니지만 목회는 그 속성상 시간적으로 예측가능한 일과 예측가능하지 않은 일이 함께 존재한다. 대부분의 일이 그렇지만 특히 사람을 돌보는 목회는 인생의 위기와 관련된 모든 종류의 상황이 일어나기 때문에 시간예측이 불가능하며 이로 인한 가정생활의 어려움이 있다. 교인의 수가 많으면 많을수록 목회자가 감당해야 할 위기돌봄의 횟수가 늘어나고 동시에 가족을 위한 시간이나 가

---

27) Harvey and Williams, 「목회자 가정, 그들만의 스트레스」, 18.

족의 중요한 기념일을 함께할 가능성이 줄어든다. 또한 한국문화 속에서 목회자의 집은 언제든 방문해도 괜찮다고 여기기에 예고없이 목회자의 집을 방문하기도 함으로 가정을 구분하는 집이 확실한 쉼을 제공하지 못한다.

2. 목회자의 부부관계

목회자가 결혼생활에서 어려움을 겪는 대표적인 이유를 살펴보면 다음과 같다: 개인적 친밀감 대신 사모/아내로서의 기능적 관계, 깊은 감정을 나누기 어려움, 제한된 의사소통, 목회가 지닌 사생활유지의 어려움, 시간에 쫓기는 압박감, 아내 역할의 혼동, 성적문제, 낮은 급여, 교회나 신학교의 교육적 지원이나 준비미비, 성차별문화.[28] 이러한 상황에서 목회자의 부부관계에서 가장 중요한 한 축을 담당하고 있는 목회자 배우자에 대하여 살펴보면 다음과 같다.

1) 목회자의 배우자

목회자 사모가 자신들의 역할과 관련하여 토로하는 가장 큰 불만은 다음과 같다.

첫째, 교회와 분리된 삶을 갖지 못한다.

둘째, 교인들의 기대에 부응하는 삶을 살기 어렵다.

셋째, 선입견에 의한 특정 사모상(師母像)으로 인한 부담감이 있다.

넷째, 항상 보여주는 삶을 살아야 한다는 부담으로 진정한 자신이 되기 어렵다. 더불어 항상 다른 사람에게 노출된 듯한 느낌으로 인한 어려움이다.

---

28) Paul Eppinger and Sybil Eppinger, *Every Minister Needs a Lover* (Grand Rapids: Baker, 1990), 8-9.

다섯째, 항상 목회자의 배우자로 사회적 인식이 되어 있기에 독립된 인간으로서 자신의 존재감을 의미있게 느끼기 어렵다.[29]

2) 목회자의 돕는 배필 '사모'(師母)

교회 내에서 가장 모호한 위치에 있는 사람을 꼽으라면 바로 목회자의 아내인 사모일 것이다. 사모는 교회에 고용된 사람이 아니며 그 직무에 대한 규정조차 제대로 없다. 시대와 사회적 상황 및 교회적 상황 나아가서 사모와 목회자의 신학적 성격적 특성에 따라 사모의 역할은 다르게 인식되고 역할을 담당해왔다. 하지만 목회자를 위한 교육기관인 신학교에는 사모를 위한 전문적인 교육이나 훈련 과정이 거의 없다. 그럼에도 불구하고 대부분의 경우 목회에서 사모는 목회의 가장 중요한 동역자이며 교회 내의 회중에게 가장 중요한 영향을 미치는 '보이지 않는 리더'(invisible leader) 중의 한 사람이라 할 수 있다.

목회자의 배우자인 사모는 목회자에 곁들여서 따라오는 사역자도 아니며 교회에서 드러나서는 안 되는 그러한 존재도 아니다. 목회자의 아내인 사모의 우선적 역할은 교회를 섬기고 목회를 돕는 목회조력자가 아니라 목회자인 자신의 남편을 전인적으로 온전하게 되도록 돕는 배필의 역할이다(창 2:18). 따라서 목회자 아내인 사모의 돕는 역할이 없으면 목회자는 결코 인격적으로 온전하게 기능할 수 없을 뿐만 아니라 목회에서도 효율적이고 건강한 열매를 맺기 어렵다.

---

29) Langford, *The Pastor's Family*, 25.

3. 목회자의 부모자녀관계

1) 목회자 자녀의 특수성

목회자 자녀들은 부모의 직업으로 인해 다른 자녀들이 겪지 않을 어려움을 겪는다. 이러한 목회자 자녀의 어려움에는 다음과 같은 것들이 대표적이라 하겠다.

첫째, 목회자 자녀들에 대한 부모 이외의 교인들이나 다른 사람들의 깊은 사회적 기대감으로 인한 어려움이 있다.

사람들은 자신들이 원하지만 이루지 못하는 내적 좌절이나 아쉬움을 목회자의 삶이나 가정을 통하여 대리만족을 느끼고 싶어한다. 종교의 기능이 인간의 합리성이나 이성의 카테고리로 인한 한계를 초월한 형이상학적 경험을 가능하게 하는 것이기에 사람들은 자신들의 삶에서 경험하고 싶어하는 초월적인 또는 이상적인 삶의 모습을 목회자에게서 찾아 대리만족을 느끼고자 한다. 아울러 '군사부일체'(君師父一體)라는 한국사회의 유교적인 영향이 목회자를 더욱 권위적 존재로 인식하게 만들기에 목회자 가정을 이상화하여 기대가 훨씬 높다 할 수 있다.[30]

이같은 교회와 교인들의 목회자 자녀들에 대한 비현실적인 기대감이 목회자 자녀들에게는 가장 큰 어려움으로 나타나고 있다.[31] 이로 말미암아 목회자와 목회자 가정은 완벽해야 한다는 비현실적인 기대감으로 인한 어려움이 생긴다. 즉, 학업성적, 신앙, 도덕적 기준 등에서 목회자 자녀들은 다른 아이들에 비해 더 높은 수준의 요구나 기대감에 시달린다.[32] 목회자 자녀들은 자신들의 정체성을 자각하기 훨씬 전부터 자신들에게

---

30) 송기정, "목회자 자녀들이 경험하는 어려움에 대한 돌봄," 47.
31) Ibid., 50.
32) Ibid., 44.

주어진 주변의 기대에 영향을 받으며 자라난다. 이로 인하여 부모의 목회에 미치는 영향을 의식적 무의식적으로 의식하며 다른 사람의 기대감에 의해 위축되거나 부담감을 가지고 성장하기에 자신의 참모습이 아닌 '유사 자기'로 인한 어려움을 겪는다.[33] 물론 부모님이 목회자이기에 일반적으로는 신앙적이며 비폭력적인 가정환경에서 자라나는 장점도 있다.

둘째, 성장과정에서 겪는 부모의 목회현장 경험이 미치는 영향으로 인한 어려움이 있다.[34] 목회자의 자녀는 성장해가면서 "침묵하고... 아무 것도 공유하지 않는 법"을 자연스럽게 터득하며 '착한 아이,' '기대되는 모습'으로 자신의 감정이나 의사를 표현하지 않으며 성장해 간다. 목회자 자녀들은 종종 그들 부모들이 목회도 힘들어하는데 자신들로 인하여 또 다른 어려움을 겪게하고 싶지 않아서 이러한 어려움을 묵묵히 견디어 나간다. 하지만 자신의 정체성이나 자신의 의견을 충분히 드러낼 시기가 되면서 '자신의 모습을 찾아가는 과정' 또는 '과도한 기대감에 대한 반발' 또는 '목회현장에서의 깊은 상처' 등으로 인하여 반항적이 되어 비뚤어지거나 낙인찍히는 경우도 종종 있다.[35]

셋째, 성장과정에서 부모들의 목회관에 따라 돌봄에서 소외되거나 이차적 존재가 됨으로 인한 부모자녀관계의 오해와 애착관계 어려움이 있다.

목회현장에서 대부분의 경우 목회자는 교인들 전체의 영적부모 또는 돌보미로서의 역할을 수행한다. 이 때 목회자가 부득이 자신의 자녀 돌봄보다 다른 교인이나 교인들의 자녀들을 돌보는 일을 우선적으로 선택해야 할 경우, 아직 어린 목회자의 자녀들은 자신들의 부모가 자신들을 사랑하지 않는다거나 또는 자신들보다 ○○를 더 사랑한다고 오해하게 됨으

---

33) Ibid.
34) Ibid., 45.
35) Ibid.

로 성장과정에서 어려움을 겪기도 한다.

2) 목회자 가정의 부정적 자녀양육태도

목회자로 살아가면서 경험하는 가장 큰 두려움 중의 하나는 다른 사람을 돕고 다른 사람의 자녀는 돌보면서 정작 자신의 자녀는 제대로 돌보지 못하여 자녀가 어려움을 겪지 않는가 하는 문제이다.[36] 그리고 이러한 염려가 현실로 될 경우, 목회자부모는 평생에 걸쳐 자녀에 대한 죄책감으로 힘들어하며 이를 뒤늦게라도 해결하기 위해 관계의 회복이 아닌 물질로 보상해보려 한다든지 혹은 모든 일에 너무 관용적이 되어 목회자 자녀의 일탈을 가져오는 경우가 있다.

목회자 자녀의 일탈은 다른 자녀들의 경우와 마찬가지로 부모의 양육태도와 밀접한 연관이 있다. 목회자 자녀에게 부정적 영향을 주는 부모의 양육태도의 문제로는 다음과 같은 것들이 있다.[37]

첫째, 부모가 너무 권위주의적이거나 율법적인 신앙관과 생활태도를 지닌 문제이다.

아이들과 형식적인 대화 이외의 일상적 대화가 거의 없으며 부모자녀 관계의 밑바탕에는 두려움이 깔려 있다.

둘째, 목회로 인하여 자녀들에게 충분한 돌봄을 제공하지 못하는 문제이다.

이로 인한 발달과정에서의 결핍이나 오해는 상당기간 지속되며 자칫 인격과 정체성 형성의 가장 중요한 시기인 청소년 시기까지 이러한 결핍이나 오해가 해결되거나 이해되지 않을 경우, 목회자 자녀는 여러 가지

---

36) Ruthe White, 「사모가 사모에게」, 신영란 역 (서울: 나침반, 1995), 103.
37) 송기정, "목회자 자녀들이 경험하는 어려움에 대한 돌봄": 48-9.

부정적 형태로 자신의 불만이나 분노를 표출하게 되기도 한다.

셋째, 부모가 자녀에게 부당하게 대우하는 문제이다.

목회자 자녀들은 교회 내에서나 학교에서 목회자 자녀라는 이유로 다른 아이들과는 다른 기준으로 평가받거나 처벌대상이 되기도 한다. 그런데 목회자 부모조차 이러한 부당한 대우에 가세하게 되면 아이는 자신의 억울함이나 상처에 대해 도움을 받을 곳이 없게 된다.

넷째, 너무 특별한 대우를 받으며 성장하는 경우의 문제이다.

목회자 자녀이기에 사람들이 특별한 관심이나 대우를 해주는 경우가 있다. 이러한 특별한 대우가 목회자 자녀에게는 과도한 부담으로 작용하여 긍정적이기보다는 부정적 반응을 가져올 경우가 많다.

다섯째, 자녀들을 매사에 신앙적인 관점으로만 양육하는 태도의 문제이다.

신앙이 삶과 불가분의 관계에 있지만 아직 어린 나이의 자녀들은 신앙과 삶, 부모의 사랑과 신앙적 훈육, 사랑의 매와 체벌의 차이를 구분하지 못한다. 실수가 일탈의 경우 부모로서의 사랑과 관용이 아니라 성경말씀을 인용하거나 신앙적 이유로 자녀를 가르치는 것은 자칫 신앙에 부정적 태도를 갖게하거나 죄책감에 기초한 신앙을 형성하게 만들 위험이 있다.

여섯째, 부모의 위선적(모순적) 태도를 발견하게 되는 경우의 문제이다.

부모의 말과 가르침과 설교가 부모의 가정에서의 삶과 다른 경우 자녀들은 갈등과 수치심과 분노를 느끼게 되기도 한다.

4. 목회자 가정에 도움이 되는 방안

1) 목회자와 목회자 배우자의 가정에 대한 공통의 이해
정립의 필요

목회자는 자신의 배우자와 교회와의 관계에서 가정에 대한 비교적 명확한 경계를 설정하는 일에 대하여 대화하고 서로의 가정에 대한 이해를 정립하여야 할 필요가 있다.[38] 예를 들어, '가정은 목회에 가장 필수적인 사생활의 보루이다' 또는 '정서적 영적인 재충전 장소이다' 등의 이해가 그것이다. 여기서 우리가 생각해봐야 하는 것 역시 바로, "우리 자신은 가정을 어떤 곳이라 생각 하는가"에 대한 답이라 할 수 있다.

이러한 목회자 자신의 가정에 대한 이해야말로 부부관계와 부모자녀관계에 직접적으로 영향을 미친다. 따라서 목회자는 자신이 섬기는 교회와 가정의 관계에 대해 어떠한 태도를 가질 것인가를 신중하고도 지혜롭게 정립할 필요가 있다. 도움이 되는 제안으로는 목회자가 기회 되는대로 가정의 소중함과 가정의 우선성에 대하여 가르치고 본을 보일 뿐만 아니라 교회의 방향이 가족우선주의(Family First)를 지향할 필요가 있다.

2) 교회회중의 목회자와 목회자 가정을 위한 건강한 이해의 필요

교회는 목회자 가정 역시 자신들의 가정과 다름없는 필요를 지닌 가정으로 인정하여야 한다. 우선 교회 내에서 목회자가 자신의 배우자인 사모를 우선적으로 배려하고 사랑하고 돌보는 태도를 인정하고 지지하도록 하여야 한다. 또한 일반적 가정의 필요에 더하여 목회자가 지니는 특수한 신앙공동체의 지도자로서의 입장이 배우자와 목회자의 자녀들에게 미치는

---

38) 안석모, "가정의 이미지가 문제다," 58.

영향에 대하여 이해하는 노력이 필요하며 목회자 자녀에 대하여도 여타 다른 교회회중의 자녀와 동일한 기대와 태도로 대하는 노력이 필요하다.

3) 목회자 자신의 '부부우선의 원리' 준수 노력

목회현장의 어려움 가운데서 목회자와 배우자가 자신들의 부부관계에서 가장 우선적으로 염두에 두어야 할 자세는 '부부우선주의'의 원칙이다. 목회자는 자신의 배우자를 항상 우선순위에 두는 노력을 기울여야 하며 동시에 그것을 배우자가 알거나 느낄 수 있도록 하여야 한다. 제안할 수 있는 도움이 되는 방안으로는 목회자 자신과 목회자 가정에 대한 부부의 이해를 정확히 하여 자신과 자신의 가정의 경계선을 가능하면 명확히 정하는 것이 좋다.

예를 들어, 목회현장에서 위기상황이 아닌 경우에 목회자와 그 배우자는 자신들 '가정의 우선순위를 지키기 위해 필요한 거절'을 하는 법을 연습하여야 한다. 바람직한 실제적 방법 중의 하나는 목회자 부부나 가족의 중요한 약속을 미리 일정표에 기입하고 '선약이 있어서 어렵습니다'고 거절하는 방법이다. 이러한 노력은 목양의 스트레스 가운데서도 목회자 부부가 서로의 소중함을 확인하며 친밀감을 증진함으로 스트레스를 이겨낼 수 있는 중요한 자원이 된다.

4) 목회자 자녀양육을 위한 제안

이상에서 목회자 자녀들이 처해있는 특수성과 양육과정에서의 어려움을 살펴보았다. 이를 바탕으로 목회자 가정에서 자녀 양육과정에서 유의하여야 할 내용을 다음과 같이 제안하고자 한다.[39]

---

39) 송기정, "목회자 자녀들이 경험하는 어려움에 대한 돌봄," 51-5; Cameron Lee, PK:

첫째, 자신의 가족을 교회로부터 확실하게 분리하는 태도와 확신을 지녀야 한다.

목회자는 자신이 목회자로 부름받은 사람이며 교회와의 관계에서 자신의 목회자로서의 역할과 자기 가정의 경계(boundaries)를 가능한 분명하게 분리하는 노력이 필요하다. 목회자는 가정과 교회의 영역에 대한 자신만의 분명한 신앙적 확신에 근거하여 자신이 목회자이지 자녀가 목회자가 아니며, 자녀는 여느 평범한 엄마 아빠의 아들, 딸이라는 사실을 분명하게 교인들과의 관계에서 종종 밝히거나 자녀들에게 확인시켜줄 필요가 있다. 아직 자녀들이 어린 시기에는 자신의 자녀들이 항상 우선순위에 있다는 사실을 아이들이 느낄 수 있도록 말과 행동을 통하여 계속하여 확신시킬 필요가 있다.

둘째, 자녀들을 일반 가정의 자녀들과 다름없이 평범하게 대한다.

신앙과 인격은 불가분의 관계에 있다. 따라서 가능하면 자녀들과 대화할 수 있는 시간(예를 들면, 저녁식사 시간 등)을 자주 가지며 자연스럽게 모든 주제를 그곳에서 나눔으로 인격과 신앙 모두 건강하게 자랄 수 있도록 하여야 한다. 특히 신앙과 관련하여 대화과정에서 부모들의 간증과 아이들의 경험을 신앙 안에서 해석해 주는 노력(경험 가운데서 함께하신 하나님, 거기서 발견한 하나님의 도우심과 돌보심 등)을 통하여 자연스럽게 신앙이 삶에 배이도록 필요하다.

셋째, 정서적으로 안정된 환경을 제공하도록 노력한다.

가능한 필요하지 않다면 목회사역에서 겪는 어려움이나 부부간의 갈등은 아이들이 알지 못하는 장소나 시간에 부부가 함께 의논하도록 하여 아이들이 불필요한 불안을 겪지 않도록 노력한다.

Helping Pastor's Kids Through Their Identity Crisis (Grand Rapids: Zondervan, 1991), 136; 노용찬, "목회자 자녀들은 언제 상처받는가," 「목회와 신학」, 1999, 5월, 69-72.

넷째. 가족들에게 우선순위를 부여하는 노력이 필요하다.

자주는 아니지만 배우자나 아이들과의 특별한 시간을 정할 경우, 목회에서 위기상황이 아닌 경우는 대부분 그 시간을 '중요한 약속'으로 여기고 거절하도록 한다. 갑작스럽게 받은 특별한 순서부탁 등이 있을 경우, "제가 그 때 중요한 선약이 있어서..." 등의 방법이 도움이 된다.

다섯째, 가족들에게 사랑과 칭찬 등의 관심을 분명하게 표현하도록 노력하여야 한다.

"사랑한다," "힘내렴...," "정말 잘하네..." 등의 표현은 가족들에게 꼭 필요한 확언이다. 아무리 강조하고 아무리 반복해도 괜찮은 말이 가족들을 향한 "사랑한다"라는 말이다.

여섯째, 자녀들에게 계속하여 하나님의 돌보심과 사랑과 무한한 수용에 대해 대화하며 부모가 자신들을 위해 기도한다는 사실을 상기시킨다.

부모들은 자신들의 삶과 경험에서 확신하는 자녀들이 평생 지니고 살기를 바라는 가장 소중한 신앙의 자산에 관해 지속적으로 대화한다. "하나님은 좋으신 분이시다." "하나님은 참으로 우리를 사랑하시는 분이시다" 등이 그것이다. 이럴 경우 자녀들이 부모를 떠나 독립적인 삶을 살게 될 경우 겪게 되는 세상의 험한 풍파 가운데서 발생하는 여러 가지 실망과 어려움을 극복할 수 있는 자원을 자녀들로 하여금 지니게 할 수 있다.

일곱째, 부모도 잘못하고 실수할 수 있으며 용서받아야 하는 존재라는 사실을 알게 한다.

목회자 자녀들이 성장하면서 힘들어하는 일 중의 하나는 부모 목회자의 언행불일치 또는 신행불일치로 인한 실망과 갈등의 문제이다. 또 하나는 부모 목회자의 부부생활에서의 갈등과 어려움이다.

이 밖에 기독교상담학자 게리 콜린스가 제시하고 있는 바람직한 자녀 양육태도를 소개하면 다음과 같다.[40]

i) 자녀를 격려하여 그들이 긍정적 자아상을 갖도록 하라.

ii) 자녀들과 함께 시간을 보내며 사랑으로 대화하라.

iii) 긍정적 가정 분위기를 조성하라.

iv) 영적 가치관을 심어주라.

v) 일관성 있고 균형잡힌 훈련을 시키라.

vi) 자녀들이 부모를 자랑스러워하게 만들라.

vii) 건강한 공동체(교회, 이웃)를 만들기 힘쓰라.

viii) 자녀들에게 안전하다는 느낌과 정서적 신뢰감을 심어주라.

ix) 훌륭한 결혼생활의 본을 보여주라.

x) 돈에 대한 가치관과 돈을 지혜롭게 사용하는 법을 가르치라.

xi) 자녀들이 책임감을 갖도록 하라.

xii) 가치관과 정직하고 성실한 인격을 가르치는 일에 열심을 다하라.

---

40) Collins, 「가정의 충격」, 260.

제8장

목회자의 윤리

교회는 하나님의 마지막 희망이자 이 땅에서 예수 그리스도의 뜻을 이루기 위한 그분의 '몸'(body)이다. 그렇기에 각 성도를 소명(은사)에 따라 몸의 각 지체로 준비시키기(equip) 위해 부름받은 목회자는 모든 생각과 삶과 섬김의 행위가 예수 중심적이고도 하나님 나라 중심적이어야 한다.[1] 특히 진리의 절대성과 보편성을 거부하고 주관적이고 경험적인 진리를 주장하는 후기현대사회(postmodern society)의 한 가운데에 처해 있는 오늘날의 교회에서 목회자는 무엇보다 삶과 행동을 통하여 사람들이 진리를 확인할 수 있도록 모본을 보여야 하며, 동시에 확고한 성서적 가르침을 체화(體化)하고 견지하여 모든 것이 상대적이고 비교적인 상황에서 변하지 않은 하나님의 사랑과 공의를 가르치고 실천할 수 있도록 하여야 한다. 본 장에서는 간략하게 목회윤리를 '목회활동을 하는 모든 사역자들이 지켜야 할 도리와 규범'으로 정의하고 목회자의 윤리를 살펴본다.[2]

오늘날 사람들의 자기중심성의 대표적 특징인 현세 지향적이고 물질중심적인 사회에서 목회자의 윤리적 자세는 종말론적이고도 하나님나라중

---

1) Glen Harold Stassen and David P. Gushee, 「하나님의 통치와 예수 따름의 윤리」, 신광은, 박종금 역 (대전: 대장간, 2011), 309.

2) 김병권, "기독교 윤리학," 「신학의 순례자를 위한 신학입문」, 침례교신학연구소 편 (대전: 침례신학대학교 출판부, 2004), 340-1.

심적인 내적 자세가 확립될 때 가능하다. 하나님의 사랑과 그 사랑으로 말미암아 창조된 세계는 오늘날 하나님의 백성이자 자녀들인 우리들에게 그 보존과 확장과 완성의 책임, 즉 '살리고,' '회복하고,' '화평하고,' '세워주고,' '용기를 주는' 돌봄의 사역을 실행하는 책임이 주어진 것이다. 이러한 일을 목회현장에서 실효성있게 구현하기 위해서 목회자는 교회 내의 목회의 각 분야에서 자신의 윤리적 입장을 확고히 하며 가르치고 이를 실천하는 모본을 보여야 하며 동시에 교회 밖의 사람들에게도 동일한 목양의 자세로 이를 실천하기 위해 애써야 한다. 하지만 본 저술의 성격상 여러 목회영역에 따른 구체적인 윤리적 지침과 실행을 모두 살펴보기 어렵다. 따라서 본 장에서는 목회현장에서의 목회자 간의 관계윤리보다는 목회의 전 영역에 공통적으로 적용될 수 있는 기본자세를 비롯한 사역현장에서의 목회자가 지녀야 할 윤리의 실천적 내용을 간략하게 제시하고자 한다. 먼저 이를 위해 목회자가 목회윤리에서 차지하고 있는 위치와 그 중요성을 정리한 후 목회윤리의 기본자세와 실천적 내용을 살펴보기로 한다.

1. 목회와 목회자 윤리의 탁월성의 필요

목회는 한 영혼이 천하보다 귀하다는 영혼을 돌보는 일이다("누구든지 나를 믿는 이 작은 자 중 하나를 실족하게 하면 차라리 연자 맷돌이 그 목에 달려서 깊은 바다에 빠뜨려지는 것이 나으니라"(마 18:6; 눅 17:2; 막 9:42). 사람들의 삶에 개입하고 영혼을 돌보는 목회는 심각하고도 조심스런 일이기에 목회만큼 영적인 부분은 물론이고 윤리적 탁월성이 요구되는 일은 없다.

인간의 마음은 그 영혼과 불가분의 관계에 있기에 인간의 영혼에 직접적인 영향을 미치는 마음의 영역과 관련된 도덕과 윤리는 영혼의 의사라 할 수 있는 목회자에게는 사람을 돌보는 일에 종사하는 어느 직종의 사람들보다 중요한 영역의 배움과 훈련이라 하겠다. 그렇기에 목회자에게는 영성과 함께 가장 높은 수준의 윤리와 도덕성이 요구된다("내 형제들아 너희는 선생된 우리가 더 큰 심판을 받을 줄 알고 선생이 많이 되지 말라" 약 3:1).

이러한 높은 수준의 윤리성에 도달하고 그것을 유지하기 위해 목회자는 그리스도 안에서의 성장과 훈련, 겸손을 이루는데 헌신적이어야 하며, 내면에 지녀야 할 기본적 가치는 고결성, 공명정대성, 그리고 존중이다.3) 즉, 목회자는 인격적 고결성을 유지해야 하며, 영적인 훈련에 헌신되어지고 하나님과 함께 하는 삶에서 성숙되어가야 한다. 이러한 목회자의 윤리적 내적 자세의 훈련과 성장은 목회자가 되기로 작정하면서가 아니라 예수 그리스도를 개인의 주님과 구세주로 영접하면서부터 시작된다.

성서에서의 전인적 인간 이해의 관점에서 볼 때 인간의 마음과 영혼과 육체를 완전히 분리하여 다룰 수 없듯이 그리스도인에게 있어서 영성과 개인의 윤리 또한 불가분의 관계에 있다. 전인적으로 윤리적 선택과 행동은 그 사람의 인격과 분리할 수 없고 그 사람의 인격은 그 사람의 영성과 분리될 수 없다. 따라서 목회의 방법과 기능적 영역에 대해 박식하고 잘 훈련된 사람이라 할지라도 개인적 영성과 인격 함양을 소홀히 한다면 목회자로서 윤리적으로 잘 준비되지 못하게 될 수 있다.

사실 영적인 헌신은 목회자의 윤리와 도덕의 함양을 위해서 핵심적인 일이다. 참다운 목회자는 예수 그리스도의 제자로서 그분의 주권을 인정하며, 우리의 죄를 자유롭게 고백하면 그가 용서할 것을 믿으며, 그리스도를 아는 지식에서 자라기를 힘쓰며, 매일의 삶 속에서 겸손하게 하나님

---

3) Bruce Litchfield and Nellie Litchfield, 「기독교 상담과 가족치료」, vol. 5, 정동섭, 정성준 역 (고양: 예수전도단, 2007), 73-4.

의 인도하심을 바라는 자들이어야 한다. 아울러 목회자는 타인에 대한 민감성을 지녀야 하며 동시에 다른 사역자를 세우는 사람이어야 한다. 이를 통하여 자신의 부족한 부분을 보완하여 그리스도의 몸이 골고루 성장하도록 하는 동시에 다음 세대를 격려하고 세워주며 인도해줄 수 있어야 한다. 하지만 우리 주변의 여러 가지 여건들은 목회자에게 필요한 이같은 준비를 제대로 해내기 쉽지 않은 방해요소들이 되고 있다.

2. 현대 목회를 둘러싼 윤리적 도전들

윤리적 탁월성이 요구되는 목회사역이기에 오늘날 목회현장에서 목회사역의 주요 지도자인 목회자의 윤리적 탁월성을 방해하는 요소들이 많다. 이러한 요소들 가운데서 대표적인 것들로는 건강한 목회를 방해하는 잘못된 통념들, 사회적 영향, 그리고 개인적 영향 등이 있다.

1) 건강한 목회를 방해하는 잘못된 통념들

오늘날 목회자들 사이에서 발견되는 잘못된 통념 가운데 가장 흔히 발견되는 건강한 목회를 방해하는 대표적인 세 가지 잘못된 통념은 다음과 같다.[4]

첫째, 목회자가 자신의 정체성의 기초를 하나님 앞에서 용서받은 죄인으로서의 신앙 공동체의 일원이 아니라 목회사역의 지도자로서의 기능 자체에 두는 것이다.

관계적 존재인 한 개인의 정체성은 그 사람이 집단이나 타인과의 관계에서 자신의 행동과 역할을 결정하는 기초가 된다. 즉, 자신이 어떠한 사

---

4) Paul David Tripp, 「목회, 위험한 소명」, 조계광 역 (서울: 생명의말씀사, 2013), 20-31.

람인가에 대한 개인의 정체성은 다른 사람과의 관계에서 그 사람으로 하여금 자신의 역할을 이해하고 상황에 알맞게 행동을 결정하고 실천하게 한다. 잘못 인식된 지도자의 정체성은 지도자가 사람들을 이해하는 관점과 사람들을 대한 태도에 직접적인 영향을 미친다. 이렇게 될 경우, 목회현장에서 목회자는 교회 내에서 사역에서 다른 성도들과 동역자가 아니라 감독자나 윗사람이 되기 쉽다. 또한 같은 지체가 아니라 지체를 통제하고 다스리는 우월적 입장을 지니게 되어 부정적인 선민의식 또는 구별의식을 지니게 되기 쉽다. 이렇게 될 경우, 목회자는 권위주의적이 되거나 교인들과 형제자매로서의 한 몸 됨의 유기적 지체의식을 느끼지 못하게 되어 자칫 독선적이고 외로운 목회의 길을 걸을 위험이 높다.

둘째, 목회자의 자질을 신학이나 성경지식의 해박함만으로 한계 짓는 것이다.

목회자가 되는 과정에서 신학을 배우는 일은 반드시 필요하다. 그런데 신학의 수학과정에서 배우는 과목들은 여러 영역의 지식과 관련하여 우선적으로 개념적이거나 이론적으로나 성서적으로 접근하는 경우가 많다. 이로 인해 목회자가 되기 위해 신학을 공부하는 학생들이 자칫 성경을 잘 알고 다양한 신학적 지식을 많이 아는 것을 영적성숙으로 오해하여 스스로 영적으로 성숙한 사람이라 생각하는 경향이 있다. 하지만 신학에는 깊은 이해가 있지만 삶은 미성숙한 사람이 있는가 하면 성경에는 박식하지만 신앙적으로 여전히 미숙한 경우가 얼마든지 있다. 지식이 많은 사람이 반드시 성숙하거나 지혜로운 사람은 아닌 것이다. 지식은 진리에 대한 정확한 이해를 가리키고, 지혜는 진리를 매일의 삶과 관계에 적용하는 방법을 알고 실천하는 것을 의미한다. 지식은 머리를 사용하는 것이고 지혜는 마음의 변화를 통해 삶을 바꾸어나가는 것이다.

셋째, 목회의 외형적 성공이 목회자가 하나님께 인정받은 증거라는 잘못된 생각이다.

목회에서 나타나는 하나님의 역사들은 해당 교회의 목회자의 삶을 인정해서이기보다는 교회사역을 통해 하나님 자신의 영광을 드러내고 하나님의 자녀들에게 약속하신 사랑과 은혜를 베푸시기 위한 것이다. 목회의 성공이 하나님의 영광이나 사랑이 드러나는 것이 아니라 해당 목회자를 드러내는 것이라면 그 목회는 하나님을 위한 것이 아니라 사람을 위한 것이 된다. 결과중심적이고도 실용주의적인 사고에 익숙한 오늘날의 세대에서 목회의 외형적 성공 지표라 할 수 있는 출석교인의 수, 헌금이나 건물이나 예산의 규모 등은 성공적인 목회로 인정받기 쉽다. 하지만 목회에서의 '성공'이란 목회의 참된 의미와 그 의미에 걸맞은 기준에서 비춰보아야 제대로 평가할 수 있다.

이러한 점에서 목회성공을 생각할 때 반드시 상기해야 할 기준은 다음의 마25:40의 '한 영혼이 지니는 무게'와 요한복음 10:11-15에 나타나 있는 '선한목자이신 예수님의 가르침'이라 하겠다:

"내가 진실로 너희에게 이르노니 너희가 여기 내 형제 중에 지극히 작은 자 하나에게 한 것이 곧 내게 한 것이니라"(마 25:40).

> 나는 선한 목자라 선한 목자는 양들을 위하여 목숨을 버리거니와 삯꾼은 목자가 아니요 양도 제 양이 아니라 이리가 오는 것을 보면 양을 버리고 달아나나니 이리가 양을 물어 가고 또 헤치느니라 달아나는 것은 그가 삯꾼인 까닭에 양을 돌보지 아니함이나
> 나는 선한 목자라 나는 내 양을 알고 양도 나를 아는 것이 아버지께서 나를 아시고 내가 아버지를 아는 것 같으니 나는 양을 위하여 목숨을 버리노라(요 10:11-15).

그러므로 진정한 의미의 목회의 성공이란, 가장 연약하고 작은 사람을 귀하게 여기고 소중하게 돌보는 사역이며 동시에 자신에게 맡겨진 영혼을 '잘 알고' 그 사람을 위해 기꺼이 생명의 위험까지도 감수하는 사역이다. 그리고 종국적으로는 이 모든 것을 통하여 하나님께서 영광을 얻으시는 결과가 되어야 한다. 어떠한 종류의 사역이라도 그 사역에서의 성공은 하나님을 드러내는, 즉 '하나님이 어떤 분이신가를 드러내는 것'이어야 한다.

2) 건강한 목회를 방해하는 사회적 영향

퀘이커 신앙 지도자이자 교육가인 리차드 포스터(Richard Foster)는 신앙인들의 건강한 삶을 방해하는 핵심적인 윤리적 이슈를 다음의 세 가지, '돈'(money)과 '성'(sex)과 '권력'(power)으로 파악하고 있으며, 이를 극복하기 위한 삶의 방식으로 '소박함 또는 단순함'(simplicity), '신의/충절'(fidelity), 그리고 '섬김/봉사'(service)가 필요함을 주장하고 있다.[5] 신앙을 위협하는 이러한 사회풍조의 도전과 더불어 죄를 범한 인간 실존의 영역에서 끊임없이 드러나는 자기중심성은 우리 삶의 전반적인 영역에서 불법과 부정, 충동적이고도 폭력적인 행동과 범죄, 인간의 깊숙한 욕망에 자리 잡은 수많은 탐닉과 중독의 영역에서 드러나고 있다.

이러한 자기중심성 및 그와 관련된 잘못들은 하나님의 창조의도에서 드러나듯이 우리 개개인의 삶에서 사랑의 실천이라 할 수 있는 살리고, 치유하며, 회복시키고, 희생하고 양보하여 연합하고자 하는 하나님의 뜻과는 상반되는 파괴와 죽음과 분열과 고통과 상처로 나타난다.[6] 세상이 생존경쟁을 이야기할 때 교회는 공존과 공생을 말할 수 있어야 세상과 구

---

5) Richard J. Foster, *Money, Sex, and Power: The Challenges of the Disciplined Life* (San Francisco: Harper & Row, 1985).

6) Brister, *Pastoral Care in the Church*, 11.

별된 공동체, 세상과는 다른 천국의 삶의 원리를 보여줄 수 있다. 또한 세상이 경쟁과 약육강식과 강자독식을 가르칠 때, 하나님의 교회는 약한 자를 도움으로 약한 자와 강한 자의 공존과 상생과 서로 한 몸 됨을 가르칠 수 있어야 한다.

3) 건강한 목회를 방해하는 개인적 영향

건강한 목회를 방해하는 개인적 요소들 가운데 대표적인 것은 "개인의 발달과정에서 자연스럽게 발생하는 내적 충동이나 강박관념, 인성의 역기능"이 있다.[7] 많은 경우, 목회자의 성적 유혹, 시기나 탐욕, 교만이나 분노, 하나님께 대한 의심이나 원망 등의 목회자의 내면 문제를 단순히 영적 전쟁이나 사탄의 공격으로 치부하고 영적 영역에서 그 해결책을 모색하려고 한다.[8] 이러한 목회자 개인의 윤리적 실패를 사탄이나 영적전쟁의 결과로 인한 단순한 피해자나 희생자로 보는 견해는 하나님의 형상을 닮은 존재로서의 인간 개개인의 주체적인 결정능력이나 그에 따른 개인의 책임을 간과하는 위험이 있다.

하지만 목회리더십 연구의 권위자 중의 한 사람인 풀러신학교의 로버트 클린턴(J. Robert Clinton)은 자신의 대표적인 저서 *The Making of a Leader*에서 한 사람의 목회자가 준비되고 성장해가는 과정을 6단계로 설명하면서 각 단계마다 하나님의 인도하심과 그에 반응하는 지도자로 부름받은 사람의 전인적 영역에서의 주체적이고도 의식적인 선택과 실천의 중요성을 보여주고 있다.[9]

---

7) Gary L. McIntosh and Samuel D. Rima, 「극복해야 할 리더십의 그림자」, 김기호 역 (서울: 두란노, 2015), 28.

8) Ibid., 21.

9) Clinton, *The Making of a Leader*, 44-7.

하나님의 형상을 닮은 인간으로서 목회자가 되는 과정은 영성, 지성, 인성의 불가분적이고도 통전적인 역동성을 거치는 과정이기에, 목회자의 윤리적 실패는 단순한 영적인 문제만이 아니라 인격과 지성의 측면이 상호 작용하여 생기는 결과로서 당사자의 선택과 그 선택에 따른 책임이 목회자의 윤리에서 고려되어야 할 사항이다. 따라서 건강한 목회를 위해서 목회자는 앞서 살펴본 사회적이고도 환경적인 요인들을 파악하여 대처해야하는 동시에 개인적인 요소인 인간발달과정에서 자연적으로 형성되는 내적 충동, 강박관념, 역기능적 성품 등을 파악하고 이를 해결내지는 극복할 수 있어야 한다.

이러한 목회자 개인의 내적 문제나 상처를 극복하거나 치유하기 위한 방안으로서 다음의 네 단계의 제안이 도움이 된다:[10]

첫째, 자신의 문제나 약점을 인정하는 일이다.

이를 위해 문제의 일차적 책임을 다른 이유로 돌리는 자기합리화를 멈추어야 한다. 자기합리화의 뿌리는 대부분의 경우 교만이나 과도한 자기 인정인 경우가 많다. 이러한 교만이나 자기우월감의 상태에서는 '우리의 약함 가운데서 역사하시는 하나님의 능력이나 개입'을 경험하기 어렵다. 목회자의 성적일탈을 '사탄에게 잠시 시험 들었다'고 영적으로 해석하는 것이 그 중의 하나이다. "~~ 때문이야"라는 생각을 "내 책임이야" "내가 그랬어" "나는 도움이 필요해"라는 생각으로 바꾸어야 한다.

둘째, 자신이 지닌 문제나 어두움이 어떻게 형성되었는지 과거를 탐색하는 일이다.

대부분의 경우 이 탐색의 과정이 유쾌하지 않고 나아가서 고통스럽거나 수치스럽기도 하기에 쉽지 않다. 하지만 우리는 우리의 깊은 마음속까

---

10) McIntosh and Rima, 「극복해야 할 리더십의 그림자」, 179-251.

지도 비추어주시는 성령께 의지하여 지금의 나를 만든 주요 경험이나 외상을 남긴 상처나 감정을 탐색하여야 한다. 이를 위한 좋은 안내서는 Robert Clinton이 지은 「영적 지도자 만들기」라는 책이다.[11] 클린턴은 목회지도자의 발전단계를 '주권적 단계'(sovereign foundations), '내면 성장단계'(inner-life growth), '사역성숙단계'(ministry maturing), '삶의 성숙단계'(life maturing), '수렴단계'(convergence)로 나누어 목회지도자의 평생에 걸친 성장과 성숙을 분석하여 설명하며 성장과 성숙의 방법을 제시하고 있다.[12] 목회자의 과거탐색에서 중요한 영역은 처음의 두 단계라 할 수 있다. 본인이 선택할 수 없었던 주권적 단계기간의 주어진 삶을 어떻게 해석하고 수용할 것인가와 청소년과 청년시절의 내면 성장단계 기간의 성찰과 해석이 과거 탐색의 중요한 과정이라 하겠다.

셋째, 자신이나 다른 사람이 부여한 기대치에 좌우되지 않는 일이다.

목회자를 힘들게 하는 비성경적 기대치를 직면하여 파괴적인 압박감에서 벗어나 지속적으로 참 자기가 되는 일은 '하나님의 조건없고 무한한 사랑'과 그 분의 '절대적인 선하심'을 확신하면서 형성된 건강한 자기 존중감 바탕위에 자신의 가치와 분별력을 실천하는 것이다.

넷째, 영적훈련을 통하여 자신을 점검하는 일이다.

이것은 성경읽기를 비롯하여 개인 묵상시간 갖기, 신앙서적 독서, 개인 일기 쓰기 등을 꾸준히 계속하는 것을 통해 이루어진다. 인간의 마음을 농사짓는 밭으로 비유한 예수님의 가르침에서 볼 때, 우리 마음 밭은 하루라도 가꾸는 것을 쉬면 잡초가 무성하게 된다. 인간의 삶에서 가치있는 모든 것이 그렇지만 영적훈련은 매일 조금씩 그리고 끈기있게 해 나갈 때 그 효과가 나타난다.

---

11) Clinton, 「영적 지도자 만들기」.

12) Ibid., 54-60.

3. 목회윤리 문제의 주요 원인 및 기본 원칙[13]

이상에서 살펴본 오늘날 목회윤리에 영향을 미치는 주요 요인들은 다음에서 살펴볼 여러 가지 목회윤리 문제발생과 밀접한 연관이 있다.

1) 목회윤리 문제 발생의 원인

목회현장에서 발생하는 윤리적 문제의 대부분은 다음과 같은 원인에 의해 발생하는 것을 볼 수 있다.[14]

첫째, 무지와 이해 부족으로 인한 문제이다. 목회자의 권한과 의무 및 준비에 대하여 제대로 알고 있지 못하는 경우 목회상황에서 목회자가 윤리적 문제에 직면할 수 있다.

둘째, 무능함으로 인한 문제이다. 무능함으로 인한 윤리적 문제는 제대로 준비되지 못한 목회자가 목회에 임함으로 생기는 문제이다.

셋째, 무감각함으로 인한 문제이다. 일반적으로 목회자들은 다른 사람들에 비해 타인의 감정이나 태도의 변화에 비교적 민감하다. 하지만 가끔 교인들의 필요나 감정 나아가 그들의 권리나 안녕에 관심을 보이지 않는 태도가 이에 속한다. 감정이입이나 공감의 부족, 지배 욕구, 특정 사람이나 집단에 대한 편견 등이 이러한 무감각함의 원인이 된다.

넷째, 착취의 문제이다. 목회자가 자신의 위치나 권위 또는 전문지식을 남용하여 교인들로부터 이익을 얻으려 할 때 착취의 문제가 발생한다. 교인들의 안녕이나 유익보다 자신의 정서적 육체적 필요나 금전적 이익을 우선하는 목회자의 경우로서, 교인과의 성적 관계나 자신의 이익을 위한

---

13) 목회의 핵심영역이 목회돌봄이기에 이 부분의 윤리핵심원칙이 유사하여 양병모, 「목회상담: 이론과 실제」, 198-203의 내용을 목회학에 적합하게 일부 발췌 수정하여 실었다.

14) Gerald P. Koocher and Patricia Keith-Spiegel, *Ethics in Psychology: Professional Standards and Cases,* 2nd ed. (New York: Oxford University Press, 1998), 6-10.

교인과의 채권 채무관계 등이 이에 해당된다.

다섯째, 무책임의 문제이다. 무책임으로 인한 윤리적 문제는 여러 가지가 있다. 목회자가 맡은 바 양떼인 교인들을 성실하게 돌보지 않아서 교인들이 불평하는 경우가 이에 해당한다. 목회상황에서 맺은 교인과의 약속이나 계획 등의 이유 없는 불이행 혹은 충분한 설명 없는 일방적인 약속 파기 등이 이에 속한다.

여섯째, 보복이나 앙심을 품는 문제이다. 비록 이러한 목회자가 많지는 않지만 목회상황에서 가끔씩 발생한다. 여러 이유로 인하여 교인들이 목회자에게 이의를 제기하거나 비협조적일 경우 목회자가 감정적인 대응을 하게 되는 경우가 이에 속한다. 물론 이러한 일시적인 감정적 흥분에 대하여 교인과 목사가 서로 사과하여 그 관계가 지속되나 그렇지 않은 경우도 가끔 있으며 심지어는 폭력적으로 변질되기도 한다.

일곱째, 두려움의 문제이다. 목회자가 당연히 공개해야 할 자신이 이미 행했던 부끄러운 일이나 실수나 잘못한 일이 드러날까 두려워 숨기는 경우가 이에 속한다. 잘못된 판단에 따른 교회에 어려움을 준 결정이나 순간적인 실수나 유혹으로 말미암은 재정적 불투명함에 대한 묵인 등이 이에 속한다.

여덟째, 합리화의 문제이다. 합리화의 문제는 종종 목회자의 무책임이나 무능함의 문제를 덮는 방법으로 사용된다. 사실 합리화는 대부분의 경우 목회자 자신의 필요와 교인의 유익을 위해서라는 구분이 분명하게 분별되기 어려운 경우가 많다. 어려운 교인을 돕는 일을 명분으로 목회자가 자신이 필요한 일에 교인을 사용하는 경우가 이에 해당된다. "이번 한번이야," "이것은 다른 경우야" 등의 생각이 이에 해당한다. 또한 교인과의 부적절한 관계를 교인의 치유나 돌봄의 과정에서 필요한 것이었다고 항변하는 목회자의 태도 등이 이에 속한다.

아홉째, 실수의 문제이다. 유능하고 잘 준비된 목회자자라고 할지라도, 경우에 따라 실수로 인한 윤리적 문제에 직면할 수 있다. 하지만 어떠한 경우든 목회자는 이러한 윤리적 문제를 예방하거나 피하고자 하는 노력을 기울여야 한다.

2) 목회윤리의 기본원칙

이상에서 언급한 목회현장에서의 여러 유형의 윤리적 문제들은 다음에서 언급할 목회윤리에서의 핵심적 원칙과 직접적 연관을 지니고 있다. 목회자가 다음의 윤리적인 핵심원칙들을 유의하고 실행한다면 위에서 밝힌 윤리적 문제는 충분히 방지할 수 있다.[15]

첫째, 해로운 행위 금지와 유익 추구의 원칙이다. 목회자는 목양과정에서 교인에게 해를 입힐 어떠한 의도도 가지지 말아야 하며 어떠한 피해도 입혀서는 안 된다. 그러므로 목회자는 목양과정에서 교인이 겪을 위험이나 잠재적 어려움들을 가능한 최대한 줄이기 위해 노력해야 한다. 나아가서 목회자는 좀 더 적극적으로 교인의 권익을 추구하도록 노력해야 한다. 목회자는 교인의 자율성과 해로운 행위를 금지하는 기준들에 벗어나지 않는 범위 내에서 자신의 권면이나 인도가 교인에게 최대한 유익을 끼치도록 노력하여야 한다. 능력이 부족하거나 정직하지 못한 목회자 또는 교인의 성장과 성숙에 기여하지 못하는 목회자는 교인에게 해를 줄 수 있다.

둘째, 자율성 존중의 원칙이다. 목회자는 연령과 성숙도를 감안하여 교인이 타인의 삶을 방해하거나 해를 끼치지 않는 범위 내에서 교인들의 자

---

15) Koocher and Keith-Spiegel, *Ethics in Psychology: Professional Standards and Cases*, 4-5; Karen S. Kitchener, "Intuition Critical Evaluation and Ethical Principles: The Foundation for Ethical Decisions in Counseling Psychology," *The Counseling Psychologist*, vol. 12 (1984): 43-54.

율권과 자기 결정권을 존중하여야 한다. 성장은 자기주도적 결정과 실행에 의하여 가장 효과적으로 이루어지는 법이다. 그러므로 설령 교인의 선택과 결정이 목회자가 생각하는 것과는 다소 차이가 있더라도 교인의 자율적 선택과 행동을 존중해주도록 노력하여야 한다.

셋째, 공정함의 원칙이다. 목회자는 모든 일에서 교인들을 공정하고 평등하게 대해야 한다. 교인은 어떠한 차별 대우를 받아서도 안 된다. 이러한 공정함의 원칙에서 참조할 기준은 바로 목회자 자신이 어떠한 상대로부터 받기를 원하는 공정함과 평등함의 기준만큼 교인들을 공정하고 평등하게 대해야 한다. 따라서 목회자는 교인의 성별, 사회경제적 신분, 연령, 신앙의 성숙도에 따른 차이에 관계없이 동등하게 대우해야 한다.

넷째, 신실함의 원칙이다. 목회자는 교인을 섬길 때 신뢰를 바탕으로 성실하게 섬기도록 하여야 한다. 여기서 성실이란 충실, 신뢰, 약속 이행 등을 뜻한다. 약속을 이행하지 않거나, 허위로 하는 것은 성실 원리를 위반하는 일이 된다. 목회자는 교인에게 성실하고 진실해야 하며, 약속을 지키고 신용 있는 행동을 하여야 한다. 목회자가 교인을 존중하며 속이거나 잘못하지 않도록 조심하여 행동할 때 이러한 신실함의 원칙은 지켜질 수 있다.

다섯째, 존엄성의 원칙이다. 시편 16:3 "땅에 있는 성도들은 존귀한 자들이니 나의 모든 즐거움이 그들에게 있도다". 목회자는 교인을 하나님의 사랑받는 존재로서 그 가치를 인정하고 존중하는 태도를 지녀야 한다. 이러한 교인의 존엄을 중시하는 태도는 목회에서의 윤리적 태도를 유지하는데 도움이 된다.

여섯째, 배려와 연민의 원칙이다. 목회자는 목회사역자로서의 직업적(사역적) 경계(boundaries)를 유지하면서 교인을 사려 깊고 친절하게 대해야 한다. 이러한 배려와 연민의 원칙을 사역적 경계를 유지하면서 실천하는 일은 매우 예민하고 지속적인 자기 성찰과 지혜가 요구되는 과정이다. 그렇기에 힘들지만 예수 그리스도를 닮은 목회자로서 결코 포기하지 말아야 할 목양태도이다.

일곱째, 탁월함의 추구 원칙이다. 목회자는 유능하여야 하며 최선을 다하는 동시에 자신의 일에 보람을 느끼는 태도는 높은 수준의 목양적 섬김을 제공하고 비윤리적 행위를 예방하는데 있어 매우 중요하다.

여덟째, 책임감의 원칙이다. 목회자는 예상되는 가능한 결과를 고려하고 자신의 결정에 따른 결과를 책임지는 태도가 요구된다. 임시방편적이거나 편의적인 태도를 피하고 기꺼이 책임을 지려는 태도는 때로는 고통을 동반하지만, 이러한 비난과 책임을 피하지 않는 태도는 장기적으로 목회자의 자기 존중을 가져온다.

4. 윤리적 결정을 위한 목회자의 자원

이상에서 살펴본 목회자의 윤리적 자세의 함양을 방해하는 요소들을 극복해 나가면서 목회자는 자신의 현장 목회에서 여러 경우를 통하여 선택과 결정을 내려야 하는데 이 때 필요한 자원들을 살펴보면 다음과 같다.

1) 윤리적 결정의 세 가지 기준

미국의 기독교윤리학자 노만 가이슬러(Norman Geisler)는 윤리를 "도덕적으로 옳고 그른 것이 무엇인지를 다루는 것이며, 특히 기독교 윤리는 기독교인에게 무엇이 도덕적으로 옳고 그른 것인가를 다루는 것이다"라고 정의하고 있다.[16] 목회현장에서 발생하는 옳고 그름과 관련된 윤리적

---

16) Norman L. Geisler, *Christian Ethics: Options and Issues* (Grand Rapids: Baker Academic, 1989), 17.

문제들에 대하여 선택하고 결정을 내리고 그것을 실천할 때 목회자가 고려해야 할 세 가지 차원이 있는데 그것은 개인적 차원, 신앙공동체적 차원, 사회적 차원이다.[17] 개인적 차원의 고려는 자신의 선택과 결정과 행동이 '나 개인과 가족에게 어떠한 영향을 미칠 것인가?'를 고려하는 것이다. 신앙공동체적 차원의 고려는 '이 결정이나 행동이 내가 섬기는 지역교회 및 다른 기독교 형제자매들에게 어떠한 영향을 줄 것인가?'를 고려하는 일이다. 사회적 차원은 하나님의 사랑하는 대상인 모든 사람에게 목회자 자신의 선택과 결정과 행동이 어떠한 영향을 미칠 것인가를 고려하는 일이다.

2) 윤리적 결정을 위한 자원들

이러한 목회자의 윤리적 결정을 위해 하나님께서 목회자들에게 주신 자원들이 여러 가지가 있다. 그 가운데 대표적인 몇 가지를 살펴보면 다음과 같은 것들이 있다.[18]

(1) 성경의 가르침

하나님은 성서에 기록된 예수 그리스도의 삶과 가르침을 통해 우리에게 요구하시는 삶의 모본을 보여주셨다. 그리스도는 우리 인간의 완성형이며 그분을 닮는 것이 우리의 목표이다(롬 8:29; 갈 4:19). 복음서와 기타 성서에 나타난 예수 그리스도의 삶과 가르침, 그리고 그분의 사역을 통하여 목회자인 우리 자신의 윤리적 결정과 실행을 위한 자원을 얻을 수 있다.

또한 하나님은 우리가 성경을 통해 옳고 그름을 이해할 수 있도록 그분

---

17) John Hewett, "Ministerial Ethics," *Formation for Christian Ministry*, eds. Anne Davis and Wade Rowarr, Jr., (Louisville: Review and Expositor, 1988), 135.

18) Ibid., 135.

이 인정하시는 것과 인정하시지 않는 것에 대해 충분히 계시해 주셨다(시 119:105; 잠 6:16-9). 첫째, 하나님께서는 성경의 계시를 통해 하나님은 우리의 삶에 대한 당신의 규례를 제시하신다(엡 5:1-8). 둘째, 성경말씀을 통하여 우리 인간이 어떻게 살아야 가장 좋은 인생을 살 수 있는지를 보여주신다. 셋째, 성경의 구약과 신약의 윤리에서 윤리적 결정을 위하 자원들을 찾을 수 있다. 십계명과 예수님의 산상수훈이 대표적인 예들이라 할 수 있다. 십계명의 1-3계명: 하나님에 대한 인간의 의무; 4계명: 인간의 소명; 5계명: 가정의 신성함; 6계명: 생명의 신성함; 7계명: 결혼의 신성함; 8계명: 공의와 평등; 9계명: 진실과 정직; 10계명: 내적 동기와 욕구.

신약에서는 우리의 잘못된 행동을 피해야 할 뿐 아니라 그러한 행위를 부추기는 생각을 피해야 한다고 가르치고 있다. 정욕, 탐욕, 분노 등이 그것이다(마 5:20-48); 우리의 잘못된 행동을 중단할 뿐만 아니라 그것을 바람직한 행동으로 대체해야 한다(엡 4:28-32).

(2) 성령의 인도하심

성령은 우리 안에 거하시며 우리가 하나님이 원하시는 사람이 될 수 있도록 능력을 주신다(롬 8:8-17). 예수 그리스도 안에서 새로운 성품이 되는 것은 성령의 초자연적인 사역이다. 새로운 성품은 마음의 변화에서 시작된다. 이 마음의 변화는 그 마음의 결정권을 가진 우리 개개인의 선택에 달려있다. 우리의 책임은 우리 안에 그 분이 일하시는 것을 가로막는 본능적인 죄악 된 행동과 태도를 처리하는데 있어서 성령께 협조하는 것이다(엡 4:22-4). 이러한 성령의 인도하심을 따라 우리는 객관적 사실과 우리가 처한 상황인식을 고려하여 사람을 살리고, 치유하고 회복하며 공동체를 하나로 엮을 수 있는 윤리적 방안을 도출하기도 한다.

(3) 양심

하나님은 우리가 도덕적 선택과 결정을 내리도록 인도하시기 위해 우리에게 양심을 주셨다(행 2:26; 벧전 3:15-16). 인간의 영의 기능인 양심은 정직과 충성과 같은 일반적인 도덕·진리를 볼 수 있는 능력이며 그러한 진리들을 구체적인 상황에 적용할 수 있는 능력이다. 양심은 비록 그렇게 하는 것이 불편하고 심지어 대가를 지불한다 해도 진리를 말하며 약속을 지키도록 한다. 양심에 순종하는 것은 목회자의 윤리적 행동의 기초가 된다.

이러한 양심이 어떻게 기능하는지 이해하기 위해서는 양심의 양식과 내용을 구별해야 한다. 먼저, 양식(form)이란, 양심이 작용하는 방식을 말한다. 이것은 모든 사람이 동일하다. 그것은 우리가 올바르게 행하고 있는 때와 잘못하고 있는 때를 우리에게 알려 준다(롬 2:15; 9:1). 양식은 법을 만들지는 않지만 법정의 재판관처럼 법에 비추어 우리의 행동에 판정을 내린다. 둘째, 양심의 내용(content)이란, 양심이 판정을 내리는 근거를 말한다. 그것은 우리에게 무엇이 옳으며 무엇이 틀린 것인지 말해준다(고후 1:12). 그리스도인의 양심은 무엇보다도 하나님의 말씀에 우리 자신이 노출된 정도에 따라 좌우된다. 우리의 양심은 성경과 성령의 도움을 힘입어 많은 잘못된 내용으로부터 청결케 되어야 하며 새로워져야 한다(히 9:1; 딤전 1:5).

이러한 양심에 대한 성경의 가르침은 다음과 같다. 첫째, 도덕적 연약함: 이것은 개인에게 올바른 기준이 있지만 그 기준에 맞춰 살지 못하는 것을 뜻한다(롬 7:22-4). 이러한 사람은 강화하고 격려해 주는 것이 필요하다. 둘째, 악함: 이것이 개인이 잘못된 도덕적 기준을 갖고 있는 것이다(롬 1:28-32; 엡 2:1-3). 그래서 그의 양심은 악한 행위를 눈감아준다. 이러한 사람은 개혁이 필요하다. 셋째, 속박: 속박은 한 개인의 도덕적 자유가 중독이나 초자연적인 존재의 세력에 의해 손상을 입은 경우에 발생 한다

(막 5:1-17; 딤후 2:26). 이러한 사람은 해방이 필요하다. 넷째, 더럽혀지고 화인 맞은 양심: 양심이 더럽혀지고 화인을 맞아서 더 이상 반응하지 않게 될 수도 있다는 것 또한 기억해야 한다(딛 1:15; 딤전 4:2).

(4) 신앙공동체의 결정

침례교의 훌륭한 신앙전통 가운데 하나인 회중제도는 "두세 사람이 내 이름으로 모인 곳에는 나도 그들 중에 있느니라"(마 18:20)는 말씀에 기초하여 한몸된 교회의 지체인 회중들이 성령의 인도하심 아래 자신의 신앙 자원들을 사용하여 내리는 결정을 하나님의 뜻으로 받아들이는 것이다. 목회자는 자신의 윤리적 선택과 결정의 과정에서 때때로 자신이 속한 신앙공동체가 내리는 결정의 도움을 받을 필요가 있다.

(5) 기타 자원들

이상에서 언급한 자원들 외에 가장 흔히 목회현장에서 도움이 되는 자원 중의 하나는 가족들의 조언이나 도움이다. 특히 목회자의 배우자는 윤리적 결정을 위한 좋은 자원으로서 도움이 될 수 있다. 단 배우자의 경우 객관성을 유지하기 힘든 경우가 있으므로 이를 주의할 필요가 있다. 이 밖에도 동료 목회자들의 조언이나 평소 목회자 자신과 교제하는 사역에서의 멘토를 통한 상담이나 조언이 훌륭한 윤리적 결정에 도움이 되는 자원이라 할 수 있다.

5. 목회윤리와 현장

1) 비밀유지

교인들은 삶의 여러 정황에서 목회자의 도움을 받기위해 목회자를 찾아온다. 모든 사람을 돕는 영역에서 일하는 사람들에게 공통적으로 요구되는 윤리적 기준 중의 하나가 바로 비밀유지의 의무이다. 즉 사람을 돕는 과정에서 습득하는 개인의 정보 가운데는 개인의 사생활에 관련된 민감한 정보들이 있을 수 있으며 이러한 정보들은 당사자의 동의나 법적인 권한에 의하지 않고는 반드시 보호되고 지켜져야 한다. 목회 역시 사람들 돌보는 영역의 일이기에 목회사역자는 마찬가지 책임을 지니고 있다. 오히려 목회의 경우 다른 직종에서보다 훨씬 더 민감한 개인적 정보를 알수 있는 경우가 있기에 비밀유지의 윤리적 책임은 목회자에게 있어서 더욱 중요하다 하겠다. 사실 비밀유지의 이슈는 윤리적 책임뿐만 아니라 신뢰를 바탕으로 하는 목양의 본질상 목회사역의 효율성과 관계성에 직접적인 영향을 미친다.

이러한 비밀유지의 중요성에도 불구하고 목회자가 지켜야 할 비밀유지를 제한하는 법적 윤리적 조건들이 있다. 교인들은 목회자가 사회적 법률의 테두리에 구속받는 존재임을 이해해야 한다. 비밀유지의 예외조건의 예에는 다음과 같은 경우들이 고려될 수 있다: i) 내담자가 상담내용의 공개에 동의하고 서명한 경우, ii) 아동학대나 부부폭력 등과 같이 국가의 법률이 공개를 요구하는 경우, iii) 목회사역과정의 상담내용과 관련된 법적 소송이 제기된 경우(교인이 제소자가 된 경우), iv) 기타 긴급 상황의 경우(교인의 생명이 위험해 응급실 담당의사가 교인의 상황에 대해 질의해 왔을 경우 등이 이에 속함).[19]

2) 이중관계와 성적 친밀감

이중 관계란 목회자가 목회의 대상이 되는 교인들과 동시에 혹은 연이

---

19) Collins, 「기독교와 상담윤리」, 62.

어서 두 가지 역할(목회사역자의 본연의 역할에 더하여 또 다른 사회적/개인적 관계를 통하여 다른 역할을 가질 때)을 맺는 것을 의미한다.[20] 물론 목회에서의 이중관계, 특히 상담의 경우는 교인인 동시에 내담자가 되기에 피할 수 없는 경우가 대부분이며 모든 이중관계가 반드시 나쁘다고 할 수 없으나, "목회사역에서의 객관성을 저해하거나 교인에게 해를 끼치거나 착취할 가능성이 있는" 이성적인 관계, 가까운 친척이나 가족관계, 제자나 고용인 그리고 채권 채무관계 등과 같은 이중관계는 가능한 피해야 한다.[21]

이러한 이중관계에서의 대표적인 목회윤리문제는 성적(性的) 친밀감의 문제이다. 모든 성적 친밀감의 문제에서 성적인 부정행위는 '목회자와 교인 사이의 성교 또는 명백히 의도가 담긴 성적 마찰인 공공연한 성적 전희'로 정의할 수 있다.[22] 목회상황에서 대다수의 성적 부정행위는 여성 교우를 피해자로 만드는 남성 목회자에 의한 것이다. 대부분의 사람들은 목회자와 교인 사이에서의 어떠한 성적 접촉도 있어서는 안 된다는 데 동의한다. 하지만 적지 않은 경우 목회자가 교인들과 성적으로 연루되었다고 보고되고 있으며 목회자와의 부적절한 성희롱이나 성추행에 의해 종종 심각하게 상처를 받는다고 나타났다.[23]

이러한 목회에서의 부적절한 성적관계가 생기는 이유는 대체로 성적인 문제에 취약한 교인과 취약한 목회자의 두 가지로 생각해 볼 수 있다. 첫째, 성적 문제에 취약한 교인의 경우이다. 목사의 도움을 받고자 오는 교

20) C. H. Huber, *Ethical, Legal and Professional Issues in the Practice of Marriage and Family Therapy*, 2nd ed. (New York, NY: Macmillan, 1994), 67.
21) 미국심리학회(APA)의 홈페이지(www.apa.org), code, Sect 1. 17 참조.
22) Collins, 「기독교와 상담윤리」, 100.
23) Gaylord Noyce, 「목회윤리」, 박근원 역 (서울: 도서출판 진흥, 1992), 120; Collins, 「기독교와 상담윤리」, 66.

인들은 종종 낮은 자존감과 다른 사람들과의 깨어진 관계, 그리고 어떤 방향 제시를 받고자 하는 소망을 가지고 있다. 이러한 상황의 교인들은 불안하고 외롭기 때문에 목회대화 과정에 있어서 개인적인 성적 문제를 포함하여 다른 친밀한 문제들에 관해서 나누면서 목회자와 교인 간에 믿음과 친밀감을 형성하는 경우가 생긴다. 자신들의 고통과 어려움 가운데서 교인들 중 어떤 이는 매우 쉽게 조정되고 영향을 받는다. 이들은 목회자의 따뜻한 온정과 이해, 지원과 확언에 의해 감동을 받는다. 또 어떤 교인은 다른 사람들과의 애정과 친밀감에 갈급할 수 있으며 이들을 껴안아 주는 것이나 다른 관심의 표현에 기꺼이 반응하며 조만간 성적인 친밀감으로 나아갈 위험이 있다.

둘째, 성적 문제에 취약한 목회자의 경우이다. 목회자가 취약할 때 비윤리적 성적관계의 위험이 더욱 높아진다. 만일 목회자가 이성의 교인에게 끌리고 자신의 불만족한 결혼 생활과 외로움을 느낀다면 성적인 행위는 더욱 이루어지기 쉽다.[24] 특히 교인이 생활이 어렵고 유혹적이거나 다루기 쉬울 때는 특히 그러하다. 또한 교인의 삶의 세부적인 사항이 목회 돌봄 과정에서 친밀하게 이야기될 때 어떤 목회자는 성적 충동을 가질 수 있다. 이러한 일련의 과정은 어떠한 사전 계획 없이 서서히 일어나는 것처럼 보이기에 더욱 위험하고 관련된 사람들의 충격이 크다. 그러므로, 목회자들은 모두 유혹에 약하다는 사실을 명심하고 하나님 앞과 교회 앞에 책임을 잃지 않도록 조심해야 하며 성공적인 결혼생활을 위해 더욱 노력해야 한다.[25] 이를 위해 목회자들은 자신의 결혼생활을 올바로 꾸려나가기 위해 관심을 갖고, 잠재적으로 의심이나 유혹에 빠질만한 상황을 피해야 하며 유혹에 빠질 위험을 나타내는 전조들을 깨달아야 한다. 이러한

---

24) Noyce, 「목회윤리」, 118.

25) Ibid., 119, 125-6.

전조들에는 다음과 같은 것들이 있다: 가족들과의 접촉을 피하기 위해 늦게까지 일에 몰두하는 것, 종종 몇 명의 특별한 교인에 대해 생각하는 것, 자신의 배우자로부터 떨어져서 지적이고 사회적인 자극을 찾는 것, 그리고 개인적으로 헌신적인 삶을 지속적으로 유지하지 못하는 것 등이 포함된다.[26]

3) 유능함(Competence/Excellence)

사람들의 문제들은 다양하고 매우 복잡하다. 그리고 어떤 목회자도 모든 문제를 다 해결하는데 도움을 줄 수 있을 만큼 유능하지 않다. 그러므로, 윤리적으로 어떤 목회자도 자신의 전문분야를 벗어난 돌봄를 제공하지 않도록 주의해야 한다. 가끔 호전되지 않거나 실패한 것으로 여겨지는 목회상황의 경우 무능함에 대한 비난에 직면하거나 법적 문제에 직면하는 경우도 있을 수 있다. 그러므로 영적 지도자인 목회자는 자신의 능력 범위를 벗어난 영역의 목회적 필요가 있을 경우 적극적으로 교우들 가운데 전문가들의 도움을 받도록 하는 것이 좋다. 대부분의 경우, 훈련과 경험 그리고 합법적으로 인정된 목양의 범위 안에서 교인들을 돌보는 것이 더 안전하고 현명하며 정직하고 더 윤리적이라 할 수 있다.[27]

4) 재정 관리능력

(1) 재정사용 시 고려할 점

투명성과 공정성은 재정적 영역이 중요한 부분을 차지하고 있는 교회

---

26) Collins, 「기독교와 상담윤리」, 66-7. 고전 10:12을 참조하시오.

27) Ibid.,, 58-9. 전문심리학자들 중 22.8%가 경우에 따라서 자신의 능력 밖에서 상담을 했다고 보고되고 있고, 효과가 없는 경우에도 계속 상담을 해왔다고 인정한 상담자는 59.6%로 나타나고 있다.

도 재정적 측면에서의 예외는 아니다. 무엇보다 재정적인 이슈에서 언급되는 요소는 목회자의 사례비 부분이다. 목회자의 사례비는 용어그대로 목사의 독특한 직분을 참작하여 제공하는 선물로 보아야 하는가? 아니면 전문적 행위에 대한 보수로 보아야 하는가의 이슈부터 사례비의 적정성 내지는 정도의 문제까지 목회윤리에서 다루어지는 재정적 영역은 다양한다. 이 부분에서 요구되는 학문적 영역은 교회행정에서 좀 더 자세하게 다루어지는 것이기에 여기서는 목회사역에서 교회지도자로서 목회자가 명심하여야 할 핵심적인 재정원리만을 간략하게 언급하고자 한다.

교회재정분야에서 윤리적으로 관련되는 세 가지 핵심내용은 교회의 구조적 특성이나 재정적 능력을 고려한 적정성과 균형성, 그리고 투명성이다. 목회상황에서 재정적인 윤리성을 담보하기 위해서는 이 세 가지 핵심요소의 균형있는 유지가 요구된다 하겠다.[28]

적정성에서 볼 때 목회자의 사례비는 어느 정도여야 하는가? 사례비가 많다고 하여 목회사역의 효율성이 증가되지는 않는다.[29] 미국 남침례교 해외선교부가 소속 선교사들의 생활비를 지급하는 기준은 해당 국가 중산층 사람들의 생활수준에서 약간 밑도는 정도의 생활비를 지급한다고 한다(딤전 6:7-10 참조). 목회자의 사례비도 이정도이면 적정하지만 동시에 다른 사역자들과의 균형성 역시도 고려 대상이라 하겠다. 담임목회자와 부사역자 간의 사례비의 격차가 적을수록 이 균형성이 잘 이루어지는 교회라 하겠다. 투명성은 목회윤리의 재정적 측면에서 한국교회가 가장 신경을 써야할 부분이라 하겠다. 하나님의 것인 교회의 재정은 실질적인 '고르반'과 같은 것으로 엄정하면서도 공정하게 사용되어야 하며 이를 담보할 수 있는 투명성을 위한 제도적 장치가 필요하다 하겠다.

---

28) Noyce, 「목회윤리」, 144-5.
29) Ibid., 139.

(2) 재정충당 시 고려할 점

교회가 하나님의 능력을 드러내는 조직이라면 재정충당이 모든 교회행정이나 리더십의 평가기준이 되어서는 안 된다. 교회는 재정충당(모금)과 관련하여 성서에서 말하고 있는 교회의 목적에 적합한 목적으로 재정을 충당하여야 한다. 또한 재정충당과정에서 반드시 교회는 한 몸 된 지체의 가장 연약한 부분(사람들)을 고려하여 계획을 세우고 집행하도록 노력하여야 한다. 교회의 모금과정은 재정충당의 이유와 집행이 일관되어야 하고 우회적이거나 숨겨진 이유가 아니라 명목과 용처가 명료하여야 하며 회중의 동의를 바탕으로 하여야 하며 동시에 공개적이어야 한다.[30]

6. 목회현장에서의 윤리성 담보와 성숙을 위한 도움들

1) 꾸준한 자기 계발의 필요성

지속적이고 깊이있는 경건훈련(성서연구, 기도훈련) 및 도움이 되는 (경건)서적과 목회관련 모임들에 참여하여 목회현장에서의 윤리적 도전들을 대비하도록 한다.

2) 건강한 가정 형성 및 유지 발전

목회자이든 평신도 지도자이든 모든 하나님의 사역자들에게 요구되는 공통의 자질은 건강한 가정이다. 가족관계의 건강성은 목회자가 섬기는 교회의 건강성에 직접적 영향을 미친다. 따라서 목회자는 자신의 가족 구성원들과 건강하고 친밀한 관계를 유지발전시키는데 노력을 다하여야 한다.

---

30) Ibid., 148-9.

3) 건강한 목회자 동료집단 형성과 참여 및 목회멘토의 도움

동료 목회자들과 좋은 집단을 형성하여 정기적 모임을 갖고 교제하며 목회현장의 어려움을 토로할 수 있도록 노력한다. 또한 본인의 목회에 사표로 삼을 수 있는 목회자를 가까이 하며 교제하고 목회전반에 걸친 조언과 도움을 받도록 한다.

4) 건강하고 성숙한 평신도 그룹의 발굴과 정기적 비정기적으로 교제

쉽지 않은 과제이나 할 수 있다면 목회현장에서 이러한 평신도 그룹들을 발굴할 수 있다면 목회현장의 여러 영역에서 건강하고 발전적인 피드백을 받을 수 있다. 뿐만 아니라 목회에서의 갈등예방에도 매우 도움이 된다.

Ⅲ부

목회와 현장

제9장

목회와 리더십

에베소 교회에 보낸 편지에서 사도 바울은 여러 종류의 교회 사역자를 언급하고는 목회자들이 하는 일인 목회사역이 바로 교인들을 '온전하게 하여'(준비시켜, prepare, equip) 봉사하게 하며 '그리스도의 몸을 세우는 일'이라고 가르치고 있다.

"그가 어떤 사람은 사도로, 어떤 사람은 선지자로, 어떤 사람은 복음 전하는 자로, 어떤 사람은 목사와 교사로 삼으셨으니 이는 성도를 온전하게 하여 봉사의 일을 하게하며 그리스도의 몸을 세우려 하심이라"(엡 4:11-2).

다르게 표현하자면 목회사역이란 교회를 세우고 보존하고 선교하는 과정을 지도하는 일에 봉사하는 일을 의미한다.[1] 즉, 목회자의 목회에서의 근본적인 역할을 한 마디로 표현하자면 그것은 바로 리더십, 즉 지도력이다. 이 리더십은 예수 그리스도 안의 리더십을 의미한다. 그러므로 목회의 권위는 교회를 세우는 일을 안내하거나 인도하는 일에 요구되는 지식이나 기술이나 위임을 소유함에서 나온다.[2] 리더십과 관련하여 여러 유

---

1) Hodgson, 「교회론의 새 지평」, 147.
2) Ibid., 148.

용한 내용들과 중요한 배움의 내용들이 있으나 본 장은 간략하게 목회학에서 도움이 되는 리더십의 영역을 소개하고자 한다. 목회와 관련된 리더십에는 여러 내용들이 있으나 성경적으로 예수 그리스도의 성육신 유비와 가까우며 유기적 목회에 적용하기 적합한 대표적 이론이라 할 수 있는 상황적 리더십을 중심으로 목회에 실질적 도움이 될 수 있는 리더십을 간략하게 살펴보기로 한다.

1. 리더와 리더십, 상황적 리더십

1) 리더와 리더십의 이해

리더는 인간이 사회적 존재로 창조된 때로부터 존재했다. 가정과 교회를 비롯한 모든 조직은 조직의 존재 목적이 있으며 목적의 효과적 달성을 위해 리더를 중심으로 서로 협력한다. 이러한 리더에 대한 개념적 이해는 인간 각자가 속해있는 집단의 수만큼이나 다양하며 리더를 연구하는 리더십 역시 그 정의가 다양하고 복잡하다.[3] 베니스와 내너스(Warren Bennis and Burt Nanus)의 견해를 빌어 리더십의 여러 정의에 나타나 있는 공통적 요소를 바탕으로 리더십에 대한 정의를 간략하게 살펴보면: 리더십이란 '어떤 조직의 목표를 달성하기 위하여 그 구성원들을 움직이게 영향력을 미치는 일련의 과정'이라 할 수 있으며 이러한 과정에서 리더는 사람들과 더불어 그들에게 힘을 북돋우어서(empowered) 일하는 것이 필요하다.[4]

---

3) 오하이오 주립대학교의 명예교수였던 스톡딜(Ralph M. Stogdill)이 말하기를 리더십에 대한 정의는 연구하는 학자들의 숫자만큼이나 다양하다고 했으며, '변혁적 리더십'으로 잘 알려진 번즈(James McGregor Burns) 역시 리더십이란 이 세상에서 가장 흔하게 관찰할 수 있는 것이지만 가장 이해하기 힘든 현상이라고 말하고 있다. Ralph M. Stogdill, *Handbook of Leadership: A Survey of Theory and Research* (New York: The Free Press, 1974), 259; James M. Burns, *Leadership* (New York: Harper & Row Torchbooks, 1978), 2.

4) Bennis and Nanus, *Leaders,* 44.

리더십을 연구하는 이론은 사회 여러 조직의 효과성을 높이는데 적합한 리더십 유형이나 형태를 파악하려는 시도이다. 리더십 이론은 세 가지 요소, 즉, 리더의 특성, 따르는 사람들의 준비와 능력, 그리고 상황을 주축으로 이루어지며 이 세 요소들 중 어떤 요소에 더 큰 비중을 두느냐에 따라 이론의 특성이 달라진다.[5]

오늘날 교회에서 접하는 다양한 리더십 이론과 접근들이 있지만 그 가운데서 본 장에서는 여러 현존하는 리더십 이론 가운데서 유기적 신앙공동체인 교회에 적합한 목회리더십을 위해 60년대 말에 등장하여 오늘날까지 주요 리더십 이론으로 자리 잡고 있으며 유기적 목회상황에서 교회 구성원의 이해와 참여를 효율적으로 달성하기에 적합하고 유용한 '상황적 리더십'(Situational Leadership)을 기초로 한 목회 리더십의 적용을 제시한다.[6] 따라서 먼저 상황적 리더십이 어떤 것인지를 간략하게 살펴본 후, 상황적 리더십에서 목회현장에 적용될 수 있는 영역을 살펴봄으로 현장 목회에 도움을 주고자 한다.

2) 상황적 리더십의 이해

상황적 리더십이란 "리더가 구성원에게 주는 영향력이나 효과는 상황에 따라 다르다"는 기본 전제, 즉 리더십은 고착되어 불변하는 것이 아니라 상황이 달라지면 리더십 역시 상황에 맞추어 달라져야 한다는 데서 시

---

5) C. A. Gibb, *Leadership: Psychological Aspects* (New York: MacMillan, 1974), 91-3; J. Richard Love, *Liberating Leaders from the Superman Syndrome* (Lanham: University Press of America, 1994), 29-65.

6) 왜냐하면 상황적 리더십이론은 급속히 변화하는 오늘날의 사회적 상황에서 유기체로서의 교회가 효과적으로 대응할 수 있는 이론의 틀인 동시에 목회사역에서 목회자들이 비교적 쉽게 목회에 접목하여 유기체로서의 공동체인 교회를 효과적으로 섬길 수 있는 유용하며 이해하기 쉬운 리더십 이론이기 때문이다.

작한다.[7] 이 전제에 의하면 리더의 리더십유형은 선천적이고 변화시킬 수 없는 것이 아니라 조직의 효율성을 극대화하기 위해 조직과 조직을 둘러싸고 있는 상황의 변화에 따라 적절하게 변화하여야 한다는 것이다.

상황적 리더십 이론의 주요 관심사는 상황변화에 따른 효과적인 리더십 유형을 찾는 것이기에 리더십에 영향을 미치는 상황 변수에 연구의 관심을 둔다. 학자별로 조금씩 차이가 있지만 리더가 리더십을 적절하게 사용하기 위해 고려해야 할 상황변수는 일반적으로 '구성원(follower)의 능력과 동기유발,' '리더(leader)의 개인적 특성과 행동유형 및 경험,' '(규모를 포함한)조직의 특성과 과업의 특성'이라는 세 종류로 나눌 수 있다.[8]

상황적 리더십이 오늘날 지식정보사회에 적합한 리더십 이론으로 꼽히는 이유는 상황요소에서 가장 중요한 요소인 조직 구성원에 대한 이해를 중요한 연구대상으로 하고 있기 때문이다. 또한 이러한 조직구성원에 대한 이해가 중심이 되는 상황적 리더십이론이 유기적 목회상황에서 평신도의 이해와 참여를 효율적으로 달성하기에 적합하기 때문이다.

상황적 리더십은 초기 이론의 관심대상이었던 구성원들의 단순 능력이나 준비성 등의 요소에서 나아가, 새로운 지식정보사회에서 중요하게 대두되고 있는 조직 구성원들의 사회심리적 측면인 내적 외적 정서적 관계적 필요 등을 중요한 상황적 요소로 연구하고 있다. 즉, 산업사회에서 관심을 가졌던 구성원들의 작업 능력이나 준비정도의 계량적 수준을 뛰어넘어 오늘날 후기정보화사회에서 중요하게 여겨지는 구성원 개인의 의미 추구, 자발성, 자아성취 등의 사회 심리적 요소를 21세기 새로운 상황적

---

7) Rae Andre, *Organization Behavior: An Introduction to Your Life in Organizations* (Upper Saddle River: Prentice Hall, 2008), 294.

8) 상황적리더십 이론에 관한 더 자세한 설명은 양병모, 「목회상황과 리더십」, 69-78을 참조하시오.

리더십의 주요 요인으로 고려하고 있기에 시의적으로 적절하며 유용하다 하겠다.

이러한 상황적 리더십이 기독교인들에게 있어서 낯설지 않은 이유는 다음과 같다. 첫째, 성서에서 찾을 수 있는 상황적 리더십의 유비를 예수 그리스도의 성육신에서 찾아볼 수 있기 때문이다. 즉, 목회자의 입장이 아니라 신앙공동체 구성원의 상황과 처지에 맞추어 목회자가 힘들지만 기꺼이 자신의 리더십의 변화를 시도하는 상황적 리더십은 하나님과 동등하신 예수 그리스도께서 인간이 되신 성육신에서 가장 큰 성서적 유비를 발견할 수 있다(빌 2:6-8). 예수 그리스도가 목회에서의 최종적 권위를 지닌 목회리더십의 모델임을 볼 때 이러한 유비는 오늘날 목회지도자에게 시사하는 바가 크다 하겠다. 둘째, 사도 바울의 사역에서도 발견되는 성육신적 목회태도에서 찾아볼 수 있기 때문이다. 사도 바울은 "내가 여러 사람에게 여러 모습이 된 것은 아무쪼록 몇 사람이라도 구원하고자 함이니"(고전 9:22)라는 말씀과 "만일 음식이 내 형제를 실족하게 한다면 나는 영원히 고기를 먹지 아니하여 내 형제를 실족하지 않게 하리라"(고전 8:13)는 목회태도 역시 성서에서 종종 볼 수 있는 상황적 리더십 모델이라 할 수 있다.

2. 상황적 리더십의 목회적 적용

이상에서 살펴본 상황적 리더십을 목회현장에서 적용할 때 고려해야할 상황적 요소는 연구를 거듭할수록 다양하다. 하지만 지면의 제한과 상황적 리더십에 대한 교회현장의 이해가 충분하지 않은 상황에서 다음과 같이 목회현장에서 쉽게 발견할 수 있고 적용하기에 용이한 몇 가지 대표적 상황요소를 제시하여 이해를 돕고자 한다. 목회현장에서 쉽게 발견할 수 있는 대표적 상황요소로는, 조직의 특성에 해당하는 '교회의 규모(size)', '교인의 성숙도,' '교회의 생애주기'(life cycle) 그리고 그 밖에 '지역사회의 상황적 특성'을 들 수 있다.

목회현장에서의 효율적인 목회사역을 위해 교회의 규모에 따라 목회자의 리더십 행태가 달라져야 하며, 교회 구성원의 성숙도에 따라 목회자는 자신의 리더십 유형을 다르게 발휘할 필요가 있다. 또한 교회의 생애주기에 따라 목회자는 각 생애주기에 적합한 유형의 리더십을 적용할 필요가 있다. 또한 지역개발이나 인구구성의 변화 등 지역사회의 상황변화와 변동에 따라 목회지도자는 적절한 리더십을 발휘할 수 있어야 한다. 이상의 상황적 요소 가운데서 먼저 상황적 리더십의 목회적 적용에서 교회의 규모에 따른 상황적 리더십을 살펴본다.

1) 교회규모와 리더십

조직의 목표 달성이 주된 목적인 리더십은 조직의 특성과 불가분의 관계에 있다. 그리고 이러한 조직의 특성에 공통적으로 영향을 미치는 대표적인 요소로는 조직의 크기, 즉 규모를 들 수 있다. 조직과 조직 구성원의 특성 요소를 효과적으로 조정하거나 개선하거나 갱신하기 위해서는 조직의 규모가 먼저 고려되어야만 한다. 따라서 상황적 리더십의 목회적 적용에서 먼저 살펴볼 상황요소는 교회의 규모이다. 즉, 목회자의 리더십은 교회의 규모를 고려하여 상황적으로 다르게 적용되어야 효과적인 목회리더십을 발휘할 수 있다는 사실이다.

본 장에서는 내용의 성격상 교회규모와 관련된 논의를 접어두고, 여러 문헌과 연구를 참조하여 교회규모를 분류하는 기준을 교회의 '낮 예배 평균 출석 교인 수'로 규정하고 이에 따라 교회규모를 출석교인 50-100명 내외의 가족형 교회, 출석교인 100명-300명 내외의 목양형 교회, 출석교인 400명-2,000명 내외의 프로그램형 교회, 출석교인 2,000명 이상의 기업형 교회로 나누어 설명하기로 한다.[9]

(1) 가족형 교회(낮 예배 평균 출석교인 50-100여 명 내외)

가족형 교회는 대체로 이름 그대로 교회가 가족적인 분위기이며 대부분 이러한 가족적인 분위기를 이끌어가는 부모 역할을 하는 평신도 지도자들이 있거나 목회자 있다. 가족형 교회는 목회자가 전인적 돌봄을 제공할 것을 기대하거나 아니면 평신도 지도자가 실제적 영향력을 행사할 경우 종종 목회자에게는 목회적 돌봄에만 주력할 것을 요구하는 경우가 많다.

그러므로 가족형 교회에서 목회지도자의 역할은 우선적으로 목양 중심의 활동에 집중하는 것이다. 그리고 설교, 예배인도, 심방 등과 같은 목회자 고유의 활동에 더하여 교회 내에서 부모역할을 하는 평신도 지도자들과 좋은 관계를 맺고 그들의 사역에 자문과 상담역할을 함으로써 간접적인 지도력을 통해 교회를 이끌어 갈 필요가 있다. 가족형 교회에서는 목회자가 오래 섬기면 섬길수록 영향력이 커지기 때문에 교인들의 신뢰를 얻기 전까지는 이러한 간접 목회리더십이 효과적이라고 할 수 있다.[10]

---

9) 교회규모와 관련한 더 자세한 논의는 Arlin J. Rothauge, *Sizing Up a Congregation for New Member Ministry* (New York: Seabury Professional Service, 1984), 5, 7-36; Lyle E. Schaller, 「중형교회 컨설팅 보고서」, 임종원 옮김 (서울: 요단, 1999), 4; Paul O. Madsen, *The Small Church-Valid, Vital, Victorious* (Valley Forge, PA: Judson Press, 1975), 10; 교회성장연구소 교회경쟁력연구센터 편, 「한국교회 경쟁력 보고서」 (서울: 교회성장연구소, 2006), 37을 참조하시오.

10) 3-4년 정도까지는 목회자가 기존의 주요 평신도 지도자들에게 양보하고 의견을 존중하는 것이 좋다. 4-5년 정도가 되면서 지도력의 혼란이 온다. 사람들이 목회자의 장기사역에 대해 심각하게 받아들이기 시작하기 때문이다. "과연 이 목사에게 마음을 줘도 되겠는가?" "믿을만한가?" 등의 의문들이 나오게 된다(사실 이것이 이제까지 목회자를 믿고 따르다가 목회자가 떠남으로 인해 결국 상처를 입어왔던 가족형 교회에 속한 교인들의 아픔을 볼 수 있는 지표이다).

어떤 가족형 교회는 교회의 재정적인 한계로 인해 목회자들이 임시발판으로 삼는 경향이 있으며 이로 인해 목회자의 이동이 잦은 경우가 종종 있다. 그렇기에 이러한 교회에서는 목회자의 은사나 장점, 특기 등이 제대로 발휘되지 못하는 경우가 많다. 따라서 목회자는 이러한 교회 규모가 지닌 목회의 특성을 고려하지 않고 가족형 교회의 어려움을 목회자 자신이나 교인의 무능함으로 여기게 되는 문제가 있을 수 있다. 이렇게 될 경우 목회자는 교회사역에서 의미를 찾지 못하고 다른 목회지를 찾기 시작하거나 열정을 상실한 채 목회를 하게 된다. 대부분의 사역자들은 이와 같은 경험을 통해 교회에 대한 부정적인 견해를 갖게 되고, 이것이 목양 전반에 투영되는 경우가 많다.

(2) 목양형 교회(낮 예배 평균 출석교인 100-300여 명 내외)

목양형 교회는 가장 많이 볼 수 있는 규모의 교회의 형태이다. 목양형 교회는 목회자가 교회리더십의 중심에 서 있으며 목양을 돕는 여러 명의 평신도 지도자들이 목회자를 도와 교회를 이끌어 나간다. 그렇기에 담임목회자와 목회자를 돕는 평신도 리더들과의 원활한 의사소통이 매우 중요하다. 사람들이 목양형 교회를 선호하는 이유는 목회자와 교인들 간의 친밀한 관계에 대한 기대 때문인 경우가 많다. 즉 목양형 교회 교인들은 자신들의 영적필요를 담임목회자를 통해서 충족받기를 원하며, 자신들의 위기나 필요에 목회자가 직접 개입하여 돌봐주기를 바란다.

이러한 목양형 교회의 특성으로 말미암아 목회자가 직접 인도하는 새 가족 훈련이나 다른 양육 프로그램이나 기도모임이 중요한 비중을 차지한다. 새 가정이 올 경우 다른 이가 아니라 목회자가 직접 방문하고 접촉하는 것이 바람직하다. 그리고 새가족 교육 역시 담임목회자와 새로운 교우들이 서로를 알아갈 수 있는 기회이기에 담임목회자가 이를 책임지고 맡도록 하여야 한다.[11] 그리고 교회의 규모가 커짐에 따라 목회자는 자신의 권위를 평신도 리더들에게 적절하게 위임하여 책임을 맡길 필요가 있으며 이 시기를 파악하는 일이 매우 중요하다. 이 시기를 놓치게 되며 이로 인해 교회가 다음 규모로 성장하는데 어려움을 겪게 된다. 이 때 평신도 사역자들이 성취한 것을 즉각적으로 알아주고 그것을 표현하는 일이 중요하다.

이 규모에 적합한 리더십의 필수 요소는 좋은 대인관계 기법이다. 목양형 교회의 목회자는 모든 교인들의 삶의 전 영역에 직접 참여하며 그들과 부대끼는 것을 즐긴다. 목양형 교회의 적절한 리더십 유형은 솔직하고도 관계중심적인 리더십이며, 외향적이며 자신을 잘 드러내는 솔직한 유형의 목회자가 자신의 장점을 가장 잘 발휘할 수 있는 교회규모이다. 어떤 목회자는 이러한 목양형 규모에서 자신의 목회적인 장점을 가장 잘 발휘하며 이러한 교회를 평생 담임한다.

(3) 프로그램형 교회(낮 예배 평균 출석교인 400-2,000명)

프로그램형 교회는 교인들 간의 개인적 친밀감을 어느 정도는 유지하지만 여전히 목회자의 직접적인 영적리더십을 필요로 한다. 전문 사역자를 적절히 잘 사용하고 있는 행정적으로 조직이 잘 된 교회나 셀이나 소그룹을 효과적으로 잘 운용하고 있는 교회 중에 이러한 유형의 교회가 많다. 대부분의 경우 프로그램형 교회의 교인들은 목회자와 많은 시간을 보

---

11) 교회성장에서 가장 어려운 규모의 변화가 목양형 교회에서 프로그램형 교회로의 변화이다. 그 이유는 첫째, 교인들이 교회가 커짐으로 인해 목회자와의 직접적인 관계를 잃고 싶지 않기 때문이며, 둘째, 교회의 가족적인 분위기(familylike oneness feeling)가 깨어지기를 바라지 않기 때문이고, 셋째, 이러한 목양형 교회의 목회자는 자신의 목회의 보람과 재미를 직접적인 교인 돌봄에서 찾는 경우가 많은데 그것을 잃고 싶지 않기 때문이다.

내며 직접적인 돌봄을 받을 것으로 기대하지 않는 대신 교회가 제공하는 탁월한 프로그램과 시설 등을 통해 만족을 얻는 경우가 많다. 또한 전문 목회 사역자들이 담임목회자가 담당하는 역할을 부분적으로 대행하며 교인들도 이러한 역할 대행에 대해 동의하여 적정 수준의 목양적 돌봄을 받음에 만족한다. 하지만 삶의 중요한 사건이나 결정의 경우는 담임목회자의 직접 돌봄을 필요로 한다.

물론 프로그램형 교회에서도 담임목회자는 여전히 목회리더십의 구심점 역할을 한다. 그러므로 목회자는 교인들과 교회의 다양한 필요들을 분석하고 종합하여 교회가 나아갈 전체적인 사역방향을 정리해야 한다. 이때 담임목회자는 자신이 담임 하는 교회의 사역철학과 사역선언문 등을 통해 대인관계적인 측면에서의 부족을 공동의 가치와 목표 추구라는 의미부여를 통해 보충하는 일이 필요하다. 그리고 전체 교인들이 그 방향에 대해 공감하게끔 설득할 수 있어야 한다. 또한 목회자는 사역철학에 굳건히 서서 교인들을 그 공감대로 향해 움직이게끔 지도할 수 있어야 하며, 평신도 지도자들이 이 목회철학에 함께 동참할 수 있도록 설득하여야 한다. 그렇기 때문에 프로그램형 교회의 목회자가 중점을 두어야 할 역할은 교인들과의 직접적인 만남보다는 주요부서 사역 지도자들을 발굴하고 훈련하며, 감독하고 평가하며 격려하는 일이다.

만약 교회가 성장하여 목양형 교회에서 프로그램형 교회로 전환될 때, 목회자는 대인관계중심의 직접적인 목양 태도 대신 교인들의 필요 분석에 기초한 프로그램을 개발하고 발전시키는데 관심을 가지지 않으면 안 된다. 이 과정에서 목회자는 교인과의 접촉보다 주요 전문 사역자나 주요 평신도 사역자들과의 대면적 대인관계를 더욱 강화해야 한다. 이러한 교인과의 대면적 접촉이 줄어들고 목회자가 프로그램이나 행사에 관심을 두기 때문에 자칫 교인들의 실제적인 영적, 목양적 필요를 간과할 위험이 있다. 만약 담임목회자가 교인들의 영적, 목회적 필요에 항상 우선순위를 두지 않는다면, 프로그램형 교회는 실패하게 된다. 또한 목회자가 직접적인 목양사역에서 한발 물러서 있기 때문에, 목회자로서 자신의 보람이나 만족이 줄어들 경우가 있다.

(4) 기업형 교회(낮 예배 평균 출석교인 2,000명 이상)

기업형 교회는 교회의 복합적이고 다양한 이질성을 담임목사의 설교와 예배를 통해 하나로 만들고, 목회자 개인의 카리스마적 리더십을 통해 담임목회자에 대한 신뢰를 유지 발전시킨다. 그렇기에 기업형 교회가 지닌 공통적 특징은 주일 낮 예배가 잘 준비되고 여러 수준이 질적으로 탁월하다는 점이다. 그러므로 담임목회자는 주로 설교와 예배의 인도에 더 많은 노력을 기울인다. 대부분의 기업형 교회의 교인들은 담임목회자와의 친밀함이나 직접적인 목양관계를 그 교회가 지닌 다양하고 질적으로 높은 수준의 프로그램에서 얻는 만족과 바꾸어야 한다. 기업형 교회의 담임목회자는 주로 강한 카리스마를 지니고 복잡한 교회구조를 안정적으로 유지하는 그 교회의 상징적 구심점이 된다.

기업형 교회 역시 다양하고 전문화된 사역의 분야에서 평신도 지도자들이 헌신하고 있으며 이들 대부분은 전문사역자들의 도움을 받으며 사역하고 있다. 그렇기 때문에 기업형 교회의 성패는 이들 전문 사역자들이 서로 협력하면서 교회의 다양한 사역들을 조화롭게 꾸며갈 수 있는가의 여부에 달려 있다. 목회사역자들 간의 조화와 협력이 여의치 않을 경우이 유형의 교회는 효율성과 활기를 잃기 쉽다. 따라서 인사(人事)와 그에따른 위임이 매우 중요하며 부사역자들 간의 관계와 담임목회자와의 관계에 대한 관심과 훈련이 필요하다. 이때 담임목회자의 역할은 대기업 CEO의 역할과 비슷하다. 중요한 부사역자들을 발굴하고 배치하는 일과 그들의 협력과 효율성에 대한 평가와 지도력의 발휘가 중요하다. 한 가지 중요한 사실은 많은 전문사역자들이 있는 경우 담임목회자가 인사(人事)를 할 때, 다양한 성향의 사람들을 조화롭게 서로 보완적으로 배치하는 것이 바람직하다는 것이다(실행이 강한 사람과 사무와 규정의 뒷받침을 잘하는 사람의 조화가 그 예라 할 수 있다).

기업형 교회는 참고할 만한 모델이 흔치 않기 때문에 자신만의 독특한 통찰력과 목회의 기법이나 기술도 필요하지만, 무엇보다 거대한 규모의 구성원들을 하나로 만들 영적리더십이 필요하며, 이를 전달하는 효과적이고 통찰력 있는 설교가 필요하다. 즉, 탁월한 영성과 설교 및 전문적 행정 기법과 지도력이 조화를 이뤄야 한다.

2) 교인의 성숙도와 리더십

조직 구성원이 지닌 능력과 의지, 또는 유능성과 헌신에 따라 리더는 자신의 리더십 유형을 달리 선택하여야 효과적으로 조직을 이끌 수 있다고 주장하는 허쉬와 블랜차드의 성숙도 상황적 리더십 이론을 목회적 상황에 적용하면 다음과 같다.[12]

(1) 교인들이 사역에 대한 의지와 헌신, 그리고 능력이나 자질 모두 결여된 경우

이러한 교회나 부서는 지시형의 리더십과 지휘관형의 지도자가 요구된다. 이때 목회자의 행동은 높은 목표지향성을 추구하게 되는 반면 관계지

---

12) Dale, *Pastoral Leadership*, 40-54; Paul Hersey, et al., *Management of Organizational Behavior*, 7th ed. (Upper Saddle River, NJ: Prentice Hall, 1998), 188-217. 이 부분에 관한 더 자세한 도표의 설명은 Hersey, et al., *Management of Organizational Behavior*, 208, 215와 Dale, *Pastoral Leadership*, 40을 참조하시오.

향성은 낮을 수 밖에 없다. 이러한 상황에서는 목회자가 교인들에게 사역을 구체적으로 지시하고 아울러 사역진행 역시 직접적으로 감독하는 지휘관형 리더십이 효과적이다. 하지만 이러한 지시가 전달과 격려가 아닌 요구가 되지 않도록 주의해야 하며, 교인들이 무시당하고 있다거나 지배받고 있다는 느낌을 가지지 않도록 교인들의 감정에 대한 세심한 배려가 필요하다. 그리고 교인들이 이루어 낸 조그만 성취도 칭찬하도록 하며, 동시에 해당 사역을 해 내지 못할 수 있음과 그에 따른 결과를 예상하기도 해야 한다. 목회자는 교인들의 실패에 따른 불안을 경감시키는 동시에 차근하게 한 가지씩 실행하도록 구체적인 도움을 주는 것이 필요하다. 이때 목회자는 해당 사역과 일에 대하여 상대가 이해할 수 있게끔 자세하게 설명하여야 한다. 이러한 리더십은 교회의 상황이 불안정할 경우나 위기상황 때 비교적 효과적이다. 성서에 나타난 이러한 유형의 지도자는 사사기에 나오는 사사들의 경우가 해당된다 할 수 있으며 사용되는 주요 리더십 기법은 '지시'(directing)이다.

(2) 교인들이 사역의 능력이나 신앙성숙도가 결여되어 있으나, 의욕/헌신자세가 높은 경우

이러한 교회와 부서는 교인들이 어느 정도 사역하고자 하는 마음은 있으나 자신감이나 자질이 결여된 경우에 해당된다. 이때 목회자의 행동은 과업지향적인 동시에 관계지향적인 촉매형(catalyst) 리더십을 지녀야 한다. 이러한 상황에서 목회자는 교인들에게 결정 된 목표를 이해하기 쉽게 설명하고 그것을 명확하게 하기위한 대화의 기회를 제공할 필요가 있다. 이 때 주의할 점은 교인들과 함께 대화하고 의논하지만 목회자의 의지가 의사결정에 우선하도록 하여야 한다. 왜냐하면 교인들의 성숙도 특성상 해당 사역에 대한 이해와 능력이 부족할 경우가 많기 때문이다. 목회자는

해당 사역이 필요한 이유와 그 사역을 어떻게 하는지를 충분하고도 명확하게 설명하고, 해당 교인들이 자신들의 할 일을 알고 있는지 확인하도록 하며, 질문을 격려하고, 자세한 내용을 토의하도록 한다. 이 때 목회자가 주의해야 할 점은 교인들을 자신의 임의로 조종(manipulate)하거나 설교하듯 일방적으로 지시하거나 전달하지 않도록 유의해야 한다. 그리고 반드시 교인들이 목표나 사역을 제대로 이해하고 있는지를 대화를 통하여 확인하여야 한다. 성서에 나타난 이러한 유형의 지도자로는 느헤미야를 들 수 있으며, 주요 리더십 기법은 설득적인 '코칭'(coaching)이다.

(3) 교인들이 높은 능력과 성숙도를 지니고 있으나 낮은 의욕이나 헌신 태도를 지닐 경우

교인들이 능력은 있으나 의욕이나 헌신이 결여된 상황의 교회가 여기에 속한다. 이러한 상황에서 목회자는 목표지향성을 줄이는 대신 관계지향성을 높이는 격려형의 리더십을 발휘할 필요가 있다. 이러한 교회는 목회자가 평신도 사역자와 동역자 의식을 지닐 필요가 있다. 리더십 실행과정에서 목회자는 자신의 목회철학이나 비전을 교인들과 나눔으로 동기를 유발하고 이를 바탕으로 교인들이 스스로 참여할 수 있도록 돕는다. 이를 위해 목회자는 교인들에게 사역에 필요한 정보를 제공하며, 사역의 결과에 따른 교인들의 공헌을 적시하고 표현하도록 한다. 또한 목회자는 사역이나 비전수립 과정에서 평신도 사역자들의 의견 개진을 적극 격려하며 능동적 경청의 자세를 가지도록 한다. 동시에 교인들이 지니기 쉬운 사역의 실패에 대한 두려움이나 위험부담을 극복할 수 있도록 격려가 필요하며, 칭찬하고 자신감을 가지도록 한다. 성서에 나타난 이러한 유형의 지도자로는 바나바를 들 수 있으며, 주요 리더십 기법은 능동적인 '지원'(supporting)이다.

(4) 교인들이 능력과 성숙도가 있으며 동시에 헌신과 의욕이 높은 경우

교인들의 능력과 성숙도 및 헌신과 의욕이 모두 높은 교회나 부서가 여기에 속한다. 이러한 상황에 해당하는 교회나 부서의 경우는 평신도 사역자들에게 해당 사역의 결정권과 실행권을 위임(delegating)하는 것이 바람직하다. 이 때 목회자는 목표 지향성이나 관계 지향성에서 한 발 떨어져서 소극적인 리더십을 행사한다. 즉, 이 단계에서 목회자는 세부사항이나 구체적인 일은 능력과 자발성을 갖춘 교인들에게 위임하고 구성원들 스스로가 결정을 내릴 수 있도록 하며 관찰하고 지켜보는 태도가 요구된다. 이러한 상황의 교회는 감독적인 지도는 줄어드는 대신 위임하고 점검하고 관찰하고 긍정적으로 피드백하는 일이 목회자의 주된 리더십 행태가 된다. 다만 이 상황의 경우 목회자는 교회사역의 커다란 방향을 제시하는 일에 관심을 가질 필요가 있다. 이 과정에서 유의할 점은 교인들로 하여금 목회자가 항상 자신들과 함께 있음을 일깨워 줌이 필요하며, 방치나 회피나 칩거하는 태도는 바람직하지 않다. 성서에 나타난 이러한 유형의 경우로는 초대교회 집사들의 경우를 들 수 있으며, 주요 리더십 기법은 '위임'(delegating)이다.

3) 교회의 생애주기(Life-Cycle)와 리더십

다른 모든 사회 조직과 마찬가지로 지역교회 역시 조직이기에 조직으로서의 생애주기를 거친다. 이러한 조직의 생애주기는 조직의 내외적 여건이 끊임없이 변화하기 때문에 발생하며 태동기, 성장기, 성숙기, 쇠퇴기 그리고 소멸기로 이루어진다.[13] 생애주기를 지닌 모든 대상이 그러하듯

---

13) 박영배,「현대조직관리」(서울: 도서출판 청람, 2010), 477 조직 변화의 내적요인으로는 의사결정과정의 비효율성, 의사소통의 왜곡 및 방해, 독선적 리더십 스타일 등이 있으며, 외적요인으로는 사회적 요구의 변화, 자원의 변화, 인구나 경제 환경의 변화, 과학

교회 역시 교회의 생애주기 단계적 특성에 따른 과제들이 있는데 목회리더십에서 고려해야 할 상황적 요인의 하나로써 교회가 속해있는 생애주기를 이해하는 일은 효율적 사역을 위해 매우 중요하다. 만약 목회지도자가 교회의 생애주기를 제대로 파악하지 못할 경우, 그 교회는 정도의 차이와 시간의 차이는 있지만 쇠퇴기를 거쳐 소멸하게 된다.

하지만 목회자가 자신이 섬기는 교회의 생애주기를 제대로 파악하고 생애주기에 적합한 리더십 행태를 취한다면, 교회는 하나님께서 허락하신 자원을 극대화하여 효율적이고 건강한 그리스도의 몸을 이루게 되어 갱신과 부흥을 이룰 수 있게 될 것이다.14) 대체로 상황적 리더십이론을 교회의 생애주기와 연관시켜 보면, 집단의 생애주기에서 집단의 형성기라 할 교회개척의 경우에는 지시적 리더십이, 정착 및 안정기 이후, 즉 교회의 성장 후기나 성숙기에는 후원적이며 참여적 리더십이 바람직하다고 할 수 있다.15) 이를 좀 더 자세히 태동과 출생, 성장, 성숙, 쇠퇴의 단계별로 분류하고 각 단계에 필요한 상황적 리더십에 대하여 살펴보기로 한다.

(1) 태동과 출생기: 교회 설립의 구성요소들(비전, 목표)의 필요상황

태동과 출생기는 교회 창립에 필요한 구성요소들을 정립하고 정리하여 명확히 하는 시기이다. 태동과 출생기와 관련된 첫 번째 상황적 구성요소는 '비전잉태'(dreaming)이다. 교회의 태동과 설립은 잘 정리되고 여럿이

기술의 변화 등을 들 수 있다.

14) Shawchuck and Heuser, *Leading the Congregation*, 158, 161; Richard W. Beatty and David O. Ulrich, "Re-engineering the Mature Organization," in *Managing Change*, ed. Todd D. Jick (Homewood, IL: Richard D. Irwin, 1993), 60-3.

15) 교회와 관련한 조직의 생애주기에 대한 자세한 설명은 Dale, *Pastoral Leadership*, 81-92; Philip Kotler and Alan Andreasen, *Strategic Marketing for Nonprofit Organizations* (Englewood Cliffs, NJ: Prentice-Hall, 1987), 396-419; Shawchuck and Heuser, *Leading the Congregation*, 157-63를 참조하시오.

함께 소유한 비전이 필수적이다. 비전은 초기 교회구성원들이 꿈꾸는 교회상(敎會像), 즉 신앙적 이상과 가치에 대한 열망을 담고 있어야 한다.[16] 이 시기에 목회자는 주도적으로 구체적이고 누구나 쉽게 알 수 있고 공감하는 비전을 제시하고 전달할 수 있어야 한다. 이 단계에서는 아직 평신도 사역자들이 자신들의 교회의 특성과 그에 따른 세부 사역의 구성을 잘 이해하지 못하고 있는 경우가 많다. 따라서 목회자는 동기유발을 위해 주요 평신도 구성원들과 함께 사명선언문(vision statement), 가치선언(value statement), 표어(slogan)를 위시하여 교회의 신앙공동체로서의 통합과 질서 및 예배와 교회정치/행정 행태를 결정하는 과정을 함께 함으로 교회의 비전을 좀 더 공고하게 공유하도록 할 필요가 있다.

태동과 출생기와 관련된 두 번째 상황적 구성요소는 '목표'이다. 목표는 비전을 달성하기 위한 실천적이고 시간 제한적이며 구체적인 특성을 지닌다. 목표에는 내부적 목표와 외부적 목표가 있다. 이러한 목표는 정해진 시간표 내에서 이루어져야 할 양적인 것이 될 수도 있고 질적인 것이 될 수도 있다. 내부적 목표는 운영과 생존을 위한 목표로서 교인성장목표, 예산, 건물 등에 대한 목표가 이에 해당된다. 외부적 목표는 사역의 목표라고 할 수 있는 것으로서 교회의 독특한 자기 정체성, 사역방향들, 지역사회에 대한 접근 등을 구체화한 것이다.[17]

이를 위해 목회자가 실행할 일은 다음과 같다:

첫째, 목표에 대해 설교하고 가르치고 의논할 기회를 제공한다.

둘째, 목표에 따른 우선순위를 정한다.

셋째, 목표를 구체화 한다.

넷째, 목표에 따른 책임을 분담하도록 한다.

---

16) Gary Yukl, 「현대조직의 리더십 이론」, 이상욱 역 (서울: 시그마프레스, 2004), 345.
17) Ibid., 347.

다섯째, 규칙적으로 점검한다.

끝으로 이러한 것들을 염두에 두고 목회지도자는, 교회의 목표에 따른 인력과 재정과 기타 자원을 조직하는 일과 아울러 은사와 재능과 자원함으로 이루어지는 공식적 조직 그리고 개인적인 필요와 요구에 따라 형성되는 비공식적 조직(만남/관계)이 모두 필요함을 알고 그에 따라 리더십을 발휘해야 한다.

(2) 성장기: 비전과 신앙과 목표의 지속적 유지와 발전의 필요상황

교회 초기 구성원들의 열정과 헌신과 자원함으로 교회의 활력과 성장이 이루어지는 시기이다. 교회성장에서는 이 시기가 교회의 성장 잠재력이 발휘되는 시기라고 보며 교회 개척 후 대략 6-10년의 시기가 이에 해당한다. 이 시기에 목회자는 지속적으로 교회의 목표와 비전을 붙잡고 나아가며, 교우들이 서로 신뢰하며 좋은 관계를 유지하도록 돕고, 교우들의 필요와 요구를 파악하고 그것들을 충족시키려고 노력하며, 교우들에게 비전과 목표 달성에 따른 적절한 보상과 격려를 제공한다.

이 시기에는 교회의 새로운 구성원들이 기존의 교회 비전과 신앙과 목표에 동의하고 이를 확장하도록 하는 일이 매우 중요하다. 즉, 새로 가입하게 되는 교인들이 교회의 꿈과 이상을 자신의 것으로 삼는 과정이 핵심 과제이다. 교회는 새가족 과정이나 소그룹 모임을 통해 이를 이루어 나가도록 하는 것이 좋으며, 이때 목회자는 가능하면 새가족 과정을 본인이 직접 담당하여 교회의 비전과 신앙과 목표에 대해 명확하게 나누는 것이 좋다.

(3) 성숙기: 창립 1세대들의 비전과 목표가 달성 되는 안정과 안주(安住)의 상황

교회가 창립된 이후, 시간이 흘러가고 발전됨에 따라 교회 구성원들이 다양해진다. 이 시기는 교회가 창립될 당시의 비전과 목표들이 성취되거나 성취를 눈앞에 두게 되는 시기이다. 그럼으로 인해 성장기의 성공과 성취에 안주하게 될 위험이 있다.[18]

교회는 이 시기에 교회 고유의 문화와 행정행태가 자리 잡게 되며, 많은 사역들이 위임되고 제도와 규칙에 의하여 교회가 운영되는 시기이다. 그렇기에 자칫 교회가 경직화되고 관료화될 위험이 있다. 이러한 교회의 경직화는 교회의 내외적 변화에 대한 민감성과 적응력을 떨어뜨리게 만들어 교회의 정체를 가져온다.

이에 더하여 이 시기는 초기 창립 구성원들인 목회자와 주요 평신도 지도자의 교체가 일어남으로써 교회가 자칫 갈등에 노출될 위험이 있으며 창립 정신이나 비전이 약화되어 점점 침체기에 들어서게 된다. 사실 교회 갱신의 가장 적절한 시기는 바로 이때이다. 왜냐하면 쇠퇴기로 들어서게 되면 교회는 갱신을 위한 자원과 활력을 상당부분 잃어버리기 때문이다.

(4) 쇠퇴기: 과거 회상적 행태가 증가하는 상황

어떤 조직의 쇠퇴기를 가늠할 수 있는 가장 대표적인 특징은 그 조직이 과거의 성공이나 영화를 되씹으며 자주 "왕년에" 또는 "그때가 좋았는데"를 이야기 하는 것이다. 이 시기에 교회들이 범하는 두 가지 대표적인 실수는 다음과 같다:

첫째, 자칫 쇠퇴기를 극복하기 위한 방안으로 집권적 경영과 통제를 할 경우 의사소통의 부재와 조직의 경직화를 가속시켜 쇠퇴가 심화될 위험에 빠진다.[19]

---

18) Ibid., 249.
19) Ibid., 250.

둘째, 목회지도자는 이 시기에 교회 갱신의 방안으로 교회가 성장기에 사용하여 효과를 보았던 프로그램들을 다시 사용하려는 경향이 있다. 하지만 이러한 시도는 변화의 특성 상 성공하기 희박하다. 목회지도자가 조직으로서의 교회가 겪는 생애주기를 파악하여 적절하게 쇠퇴기에 접어들기 전 교회의 갱신의 방안을 마련한다면 교회는 다시금 생애주기를 새롭게 시작하게 된다.

이상에서 살펴 본 교회의 생애주기는 개 교회의 내·외적 여건과 목회지도자와 주요 평신도 지도자의 교체 과정 등에 따라 달라진다. 하지만 모든 사회 조직들이 이전 보다 훨씬 빠른 변화의 여건 가운데 있음을 볼 때, 앞으로의 교회생애주기는 과거 교회생애주기보다 좀 더 빠른 진행을 보일 것으로 예상된다.[20]

이상에서 목회자가 교회사역에서 상황적 리더십을 발휘할 때 고려해야 하는 요소인 교회규모와 교인의 성숙도, 교회생애주기를 살펴보았다. 다음에서는 교회를 둘러싸고 있는 지역사회의 문화적 특성과 급격한 사회 변동 등의 상황적 요소와 그에 따른 적절한 리더십 행태를 살펴보고자 한다.[21]

4) 지역사회 상황과 리더십

목회자가 교회사역에서의 리더십 발휘 시에 고려해야 할 상황적 요소는 이상에서 살펴 본 본인이 사역하고 있는 교회의 규모, 교회의 생애 주기에 더하여, 지역사회의 상황이라는 요소이다. 교회를 둘러싸고 있는 문

---

20) Ibid. 대체로 교회보다 훨씬 생애주기가 짧은 기업의 경우, 일반적으로 그 생애주기를 30년으로 본다.

21) 교회에 영향을 미치는 사회상황적 요소의 예시와 관련하여 김한옥, "한국교회 초기 부흥운동에 대한 목회학적 이해" 「성경과 신학」, 44권 (2007): 84-91를 참조하시오.

화와 지역사회의 급격한 구조적 변화, 예를 들면, 탈종교화, 핵가족화, 도시화, 생활양식의 변화, 그리고 개발로 인한 지역사회의 특성의 변화 등이 그것이다.

목회가 세상 가운데서 이루어지는 하나님의 왕국을 세우고 확장해가는 일이라면, 세상을 대표하는 오늘날의 문화에 대한 이해는 필수적이다. 나아가서 이러한 문화 속에서 이루어지는 여러 사회적 변화와 변동 역시 목회리더십에서 고려해야 할 사안이다. 따라서 본 장에서는 지역교회와 가장 밀접한 관련이 있는 지역사회의 변화에 대하여 살펴보도록 한다.

교회를 둘러싼 지역사회의 변화는 교회 구성원의 급격한 변화를 가져오거나, 생활양식의 변화를 가져와 교회 구성원 간의 여러 갈등을 일으키는 원인이 되기도 한다. 또한 교회를 둘러싼 사회구조의 점진적 변화 또한 리더십에 영향을 미친다. 예를 들면, 전체적인 고령화와 농촌사회의 초고령화와 국제결혼으로 인한 다문화로의 변화 등이 그것이다. 나아가서 지역사회에 직접 영향을 미치는 국가적 경제위기 같은 변화 역시 목회자의 리더십 실행에 고려해야 할 중요한 요소가 된다. 예를 들면, 지난 1990년대 중반에 발생한 IMF위기 당시의 교회 재정 운용이나 교회 신축, 이전, 증.개축 등의 취소나 보류 등이 이를 고려한 리더십이라 할 수 있다.

본란에서는 지역사회의 상황에서 가장 중요한 요소인 지역사회의 문화와 특성 중 대표적인 몇 가지를 다음에서 살펴보기로 한다. 인간에게 있어서 문화는 물고기에게 있어서의 물과 같다. 문화는 사람들의 세계관과 인생관 및 생활양식에 직·간접적으로 영향을 미친다. 따라서 목회자가 효과적으로 리더십을 발휘하기 위해서는 자신이 섬기는 있는 교회가 어떠한 지역 문화적 특성을 지니고 있는지 알아야 할 필요가 있다. 지역 문화적 특성으로 들 수 있는 요소들은 다음과 같다.[22]

(1) 지역사회 문화특성 이해

문화는 특정 집단의 특성을 나타내는 사고방식과 생활양식으로 대표되는 이념과 규범, 형식적 비형식적 사회구조로 이루어진다. 목회자는 이러한 지역사회 문화를 대체로 다음과 같은 범주를 통하여 파악할 수 있다.[23]

지역주민의 활동성과 관련하여, 지역주민들이 활동적인가, 아니면 조용한 삶을 즐기는가? 지역 사람들이 가족 중심형인가 아니면 업무나 사회적인 성공지향형인가? 지역주민들이 공동체 의식이 강한가, 아니면 개인주의 의식이 강한가? 정치적으로 어떠한 특정 성향이나 정당에 대한 선호가 있는가? 지역주민들은 개발론자들이 많은가, 아니면 환경보호론자들이 많은가? 지역적으로 변화를 달가워하지 않고 전통적이고 보수적인 경향이 많은가, 아니면 전통보다 변화나 혁신을 추구하자 하는 경향이 많은가? 지역사회의 인구이동이 많은 편인가, 아니면 별로 없는 편인가? 그리고 인구이동이 많으면 많은 요인은 무엇인가? 지역사회가 문화적으로 동질적인가, 아니면 다원화되어 있는가? 지역주민들이 주된 경제적 기반이 직장생활인가, 아니면 농업이나 어업 등인가? 그리고 직업인의 경우는 전문직이 많은가, 아니면 일반 노동자가 많은가? 지역사회 주민들의 학력은 어떠한가? 지역주민들이 하이테크의 영향에 민감한가, 그렇지 않은가? 이 밖에 지역사회 문화를 알려주는 지표들로는 지역사회의 주요 축제나 행사의 종류, 모임의 주요 장소, 주요 지역단체 등이 있다.

---

22) Glenn Daman, 「중.소형교회 성공 리더십」, 김기현, 민경식 역 (서울: 대한기독교서회, 2006), 41-8.

23) Ibid., 44-8.

(2) 지역사회 종교특성 이해

지역사회마다 해당 지역사회의 종교적 분포가 다르다. 그리고 각 지역에 따라 기독교의 비율이 다르며 동시에 기독교에 대한 선호도 역시 다르다. 따라서 지역교회는 자신들이 속해있는 지역사회의 이러한 종교적 특성을 이해하여야 한다. 이러한 일반적 종교인구분포는 10년마다 시행되는 국가적인 인구센서스 조사 결과나, 5년마다 시행되는 가족통계조사 등을 지역의 주민센터나 통계청의 자료를 통하여 참조하면 도움이 된다.

지역사회의 종교적 성향을 파악하기 위해 다음과 같은 조사가 도움이 된다.24) 첫째, 지역주민들이 교회에 대하여 일반적으로 어떻게 생각하는가? 즉, 교회가 속한 지역사회가 종교적으로 기독교에 대하여 열려 있는가 아니면 패쇄적인가? 둘째, 사람들이 교회에 출석하지 않는 이유는 무엇이라 생각하는가? 셋째, 자신이 만약 교회를 출석한다면 어떤 교회를 출석하고 싶은가? 넷째, 지역주민으로서 교회에 바람이 있다면 어떤 것인가?

(3) 지역사회 인구적 특성 이해

교회가 속한 지역사회에 대한 기초 통계 조사들은 가까운 지자체나 인터넷 매체에서 쉽게 구할 수 있다. 이 가운데서 해당 지역사회의 인구특성 자료는 교회의 현재 계획 수립과 미래의 준비에 필요하다. 이를 바탕으로 목표연령집단을 설정할 수 있고 연령집단의 특성에 알맞은 목양 준비를 효과적으로 할 수 있다.

인구적 특성 이해에 필요한 내용들은 다음과 같다: 나이-지역민들의 평균 연령과 각 연령별 인구분포의 현황, 가족상태-각 가정의 자녀수와 자녀들의 나이 대, 수입수준과 사회적 지위-지역 주민의 평균 수입과 평균

---

24) Rick Warren, 「새들백교회 이야기」, 김현회, 박경범 역 (서울: 디모데, 1996), 216-7.

적인 사회경제적 지위(하층, 중하층, 중산층, 중상층, 상층 등), 고용과 경제적 기반-지역주민의 고용 상황과 주요 직업, 종교적 배경-특정 종교의 분포 비율, 교회와의 지리적 원근의 정도.[25]

(4) 지역사회의 변동의 요인 이해

이상에서 살펴본 지역사회의 현재 특성 중에는 멀지 않은 시간에 닥쳐올 지역사회의 변화와 변동을 예측할 수 있는 내용들이 있다. 예를 들면, 연령별 인구통계, 지역산업의 특성 등이 그것이다. 하지만 이러한 예측 가능한 변동의 경우도 있지만, 그렇지 않은 변동 역시 발생한다. 대표적인 경우가 국가 주도적인 개발이나 특정지구 지정, 금융위기나 천재지변으로 인한 경제적 사회적 위기 등이 그것이다. 따라서 목회자는 교회와 사회라는 두 세계에 발을 딛고서 깊은 관심을 가지고 이 두 세계를 관찰하고 연구하여야 효율적인 목회리더십을 발휘할 수 있다.

이상에서 살펴본 지역사회의 이해를 바탕으로 목회자는 어떻게 사역의 방향을 설정할 것인가를 다음의 기준을 가지고 정해야 한다.[26] 첫째, 어떻게 지역민들에게 복음을 전해야 할 것인가? 둘째, 지역의 관심을 끌 수 있는 동시에 지역사회의 필요를 채워줄 수 있는 프로그램은 어떤 것인가? 셋째, 이제까지 이 지역의 기존 교회가 채워주지 못하는 신앙적 필요를 어떻게 충족시킬 것인가?

3. 한국목회리더십의 전망 및 과제

이상에서 살펴 본 상황적 리더십 이론과 그 목회적 적용의 이해는 유기

---

25) Daman, 「중.소형교회 성공 리더십」, 43.
26) Ibid., 49.

적 조직으로서의 신앙공동체인 교회가 상황에 민감하여야 함을 보여주는 동시에 상황이 지닌 본질 가운데 하나가 변화임을 보여준다. 따라서 성육신적 목회리더십의 이해를 바탕으로 교회 규모의 변화에 따라 목회자의 리더십이 변해야 하며, 교인의 성숙도에 따라 목회자는 자신의 리더십을 달리해야 하며, 교회 생애주기에 따라 목회리더십의 행태가 달라져야 하고, 교회를 둘러싼 지역사회의 변화에 따라 목회자의 리더십은 바뀌어야 한다.

이러한 끊임없는 교회의 내외적인 상황의 변화는 오늘날 교회의 지도자인 목회자들로 하여금 계속적으로 자신들의 목회리더십을 돌아보고 변화하기를 요구한다. 특별히 교회가 성장하고 확장할 때보다, 쇠퇴하거나 줄어들 경우에 목회자에게 기대하는 리더십의 역할은 더욱 크다.[27] 그렇기에 오늘날 한국교회가 처한 세속화와 '가나안성도'의 증가 및 고령화에 따른 교회생애주기 상황이 한국교회에서 더욱 목회자의 리더십에 대한 관심을 불러일으키는 것이지 않은가 여겨진다.

이러한 상황에서 목회자들이 조금만 관심을 가지고 돌아보면 목회상황에 도움을 받을 수 있는 리더십에 관련된 많은 자료들과 정보들이 있다 (특별히 기회가 된다면 미국 Christianity Today에서 운영하는 Christianity Today 잡지와 CTPastors.com 사이트가 도움이 된다). 이러한 노력을 통하여 다양한 리더십 이론들을 접하고 적용의 영역들을 교회전체 또는 부분적 사역에 접목하여 자신들의 리더십을 상황변화에 적합하게 적용한다면 목회사역에서 눈으로 확인할 수 있는 유기체로서의 교회의 활력을 볼 수 있을 것이다. 끝으로, 오늘날 청지기로서 부름 받은 목회자는 역사적 시대적 상황에 기꺼이 자신을 던지신 예수 그리스도의 삶과 사역과 가르침

---

27) 현유광, "한국 신학교육 이대로 좋은가?: 실천신학 커리큘럼과 교육방법을 중심으로," 「성경과 신학」, 40권 (2006): 132.

의 본을 따라 어디든 주님의 몸 된 교회가 처한 상황에서 최선의 결과를 낳을 수 있게끔 자신의 지도자로서의 모든 것을 던져 기꺼이 순종하는 상황적 리더가 되기에 힘써야 하겠다.

제10장

목회와 예배 및 예전

1. 오늘날의 예배경향과 침례교회 예배의 특징

영적 각성과 신앙의 개혁은 항상 예배의 변화와 개혁을 동반한다. 오늘날 우리 주변에서 쉽게 볼 수 있는 개신교 신앙공동체의 예배는 종교개혁의 영향으로 설교가 중심을 차지하고 거기에 찬송과 기도가 곁들여지는 예배이다. 물론 최근 일부 교회들에서 찬양과 경배 중심의 예배, 또는 열린 예배의 형식을 시도하고 있지만 여전히 대부분의 한국 개신교 예배는 설교중심의 예배를 드리고 있는 실정이다. 그리고 이러한 전통적인 예배를 좀 더 새롭게 시도하려는 움직임이 활발하게 진행되고 있다. 이러한 예배개혁의 움직임 가운데 하나는 예전의 강조이다. 즉, 그동안 예배에서 지나치게 경시되어 온 '주의 만찬'의 비중 강화를 비롯하여 예배의 상징적 영역을 복원하려는 움직임과 더불어 이러한 움직임과는 달리 예배의 자유로운 형식과 다양한 영상매체를 사용한 '구도자 예배' 또는 '열린 예배' 등이 다양하게 시도되고 있다.[1)

오늘날 한국침례교회의 예배 역시 몇 가지를 제외하고는 주류 한국개

---

1) 김순환, "예배학," 한국복음주의실천신학회 편, 「21세기 실천신학개론」 (서울: 기독교문서
   선교회, 2006), 42-3.

신교회들과 특별히 다른 점은 없다. 한국침례교회가 타 교단과 구별되는 예배에서의 특징 몇 가지를 살펴보면 다음과 같다.

첫째, 한국침례교회는 교단 차원에서 제시하는 예배순서가 없다. 이는 침례교회 고유의 개교회주의적 특성에서 기인한바 크다고 할 수 있다. 둘째, 예배순서에 초청이 들어있다. 오늘날 침례교회에서 조금씩 약화되어 가는 경향이 있지만 여전히 침례교회의 예배순서에는 회중의 결단을 촉구하는 초청이 들어있는 경우가 많다. 셋째, 여타 다른 개신교단의 예배와는 달리 대개의 경우 예배 순서에 사도신경의 암송이나 낭독이 없다. 이는 침례교회가 '신조적 교회'(creedal church)가 아니라 성경만을 유일한 신앙의 토대로 삼는 '고백적 교회'(confessional church)임을 주장하기 때문이다.[2]

이상에서 우리는 오늘날 한국교회의 예배와 침례교회의 예배를 살펴보았다. 하지만 이상에서 간략하게 살펴본 전통적 예배와 예배 개혁 움직임, 그리고 한국의 침례교예배 모두에서 간과하지 말아야 할 점은 바로 예배에서 드러나야 할 하나님의 본질과 특성이다.

예배가 하나님의 성품과 그 하신 일 모두에 대해 영광을 드리는 일체의 행위를 의미하는 것이라면, 당연히 하나님의 소유이자 함께 거하시는 유기적 공동체로서의 신자의 교회는 삼위일체 하나님의 본질적 특징인 유기적 공동체성에 나타나 있는 '다양성과 연합' 그리고 '드림과 나눔,' '희생과 섬김'이 다양한 방법으로 예배에 담겨있고 표현되어야 한다. 즉 예배의 내용과 표현방식 모두 하나님의 가족공동체로서의 교회의 공동체성을 드러내고 이를 감사하며 나아가서 그 공동체성을 발전시키는 데 초점을 맞추어야 한다. 우리가 예배를 드린 후 예배당을 나설 때 '우리의 믿음이 더

---

2) 김남수, "침례교회의 예배와 음악," 침례신학대학교출판부, 「침례교회 정체성: 역사.신학.실천」 (대전: 침례신학대학교출판부, 2014), 560-1.

욱 굳건해지고, 우리의 소망이 더욱 빛나며, 우리의 사랑이 더 깊어지며, 우리의 이웃사랑이 더욱 넓어지며, 우리의 마음이 더욱 깨끗해지며, 하나님의 뜻을 행하기 위한 각오를 더욱 더 굳게 다져진 상태'가 된다면 우리는 제대로 예배를 드린 것이라 할 수 있다.[3] 이러한 예배에서의 기본 이해를 염두에 두고 다음에서 신앙공동체의 예배에 관해 살펴보기로 하자.

2. 신앙공동체 예배의 중요성과 정의 및 의미

1) 중요성

성경은 모든 창조 세계의 근본적 목적이 삼위일체 하나님을 영화스럽게 하는 일이라고 말하고 있다(시 19:1). 교회 역시도 "교회가 존재하는 궁극적인 목적은 바로 삼위일체 하나님의 영광이다."[4] 그렇기에 유기적 신앙공동체인 교회는 우선적으로 하나님의 이름에 합당한 영광을 올려드리는 예배하는 공동체가 되어야 한다. 즉, 교회는 무엇보다도 하나님을 예배하기 위해 존재한다. 이것이 결여되면 교회는 다른 어떤 것이 다 넘치더라도 부족할 수밖에 없다.[5] 그 이유는 다음과 같다.

첫째, 이 땅과 역사 가운데서 오직 삼위일체 창조주 하나님만이 유일하신 참 신이시며 모든 피조물들의 영광을 받기에 합당하시다. 그 가운데서도 특히 하나님의 형상을 닮아 지음 받은 우리들의 중심에서 우러나오는 진심어린 감사와 영광과 찬송을 가장 기뻐하시기 때문에 신앙공동체의 예배는 중요하다. 우리가 올려드리는 예배야말로 하나님께는 창조와 섭

---

3) Franklin M. Segler, *Christian Worship: Its Theology and Practice* (Nashville, TN: Broadman Press, 1967), 12.

4) Grenz, 「공동체를 향한 신학: 하나님의 비전」, 241.

5) Yancey, 「교회, 나의 고민 나의 사랑」, 39.

리의 보람이자 기쁨이며 자랑스러움인 것이다. 따라서 하나님을 참으로 기쁘게 해드리는 신앙행위 중의 으뜸은 바로 예배인 것이다.

둘째, 자녀를 사랑하는 부모가 그들 자녀와 함께 지내는 것을 기뻐하고 즐거워하듯 우리 하나님께서는 당신의 자녀들이 당신의 이름으로 함께 모여 하나님을 찬양하고 영광을 드리며 다양한 방법으로 서로 사랑하며 예배 가운데 임재하시는 하나님 역시 당신의 자녀들이 함께 모여 드리는 공동체의 예배 가운데서 당신의 사랑과 관심과 돌봄을 표현하는 일을 무엇보다 기뻐하시기 때문에 신앙공동체의 예배는 중요하다(마 18:20, "두세 사람이 내 이름으로 모여 있는 자리, 거기에 내가 그들 가운데 있다."). 예배는 시대와 신앙적 전통 및 문화에 따라 다양한 형태가 있다. 하지만 그 본질인 예배의 정신과 동기인 하나님을 찬양하고 사랑함은 불변하다.[6] 하나님을 사랑하기에 그 분을 사귐의 중심에 두고 형제자매가 그 사랑과 기쁨을 함께 나누고자하는 과정과 표현이 예배의 순서와 형식으로 나타나는 것이다. 또한 자녀들이 개개인 모두 부모를 기쁘게 해드리지만 그 자녀들이 함께 모여 사랑을 표현할 때 그 부모의 사랑은 더욱 크기 마련인 것처럼 하나님께서 우리 개개인 모두를 사랑하시며 만나시기를 즐겨하시지만 동시에 사랑하는 자녀들이 함께 모여 그 분을 사랑하고 그 사랑을 함께 표현하는 일 역시 하나님의 기쁨을 더욱 크게 하는 일이다.

셋째, 신앙공동체의 정체성을 결정하는 교회의 본질과 사역이 예배와 예전의 이해 및 그 표현과는 불가분의 관계가 있기 때문에 신앙공동체의 예배는 중요하다.[7] 신앙공동체는 각기 고유의 신학과 그 신학에 기초한

---

6) Segler, *Christian Worship*, 2. 본 장은 Segler 교수의 저술에 힘입어 구성된 바 크다. 왜냐하면 침례교신학자 가운데 예배의 원리와 실천에 관하여 기술한 자료가 적을 뿐 아니라 이만큼 탁월하게 침례교 정신을 바탕으로 예배를 기술하고 있는 자료가 많지 않기 때문이다.

7) E. C. Dargan, *Ecclesiology* (Louisville: Charles T. Dearing, 1897), 517.

또는 그 신학을 나타내는 예배를 통하여 하나님을 기쁘게 해드리며 이 땅에 그 공동체가 존재하는 이유를 드러낸다. 마치 자녀가 여럿 있지만 각각의 자녀는 함께 모인 가운데 자신들만의 독특한 성품과 행동으로 부모에게 서로 다른 기쁨을 드리듯이 각 신앙공동체는 자신들의 고유한 신학과 신앙적 전통을 드러내는 예배를 통하여 하나님께 기쁨을 드리며 동시에 다른 공동체가 지니지 못한 예배의 특징을 통하여 전체 하나님 교회의 온전함과 조화와 아름다움을 이루어 하나님께 영광과 기쁨을 드리는 과정에 참여하게 된다.[8]

2) 정의

'예배'라는 영어 'worship'은 'worth'(가치)와 'ship'(신분)의 합성어이다. 그렇기에 이 말의 뜻은 존경과 존귀를 받기에 합당한 신분의 대상이라는 뜻이다. 즉, 예배라는 말은 존경과 존귀를 받기에 합당한 분께 존경과 존귀를 드린다는 의미이다. '예배'로 번역된 구약의 중요한 용어인 'shachah'(샤하하)는 '절하다' '엎드리다'의 의미를 지니고 있으며, 신약에서 예배로 흔히 번역되는 용어인 'proskuneo'(프루스쿠네오)는 '~의 손에 입맞추다' '~앞에 엎드리다'의 뜻을 나타낸다.[9] 즉, 예배를 의미하는 단어가 내포하는 의미는 예배의 초점이 삼위일체 하나님이심을 보여준다. 즉 우리는 하나님의 존재(계 3:6-8)와 그 하신 일, 즉 예수 그리스도 안에서 하신 일(요 3:16)로 인하여 하나님께 찬양을 드린다.[10] 이러한 예배는 음악, 선포, 기도, 상징적 행위 등의 성서와 교회 전통 및 문화와 시대적 특징이 반영된 다

---

8) 남병두, "서론: 교회예전에 관한 역사적 고찰과 교회회복에 대한 전망," 침례교신학연구소 편, 「침례교회예전」 (대전: 침례신학대학교출판부, 2008), 13-45.

9) Segler, *Christian Worship*, 5.

10) Grenz, 「공동체를 향한 신학: 하나님의 비전」, 244.

양한 방법을 통하여 드려진다.

3) 예배의 신학적 의미

예배란 우리 인간이 삼위일체 하나님과 연합하여 교제를 누리는 과정
인 동시에 교제를 통해 개인 및 공동체가 드리는 경배와 찬양을 통해 영
광과 찬송을 받으시는 행위를 의미한다. 예배의 신학적 의미와 관련하여
현대 예배학에서 논의되는 주요 학자들의 예배의 신학적 의미와 관련된
견해를 정리하면 다음과 같이 세 가지로 요약할 수 있다.[11]

첫째, 형식과 관련된 접근으로 예배를 '계시와 응답'의 두 요소의 상호
작용으로 이해하는 견해이다. 이러한 견해는 예배형식의 구성을 하나님
과 인간 사이의 단순한 영적 대화를 넘어 인간의 육체와 전인격적인 영역
을 포함하는 대화를 예배로 보는 관점이다. 예배가 예수 그리스도 안에서
의 하나님의 자기계시이며 성령을 통한 인간의 응답이며 이 과정을 주관
하시는 이는 하나님이시라는 입장이다.

둘째, 내용과 관련된 접근으로 예배를 내용면에서 인류의 역사에 개입
하신 예수 그리스도의 구속 사건들을 새롭게 확인하고 기억하는 것으로
예배의 모든 행위는 구원의 사건을 오늘의 회중과 연결시켜 현재 속으로
끌어들이는 것이란 견해이다. 다시 말해 예배의 내용은 기독론적 바탕 위
에서 발생하는 구속 사건들로 이루어진다는, 즉 예수 그리스도의 삶과 죽
음, 부활을 통하여 성취된 하나님의 구속행위를 경축하는 것이란 관점이다.

셋째, 예배의 기능적 측면과 관련된 접근으로 예배가 수행하는 기능을
하나님께서 인간에게 베푸시고 인간 역시 하나님을 섬기는 과정으로 보
는 견해이다. 이를 좀 더 구체적으로 표현하면 예배란, 하나님께서 피조

---

11) Ibid., 44-5.

물들을 자유케 하시며, 구속하시며, 새롭게 하시고 또 그들을 회복시키기 위해 그의 임재 가운데 예배로 부르신다는 예배가 가져오는 기능을 강조하는 입장이다.

3. 성서와 기독교역사에서 살펴보는 예배

1) 성서시대의 예배

(1) 구약성서시대의 예배

하나님과의 만남, 교제, 찬양, 감사와 헌신 등의 요소를 예배에서의 핵심적 요소라 볼 때 성서에서 최초의 예배는 최초의 인간 아담과 이브의 삶에서부터 존재하였다고 할 수 있다. 이 시기의 예배는 타락 이전의 상황으로 하나님과 완벽한 대화와 소통이 가능했기에 어떠한 절차와 매개가 필요하지 않은 완전한 형태의 예배였다.[12]

타락 이후 예배와 관련된 기록은 창세기 4장의 가인과 아벨의 제사 기록에서 찾을 수 있다. 가인과 아벨의 예배에서 찾을 수 있는 예배와 관련된 가르침은 다름 아닌 예배란 형식도 중요하지만 더욱 중요한 것은 예배의 내적자세인 순종과 믿음, 그리고 그 믿음에 합당한 삶이란 사실을 보여준다. 이러한 모세 이전의 예배 형식은 매우 간소하며 내용면에서는 하나님과 분리된 채 살아가는 인간을 위해 하나님께 나아갈 수 있는 수단으로서 제물을 드려 예배하는 방식을 취하고 있다.[13]

모세 시대 이후의 예배는 보다 체계화된 예배의 형태를 지니고 있다. 즉 장소가 성막(성전 건축 이후에는 성전)으로 특별하게 지정되어 있고

---

12) 김순환, "예배학," 45.
13) Ibid., 46. 구약의 희생제물 예배형태와 그리스도와 관련성에 대하여는 히 9:22-26을 참조하시오.

내용은 모세 이전의 예배의 핵심이었던 희생제사가 여전히 중심이었지만 제물의 헌납을 규례에 따라 수행하는 구별된 사람인 제사장들이 중요한 위치를 차지하였다. 이러한 구약성서시대의 예배는 당시의 다른 지역의 종교의식과 구별되는 특징을 지니고 있었다. 즉, 구약성서의 예배는 유일신이신 여호와 하나님만이 예배의 대상이었으며, 그 하나님은 살아계신 인격적인 하나님이시며, 예배에서 어떠한 형상도 존재하지 않았다.14) 이러한 구약성서의 예배를 요약하여 그 내용을 살펴보면 다음과 같다: i) 기도, 제물, 예식들이 모두 규정되어 있었다. ii) 사람의 생명을 상징하는 피가 있는 희생제사제도를 중심으로 예배가 구성되었다. iii) 히브리 연도와 절기를 중요시하였다. 특히 유월절, 오순절, 나팔절, 숙죄일 그리고 장막절이 중요한 절기로 지켜졌다. iv) 제사장이 제물의 헌납을 대신 수행하기에 예배에서 중요한 위치를 차지하였다. v) 예배의 장소는 하나님의 현현을 상징하기에 성막과 후의 성전은 매우 중요하였다.15)

(2) 신약성서시대의 예배

신약시대의 예배는 초기에 세 가지 형태가 혼재하였다. 그것은 성전예배, 회당예배, 그리고 가정 및 기타 장소에서 드려진 초대교인들의 예수님의 가르침에 따른 주의 만찬이 포함된 기독교예배이다.16)

i) 성전예배

성전예배의 많은 일화들은 예수님의 생애를 기록한 복음서에 주로 기록되어 있다. 예수께서는 유대인의 행습을 따라 성전을 찾았으며 여러 가

---

14) Segler, *Christian Worship*, 15.

15) Ibid., 27.

16) Ibid., 24-5.

지 절기를 지키기도 하였다(요 5장, 7장, 8장, 10:22ff). 예수님의 부활 승천 후에도 기독교인들은 성전예배를 드렸으며(눅 24:53), 사도들은 성전에서 날마다 가르쳤다고 기록되어 있다(행 4:1 ff). 하지만 이러한 성전예배는 예수 그리스도께서 친히 예배에서 하나님을 만나는 신자들의 성전이 되었기 때문에(요 2:19-22) 성전예배는 성전파괴와 이방인 기독교인들의 증가에 따라 자연스럽게 사라졌다(눅 21:5-6; 요 4:21). 이와 아울러 예수 그리스도의 몸 된 '교회'를 바울은 성전으로 설명하고 있다(엡 2:14, 21).[17]

ii) 회당예배

성전예배가 예배의 장소와 집전자와 희생제물을 엄격하게 구별되어 지켰으나 성전의 파괴와 오랜 포로생활 그리고 성서에 대한 강조로 인하여 기원전 3세기경부터 회당예배가 생겨났다.[18] 신약성서 여러 곳에서 찾아볼 수 있는 회당예배는 처음에는 교육기관으로 시작되었다가 예배처소가 되었기에 희생제사나 성스러운 의식이나 직분이 없이 성경말씀을 읽고 설명하는 순서(눅 4:14-27; 행 13:15, 27; 15:21)와 기도하는 순서가 있었다.

대개의 경우 회당의 예배는 안식일과 축일에 드려졌으며 예배의 주된 내용은 a) 성경말씀 낭독과 설명(해석), b) 유대교 신조, 쉐마(신 6:4)의 암송, c) 시편, 십계명, 축복기도, 그리고 아멘의 사용, d) 기도, e) 이후 기독교의 전통으로 이어진 '텔 산크투스'(Ter Sanctus, 거룩, 거룩, 거룩)라는 유대교의 '성결의 기도'(prayer of sanctification)로 이루어졌다.[19]

회당예배는 상대적으로 덜 형식적이었으며 교육적 요소가 강조되었고 제사장이 아닌 교사(랍비)가 중심인물이었으며 일반 교인들의 참여가 활

---

17) Ibid., 25.

18) Ibid., 25-6.

19) 김순환, "예배학," 47; Segler, *Christian Worship*, 26.

발하였다.[20) 이러한 회당예배형태는 유대사람들로 이루어진 초기 기독
교공동체의 성례전이 포함된 초기기독교 예배형태에 직접적인 영향을
미쳤다.

iii) 복음서 및 기타 신약성서에 나타난 예배

복음서에 나타난 예배와 관련된 가르침의 중요 원리는 예수 그리스도
의 삶과 가르침에서 찾아볼 수 있다. 예수께서는 당시 유대사회의 예배
전통을 따르셨으나 당시의 형식에 치우친 예배에 대하여 비판적이셨다.
예수께서는 당시의 잘못된 안식일 규례(막 2:23), 죄인에 대한 잘못된 통
념(2:14-17), 토라와 전승에 따른 형식적 예배태도(막 10:2-9)를 비판하셨
다. 이러한 예수님의 당시 예배에 대한 비판은 바로 예배의 근본정신과
취지를 회복해야 함을 가르치기 위함이었다(요 4:23-24, "아버지께 참으로
예배하는 자들은 신령과 진정으로 예배할 때가 오나니 곧 이 때라 아버지
께서는 이렇게 자기에게 예배하는 자들을 찾으시느니라. 하나님은 영이
시니 예배하는 자가 신령과 진정으로 예배 할지니라").[21)

초기 기독교 공동체 예배의 주요 요소나 순서는 고정된 형식이 존재하
지 않았던 것으로 보인다. 하지만 대개의 경우 당시 회당예배 순서의 기
본 구조를 가져와서 성경낭독, 낭독된 말씀의 설명과 권면, 기도와 찬
양[22), 회중의 아멘, 고백(죄의 고백과 신앙의 고백, 딤전 6:12; 렘 10:9; 약
5:16), 그리고 봉헌으로 이루어졌을 것으로 보인다. 여기에 주의 만찬과

---

20) Segler, *Christian Worship*, 26.
21) 김순환, "예배학," 48.
22) 초기 기독교인들은 시와 찬미와 신령한 노래를 부르며 예배를 드렸던 것으로 보인다.
참조 엡 5:18-21; 골 3:16; 고전 14:15, 눅 1:46-55의 '마리아의 찬송'(Magnificat), 1:68-79의
'사가랴의 찬송'(Benedictus of Zechariah), 2:29-32의 '시므온의 찬송'(Nunc Dimittis) 등의
음악사용의 예가 있다.

264   유기적 신앙공동체를 위한 목회학

침례가 포함되어 독특한 기독교예배의 형식을 갖추었으며 점차 다양한 요소가 첨가되었으며 예배일이 안식일로부터 안식 후 첫날인 부활을 기념하는 오늘의 주일로 옮겨갔다.[23]

이러한 초기 기독교 공동체 예배는 비록 유대교의 회당예배 영향을 강하게 받았지만 다음과 같은 기독교 공동체만의 독특한 예배의 특징이 신약성서시대의 예배에 나타나고 있음을 볼 수 있다: a) 기독교인들은 자신들의 지도자들의 서신, 예수님의 생애를 기록한 복음서 등을 예배에서 사용하였고 이의 권위를 율법서나 예언서들보다 우위에 두었다. b) 구약의 시편 등에 나타난 기독론적 표현들을 찬송의 노래나 신앙의 고백으로 사용하였다(빌 2:5-11; 엡 5:19). c) 침례와 주의 만찬이 예배의 주요한 부분이었다. d) 기독교 예배는 부활하신 그리스도의 임재와 성령의 임재에 대한 강한 자각과 확신을 지니고 드려지기에 열정적으로 드려진다. e) 안식일에서 주일(안식 후 첫날)로 회당이 아닌 신자들의 모임이 있는 어느 곳이든 예배 장소가 되는(물론 약 3세기를 전후하여 예배를 위한 장소가 세워졌지만) 시간과 장소에서 독특성을 지닌 예배를 드렸다.[24]

2) 초기교회(the Early Church)부터 니케아회의(AD. 325) 이전까지의 예배

초기 몇 세기 동안 기독교 예배를 파악할 수 있는 참고할 자료는 거의 없으며 예배의식의 편람 등도 존재하지 않는다. 하지만 몇 가지 참고가 되는 편지, 변증론, 설교, 단편적인 원고 등의 사료들에 근거하여 이 시기의 예배를 살펴보면 다음과 같다.

---

23) 김순환, "예배학," 49-50; Segler, *Christian Worship*, 29-32.
24) Segler, *Christian Worship*, 27-9.

기독교 공인 이전의 이 시기에 기독교 예배는 공공장소가 아닌 주로 가정(the house church)에서 드려졌다. 이 시기 예배와 관련된 자료로는 주후 120년이나 150년 사이에 기록된 시리아 문서로 추정되는 '12 사도들의 가르침'이라는 '디다케'(Didache)에 나타난 침례에 관한 기록,25) 예수께서 가르치신 기도 및 주의 만찬의 기록을 들 수 있다.26)

이 시기 예배에 대한 최초의 일반적인 안내서는 주후 140년 경, 순교자 저스틴(Justin Martyr)이 기록한 변증론(Apology)에 다음과 같이 나타나 있다: a) 성서(사도들이 전한 글이나 선지자들의 글) 읽는 것을 들음. b) 성서읽기가 끝난 후 사회자(목회자)의 연설과 권면 c) 다음에는 다 같이 일어서서 기도드리는 순서가 있고 그 후에 떡과 포도주와 물이 들어온다. d) 회중의 감사와 아멘. e) 떡과 포도주의 분배(참석한 사람들이 함께 먹고 마시는데 불참한 사람에게는 집사들이 가져다준다). f) 가난한 이들을 위한 헌납. 고아와 미망인, 환자 및 그 밖에 도움이 필요한 이들(포로 된 이들과 나그네 된 자들)을 돕는다.27)

3) 니케아회의부터 중세 전(6세기)까지의 예배

4 세기 기독교의 국교화 이후 예배장소는 바실리카라는 큰 공공장소의 건물이나 교회당으로 바뀌었다. 이 시기에 예배 문서들이 표준화되었으며 예배 및 주의 만찬 규모가 급속하게 늘어나면서 이에 따라 성례전주의

---

25) 이 기록에 의하면, 침례는 "흐르는 물에서 아버지와 아들과 성령의 이름으로 침례를 주라. 만일 흐르는 물이 없을 때는 다른 데서 침례를 주라. 만일 추워서 할 수 없을 때에는 따뜻한 데서 하라. 그렇게도 하지 못하면 아버지와 아들과 성령의 이름으로 머리 위에 물을 세 번 부으라"고 지침을 주고 있다.

26) 김순환, "예배학," 50-1; Segler, *Christian Worship*, 34-5.

27) Segler, *Christian Worship*, 36.; Justo L. Gonzalez, *The Story of Christianity*, vol. 1 (SanFranciscoL HarperCollins, 1984), 94.

와 성직주의가 확립되고 성서를 읽는 예배는 줄어들기 시작하였다.[28] 그리고 다양한 전통의 주의 만찬을 행하는 한 방법인 미사가 발전하게 되었다. 6 세기경에는 동방과 서방이 각각의 고유한 예배의식을 발전시켰는데 동방에는 알렉산드리아식, 시리아식, 비잔틴식의 삼대유형이 있었으며 서방은 주로 갈리아와 로마의 예배식이 있었다.

이 시기에 널리 퍼진 로마 가톨릭의 예배방식의 특징을 요약하면 다음과 같다: a) 예배는 그리스도의 '피 없는 제사'로 간주된 미사(주의 만찬)의 집례가 중심이 되었다. 주의 만찬이 성례전으로 간주되었다. b) 성자들(saints)의 중보제도가 광범위하게 발전되었으며, 처녀 마리아 숭배 또한 널리 퍼졌다. c) 비밀고해 제도가 잘 발달되어 있었다. d) 성자들이나 순교자들의 성유물(聖遺物, relics)은 종교생활의 중요한 부분이 되었으며 성례전의 수가 고정되지 않고 증가하고 있었다. d) 성례전과 외적 행위로 인한 공적(공로,功勞) 사상이 널리 퍼졌다.[29]

로마 가톨릭의 예배방식은 중세 예배에 정형화된 본보기가 되었는데 한 가지 특기할 사실은 신약교회시대와 주후 약 500년 사이의 어느 시기에서 예배가 '말씀예배'(The Liturgy of the Word)와 '다락방 예배'(The Liturgy of the Upper Room)로 나뉘어 시행되기 시작했다는 사실이다. 말씀예배 시간은 모든 회중이 참여할 수 있었다. 하지만 일반 회중은 다락방 예배 전에 해산하였고 이어진 다락방 예배에는 침례받은 교인만이 참석하여 주의 만찬을 하였다.[30]

---

28) 김순환, "예배학," 52.

29) Robert A. Baker, *A Summary of Christian History* (Nashville, TN: Broadman Press, 1959), 92-3.

30) Ibid., 56 ff.

4) 중세시대(7세기-종교개혁 전)의 예배

중세 서방의 예배는 회중이 알지 못하는 라틴어를 기초로 이루어졌으며 교회의 동쪽 벽에 제단을 설치하는 것, 사제가 기도하기위해 벽을 향하는 것, 로마네스크와 고딕양식교회에서 성가대 자리가 길게 더 늘어나 제단과 회중의 사이를 더 멀어지게 하는 것, 침묵낭송에 의한 성찬기도 등이 특징이다. 예배의 중심인 주의 만찬은 회중의 참여가 줄어들어 대부분의 미사에서 신부만이 주의 만찬을 받고 나머지 사람들은 침묵하게 되었다. 대신 회중은 1년에 한 번 부활절 때만 참석하도록 하였다. 11세기 무렵 무교병 사용이 널리 퍼졌으며 같은 시기에 포도주가 신자들로부터 배제되었다. 16세기경에 이르러 로마 가톨릭의 미사가 확정되었으며 화체설(化體說, transubstantiation theory)이 완성되었다.

중세를 지나면서 침례의식이 다르게 변화 되었다. 침례 후 성유(聖油)를 바르는 도유식(塗油式, the Chrism)을 감독의 임무로 정한 서방교회의 결정으로 인해 동방과 서방은 침례의식이 서로 다르게 되었다. 이후 서방교회의 경우 감독들의 개 교회방문이 어려워지는 경우가 발생하면서 출생 후 원죄를 가진 채 죽지 않게 한다는 목적으로 침례는 받았지만 도유가 어렵게 되면서 서방에서는 견진식(堅振式, Confirmation)이 분리 발전하게 되었고 이것이 신앙의 강화를 위한, 성령의 선물을 받는 시기라는 의미를 지니게 되었다.[31]

이상의 중세예배를 평가하자면 다음과 같다. 중세교회의 예배는 예배에서 회중의 참여를 제한하여 관람자가 되게 하였으며, 삼위 하나님 중 성령을 위한 기도가 없었으며, 외형을 강조하면서 예술적이고 미(美)적인 요소가 영적인 의미를 압도하여 예배의 내용과 의미에 대한 회중의 이해

---

31) 김순환, "예배학," 52-3; Segler, *Christian Worship*, 55.

가 결여됨으로 미신적 태도가 조장되었다.[32]

5) 종교개혁기

1517년 마틴 루터가 비텐베르크 교회 문에 95개 조항(theses)을 내걸기 훨씬 전부터 독일 오스트리아 이탈리아 및 보헤미아 등지의 회중들 마음 속에 순수한 신앙의 욕구가 자라고 있었다. 이러한 일련의 경건주의자들과 신비주의자들에 의한 종교개혁의 토양들은 다양하고도 광범위하게 준비되었다. 종교개혁은 당시의 '죽은 자를 위한 미사,' '성직자 독신주의,' '수도원 생활,' '순례,' '회중에게 주의 만찬에서 포도주를 금지한 것,' '성찬에서의 그리스도의 희생의 반복의 구현' 등의 잘못된 가르침을 부인하였다.[33]

종교개혁기의 예배는 대체로 크게 다음의 세 종류로 나뉘어 졌다. 첫째, 가장 보수적(소극적) 예배 개혁은 루터교의 예배형태로 후에 성공회의 예배에서 그 형식을 취하였다. 둘째, 절충적, 또는 온건한 칼빈주의적 형태의 예배개혁이다. 이는 장로교 또는 개혁교회의 예배형태로 나타났다. 셋째, 가장 개혁적인 형태는 재침례교회와 퀘이커교와 같은 청교도적 전통의 자유교회에서의 예배로 나타났다. 침례교, 회중교회 등의 예배형태가 이에 속한다. 이를 좀 더 자세히 살펴보면 다음과 같다.

(1) 루터의 예배

루터의 예배개혁은 기존의 로마 가톨릭의 미사에서 몇몇 요소를 배제하는 정도의 제한적인 입장을 취하였다. 즉 기존의 미사에 있었던 희생제

---

32) Segler, *Christian Worship*, 40-1.
33) 김순환, "예배학," 53.

사의 흔적을 제하였고 성경을 읽고 설교하는 순서, 주의 만찬의 떡과 잔을 회중에게 주는 것, 그리고 주기도문을 암송하는 것 등이 변화 내용이었다.[34]

루터는 주의 만찬이 상징이 아닌 그 음식에 그리스도께서 실제로 임재하신다(聖體共在說, consubstantiation theory)고 믿었다. 또한 미사는 가톨릭교회가 주장하는 것처럼 그리스도의 죽음의 반복이 아니라, 신자들이 그리스도와 함께 자신들을 드려 그리스도의 희생에 동참하는 것이라고 보았다. 루터의 예배개혁은 제한적이었다. 그는 교회 안의 예배의식은 성서를 따라야 하지만 성서에서 금지되어 있지 않은 것은 교회가 도움이 된다고 판단할 경우 허용하는 입장을 취했으나 적어도 예배에서 다양성과 창조성 및 찬송가의 사용을 강조한 긍정적 기여를 하였다.[35]

(2) 개혁교회 예배

쯔빙글리를 위시한 스위스 종교개혁가들(마틴 부쳐, 존 외콜람 파디우스)은 루터의 예배가 로마 가톨릭적 요소를 제대로 개혁하지 못했다고 비판하며 주의 만찬의 떡과 잔에 그리스도께서 육체적으로 임하신다는 루터의 성체공재설(聖體共在說, 또는 실재임재설, consubstantiation theory)과 로마 가톨릭의 화체설(化體說, transubstantiation)을 반대하였다. 부쳐와 칼빈은 영적임재설(영재설)을 주장하였고, 쯔빙글리는 주의 만찬은 상징적이라고 주장(기념상징설)하였다. 또한 쯔빙글리는 예배에서의 모든 상징을 배격하였고 공중 예배의 모든 음악 또한 반대하였다.[36] 마틴 부쳐는 예배자들 가운데 성령의 감동을 믿었으며 '미사'(Mass)를 '주의 만찬'으

---

34) Ibid., 54.

35) Segler, *Christian Worship*, 42..

36) 김순환, "예배학," 54; Segler, *Christian Worship*, 42-3.

로, '사제'(priest)를 '교역자'(minister)로, '제단'(altar) 대신에 '상'(床, table)으로 용어를 대체하였다.[37]

칼빈은 예배에 있어서 루터와 쯔빙글리 사이의 중도적 입장을 취하였다. 칼빈은 일 년에 주의 만찬을 네 번으로 제한한 쯔빙글리와는 달리 주의 만찬을 매 주일 행하여야 한다고 주장하였으며 주님의 만찬을 쯔빙글리의 견해처럼 단순한 기념 또는 상징이라고 이해하기보다는 주의 만찬에 그리스도께서 영적으로 임재하신다고 이해했으나 이를 신자들의 느낌(감수성)과 관련지었다. 칼빈은 예배에서 음악의 사용을 강조하였으나 악기의 사용은 제한하였다.[38] 칼빈은 예배에서의 루터의 주장과는 달리 '성서의 가르침이 없는 것은 무엇이든 예배에 허용되어서는 안 된다'고 주장하였다.[39]

하지만 칼빈의 종교개혁 역시 '관료후원적 종교개혁'이라는 제한이 있었기에 그 예배 역시 일반 사람들을 위한 '말씀의 예배'와 침례받은 자를 위한 '다락방의 예배'를 구분하여 제시하고 있음을 볼 수 있다.[40] 이들 개혁교회 전통의 종교개혁자들은 예배란 단순하여야 한다면서 '교회 안에 의식(rites)이 증가하면 기독교인의 자유를 빼앗아가고 예식이 믿음을 대체하게 된다'고 주장하였다.[41]

(3) 자유교회 예배

'스위스형제회'(Swiss Brethren)로 대표되는 재침례교회를 비롯한 청교도,

---

37) Segler, *Christian Worship*, 44.

38) 김순환, "예배학," 54; Segler, *Christian Worship*, 43-4.

39) Segler, *Christian Worship*, 45.

40) 칼빈의 예배 의식의 모델인 「제네바 예배서」의 자세한 내용은 Segler, *Christian Worship*, 44-5를 참조하시오.

41) Ibid., 45.

국교반대자들 등 근본적 종교개혁을 주장하였던 자유교회전통에 속한 교회들은 신약성서의 원리를 따라 예배를 회복하고자 노력하였다. 이들은 의식과 예식에서 자유로운 예배, 성서에서 가르치고 있는 예배의 정신과 동기를 강조하였다. 즉 자유교회의 예배는 인간의 모습이나 의상, 또는 완벽에 가까운 구성과 진행방식을 넘어선 다양함 속에서 하나 되는 공동체 정신을 중요시하였다.[42] 이들 자유교회 가운데 대표적인 집단인 재침례교도들은 초대교회의 예배와 삶을 그들의 모본으로 여겼는데 이들이 강조한 예배에서의 원리는 다음과 같다: a) 말씀의 선포가 중심이었다. b) 예배에서의 회중들의 참여가 강조되었다. c) 교회가 목회자의 순서로 정해놓은 것들 이외에는 회중과 목회자의 구별이 없었다. d) 회중찬송이 강조되었다. e) 신조(creeds)가 아닌 신앙의 고백(confessions)을 채택하였다. f) 오직 '주의 만찬과 침례'만을 교회의 유일한 의식으로 지켰다. g) 일반사람들이 모두 이해할 수 있도록 라틴어가 아닌 자국어로 예배를 드렸다.[43]

오늘날의 침례교 예배는 이상에서 언급한 개혁교회 및 자유교회 예배 전통 정신에 모두 영향을 받았다. 현대 침례교 예배에 영향을 미친 초기 17세기 영국침례교 예배의 일반적인 양식은 대체로 성경읽기, 기도, 설교, 그리고 사이사이 회중과 성가대의 찬송으로 구성되어 있었다.[44]

이상에서 살펴본 개신교 예배는 이후 17세기와 18세기를 거치면서 청교도신앙과 계몽주의의 영향으로 주의 만찬과 침례를 비롯한 예식과 의례보다는 설교와 성경공부가 강조되었다. 이 시기의 미국은 대각성운동의 영향으로 공개적 회개, 공개적 용서, 그리고 회개를 촉구하는 설교가 기독교 예배에서 강조되었다. 19세기에 출현한 낭만주의는 예배에서 의식

---

42) Ibid., 46.
43) Ibid., 47-8.
44) Ibid., 50.

의 중요성을 깨우치게 하였고 20세기 초엽에 이르러 성령침례의 필요성을 강조하며 즉흥적인 반응과 신비적 신앙경험 및 부흥회 형식의 설교가 기독교 예배에 영향을 주었다.[45]

오늘날의 기독교예배는 교파 및 지역적 필요 그리고 개교회의 특성과 다양한 매체들의 활용에 따라 특정한 형태의 예배양식이 아닌 다양한 예배형태가 나타나고 있는 것이 특징이다. 하지만 이러한 예배의 다양한 형태와 시도에도 불구하고 예배에서 잃지 말아야 할 본질은 복음에의 충실함과 회중의 참여확대 그리고 현대 사회문화와의 접목을 유지해야 한다는 점이다.[46]

4. 침례교회와 예전

초대교회부터 침례와 주의 만찬은 기독교 예배 요소 가운데 가장 중심의식으로 간주되었다. 그렇기에 침례교는 공식적으로 교회의 예전으로 침례와 주의 만찬만을 인정하고 기념한다.[47] 이 두 의식에 관하여 의식을 중시하는 교회들은 '성례전'(Sacrament)이란 용어를 사용하지만 대부분의 자유교회전통에 속한 교회들은 주님께서 명하신 이 두 가지를 다른 일반의식과 동등하게 여길 위험을 무릅쓰고라도 단순히 '의식'(rite) 또는 '예전'(ordinances)이란 용어를 사용한다. 이 예전의 문제는 역사적으로 개신교와 가톨릭의 신학적 차이점에서 핵심적 내용 중의 하나였으며 개신교

---

45) 김순환, "예배학," 55-6.

46) Ibid., 57.

47) 초대교회에서 주의 만찬과 애찬식은 함께 실행되었으나 고전 11:27절에서처럼 적합하지 않은 태도와 교인들의 숫자가 증가하면서 점차적으로 분리되다가 2-3세기에 접어들면서 애찬식은 서서히 예배에서 사라졌다. 남병두, "서론: 교회예전에 관한 역사적 고찰과 교회회복에 대한 전망," 40; 권종선, "신약성서에 나타난 침례와 주의 만찬," 침례신학대학교출판부, 「침례교회예전」 (대전: 침례신학대학교출판부, 2008), 75.

내부에서도 관료후원적 종교개혁세력과 자유교회를 구별하는 결정적 요소가 되었다. 따라서 교회가 그 정체성의 본질을 유지하고 그에 합당한 사역을 계속하기 위해서는 목회사역에서 교회예전의 의미를 올바르게 이해하고 실행하는 일을 중시하여야 한다.[48]

1) 교회예전의 기능과 역할

침례와 주의 만찬으로 대표되는 교회예전은 유기체적 신앙공동체인 교회가 지닌 특성과 정체성을 나타내는 요소가 되는 동시에 그 신앙공동체의 정체성과 본질을 유지하도록 지속적으로 기억하게 해주는 기능을 한다.[49] 즉 침례와 주의 만찬 자체는:

> 기념과 상징이지만 공동체의 의식으로서 신자의 구체적인 삶의 유형을 결정하기 때문에 단순한 기념과 상징이 아니라 그리스도의 가르침을 삶 가운데 실천하는 행위의 전형을 이룬다.... 침례로 시작되는 성도의 교회생활(총체적 신앙생활)에 대한 헌신은 매번 주의 만찬을 통해 갱신(renewal)되며, 그것은 종말 때까지 신자의 교회를 하나의 공동체로 묶어주는 역할을 한다.[50]

이 두 예전은 상징이 지닌 '기억'과 그 기억이 가르치고 있는 삶에서의 구체적인 실천을 지시하는 '실천적 행위'를 통하여 "고난을 통한 그리스도의 속죄의 사역과 교회에 대한 그리스도의 비전을 담고 있고 사도들의 교회가 어떤 공동체가 되어야 하는지를 보여주는 시각화된 메시지"로서 그리스도께서 다시 오실 그날을 기대하면서 "교회의 기초가 되는 예수를 주와 그리스도로 고백하는 신앙고백에 합당한 삶을 살도록 지속적으로 일

---

48) 남병두, "서론: 교회예전에 관한 역사적 고찰과 교회회복에 대한 전망," 14.

49) Ibid., 13.

50) Ibid., 30.

깨워주고 그러한 신앙고백을 함께 나눈 교인들의 하나 됨을 각인시키는 역할을 한다."[51]

유기적 신앙공동체적 관점에서 침례는 단순한 개인적 신앙고백의 표현이 아니라 신앙공동체 의 신앙과 생활에의 가담을 의미하고 있으며, 주의 만찬 역시 사랑과 신뢰와 상호환영의 정신으로 참예하는 신앙적 한 가족이라는 표시이다.[52] 따라서 교회의 예전은 신앙공동체의 정체성의 측면에서는 교육과 목회의 실천 현장에서 '세상과 구별된' 교회 회중의 정체성 형성 및 계속적인 교제를 유지 발전시켜 나가는데 있어서 매우 중요한 역할을 하지만 동시에 신앙공동체 사역의 측면에서는 '세상을 향해 나아가는' 사랑으로 섬기는 사명이 있음을 상기시켜주는 역할을 한다.[53]

이러한 측면에서 오늘날 일부 목회현장에서 볼 수 있는 예전에 대한 형식적 태도나 경시 풍조는 시정되어야 마땅하다 하겠다. 침례는 성서에서 가르치고 있는 유기적 신앙공동체로서의 교회정체성을 유지 발전시켜 나가는데 있어서 필요한 교회 회원 됨의 전제가 되는 가장 핵심적인 예전이다. 참된 신자의 교회야말로 유기적 신앙공동체를 위한 초석이며 이는 침례를 어떻게 실행하는가에 달려있다 해도 과언이 아니다. 주의 만찬은 예수 그리스도의 "몸과 피를 나눈 공동체가 지속적으로 그리스도의 고난을 기억하고 감사하며 침례를 통하여 선언[고백]했던 신앙고백과 헌신을 갱신하는 사건이 되어야 하며 동시에 신자들의 진지한 교제의 장이 되어야 한다."[54]

따라서 침례와 주의 만찬은 예배의 곁다리나 요식절차로 경시되어서는

---

51) Ibid., 31-2.
52) Segler, Christian Worship, 142.
53) Ibid., 33.
54) Ibid., 34.

안 되며 "교회의 구체적인 삶과 예배의 중심으로 되돌려져야 한다. 이것은 말씀을 예배의 중심에서 밀어내야 한다는 뜻이 아니다. 예전 자체가 그리스도의 삶과 가르침(말씀)을 또 다른 방식으로 선포하고 기억나게"하는 것이기에 말씀과 예전은 구별된 둘이 아니라 상호 보완적으로 각각의 의미를 더욱 살아나게 만든다.[55]

2) 교회예전의 윤리적 의미

신자의 침례와 주의 만찬에서의 자격, 즉 침례받은 사람에게만 주의 만찬 참여권을 주는 것은 윤리적으로 다음과 같은 중요한 의미를 지닌다.[56]

첫째, 신자의 침례가 지니는 평등적 개방성이다.[57]

오직 예수 그리스도를 믿는 자만 침례를 받을 수 있다는 신자의 침례는 일차적으로 제한적이고 배타적인 의미로 다가오지만 역설적으로나 긍정적 의미로 볼 때 또 다른 의미를 발견할 수 있다. 믿음만이 침례의 조건이 될 수 있다는 신자의 침례는 초대교회 당시나 오늘날이나 믿음 외의 어떠한 사회적 개인적 자격이나 조건도 침례에 필요한 조건이 아니라는 사실을 의미한다. "우리가 유대인이나 헬라인이나 종이나 자유인이나 다 한 성령으로 침례를 받아 한 몸이 되었고"라는 고린도전서 12장 13절의 말씀은 이러한 의미를 뒷받침 해준다. 즉 신자의 침례에 담겨있는 또 다른 의미인 빈부, 귀천, 노소, 성별, 인종에 상관없이 믿음만이 침례의 조건이 된다는 평등적 개방성을 깨달을 필요가 있다.

---

55) Ibid.

56) 이 부분은 김병권, "교회예전에 내장된 교회 윤리적 의미," 침례신학대학교출판부, 「침례교회예전」 (대전: 침례신학대학교출판부, 2008), 213-22의 내용을 요약 제시하였기에 더 자세한 내용을 알고 싶으면 이 부분을 참조하시오.

57) Ibid., 213-4.

이는 인간의 죄성으로 인하여 여러 기준으로 갈라진 사람들을 믿음만이 기준이 되는 침례를 통하여 여러 종류의 사람들이 하나의 유기적 신앙공동체를 이룰 수 있음을 보여주고 있다. 즉 "교회는 그 자체로서 이미 사회적 또는 육체적 차별이 완전히 해소된 '새로운 피조물'"임을 보여주며 동시에 장차 다가올 하나님의 나라의 모습을 조금이나마 예시하는 종말론적('이미'와 '아직'의 사이에 있는) 실체임을 보여준다.58)

둘째, 주의 만찬에 나타난 그리스도의 자기희생과 나눔에의 동참 의미이다.

주의 만찬에 참여함은 참여한 이들로 하여금 주의 희생의 의미를 상기하고 그리스도의 희생적 고난에 동참을 결심하는 시간을 가지는 것을 의미한다. 이는 주의 만찬을 통하여 우리 인간을 위해 자신을 희생하신 예수 그리스도처럼 작게는 가족공동체, 신앙공동체, 나아가서 인류공동체를 위해 우리 역시 고난과 희생을 기꺼이 감당하도록 가르치고 격려하는 시간을 가지는 것을 의미한다.59)

또한 주의 만찬에 참여함은 각 신자가 '그리스도의 몸에 참여'하는(고전 10:16-7), 즉 각자 하나님의 자녀들이 '한 몸이 되는 것'이기에 '각기 다른 구성원의 상호 존중'(고전 12:15-9, 21), '약자와 상호 돌봄의 중요성'(고전 12:22-5), '고락(苦樂)의 공유'(고전 12:26) 등의 가르침을 실천하겠다는 각오로 서로 확인하고 약속하는 의미를 되새기는 일이다. 그리고 주의 만찬 과정인 '떡을 떼는 일과 잔을 나누는 일'은 서로의 일상생활의 필요를 함께 나눈다는 의미도 포함한다. 이러한 필요를 나눔은 나아가서 그리스도께서 온 인류를 위해 자신의 몸을 내놓으셨듯이 이러한 희생과 나눔의 신앙공동체의 내적 결속과 약속은 패쇄적이거나 배타적인 방향이 아니라

---

58) Ibid., 218.
59) Ibid., 219-20.

교회 밖이 세상을 향해 개방적이고 이타적으로 구현되어야 한다.[60]

3) 교회예전(침례와 주의 만찬) 실제[61]

침례와 주의 만찬의 교회현장 실제는 침례신학대학교에서 발간한 「침례교회 목회메뉴얼」에서 그 대략을 가져와서 아래와 같이 지침을 기술하며, 의식의 세부순서는 「침례교회 목회메뉴얼」의 해당 부분을 참조하도록 한다.

(1) 침례의 목회적 지침

i) 침례의 의미: 침례의식은 두 가지 의미를 내포하고 있다. 첫째는, 침례를 받는 개인에게 있어서는 예수 그리스도를 믿고 중생한 사람이 회중 앞에서 자신의 신앙을 고백/간증하는 것이며, 둘째는 회중에게 있어서는 회중(교회)이 해당 신자의 침례를 인정하는 일은 그 사람을 그리스도 안에서의 형제와 자매로 인정하는, 즉 해당 신앙공동체의 교제권 안으로 받아들이는(공동체의 일원이 된다는) 사실을 공개적으로 표현하는 의식이다. 또한 침례는 그리스도의 몸인 교회의 한 지체가 되는 공식적인 인정 과정이기에 침례는 교회의 한 지체로서 책임과 의무를 감당하겠다는 공식적 의사표현이기도 하다. 따라서 침례받은 사람만이 교회의 공식 직분을 맡을 수 있다. 아울러 침례가 죄를 씻어주거나 구원의 조건이 아니라는 점을 확실히 알도록 하여야 한다.

ii) 침례의 자격: 침례가 회중 앞에서의 공개적인 신앙고백의 과정이기

---

60) Ibid., 221.
61) 침례와 주의 만찬의 목회현장 실제는 「침례교회 목회 매뉴얼: 조직. 예전. 봉사」 (침례신학대학교출판부, 2014), 100-21을 참조하여 요약 재 기술하였다.

때문에 반드시 예수 그리스도를 믿는 신자만을 그 대상으로 하여야 한다. 아직 자신의 자유의사로 믿음을 결정할 수 없는 연령의 사람인 경우는 신앙을 스스로 결정할 수 있을 때까지 기다려서 침례를 베풀도록 하여야 한다. 따라서 침례를 원하는 사람의 경우 개 교회는 새가족 훈련과정을 마련하여 3~6개월 정도의 기간 동안 구원의 확신과 그리스도의 제자로서의 삶의 자세 드의 신앙을 점검하고 회중의 일원으로서 책임을 감당할 수 있게끔 준비하도록 하는 것이 좋다.

iii) 침례의 방식: 침례방식은 몸을 물에 완전히 담그는 침수례이다. 이 방식이 예수께서 친히 받으신 방식이었고 이러한 침례를 주라고 명령하셨으며, 그 신앙적 의미 역시 물에 잠기는 행위는 그리스도와 함께 죽고, 장사되고, 물에서 나오는 행위는 그리스도와 함께 부활함을 의미하기에 성서적인 방식인 침수례가 침례의 방식으로 합당하다.

침례를 베푸는 장소는 침례탕이나 아니면 깨끗한 물이 있는 곳이면 어디나 가능하며 교회는 침례복과 탈의시설, 마른 수건 등을 준비하도록 한다.

iv) 침례의식 주례 자격: 침례를 베풀 수 있는 사람은 침례 받은 사람으로 교회로부터 침례베풀 권위를 위임받은 사람이어야 한다. 침례를 베풀 자격인 반드시 안수 받은 목회자일 필요는 없다. 이는 여러 목회적 상황 하에서 교회의 영적 지도자로서 침례를 베풀도록 권위를 인정받은 사람은 누구나 침례를 베풀 자격이 있다는 사실을 의미한다. 하지만 다른 교회와의 교제에서 덕을 세우는 일 역시 중요하기에 교회 간에 권위를 인정받은 안수받은 목회자가 침례를 베푸는 것이 좋다고 보여진다.

v) 침례의식의 거행: 침례의식은 침례만을 위한 따로 마련된 예배에서

거행될 수도 있고, 예배당에 침례를 받을 수 있는 장소가 있을 경우는 예배의 일부로 침례를 거행할 수도 있다. 침례의식을 진행하면서 수침자로 하여금 간단한 신앙고백을 하는 순서를 갖는 것도 좋다. 주례자는 수침자가 물속에 완전히 잠기도록 침례를 베풀도록 하며 한 손에 수건을 준비하여 물 밖으로 나오자마자 얼굴부위를 닦아주고 다른 한손으로는 수침자를 잘 지지하여 수침자가 당황하지 않도록 한다.

vi) 침례의식 순서: 주일예배와 겸하여 침례식을 거행하는 경우의 순서의 예와 침례의식을 다로 행하는 경우의 예들은 「침례교회 목회 매뉴얼: 조직. 예전. 봉사」, 102-6쪽에 나와 있는 순서의 예를 참조하면 도움이 된다. 침례식을 마친 후는 수침자와 교우들이 간단하게 꽃다발이나 조촐한 다과로 서로 축하하고 환영하는 시간을 갖도록 준비하는 것이 좋다.

(2) 주의 만찬의 목회적 지침
i) 주의 만찬의 의미: 주의 만찬은 그리스도 희생의 반복이 아니라 단번에 바쳐진 십가가에서의 온 인류를 위한 희생을 기억하고 기념하는 의식이다. 그렇기에 주의 만찬이 은총이나 구원의 수단이 될 수 없다. 주의 만찬에서의 떡은 예수 그리스도의 온 인류를 위해 찢기신 몸을 상징하며 포도주는 그 흘리신 피를 상징하기에 이를 행함으로 예수 그리스도의 죽으심을 기념한다. 주의 만찬은 또한 그리스도와의 연합을 확인하고 같은 신앙공동체의 다른 지체들과의 연합을 확인하고 고백하는 의미를 지닌다. 그러므로 교회는 주의 만찬을 통해 종말론적으로 이루질 하나님 나라를 미리 체험할 수 있으며 이를 통해 참여자들의 믿음과 삶을 강화시키는 계기를 제공한다.

ii) 주의 만찬의 시행: 주의 만찬은 주님이 다시 오실 때까지 계속하도록 명령받았기에 정기적으로 행해야 하며(횟수는 교회의 자율적 결정에 따른다), 미리 알려 참여자들이 마음의 준비를 하도록 돕는 것이 좋다. 그리고 주의 만찬상은 예배당 중앙에 위치함이 바람직하다.

주의 만찬은 예배의 한 부분으로 시행하거나 주의 만찬을 위한 예배로 따로 모일 수도 있다. 떡과 잔을 나누는 방식은 모임장소와 참여자의 숫자에 가장 적합하게 효율적으로 진행하면 된다. 떡을 떼는 방식과 잔을 나누는 방식 역시 개교회가 제정한 방식에 따라 하되 참여자의 숫자를 고려하여 다양한 방식을 사용함이 좋다.

iii) 주의 만찬 참여자격: 주의 만찬에 참여하는 사람의 자격에 관해서는 대체로 신자된 이는 누구나 참여할 수 있다는 공개만찬, 오직 소속 교인만 참여할 수 있다는 제한만찬 등의 견해가 있으나 교회규약에 이를 명시함이 바람직하며 이런 경우 그 규약에 따르면 되겠다. 일반적으로 신자라면 교회에서 열리는 주의 만찬에 참여하여 함께 기념함이 바람직하다.

iv) 주의 만찬 주례자의 자격: 주의 만찬의 집례는 안수 받은 목회자가 집례함이 바람직하나 안수 받지 아니한 담임목회자의 경우 교회가 허락하고 지방회가 공감한다면 집례할 수 있을 것이다. 하지만 전체 교회의 질서와 덕을 세우기 위해 해당 교회를 잘 아는 안수 받은 목회자를 초대하여 집례하는 방안이 더 바람직하다.

v) 주의 만찬 거행 지침: a) 주의 만찬의식은 엄숙하고 무거운 분위기가 되어야만 하지는 않는다. 오히려 주의 만찬의 의미를 되새김은 참여자에게 기쁨과 즐거움 그리고 경축의 분위기를 가져다줌을 기억하여야 한다.

따라서 집례자는 이러한 점을 염두에 두고 주의 만찬이 너무 무거운 분위기에서 진행되지 않도록 유의함이 좋다. b) 목회자는 주의 만찬이 거행되는 날에는 설교에서 주님의 만찬에 담긴 의미를 일부분이나마 언급할 필요가 있다. c) 주의 만찬의 의식순서는 주일예배의 한 부분의 경우는 「침례교회 목회 매뉴얼」 112-4를 참조하고, 주의 만찬을 따로 거행할 경우의 의식순서는 「침례교회 목회 매뉴얼」 115-7을 참조함이 도움이 된다.

5. 공동체 예배와 예전의 발전적 모색

이상의 의의와 역사적 발전과정에서 살펴보았듯이 예배는 살아있는 유기체로서의 교회는 언제나 '개혁되기'(reformed) 쉬워야 하지만 동시에 언제나 '다시 조직되어야'(re-formed) 한다. 이를 위해 목회자가 그리스도의 몸이며 이를 위해 가장 우선적으로 시도해야 할 노력은 바로 공동체예배에서의 생명력의 유지와 활성화이다.[62] 예배는 변화와 동시에 익숙함이 공존해야하며 긴장과 안정이 함께 존재해야 역동적인 동시에 평안 가운데 감사와 경배가 넘칠 수 있다.

따라서 유기적 공동체로서의 회중 예배의 유지와 활성화를 위해 목회자가 유념해야 할 내용은 다음과 같다.

첫째, 예배에서 실행되는 찬양이나 단막극이나 시낭송 등 이 모든 내용들은 하나님이 관객이시지 우리가 관객이 아님을 기억하며 준비하고 실행되어야 한다는 점이다. 참된 예배란 다른 모든 청중을 의식하는데서 돌이켜 오직 "최후의 청중이요 최고의 청중이신 하나님만을 중요하게 여기는 것이다."[63] 따라서 예배의 초점은 항상 하나님께 기쁨이며 하나님의

---

62) Segler, *Christian Worship*, 73.
63) Guinness, 「소명」, 125.

즐거움과 영광에 맞추도록 해야 한다.

둘째, 가능한 한 회중예배에서 구성원들의 자발적 참여와 활동을 확대하고 실행하려는 자세이다. 기교의 뛰어남이나 능숙함보다는 조금 미흡하더라도 모든 지체가 골고루 자신의 역할을 예배에서 담당하도록 예배가 구성되어 있는가를 예배준비의 핵심원리로 삼아야 한다.

예를 들면 예배는 가능한 세대 통합적이 되도록 순서에 다양한 연령층을 포함시키도록 함이 바람직하다. 아울러 순환적으로 예배인도를 세대별로 책임지고 준비하고 인도하도록 하는 것도 필요하다.

이러한 관점에서 공동체를 세우기 위해 필요한 예배에서의 제안은 다음과 같은 세 관점에서 유기적 공동체성의 강화와 발전을 모색함이 필요하다: 경배(Worship), 경축(Celebration), 섬김(Service).

살아있는 유기체로서의 신앙공동체의 경배(Worship)는 회중 모두가 하나님의 절대적이면서 초월적 성품을 기리고 영광을 돌리도록 준비되어야 한다. 이를 위해 예배인도자는 예배에의 초청을 통하여 충분히 경배적 요소가 예배에서 드러나도록 사전에 철저한 기도와 준비가 필요하다.

경축(Celebration)의 요소에서 유의할 점은 예배에서의 경외감이 자칫 회중으로 하여금 위축감이나 수동적인 자세로 흐르지 않도록 예배인도자는 참으로 자유하고 사랑받는 자들로서 회중들이 기쁨과 감사와 사랑을 표현할 수 있도록 돕는다.

끝으로 섬김(Service)의 요소에서 유념할 점은 교회는 조직적 기구 그 이상의 존재, 즉 예수 그리스도의 몸인 '살아있는 유기체'(a living organism)라는 사실이다. 그리스도의 몸으로서의 교회는 한 때 예수께서 이 땅에서 살았던 적이 있었다는 것을 생각나게 할 뿐 아니라 다시 부활하신 주님의 살아 임재하심을 증거하는 것이다. 보이는 모든 회중은 그리스도의 '산 몸'(living body)을 대표하는 한 부분이며 이들을 통해 하나님의 나라가 어떠한지가 드러나게 되는 것이다.[64] 이러한 관점에서 교회는 현존하는 하나님 나라의 표상이며 장차 다가올 영원한 하나님 나라를 예표하는 존재이기에 하나님의 성품과 본질을 드러내도록 애써야 한다. 이와 관련하여 교회사역현장에서의 각종 예배와 예식의 실제는 침례신학대학교출판부, 「침례교회 목회 매뉴얼: 조직·예전·봉사」(침례신학대학교출판부, 2014) 자료가 매우 유용하다.

---

64) Segler, *Christian Worship*, 72.

제11장

목회와 갈등관리

1. 갈등, 가장 흔한 일이나 가장 준비가 덜된 영역

창세기 3장에서의 아담의 범죄 이후 인간 삶에서 가장 먼저 불거진 죄의 표면적 형태는 가장 소중한 관계, 하나님과 인간 그리고 부부간의 갈등이었다. 범죄 이후 인간은 하나님과의 갈등을 해결하는 방법으로 회피를 택하여 하나님의 낯을 피하여 숨었다(창 3:8). 또한 가장 친밀했던 아담과 하와의 관계 역시 서로에게 책임을 전가하며 상대를 비난하는 갈등을 빚은 사실을 볼 수 있다(창 3:12-3).[1] 이와 같이 갈등은 인간의 범죄 이후 본질적으로 모든 관계에서 잠재적으로 존재하고 있을 뿐만 아니라 보편적으로 발견되는 현상이라 하겠다. 이처럼 갈등은 삶에서 흔히 일어나는 일이나 가장 준비가 덜된 영역이기도 하다.

교회를 돌보는 목회현장 역시 이러한 갈등에서 예외가 아니다. 오히려 신앙공동체인 교회야말로 그 공동체성을 무너뜨리는 가장 손쉬운 요인이 갈등이기에 이에 대한 목회자들의 충분한 이해와 대비가 요구된다 하겠다. 하지만 오늘날 목회자들이 종종 자신들이 목회자가 되는 과정에서 가

---

1) Alfred Poirier, 「교회갈등의 성경적 해결방법」, 이영란 역 (서울: 기독교문서선교회, 2010), 270.

장 아쉬운 점이 있다면 신학대학이나 신학대학원에서 '갈등관리'를 제대로 배우지 못한 점이라고 토로하고 있다. 이런 점에서 목회갈등 역시 사역현장에서 가장 흔히 겪는 일이나 가장 준비가 덜되고 있는 영역이라 하겠다.[2]

아이가 태어나서 자라며 여러 가지 아픔을 겪으며 점차 건강해지듯이 유기적 신앙공동체인 교회 역시 그 본질적인 이중적 특성인 신적인 동시에 인간적인 특성으로 인하여 갈등을 피할 수 없다. 하지만 이러한 교회의 본질적 특성에 기인한 갈등은 건설적이며 창의적인 갈등관리를 통하여 교회를 계속적으로 건강하게 성장하고 성숙하게 만들어간다.[3]

갈등을 통해 교회는 자신들이 당면한 문제를 분명하게 볼 수 있게 되며, 단합하게 되며, 모든 자원과 힘들을 교회가 존재하는 근본적인 목적을 향해 재정립하는 기회를 갖게 되기도 한다(행 6장의 집사직분의 도입,[4] 사사시대의 이스라엘의 반응 등이 예이다). 반면 파괴적인 갈등은 목회자로 하여금 목회사역을 떠나게 만들거나 교회공동체의 존립을 위태

---

2) Ibid., 16-7.

3) 교회의 신적 특성의 관점으로 볼 때, 교회는 예수님의 몸, 신부, 하나님의 백성, 세상으로부터 구별된 사람들로서 구원받은 거룩한 하나님의 백성들이다(요 17:14, 16). 하지만 교회의 인적 특성, 즉 성화적 측면에서 볼 때, 교회는 그리스도를 삶의 중심에 모시고 살아가려고 노력하는 사람들의 모임이며, 오해, 이질적인 구성원, 인간관계에서 오는 어려움, 조직의 문제 등을 안고 하나님의 백성으로서 이 땅에 하나님의 나라가 이미 도래해 있음을 보여주려고 노력하면서 살아가는 사람들의 모임이다. 이 과정 속에서 세상에서 하나님의 통치를 구현하려고 하는 삶은 필연적으로 세상과의 갈등을 일으키며, 동시에 세상에서의 영향력 때문에 교회 내에서도 갈등이 보편적인 현상이 된다. Larry L. McSwain and William C. Treadwell Jr., *Conflict Ministry in the Church* (Nashville, Tenn.: Broadman, 1981), 8; Kenneth O. Gangel and Samuel L. Canine, *Communication and Conflict Management*(Nashville, Tenn.: Broadman & Holman, 1992), 155-177; Donald C. Palmer, *Managing Conflict Creatively* (Pasadena, Calif.: William Carey Library, 1990); Speed Leas and Paul Kittlaus, *Church Fight* (Philadelphia: Westminster, 1973), 28.

4) 초대교회가 갈등을 건설적으로 해결하여 성장으로 나아간 과정을 더 자세히 알고 싶으면 노재관, 「초대교회의 갈등과 성장」 (서울: 기독교문서선교회, 2015)을 참조하시오.

롭게 하는 주요 원인이 되기도 한다.[5] 한 조사에 따르면 목회자가 목회사역을 떠나는 주요 원인으로 '교인들과의 갈등'을 꼽고 있다.[6] 그리고 이러한 심각한 교회갈등은 대부분의 경우(약 90%)는 목회자가 직.간접적으로 개입되어 있다.[7]

그러므로, 목회자는 원하든 그렇지 않든 찾아오는 갈등을 갈등관리를 통해 교회가 성숙하고 성장하는 건설적 방향으로 해결하고 관리할 필요가 있다. 그렇기에 세계적 경영학자 피터 드러커(Peter Drucker)는 "교회 지도자의 가장 중요한 업무는 갈등을 예상하는 것이다"라고 말하고 있다.[8] 그러면 '갈등관리'란 어떤 의미이며 갈등에서 나타나는 갈등의 순기능과 역기능은 어떠한 것인가에 대하여 다음에서 알아보기로 한다.

2. 갈등 및 갈등관리의 이해 및 갈등의 순기능과 역기능

1) 갈등의 정의

'갈등'(葛藤)이란 칡을 의미하는 '갈'(葛)자와 등나무를 의미하는 등(藤)자가 합쳐진 말이다. 서로 얽히는 속성을 지닌 칡과 등나무가 함께 합쳐져 있으니 얼마나 얽히고설키며 복잡하고 답답할 것인가? 갈등의 상태를 잘 표현한 말이 우리말이라 하겠다. 갈등의 영어말 'conflict'는 '함께'라는 접두어 'con'과 '부닥치다'라는 의미의 라틴어 'fligere'가 합쳐진 말로 '둘 또

---

5) Dean R. Hoge and Jacqueline E. Wenger, *Pastors in Transition: Why Clergy Leave Local Church Ministry* (Grand Rapids: Eerdmans, 2005), 39.

6) E. Glenn Wagner and Glen S. Martin, 「목사의 심장」, 진웅희 역 (서울: 규장, 2001), 21.

7) Norman Shawchuck and Roger Heuser, *Managing the Congregation* (Nashville, Tenn.: Abingdon, 1996), 249.

8) Peter F. Drucker, *Managing the Non-Profit Organization: Principles and Practices* (New York: HarperBusiness, 1992), 9. 오스트리아 출신의 미국 경영학자 Peter Drucker는 2005년 11월 11일 작고하였다.

는 셋 이상의 주체나 세력이 동시에 함께 점유할 수 없는 영역이나 공간을 차지하기 위해 서로 부닥치는 현상'을 의미한다.[9] 이러한 갈등의 구체적 의미는 학문의 영역에 따라 그 의미를 조금씩 달리한다.

(영적)갈등의 경우, 갈등이란 대표적으로 '어떤 일을 결정하거나 실행할 때 하나님 중심으로 할 것인가 아니면 자기중심으로 할 것인가를 정하지 못하여 힘든 상황'을 의미한다. (심리적)갈등의 경우, 갈등이란 '두 가지 또는 그 이상의 목표에 직면하여 그 목표들이 지니는 매력-힘이 대체로 비슷하여 모두를 선택할 수 없어 어느 하나를 선택하여야만 하는 상태에서 엉거주춤해 있는 상태'를 의미한다. (의사결정)갈등은, '어떤 일을 결정하기 위한 토의에서 사전에 정해진 규칙을 따르지 않거나, 규칙이 미비하거나, 명확하지 않아 구성원 각자가 해석이 다르므로 인해 개인이나 집단이 혼란을 겪는 상황'을 의미한다. (조직관리에서의) 갈등은 '한정된 자원을 배분할 때 조직 내의 둘 이상의 개인이나 집단이 서로 다른 가치관이나 목표로 인해 서로에 대해 불편하게 여기거나 적대적인 태도를 보이는 상황'이라 할 수 있다.[10] 따라서 이상에서 살펴본 갈등의 어원이나 여러 의미를 종합하여 갈등을 정의하면, "서로를 인지하고 있는 둘 이상의 개인이나 조직이 공유할 수 없는 동일한 목표를 동시에 획득하려고 애쓰는 과정"이라 하겠다.

2) 갈등관리의 정의

갈등과 관련하여 종종 언급되는 용어는 '갈등관리'(conflict management)이다. 갈등관리에는 '갈등해소'(conflict resolution)와 '갈등통제'(controlling

---

9) 현유광, 「갈등을 넘는 목회」, 개정판 (서울: 생명의 양식, 2007), 67-8.
10) Ibid., 70-1.

conflict)의 두 가지 방법이 있다.

'갈등해소'란, 갈등 상황에 처해있는 당사자들 자신들이나 제 삼자가 갈등을 해결하여 본래 있었던 서로 간의 다른 점이나 감정들이 더 이상 존재하지 않는 의미이다. 반면에 '갈등통제'란 비록 상대방에 대한 선호도나 적개심이 완전히 해소되지 않더라도 공동체의 유지와 발전을 위해 단순히 갈등을 관리하여 갈등의 부정적 결과들을 줄이려는 시도를 의미한다. 하지만 대체로 이 두 방법의 차이가 목회현장의 갈등을 해소하는데 크게 영향을 미치는 것이 아니기에 본 장에서는 구별하지 않고 사용한다.[11]

3) 갈등의 순기능과 역기능

갈등 그 자체는 질그릇으로서(고후 4:7) 그리스도인이 이 땅에서 살아갈 때 피할 수 없는 삶의 한 과정이다. 즉, 갈등은 대부분의 경우 부정적인 느낌을 주나, 갈등 그 자체는 이 땅에서의 삶의 "자연적, 중립적, 정상적" 현상이다. 하지만, 해결되지 않는 갈등은 잠재적으로 교회의 '한 몸됨'을 방해하여 교회의 힘과 자원과 사역의 목적을 와해시킬 위험이 있으며, 갈등의 해소방법에 따라 같은 종류의 갈등이 파괴적인 갈등이 될 수도, 건설적인 갈등이 될 수도 있다. 즉, 갈등자체는 중립적이나 그 갈등을 다루는 방식이 갈등의 성격을 건설적이게도 파괴적이게도 한다.[12] 이러한 갈등의 순기능과 역기능은 다음과 같다.[13]

갈등의 순기능은 첫째, 갈등은 조직이나 개인의 문제점에 대해서 관계

---

11) 이 두 가지 개념의 차이에 관하여 좀 더 자세한 논의는 Richard E. Walton이 지은 *Interpersonal Peacemaking, Confrontations and Third Party Consultation* (Reading, MA: Addison-Wesley, 1969)의 5쪽을 참조하라.

12) Allan Edward Barsky, 「갈등해결의 기법」, 한인영, 이용하 역 (서울: 시그마프레스, 2005), 3; David Augsburger, *Caring Enough to Confront* (Ventura, Calif.: Regal, 1981), 11-2.

13) 양병모, 「목회상황과 리더십」, 377-8.

자들의 관심을 갖게 하는 계기가 되어 변화를 초래하게 할 수 있다. 둘째, 갈등이 합리적으로 해결되면 쇄신이나 변동 및 발전과 재통합의 계기가 될 수 있다. 셋째, 갈등은 조직이나 개인에게 창의성, 진취성, 적응성, 융통성을 향상시킬 수 있다. 넷째, 갈등은 침체된 조직을 거기에서 벗어나 더욱 생동하게 하는 계기가 될 수 있다. 다섯째, 갈등은 구성원들의 다양한 심리적 요구를 충족시키는 계기가 될 수 있다. 여섯째, 갈등은 조직 내의 갈등을 관리하고 방지할 수 있는 방법을 학습할 수 있는 기회를 제공한다.

갈등의 역기능은, 첫째, 갈등해결에 노력하는 동안은 성과나 목표달성에 매진할 수 없으므로 개인이나 조직에 부정적 결과를 준다. 둘째, 갈등은 조직의 안정성, 조화성, 통일성을 깨뜨릴 수 있다. 셋째, 갈등은 조직이나 개인의 창의성이나 진취성을 질식시킬 수 있다. 넷째, 갈등은 조직 내의 작은 문제에만 집착하여 환경을 무시할 수 있다.

3. 목회갈등의 원인과 진행과정

1) 목회갈등의 주요 원인

목회갈등은 본질적으로 인간의 죄성으로 인하여 마귀에게 틈을 줌으로 발생한다(엡 4:27). 그리고 이러한 목회갈등은 목회현장에서 대체로 다음의 두 가지 구체적 원인으로 인해 발생한다.[14]

첫째, 다른 사회적 조직과는 달리 목회갈등은 신앙적인 문제로 인해 발생한다. 물론 문화적, 구조적, 관계적 요인이 있지만 예수 그리스도를 머리로 하는 몸인 교회 갈등의 우선적 원인은 대부분의 경우 신앙적인 문제

---

14) Jim Van Yperen, 「교회 안의 갈등과 분쟁 어떻게 해결할 것인가?」, 김종근 역 (서울: 도서출판 NCD, 2003), 26-7.

로 인해 발생한다, 예를 들자면 '교회의 대(對) 사회적 입장,' 예배의 성격 '(정통예배, 열린 예배, 은사예배 등), '신학적 입장'(복음주의적 또는 자유주의적 등), 그리고 '목회자의 리더십 유형'(과업 중심적 또는 관계 중심적, 대인관계나 의사소통능력 등) 등을 들 수 있다.[15]

둘째, 교회갈등은 항상 (목회자와 평신도지도자) 리더십과 (지도자들의) 인격과 공동체에 관한 것이다. 교회는 예수 그리스도의 몸이기에 유기체로서의 공동체의 존재와 기능 그 자체가 우선적 목적이기에 개개인을 공동체로서 기능하도록 섬기는 지도력 및 지도력유형과 그 지도력을 뒷받침하는 지도자들의 인격이 교회갈등의 주된 원인이 된다. 이러한 목회 갈등의 주요 영역과 진행과정은 다음과 같다.

2) 목회갈등의 세 가지 주요 영역

목회갈등은 주로 다음의 세 가지 영역, 즉 개인갈등으로 인한 영역(주로 개인의 영적 미성숙으로 인한 불일치로 인한 문제발생영역), 대인관계 갈등으로 인한 영역, 그리고 본질적 갈등으로 인한 영역에서 발생한다.[16]

첫째, 개인의 내면 갈등으로 인한 영역이다.

지도자나 구성원들이 자신들의 신앙적 미성숙으로 인하여 교회의 한 몸 됨을 제대로 구현하지 못함으로 인해 겪는 개인의 갈등인 동시에 이러한 개인이 유기체적 신앙공동체에 영향을 미침으로 인해 발생하는 갈등이다. 사도 바울은 자신의 이러한 내면적 갈등과 이로 인한 어려움을 로마서 7장 18절 이하에서 솔직하게 토로하고 있다. 신앙공동체 구성원 각

---

15) Kenneth O. Gangel and Samuel A. Canine, 「교회갈등, 이렇게 해결하라」, 김윤하 역 (서울: 프리셉트, 2013), 223.

16) Leas and Kittlaus, *Church Fights*. 29-32, Gangel and Canine, 「교회갈등, 이렇게 해결하라」, 223-4에서 재인용.

자가 지닌 영적성숙도는 각기 다르다. 따라서 약한 자의 짐을 구성원들이 약한 자를 고려하여 그 짐을 나누어서 지는 일을 소홀히 할 경우 교회는 약한 자를 비난하거나 서로를 비난하는 갈등을 일으키게 된다. 교회 내의 사역에서의 편중으로 인한 불평이나 호소 또는 교회 내에서의 재정적 책임의 분담으로 인한 불편함 등은 우선적으로 이러한 개인의 신앙적 내면 불일치 또는 갈등으로 인하여 발생하는 경우가 많다.

둘째, 대인관계 갈등으로 인한 영역이다.

대인관계로 인한 갈등은 첫 번째 갈등영역인 개인의 영적 성숙도와 매우 밀접한 부분이 있다. 다른 사람과의 갈등은 주로 어느 한쪽에서 이해하고 수용하고 용납하면 발생하기 어렵다. 따라서 교회 내에서 대인관계로 인한 어려움이 발생할 경우 교회는 서로 자신들의 부족함을 내어놓고 잘못을 고백하며 성숙함을 위해 기도하고 노력하여야 한다.

이러한 영적 성숙도의 문제 외에 대인관계 갈등은 교회 구성원 간의 서로에 대한 이해부족으로 인하여 발생하기도 한다. 상대방에 대한 이해의 영역에서 고려해야 할 영역으로는 상대의 성격 또는 기질적 특성, 상대의 사회경제적 삶의 형편정도, 연령이나 성별에 따른 특성, 상대의 생애주기, 상대의 신체적 상태 등이 있다. 이 역시 유기적 공동체의 관점에서 서로에게 합당한 태도와 헌신과 행동으로 함께 어울려 살아가야하는 관점에서 서로를 배려하고 약한 자의 짐을 지며 지체의 약하고 덜 존귀해 보이는 부분들을 고려한 관점에서 일을 계획하고 진행하도록 하여야 한다(롬 12:5; 고전 12:22-25). 물론 대인관계에서의 문제의 원인이 한 개인의 건강하지 못한 인격적 결함(여러 종류의 정신병리적 상태)으로 인한 경우도 있다. 이러한 경우 교회는 이런 사람을 소외시키기보다 가족과 함께 도울 방법을 모색하고 적극적으로 전문가의 도움을 받아 치료와 회복을 위해 함께 노력하여야 한다.

셋째, 본질적 영역의 갈등으로 인한 목회갈등이다.

본질적 영역의 갈등은 주로 가치나 목표, 또는 신념에서의 차이에서 기인한다. 이 영역의 갈등은 인간 내면의 가장 깊숙한 영역에서 자리잡고 있는 부분들의 불일치로 인한 갈등이기에 자칫 갈등을 방치하거나 해결하지 않을 경우 신앙공동체가 심각한 어려움에 직면할 위험이 있다. 이 영역의 갈등은 가장 해결하기 어려운 갈등영역이다. 자신의 존재의미에 대한 의문을 가져오기 때문에 매우 타협하기 힘든 영역의 갈등이다. 하지만 세대가 급격히 변화하고 사회가 빠르게 발전해 가는 상황에서 이 영역의 갈등은 증가하게 된다. 세대차이나 교회관의 차이, 즉 교회의 존재목적, 교인의 구성에 대한 생각, 예배에 대한 신학적인 주요 이슈들이 이에 속한다.[17]

3) 목회갈등의 진행 과정

목회갈등의 일반적 진행과정은 대체로 다음의 다섯 단계로 나누어 볼 수 있다.[18]

1단계: 즉각적 해결단계

갈등이라 여기지 않을 정도의 경미한 의견불일치 단계이다. 이 단계에서는 해결방법에 이견이 있을 수 있으나 모두가 문제를 해결할 수 있다고 믿고 협력한다. 식사의 메뉴를 정하는 일이나, 교통편의 선택이나, 업무상의 불편함을 서로 기꺼이 감수할 수 있을 정도의 문제 등이 이 단계에 속한다.

---

17) 양병모, 「교회상황과 리더십」, 381-2.
18) Ibid., 383-5.

2단계: 의견불일치 단계-자신의 입장을 옹호하는 단계

신뢰가 감소되기 시작하며 일반화가 시작되는 단계이다. 상대방을 적대적으로 대하지는 않지만 그 상대방을 조심하며 정보를 흘리지 않으려고 하는 단계이다. 이 단계가 갈등 해결의 가장 좋은 단계이기에 목회자는 갈등 당사자 간의 대화를 촉진하거나 교회 내에서 의사소통 할 수 있는 다양한 기회를 만드는 것이 필요하다.

조금 불편할 수 있지만 교회의 한 몸 됨에 대한 성령의 강한 바람을 명심하여 목회자와 교회 지도자들은 한 몸 됨에 대한 서로의 고백과 확신을 바탕으로 겸손한 자세로 다양한 채널의 대화와 만남을 시도하고 경청하며 기꺼이 상대를 용납하고 수용하는 태도를 지녀야 한다. 사도행전 6장에 나오는 예루살렘교회의 최초의 갈등해결과정이 좋은 예라 할 수 있다 (행 6:1-6). 교회지도자들은 문제를 감추거나 회피하지 않았다. 그들은 문제가 있음을 인정하고 문제를 교회회중 앞에 공개적으로 내어놓고 모든 회중에게 도움을 구하였다. 이러한 과정은 갈등이 회중을 하나되게 하는 결과가 될 수 있음을 보여준다.

3단계: 경쟁 단계-갈등을 건설적으로 해결하기 위한 마지막 단계

이 단계는 자기 방어나 옹호의 소극적 단계에서 나아가 상대를 이기려는 태도를 지니게 된다. 이 단계에서 편 가르기가 시작되며, 과장이나, 이분법(모 아니면 도)적으로 되며, 과도한 일반화('저쪽은 모든 것이 잘못되었다'는 등의 표현)가 진행된다. 그리고 이 단계에서 갈등이 더 진행될 경우, 갈등은 해결되더라도 많은 후유증을 남기게 된다. 하지만 이 단계에서도 여전히 갈등 해결을 위한 가능성이 높으므로 목회자와 교회 지도자들은 서로 믿고 만나 의견교환 할 수 있는 기회와 분위기를 조성하는 노력이 필요하다.

4단계: 분쟁 단계

이 단계는 갈등 당사자들이 상대를 이기려는 마음에서 더 나아가 상대방에게 상처를 입히거나 제거하려는 마음을 가지게 된다. 이 단계가 되면 이제까지의 갈등의 주제와는 상관없이 서로 간에 '상대방은 절대적으로 나쁘다'라는 도덕적이고 신학적인 근본적인 가치의 관점에서 상대를 평가하게 된다. 정의와 진실, 심지어 하나님의 뜻 등의 말은 우리 쪽의 것이고, 불의, 거짓, 사탄 등의 용어는 상대방을 지칭하는 특징이 된다. 이 단계에서는 당사자 간의 갈등 해결이 사실상 어렵다. 따라서 갈등 해결을 위해서는 외부의 공정하고 신뢰받는 제 삼자의 개입이 필요하다. 교인 간의 갈등의 경우 이 단계에 목회자나 신뢰받는 평신도 지도자의 적극적 개입이 요구된다. 그리고 교회 전체의 갈등의 경우, 이 때 자칫 교회 내부의 동의 없는 교단이나 제 삼자의 섣부른 개입은 교회의 갈등을 더 악화시킬 수도 있다는 점을 명심해야 한다.

5단계: 파괴적 단계

이 단계에서는 수단과 방법을 가리지 않고 상대의 멸망과 항복이 목표이기 때문에 갈등이 해소될 수 있는 가능성이 거의 없다. 이 단계에서는 갈등의 해결보다는 더 이상 상처를 주지 않고 서로 관계를 정리할 수 있는 방법을 모색하는 경우가 바람직하다. 교회가 나누어지는 경우가 이런 경우이다.

4. 목회갈등의 초기 징조와 예방

치유보다 중요한 것은 예방이다. 목회갈등 역시 갈등해결의 방안보다 갈등예방이 가장 효과적인 목회갈등관리 방안이라 하겠다. 갈등예방의 주요 방법은 갈등의 초기 징조를 알고 일찍 조처를 취하는 일이라 하겠다. 따라서 이러한 목회갈등의 징조들을 살펴보면 다음과 같다.

1) 목회갈등의 초기 징조들

목회사역에서 교회 내 갈등이 발생할 가능성을 예측할 수 있는 대표적인 징조를 살펴보면 다음과 같이 여섯 가지로 요약할 수 있다.[19]

첫째, 교회를 둘러싼 사회 환경의 급격한 변화

교회와 교회를 둘러싼 사회조직은 상호 긴밀하게 영향을 주고받는다. 따라서 교회를 둘러싼 주변 지역사회, 또는 국가가 어려움을 겪을 때나 급격한 변동을 겪을 경우, 교회는 일반적으로 갈등에 취약해진다. 따라서 목회자는 지역사회나 국가가 급격한 변동이 발생할 경우, 평소보다 더욱 유의하여 교회를 돌보아야 한다.

둘째, 교회 내에 근거 없는 부정적 소문(루머, rumor)의 증가

한 조직의 건강성을 측정하는 대표적인 지표 중의 하나는 그 조직에 얼마나 많은 루머가 퍼지고 있는가이다. 따라서 교회 내에서 근거 없는 부정적 소문인 루머가 증가할 경우 교회 내에서 갈등이 발생할 가능성이 높다. 왜냐하면 교회의 루머는 대체로 정상적인 의사소통이 작동하지 않을 경우 교인들의 불만을 반영하는 경우가 대부분이기 때문이다. 이럴 경우 목회자는 의사소통을 정상화하기 위해 가능한 정기적인 모임을 가능한 빠짐없이 개최하고 참석하여, 적극적으로 의사소통을 하도록 노력하여야 한다. 또한 현재 목회에서 의사소통이 잘 되지 않는 영역이나 집단이 있는가를 점검하여야 한다. 그리고 루머에 대하여 적극적으로 대처하고 사실 여부를 알리고 오해나 잘못된 정보를 정확하게 전달하도록 노력하여

---

19) Ibid., 385-8.

야 한다.

셋째, 교인들의 교회모임참여 빈도의 감소

목회지도자는 교인들의 교회모임 참여 빈도의 감소를 단순히 교회성장의 관점에서 파악하기 보다는 교회의 건강성이란 관점에서 목회진단의 측정 지표로서 볼 필요가 있다. 기존의 교인들이 정기적으로 참석해왔던 모임에 불참하는 이유는 여러 다른 문제가 있을 수 있지만 갈등을 피하기 위해 서로의 만남을 기피하는 경우가 많다. 특히 교회 내 주요 평신도 지도자가 교회모임참여를 회피할 경우 목회자는 반드시 그 원인을 가능한 빨리 파악하는 것이 좋다.

넷째, 교회출석인원과 헌금의 감소

기존교인의 교회 모임 참여빈도의 감소와 관련이 있는 갈등의 징조는 교회출석인원의 지속적 감소와 헌금의 감소이다. 일반적으로 헌금의 감소보다도 예배참석숫자가 더욱 빨리 변하는데 이는 교회에 헌신하는 교인들일수록 헌금생활을 충실하게하기 때문이다. 대체로 교회의 초기 갈등 상황에서 일찍 교회를 떠나는 사람들의 경우는 교회에 대한 헌신이 결여된 경우가 많고 대체로 이들의 경우 재정적으로 그들의 기여도가 낮은 편이다. 따라서 목회자는 교회갈등의 지표로써 교회출석과 헌금의 추이를 주기적으로 파악할 필요가 있다.

다섯째, 교회 중요 평신도 지도자의 지위나 역할의 변동

교회 내에서 중요한 리더십을 행사하는 평신도(장로, 권사, 안수집사, 교사 등)의 사임, 이사, 전입으로 인한 평신도 지도력의 변화 역시 교회 내 갈등의 전조가 될 수 있다. 이러한 일은 기존 교회 내에서 평신도 지도자들의 역할의 변화에 따르는 힘의 균형에 변화를 가져오기 때문에 자칫 이러한 변화가 건설적이고도 긍정적으로 진행되지 않을 경우 교회는 어려움을 경험하게 된다. 이러한 중요 평신도리더십의 변화가 부정적으로

나타날 경우 소모적인 논쟁과 갈등으로 자칫 교회의 역동성을 저해하고 건강성을 해칠 위험이 높다. 따라서 목회지도자는 평신도 리더십의 변화를 서두르지 말고 교회 내의 합리적이고도 타당한 과정을 거쳐 충분한 동의와 지지를 바탕으로 리더십의 보완을 추진하도록 하여야 한다.

여섯째, 담임목회자의 급작스러운 행동이나 태도의 변화

담임목회자의 모임참석이나 교인들과의 접촉빈도의 변화 및 교회모임의 참석 변화 역시 교회 갈등을 예측할 수 있는 지표라 할 수 있다. 이러한 담임목회자의 목양태도의 변화는 여러 원인이 있을 수 있다. 무엇보다 목회자의 스트레스나 탈진, 또는 건강이 그 원인일 수 있으며, 또 다른 이유는 목회자가 목회지를 옮길 가능성이 있을 경우 역시 이러한 현상이 나타날 수 있다.

2) 목회갈등 예방을 위한 방안들

앞에서 살펴 본 교회 갈등의 초기 징조들은 목회상황과 교회의 특징에 따라 여러 가지 예방과 해결방안이 있을 수 있다. 하지만 여기서는 이러한 징조들을 미연에 예방하거나 대처하는데 필요한 공통적이고도 기본적인 방안을 제시한다.

첫째, 교회내의 모든 영역에서 평소에 다양한 정기적인 모임을 장려한다.

갈등의 발생부터 시작하여 그 진행에 이르기까지 가장 좋은 예방방안은 교회의 모든 조직에서의 정기적 모임을 장려하고 그 피드백에 목회자가 관심을 가지는 일이다. 지도자는 이런 모임들 통해 교인들이 자신들의 속생각이나 감정들을 표출할 수 있고 해소할 수 있게끔 인도해야 한다. 숨겨진 상처는 두면 둘수록 크게 곪고 큰 흉터를 남긴다. 목회자 간의 농담에는 '회의'(會議)가 '회의'(懷意)를 낳는다는 말이 있다. 하지만 교회의 사명과 비전에 바탕을 둔 효율적이고 건강한 의사소통이 있는 정기적인 모임은 교회의 건강과 균형있는 발전에 필수적인 요소이다. 특히 오늘날 포스트모던 시대의 참여적이며 동시에 경험을 추구하는 현대인들의 내적 욕구는 이러한 정기적인 모임을 통한 사역참여로 나타나야만 건강하고 역동적인 교회가 될 수 있다.

둘째, 갈등의 징조가 발견되었을 경우, 목회자는 전체적인 모임 보다는 좀 더 소규모로 교인들을 접촉하는 횟수를 늘려야 한다.

만약, 목회자가 자신의 교회에서 갈등의 징조를 발견했을 경우, 정기적인 교회의 모임과 아울러 교회의 당면현안 문제들을 의논할 수 있도록 소규모로 교인들을 만나고 의견을 청취하며 적극적으로 교인들이 의사표현을 할수 있도록 격려하여야 한다. 모임의 규모가 커질수록 사람들은 자신들의 견해를 적극적으로 표현하기보다는 익명성에 의지하여 적극적인 의견개진을 하지 않는 경향이 있다. 따라서 교회의 갈등징조가 발견되었을 경우, 목회자는 교인들과의 접촉을 피하거나 무시하지 말고 좀 더 적극적으로 여러 사람들을 소규모로 만나도록 하여야 한다.[20]

셋째, 평소에 목회자는 교인들이 자신들의 의견을 충분히 표현할 기회와 여건을 조성하도록 하여야 한다.

갈등예방은 물론이고 갈등의 관리에 이르기까지 모든 과정에서 목회지도자는 교인들이 각자 서로의 생각들을 표현할 수 있는 충분한 자유와 격려, 그리고 열린 자세의 경청이 필요하다. 목회자의 열린 태도와 수용적인 자세는 갈등의 예방과 해결에 필수적인 의사소통 자세이다. 마치 몸에서 가장 중요한 것 중의 하나가 혈액의 순환이듯이 교회의 혈액 순환은 바로 교인들의 마음에서 우러나오는 혈액인 의견이 잘 순환하도록 하는

---

20) Palmer, *Managing Conflict Creatively*, 66-7.

것은 바로 목회자의 개방적이며 수용적인 의사소통 태도이다. 따라서 섬기는 교회에서 갈등의 징조를 발견했을 경우, 목회자는 먼저 하나님 앞에서 자신의 개방성과 수용성을 점검해보아야 한다. 그것이 갈등 예방과 해결의 시작인 것이다.

5. 갈등의 해결과정과 방안

갈등해결의 가장 좋은 방법은 이미 언급한 바와 같이 예방이다. 하지만 일단 갈등이 발생한 경우 어떠한 과정을 거쳐 이를 해결하며 이 과정에서 갈등해소에 효과적 해결방안은 어떠한지 알아본다.[21] 일반적으로 갈등해결에는 문제해결 지향과 관계 지향의 두 접근 방법이 있다. 문제해결지향접근은 당면한 문제에 대한 해결 방안을 찾도록 돕는 반면, 관계 지향접근은 갈등 당사자 간의 적대와 불신을 감소하는데 도움을 준다. 갈등해결방안 두 가지 가운데 관계지향접근을 우선 실행하는 것이 갈등해결방안을 좀 더 용이하게 할 수 있다. 왜냐하면 갈등당사자 간의 관계를 개선하는 일이 선행되면 문제해결이 좀 더 효율적으로 진행될 수 있기 때문이다. 이를 좀 더 자세하게 살펴보면 다음과 같다.

1) 갈등해결의 관계 지향 방안[22]

갈등이 심화되어 당사자 간에는 갈등해결책을 찾을 수 없을 경우, 조정자가 필요하며 조정자는 갈등해결책을 제시하기 전 갈등 당사자 간의 상호이해를 증진하고 불신을 줄이기 위한 관계개선을 시도하는 일이 필요

---

21) 이 부분의 더 자세한 설명은 양병모, "지역교회갈등의 해결방안 및 제안" 「복음과 실천」 vol. 39 (2007 봄): 411-6을 참조하시오.
22) Ibid., 109-10.

하다. 이를 위해 과정은 다음과 같다.

첫째, 관계개선에 대한 관심을 표명하라.

대인갈등의 당사자들은 자칫 갈등으로 인하여 자기만이 어려움을 겪고 있다고 생각하기 쉽다. 따라서 갈등 당사자로 하여금 갈등은 자신뿐만 아니라 상대방과 함께 섬기는 교회에도 아픔을 주고 있다는 사실을 깨닫도록 구체적인 사례를 들어 설명함으로 관계개선에 대한 관심을 불러일으킨다.

둘째, 공정성을 유지하고 양측을 수용하라.

조정자가 어느 한쪽을 편드는 것처럼 보이지 않도록 하는 일이 중요하다. 양측을 수용하고 존중하며, 대화에서 각자가 공평한 기회를 제공하도록 하여야 한다. 이때 조정자는 갈등 당사자 모두가 지닌 공동의 더 큰 목표와 가치를 상기시키며 협력적 태도와 상호이해가 공동체의 유익을 위하여 그리고 각자를 위하여 필요하다는 사실을 알리도록 한다.

셋째, 긍정적이지 못한 태도를 금지하라.

위협, 모욕, 고정관념표현, 과장하거나 일반화하는 말이나 태도 등은 갈등을 악화시켜 문제해결을 방해한다. 따라서 발언 시에 서로의 말을 가로채지 않도록 규칙을 정하고 부정적인 영향을 미치는 앞의 행동을 하지 않도록 사전에 동의하고 약속을 받도록 한다. 만약 회의 과정에서 이러한 부정적 행동과 말이 나올 경우 지적하고 중단할 것을 요구하도록 하여야 한다.

넷째, 양측이 서로에 대하여 지각하고 있는 내용을 조사하라.

상대에 대한 이해의 부족, 즉 자신의 행동이 상대방에게 어떻게 영향을 미치는가를 자각하지 못함은 갈등을 심화시킨다. 따라서 상호이해의 증진을 위해 각자가 상대방을 어떻게 생각하고 있는지를 아무런 방해를 받지 않고 간략하게 시간을 정하여 서술한다. 각자의 발표가 끝난 후에는

상대방의 이해여부를 확인하기 위해 이야기를 들은 내용을 상대로 하여
금 재진술하게 한다. 이 과정을 통하여 각자는 자신의 행동이 상대에게
어떻게 받아들여지는가를 알게 되어 오해한 행동, 피해야 할 표현 등을
파악하게 된다.

다섯째, 양측에게 변화의 방법을 제안하고 지키도록 하라.

관계 개선을 위해 각자의 행동에서 변화시킬 수 있는 것을 제안하도록
한 후, 그 제안이 적절하다고 상대가 동의하는지를 확인하도록 한다. 서
로의 방법을 수용할 경우, 합의한 내용을 다시 한 번 확신시키고 실행할
것을 약속하도록 한다.

2) 갈등해결의 문제해결지향 방안: 갈등해결의 5단계

갈등해결을 위한 직접적인 접근은 문제해결 지향에 속하는 것으로 당
면 문제에 대한 해결책을 발견하는 것이 우선적인 목적이다. 그 과정은
다음과 같다.23)

(1) 1단계 문제, 즉 갈등의 구체적 이유를 파악하라.

갈등해결의 첫 번째 단계는 갈등해결의 첫 번째 단계는 비난하거나 판
단하는 자세가 아닌 갈등이 되는 문제점을 가능한 객관적으로 정확하게
파악하는 일이다.24) 이 단계는 간단하게 보이나 갈등상황에 놓여있는 교
회나 집단은 정서적으로 흥분상태에 놓여있기에 자신들에게 무슨 일이
일어나고 있는지를 정확하게 찾아내는 일은 쉽지 않다. 그리고 너무 감정
에 치우친 정보들이 갈등당사자들을 비이성적으로 만들어 종종 현실과는

---

23) 이상욱, 「현대조직의 리더십 적용」(서울: 시그마프레스, 2004), 107-9.

24) Jeanette Jeffries, "Grow through Positive Management of Conflict and Criticism," *Church Media* 12 (Summer 1997), 15.

동떨어진 문제인식을 하게 만들어서 문제를 쉽게 처리하게끔 만든다.[25]

일반적으로 갈등을 현실적으로 인식하지 못하게 방해하는 것에는 다음의 네 가지가 있다: 갈등을 영적으로 해석하는 것, 부인하는 것, 평가 절하하는 것, 자책하는 것. 이 네 가지 살펴보면 다음과 같다.

i) 갈등을 영적으로 해석하는 전형적인 표현은 흔히 교회에서 볼 수 있는 다음과 같은 태도이다: "우리가 정말 필요한 것은 문제에 대한 토론이 아니라 기도입니다. 우리의 무릎을 먼저 꿇고 우리의 죄를 고백하면 하나님께서 모든 것을 해결해 주실 것입니다."

ii) 부인하는 것의 대표적 표현은, "나는 아무런 문제가 없다고 봅니다. 나는 여기 있는 모든 분들과 잘 지내고 있습니다. 왜 모두들 쓸데없이 떠들고 안달합니까? 실제는 아무 문제가 없습니다."

iii) 평가 절하의 표현은, "우리는 이런 사소한 것에 우리의 시간을 낭비해서는 안 됩니다. 우리는 지금도 우리 주변에서 주님을 알지 못하고 죽어가는 수많은 영혼들에 둘러싸여 있습니다. 어찌하여 우리는 썩어질 것들에 그렇게들 연연해 합니까? 우리는 좀 더 본질적인 문제, 좀 더 영원한 것에 관심을 가지고 집중해야 합니다."

iv) 자책의 표현은 "우리가 제대로 일하지 못했습니다. 모두 다 우리의 잘못입니다" 등으로 이러한 갈등의 비현실적 인식이 정확한 문제파악을 방해한다.[26]

---

25) Leas, *Moving Your Church through Conflict*, 27.

26) Ronald S. Kraybill, "Handling Holy Wars," *Leadership* 7 (Fall 1986): 32; Leslie B. Flynn,

갈등의 원인을 파악하기 위해 갈등 당사자들에게 갈등에 대한 각자의 견해를 표현할 기회를 준다. 건강한 교회는 감정을 억압하지 않고 열린 자세로 감정을 표현하기를 권장한다. 이 때 막연하고 추상적인 표현이 아니라 구체적이고 명확하게 갈등에 대하여 설명하도록 한다. 관련 정보를 공개하여 공유하며 각자의 견해를 뒷받침하는 자료들을 함께 검증하고 확인하도록 한다.

(2) 2단계 공유목표와 가치를 파악하라.

갈등이 발생할 때 일반적으로 당사자들은 서로의 다른 점, 즉 불일치 요소들에 집중한다. 그리고 자신들의 입장을 선택하고 옹호하며 강화하는 주장을 펴게 된다. 대부분의 갈등의 경우, 상대의 관점이나 욕구를 이해하려는 노력은 하지 않는다. 하지만 갈등해결을 위하여 지도자는 갈등 당사자들이 인식하는 차이점보다 더 중요한 공동의 목표와 가치가 있음을 확인시키고 이를 통하여 갈등의 정서적 정도를 완화시키며 통합적 해결을 위한 태도를 갖추도록 한다. 이 과정에서 조직 내에 상호신뢰가 부족하다면 시급히 해야 할 일은 다음에서 제시할 관계지향방안에 자세히 제시하고 있다. 일반적인 신뢰형성을 위한 방안들은 다음과 같다: i) 사람들이 안건들에 관해 의견이 다를 수 있음을 용인하라; ii) 다른 상대방에게 힘을 실어주기 위해 그들에게 귀를 기울이라; iii) 회복할 수 없을 정도로 상처받지 않도록 상대방에게 안전한 공간을 제공하여 그들 역시 다른 사람을 회복할 수 없을 정도로 상처주지 않도록 하라.27)

(3) 3단계: 방안모색-수용할 수 있는 다양한 해결책을 고려하라.

When the Saints Come Storming in (Wheaton, IL: Victor Books, 1988), 28.

27) Shawchuck and Heuser, *Managing the Congregation,* 262.

갈등해결을 위한 모임에서는 난상토론을 통해 가능한 많은 방안들을 모색하여야 한다. 더 많은 의견들이 제안될수록 더 많은 사람들에게 더 큰 유익을 가져다 줄 해결책을 발견할 가능성이 더욱 커진다.[28]

갈등 당사자들이 함께 모여 대안적 해결책 모색을 하도록 한다. 만약 함께 모일 수 없는 상황이라면 각 당사자들은 상대가 수용 가능한 해결책을 제시하도록 한다. 이러한 여러 수용 가능한 해결책들 가운데서 갈등 당사자들은 자신이 우선적으로 얻고 싶은 것을 대가로 자신에게는 중요하지 않지만 상대에게는 중요할 수 있는 방안을 제공함으로 해결의 실마리를 찾을 수 있다.

(4) 4단계: 방안선택-최적의 해결책을 합의하여 도출하라.

방안을 결정하는 것은 매우 중요한 단계이다. 교회 지도자들은 서로 협력하여 도출된 최선의 해결책들이 대부분의 사람들이 동의한 것임을 알게 되고 그것을 갈등해결방안으로 선택한다. 갈등의 해결은 어느 정도 서로의 양보를 바탕으로 이루어지기에 타협책이 각자 만족할 만한 내용이 아닐 수 있다. 이 때 양측 모두에게 공동의 이익을 증대시킬 수 있는 방안이 있다면 갈등해결은 더욱 용이하게 될 것이다. 예를 들어 어느 한 쪽이 유리한 갈등 방안이 채택될 경우, 다른 한 쪽에는 갈등의 원인과는 직접 관련이 없지만 형평성을 고려하여 특별한 다른 대안을 제공하는 경우이다.

문제는 어느 하나가 독립적으로 발생하는 일은 드물다. 따라서 갈등의 해결에서 문제들이 상호 관련되어 있을 경우 모든 쟁점이 되는 문제를 해결할 때까지는 개별의 문제해결은 유연하게 잠정적으로 합의하는 것이 좋다.

---

28) Leas, *Moving Your Church through Conflict*, 33.

만약 해결책이 상호 협력하여 도출되기 불가능한 경우, 교회 지도자 모임은 투표로 결정할 수 있게 한다. 하지만 교회의 존망을 위태롭게 하는 문제인 경우는 시간을 두고 다수결이 아닌 좀 더 전체 의견이 많이 반영될 수 있는 방안을 모색함이 좋다.29)

(5) 5단계: 갈등해결 및 사후 관리

합의된(제시된) 갈등 해소 방안에 대한 그 집단의 지지를 위한 일치점을 발전시키는 것이 필요하다. 화해나 양보는 일치점을 요구하게 된다.30) 이 과정에서 합의내용에 대한 상호약속을 분명히 하기 위해 해결방안을 확인할 필요가 있다. 왜냐하면 여러 가지 이유로 갈등해결을 위한 노력을 다 하지 못하고 어중간하게(불완전하거나 불분명하게) 합의할 경우가 있다. 이러한 경우 갈등이 해소되었음을 선언하기 전에 양쪽 당사자가 비록 불만족한 합의이지만 약속을 확실하게 지킬 것을 약속하도록 하는 과정은 매우 중요하다.

이를 위해 먼저 양쪽 당사자들이 합의내용과 의무사항을 명확하게 이해하였는지를 확인한 후, 가능하다면 실제 합의한 내용을 문서로 작성하도록 한다. 끝으로 갈등해결 이후 갈등의 당사자들은 갈등과정에서 여러 모양으로 영향을 받은 자기 자신들과 자신들의 가족이나 친구들을 돌아볼 필요가 있으며 자신의 하나님과의 관계를 위한 시간을 갖는 것이 바람직하다.31)

---

29) Ibid.

30) McSwain and Treadwell, *Conflict Ministry in the Church*, 45.

31) 갈등해소 이후의 일들에 대한 좀 더 자세한 자료는 Glenn Booth, "Picking Up the Pieces after Conflict," *Church Administration* 39 (November 1996), 16-7을 참조하시오.

6. 교회규모에 따른 갈등의 특징과 해결방안

갈등이 교회조직 내에서 발생하기에 조직의 특성에 따라 갈등의 특징과 해결방안 역시 달라져야 효율적 목회갈등관리가 가능하다. 조직의 특성에는 여러 가지가 있으나 교회의 규모에 따른 갈등의 특징과 해결방안을 살펴보는 일이 목회 현장에 쉽게 적용할 수 있는 가장 익숙한 접근방향이라 교회규모에 따른 목회갈등의 특징과 그 해결방안을 가족형, 목양형, 프로그램형, 기업형으로 나누어 살펴본다.[32]

1) 가족형 교회(낮 예배평균출석인원 50-100여 명 내외)

(1) 특성: 가족형 교회와 같이 작은 규모의 교회에서는 목회자와 교인들 간의 갈등이 오래 지속되지 않는다. 왜냐하면 작은 규모로 인해 목회자와 교인 간의 갈등이 교회 전체에 미치는 영향이 매우 크기 때문이다. 따라서 가족형 교회는 교회 갈등이 표면화되는 경우 역시 매우 드물다. 서로 다른 연령, 일하는 유형 등이 서로 다르게 섞여있는 가족 같은 조직이기에 이러한 작은 교회들은 갈등을 회피하거나 억누름으로 갈등을 해결하기 때문에 다툼이 적은 경향이 있다. 하지만 가족형 교회가 심각한 갈등을 겪을 경우 그 갈등은 종종 오래 지속되며 그 여파는 매우 심각하다. 구성원이 적으며 친밀한 속성 때문에 교회의 갈등은 대체로 매우 격렬하다.[33]

(2) 일반적인 문제점들: 가족형 교회의 갈등에서 찾아볼 수 있는 가장 일반적인 문제점은 두 가지이다. 첫째는, 가족형 교회들이 갈등을 자주

---

32) 본 내용은 양병모, 「목회상황과 리더십」, 400-405쪽을 본 저술에 적합하게 수정 보완하여 기술하였기에 교회규모의 분류 기준 및 더 자세한 내용은 이 부분을 참조하시오.

33) Doran McCarty, *Leading the Small Church* (Nashville: Baptist Sunday School Board, 1991), 159.

억압하거나 회피하는 것이다. 다른 의견을 가지고 있는 사람들이 그것을 표현하는 것이 허용되지 않고 기존의 평신도 지도력에 도전하는 것을 부적절하게 여긴다. 갈등이 발생했을 때 교인들은 갈등을 직면하여 처리하기를 힘들어 한다. 둘째는, 일단 갈등이 표출되었을 경우, 갈등 당사자들이 자신들의 견해를 끈질기고 비합리적으로 유지하기 때문에 그 갈등은 강렬하고 오래 지속된다.

(3) 갈등해결의 제안점: 이러한 교회들이 작기 때문에 종종 교단 지도자들이 느끼기에는 이런 가족형 교회의 문제가 자신들의 우선순위나 관심 밖에 있다고 느끼기 쉽다. 그렇기에 가족형 교회의 교인들은 교회 자체 내에서 문제를 해결하려고 하며 갈등을 억누르거나 회피하려고 하는 특성이 있기에 일단 갈등이 발생할 경우 그 정도는 심각하며 따라서 갈등해결에는 오랜 시간이 필요하다.

갈등을 지닌 가족형 교회 문제를 해결하기 위해 외부 컨설턴트나 교단적 영향력을 사용하거나 다른 단기 개입 방법을 사용하는 것은 바람직하지 않다. 갈등해결의 최선의 길은 아직 상호 간의 관계가 무너지지 않은 회중을 대상으로 예방적인 노력을 기울이는 것이다. 이 과정에서 갈등 당사자가 아닌 교인들은 심각한 현재의 갈등을 이해하고 해결하는 기법을 터득할 수 있다. 보통 새로 부임하는 목사가 시도하는 장기 개입은 가족형 교회의 하부 구성원들의 문제들을 분리하여 교회 안에서 해결하도록 시도하는 방향이 되어야 한다. 교인들 스스로 갈등을 해결하려고 결심하고 자신들의 견해에 따라 결정하도록 돕는 것이 장기적으로 그 갈등의 문제를 해결하는 실제적인 해결방법이다.

2) 목양형 교회(낮 예배평균출석인원 100-300여 명 내외)

(1) 특성: 목양형 교회에는 보통 교회 내에서 여러 하부 집단들 간의 긴장이나 갈등의 경험들이 존재한다. 목양형 교회는 가족형 교회보다는 규모가 크기 때문에 통일된 일체감이 존재하지 않으며 교인들은 교회 내의 여러 조직들 간의 차이들을 경험하곤 한다. 담임목회자가 교회의 하부 집단들 사이에서 가교 역할을 잘하게 되면 보통 교회가 조용하고도 매끄럽게 움직인다. 하지만 만약 담임목회자가 어느 한 편에 서거나 하위 집단들 간의 차이점을 강조하게 되면 갈등은 어려운 국면으로 접어들며 그 갈등의 한 가운데 담임목회자가 자리하게 된다. 이럴 경우, 각 집단들은 자신들이 지닌 목회자에 대한 인식을 바탕으로 목회자를 반대하거나 혹은 지지하게 된다.

(2) 일반적 문제들: 목양형 교회는 가족형 교회보다는 갈등이 빈번하다. 목양형 교회의 갈등은 주로 담임목회자와 연관되어서 생긴다. 즉, 담임목회자가 '자신들을 지지 하는가'의 여부나, '담임목회자를 좋아하지 않는다'는 말, 그리고 '담임목회자가 자기들을 위해 무엇을 해주지 않는다는 것 등을 예로 들 수 있다. 목양형 교회에서 흔히 발생하는 잘못은 목회자가 교회 생활의 중심에 있기에 교인들이 자신들로 인한 갈등의 문제나 어려움을 목회자의 탓으로 돌리는 것이다.

(3) 제안점: 가족형 교회와는 달리, 목양형 교회에서 갈등을 억제하는 한 가지 요소는 교회가 어려움에 처한다는 공감대이다. 목양형 교회의 교인들은 갈등에도 불구하고 교회를 유지할 수 있는 자신들의 능력에 대해 가족형 교회만큼의 확신은 없다. 이들은 현재의 목회자가 아니더라도 목

회자를 필요로 한다. 목양형 교회 교인들은 목회자에게 너무 의존하고 있기에 목회자에 의한 문제가 아닌 파벌들 사이에 존재하는 문제는 스스로 직면하거나 해결하지 못한다. 그러므로 목회자가 목양형 교회에서의 갈등을 해결하려면 힘들지만 교인들로 하여금 자신들이 겪고 있는 어려움과 해야 할 일들에 따르는 책임을 깨닫게 하고 직면시키는 직·간접적인 개입을 해야 한다.

3) 프로그램형 교회(낮 예배평균출석인원 400-2,000여 명 내외)

(1) 특성: 프로그램형 교회에서 담임목회자는 교회 갈등의 영향에서 벗어나지는 않지만 목양형 교회의 담임목회자만큼 갈등의 중심에 자리하지 않는다. 이 규모의 교회는 종종 교인들이 관심을 가지는 부교역자나 다른 전문 사역자 혹은 파트타임 사역자 들이 있으므로 이들과 이들을 둘러싼 교인들로 이루어진 소집단들이 파벌을 형성하여 갈등을 일으키는 경우가 많다. 프로그램형 교회는 훨씬 더 복잡한 조직이므로 사람들이 갈등을 인지하고 해결하는 노력을 기울이기까지는 목양형 교회보다 더 오랜 시간이 걸린다.

(2) 일반적인 문제들: 프로그램형 교회의 사역자들은 서로 간의 관계에 영향을 미치는 특권의식이나 냉소적 태도, 능력, 자신의 전문영역, 의사소통, 그리고 공정한 규정 등에 특별한 주의를 기울여야 한다. 이러한 특별한 민감성은 더 큰 규모인 기업형 교회보다 프로그램형 교회에서의 갈등예방을 위해 더욱 필요하다. 프로그램형 교회에서 종종 교인들이 개입되지 않은 사역자들끼리 갈등의 문제가 발생하기도 하며 사역자들이 이를 직면하고 해결하기도 한다.

(3) 제안점: 갈등이 좀 더 광범위하게 다루어져야 할 필요가 있을 경우, 교회의 주요 하부기관들의 대표와 지도자들이 함께 모여 문제를 해결하기 위해 의논하고 방안을 모색하는 것이 좋다. 이와 같은 규모의 교회에서는 교인 전체가 갈등해결을 위해 모이는 경우는 드물다. 만약 개인적으로 갈등을 해결하기보다는 집단이 효과적일 경우 집단적인 차원에서 갈등해결을 시도할 수 있다. 또한 교회 기관들의 대표들이 갈등 당사자 집단의 실제적인 대표자가 아닌 경우 공식지도자들이 아닌 갈등집단의 해당 비공식 지도자들이 모여 갈등해결을 모색하는 것도 현명한 방법이 될 수 있다. 그런 후 이들이 모여 서로의 차이를 해소할 방안을 강구한 다음 교회의 공식 기구나 위원회에 건의하는 것이 실제적인 갈등해소의 방법이 될 수 있다.[34]

4) 기업형 교회(낮 예배평균출석인원 2,000여 명 이상)

(1) 특성과 문제: 기업형 교회 갈등의 특성과 문제는 프로그램형의 경우와 크게 다르지 않다. 하지만 기업형 교회에서의 갈등은 그 규모에 따른 상호작용의 한계로 인해 대체로 교회 전반에 영향을 미치지 않으며 갈등에 관련된 사람이나 조직 외에는 모든 사람이 그 결과에 대해 큰 관심을 보이지는 않는다. 물론 교회가 갈등에 대해 무관심하지는 않으나 교회 전체적으로 보아 프로그램형 교회에 비해 그 관심의 정도가 차이가 있다.

(2) 제안점: 교회지도자들은 갈등과정에서 갈등 당사자들과는 무관한 사람들을 갈등해결에 필요한 결정을 내리는 위치에 놓지 않도록 조심해야 한다. 만약 어떤 갈등의 문제가 교회 전체에 영향을 미치기 때문에 전

---

34) Ibid., 46.

체 회중의 결정을 필요로 할 경우, 담임목회자는 모든 교인들이 그 문제에 대한 충분한 정보를 가질 수 있도록 해야 하며, 동시에 교회의 모든 구성원들이 참여할 수 있도록 배려해야 한다. 특히 대형 교회의 지도자들이 종종 교회에서의 작은 문제들에 무관심할 수 있으므로 지도자는 갈등을 무시하는 것이 해결방법이 아님을 늘 명심해야 한다.[35]

　이상에서 우리는 목회현장에서 가장 흔히 경험하게 되는 갈등을 살펴보았다. 사실 이 목회갈등이란 주제 하나만 가지고도 한 학기 전체를 강의에 할당해도 충분하지 않은 목회현장에서 가장 실질적이고도 어려운 주제이다. 하지만 지면의 한계상 충분한 실습이나 사례 발표를 통한 심층적인 설명이 이루어지지 않은 아쉬움이 있다.

---

35) Ibid.

제12장

목회와 교회갱신

'해 아래에는 새것'이 없기에(전 1:9) 역설적으로 시간과 공간의 제약 안에 있는 우리의 삶과 우리의 삶이 모인 교회의 삶은 새로운 해가 뜰 때마다 새롭게 주어진 시간과 기회를 사용하여 매일 새롭게 되기 힘써야 한다. 하지만 시간이 지나감에 따라 세월의 변화와 세월의 변화에 따른 상황의 변화는 우리에게 계속적인 갱신이 필요함을 알려준다. 그럼에도 우리는 익숙함과 편안함을 제공하는 '항상성'의 본능으로 인하여 갱신의 필요성을 간과하거나 잊고 지내는 경우가 많다. 본 장에서는 목회현장에서 목회자가 잊고 지내거나 또는 필요하다고 여기지만 가장 어렵다고 여기는 큰 고민 중의 하나인 '교회갱신'을 함께 생각하고자 한다.

1. 갱신의 필요성: 성서적 상황적 필요

목회에서의 '갱신'(更新, renewal)은 목회자의 평생에 걸친 과정이자 목회자 자신과의 끊임없는 싸움이며 회중과의 신뢰와 공감이 요구되는 지난(至難)한 일이다. 모든 살아있는 유기체는 적응과 안주가 필요한 생존의 과정을 겪는다. 생물학적 생명체나 사회적 조직체 모두는 새로운 환경이나 변화에 생존하기 위해 적응한 후에는 '항상성'(homeostasis)의 본능으로 인해 안주하게 된다. 사회 조직도 적절한 시기에 적합한 방법으로 갱신하지 않을 경우 필연적으로 자연적 쇠퇴를 맞이하고 결국에는 소멸하게 된다.

교회 역시 신적 조직인 동시에 인적 조직이기에 교회가 변화에 적절하게 대응하지 못할 경우 교회는 쇠퇴와 소멸의 몰락과정을 겪게 된다. 이러한 몰락은 대체로 다음과 같은 단계를 거치면서 진행된다: i) 성공으로 인한 자만감의 단계 → ii) 비전이나 목표에 따른 엄밀한 검토 없이 더 많은 조직 확장을 꾀하는 단계 → iii) 방만한 확장에 따른 위험과 위기 가능성을 부인하는 단계 → iv) 위기극복을 위해 애쓰는 단계 → v) 유명무실하거나 소멸하는 단계.[1]

'갱신'(更新)이란 '다시 새롭게 되다' 또는 '더욱 새롭게 되다'라는 의미의 용어이다. 다시 새롭게 되거나 더욱 새롭게 되기 위해서는 현실 또는 현재의 익숙함 또는 안락함을 포기해야 하기에 갱신은 쉽지 않은 과제이다. 특히 정보통신과 교통의 급속한 발달로 이전과는 비교할 수 없을 정도로 사람들의 상호작용이 급격히 증가하고 빨라지고 있는 오늘날의 조직은 이에 따른 사회의 변화 역시 그 속도와 변화의 폭이 이전과는 비교할 수 없을 정도로 크다. 따라서 변화와 그 변화에 대응하는 갱신의 필요는 더욱 중요해지고 있다. 이러한 상황에서 '예수 그리스도의 몸'으로 이 땅에 하나님을 증거하는(보여주는) 교회 역시 사람으로 이루어진 조직이기에 교회를 둘러싼 여러 사회적 환경의 변화에 적절하게 대응하는 끊임없는 자기 변화와 혁신, 즉 갱신이 요구된다 하겠다.

여기서 먼저 오늘날 한국교회가 직면하고 있는 도전은 무엇인지를 파악하는 일은 갱신의 방향과 내용을 생각하기 전에 우선적으로 해야 할 일이기에 오늘날 한국교회가 직면하고 있는 다섯 가지 대표적인 거시적 변

---

1) 양병모, 「목회상황과 리더십」, 295.

화를 살펴보면 다음과 같다.[2]

첫째, 교회의 양극화가 심화될 것이다.

현재 진행되고 있는 교회의 대형화는 더욱 가속되고 이와 반비례하여 소형교회의 교인감소현상이 심화될 것이다. 이러한 현상은 다른 기독교가 어느 정도 안정적으로 정착된 국가에서도 겪는 문제이다. 미국의 경우 지난 10년(2000-2010) 동안 교회 전체적으로는 교인 수가 감소했음에도 대형교회는 두 배 이상 증가하였으나 소형교회는 교인이 감소한 것을 볼 수 있다. 대형교회의 시설과 시스템을 이용한 예배와 다양한 프로그램을 통해 개인주의적 경험적 측면을 충족하려는 포스트모던 세대에서 이러한 양극화는 더욱 심화될 것으로 보인다.

둘째, 교단이나 교파의 전통보다 개인의 판단에 따른 교회 선택과 개교회 중심적인 태도가 늘어날 것이다.

포스트모던시대에서의 전통의 권위와 절대 진리에 대한 신뢰의 약화는 전통과 교리에 대한 충성의 약화를 가져오고 이에 따라 교회선택은 교파나 교단이 아닌 자신의 필요와 판단에 따라 결정하게 된다.[3] 이러한 개인의 판단에 기초한 교회선택은 교회의 의사결정과 체제에도 영향을 미치기 때문에 교회의 중요 결정들이 교단이나 교파의 영향에서 벗어나 독자적인 개교회 중심적인 동시에 민주적 의사결정으로 이루어지는 경우가 많아질 것이다. 즉 이러한 경향은 교인들을 교회의 행정과정에 참여하게 만드는 동시에 개인주의적 특성으로 인해 목회자의 탈권위화와 교회 조직의 민주적 절차 및 평신도의 사역을 더욱 촉진 확장하게 될 것이다.

셋째, 복음적인 교회와 복음적인 목회자의 설교가 교회 선택에 더욱 중

---

2) Ibid., 294-5.

3) 사실 이러한 경향은 어쩌면 오늘날 이단교리나 사이비 교단이나 교회가 쉽게 뿌리내리는 토양이 되기도 한다.

요한 영향을 미칠 것이다.

절대적 진리를 거부하고 진리의 상대성을 주장하는 포스트모던의 시대에 교인들은 신앙의 확실성을 더욱 필요로 할 것이며 이러한 확신의 필요는 확실한 복음의 진리에 바탕을 둔 복음적 교회에 대한 선호로 이어질 것이다. 동시에 이러한 복음적 진리를 명확하게 전달하는 설득력 있는 설교를 제공하는 교회가 교회선택의 중요한 기준으로 작용할 것이다.

넷째, 소그룹 패러다임의 교회구조와 교회 내에서 경험적이고 관계적인 프로그램이 더욱 늘어날 것이다.

도시화와 산업화로 인한 개인주의가 초래한 관계적 결핍을 해소할 교회 내의 소그룹 모임, 가정 사역 그리고 신앙을 현장에서 직접 체험할 기회를 제공하는 선교나 봉사 사역 등이 교인들의 관심을 끌 것이다.

다섯째, 장기적으로 인구의 고령화와 세속화로 인해 자연적으로 교인이 감소하게 될 것이다.

한국의 개신교회가 고령화와 세속화로 인한 종교인구의 감소를 충원할 젊은 세대가 다른 주요 종교(불교나 가톨릭)에 비하여 나은 편이지만 점진적으로 교인 수가 감소하는 현상을 피할 수 없을 것이다. 이로 인해 멀지않은 미래 한국교회의 재정적 어려움이 예상되며, 이로 인해 교회의 재정 상태에 직접적 영향을 받는 선교나 복지관련 프로그램들, 교회 자체의 유지와 관련된 비용 등의 증가, 교회 내 프로그램의 존폐를 두고 교회 내의 갈등과 어려움이 예상된다.

이상에서 우리는 교회 갱신이 필요한 이유를 인적 특성을 지닌 조직으로서의 교회가 지닌 특성과 교회가 직면하게 될 변화에서 살펴보았다. 그러면 이러한 교회의 내·외적 필요와 도전에 교회가 적절하게 대응하기 위해 교회갱신은 어디서 어떻게 시작하고 준비하며 실행하여야 할 것인가에 대하여 여러 방안이 있을 수 있겠지만 우선적으로 교회의 가장 중요한 영적지도자인 목회자 자신의 갱신과 목회의 주요 동역자인 회중의 갱신이 동반될 때 가능한 것이다. 따라서 다음에서는 목회자의 갱신과 회중의 갱신과 관련된 내용을 살펴보고자 한다.

2. 목회자의 갱신

1) 목회자 개인의 교회관 갱신

목회에서 가장 중요한 인적 요소는 중의 하나는 신앙공동체인 교회를 돌보고 인도하는 목회지도자이다. 목회자의 교회 이해에 따라 교회는 각기 독특한 인격과 모습과 사역을 하면서 이 땅에 존재이유를 증명하고 있다. 따라서 교회갱신의 시작은 무엇보다 목회지도자의 변화가 없이는 불가능하다(욜 2:28-29). 특히 교회갱신에서 갱신을 위한 목회지도자의 우선적 변화와 혁신의 노력은 목회자 자신이 지니고 있는 '교회관'(ecclesiology)의 점검과 확신에서 시작되어야 한다. 즉, 자신이 현재 목양하고 있는 교회가 '성서에서 보여준, 나아가서 성서가 가르치고 있는 교회인가' 그리고 '성서가 제시하고 있는 교회를 21세기 정보화와 산업화가 첨단을 달리는 사회에서 어떻게 구현할 수 있는가'라는 질문에 대한 답을 찾는 것으로 목회자 개인의 교회를 위한 갱신은 시작된다 할 수 있다.

목회자 개개인은 하나님께서는 당신의 창조세계에서의 마지막 희망인 예수 그리스도의 몸 된 '교회'를 21세기의 오늘날에는 어떤 모습으로 드러내기를 원하시는 가를 깊이 그리고 전혀 새로운 관점에서 숙고하여야 한다. 지역의 어떠한 대형교회도 교회가 속한 지역의 모든 영적 목양적 필요를 충족시킬 수는 없다. 목회자 각자는 수많은 지역교회 가운데서 본인이 목양하는 '우리교회'가 시대적으로 또한 지역적으로 '왜 존재하여야' 또는 '왜 필요한가' 하는가에 대한 분명한 이유를 지니고 있어야 하며 그에 대한 확신이 있어야 한다. 그래야만 가까운 지역, 심지어 한 건물 안에서 몇 개의 교회가 존재하더라도 각기 독특한 존재이유와 존재 의미를 지니고 있기에 모두가 '합력하여 선을 이루는' 교회가 될 수 있는 것이다. 따라서 교회는 건물의 크기나 소속된 성도들의 숫자가 어떠하든 그 지역에서 존재해야 할 그 교회만의 존재 이유가 있는 한 그 교회는 반드시 하나님께 필요한 교회인 것이다.

2) 목회자 개인갱신의 세 가지 영역

이러한 목회자의 교회관에서의 변화의 출발점은 해당 교회 목회지도자 개인의 전인적 갱신이 우선되어야 가능하다. 여기서 전인적 갱신이란 목회자가 자신을 포함하여 하나님과 환경을 제대로 파악하고 깨달아 새롭게 인식하는 것을 의미한다 할 수 있다. 하나님의 종으로서 목회자 자신이 현재 어디에 있는가를 아는 것(자신에 대한 이해)은 목회의 새로운 출발을 위한 중요한 과정이다. 그리고 이러한 자기이해의 첫 출발은 하나님을 제대로 아는 것에서 시작된다. 그리고 이 '자기이해'와 '하나님 이해'의 두 가지가 바탕이 되어 비로소 자신과 자신이 목양하고 있는 교회를 둘러싼 상황이 새롭게 파악되게 된다. 다음에서 목회자가 자신을 새롭게 하기 위한 세 가지 영역, 하나님, 자신 그리고 상황에 대하여 좀 더 자세하게 살펴보기로 하자.

(1) 하나님에 대한 새로운 시각

사역과 사명에 대한 새로움은 하나님과의 진정한 만남에서 시작된다.[4] 출애굽기 3장에서 모세는 광야에서 하나님을 만나게 된다. 그 만남에서

---

4) 출애굽기 3장의 모세의 부르심 부분을 참조.

모세는 상대를 모르지만 상대는 자신의 이름까지도 아는 존재와 만나게 된다(4절). 나는 상대를 모르나 상대는 나를 아는 이러한 상황은 모세로 하여금 이전까지 경험하지 못했던 신비함에 압도당함과 동시에 상대적으로 취약한 상황에 처하게 된다. 그리고 이러한 취약함을 통해 하나님을 만나는데 필요한 낮아짐과 의뢰함을 가지게 된다.

하나님께서는 개인적인 만남을 통해 당신의 비전을 사람과 나누신다 (출 3:10). 교회 역사에서 족적을 남기고 있는 대부분의 교회갱신의 경우, 목회자로 하여금 불가능한 꿈, 아니 꿈조차 꾸지 못했던 비전을 품게 만드는 원동력은 하나님의 사람이 하나님의 비전을 공유하게 되면서 시작되었다. 즉, 교회갱신의 비전은 목회자 자신의 내부로부터 오는 것이 아니라 외부, 즉 하나님의 영에 의해서 인도되어서 목회자에게 주어지는 것이다. 따라서 교회갱신은 인간의 필요에 의해서가 아니라(not humanistic), 하나님의 영으로부터 시작되는(but divine) 일이다. 이는 교회갱신을 시작하는 목회자가 출발부터 겸손히 하나님께 의뢰하며 그 결과까지도 하나님께 돌리려는 하나님의 주되심과, 하나님을 위한 것임을 잊지 않아야 하는 이유이자 교회갱신을 위한 목회자의 영적 자세이다. '불가능'(impossible)을 '가능하게'(I'm possible) 만드는 일은 그 일의 시작부터 끝까지 '나의 존재'(I'm → I am)를 떼어낼 때 이루어진다. 따라서 교회갱신의 꿈을 자신의 야망이나 계획이나 인본적인 필요가 아니라 하나님에 대한 새로운 깨달음으로 시작해가는 일은 교회갱신을 시작하는 목회자에게는 매우 중요하다.

(2) 자신에 대한 새로운 시각

i) 건강한 자기부정-겸손
하나님에 대한 새로운 깨달음은 자연적으로 목회자 자신에 대한 새로운 이해 또는 목회자 자신의 모습이나 능력 또는 자질 등에 대한 새로운 자각으로 이어지게 된다. 그리고 이러한 새로운 자각이 가져오는 공통된 개인의 반응은 자기부정으로 나타난다. 하나님을 만난 하나님의 사람들의 공통된 현상은 하나님 앞에서의 자기의 부족함과 자기의 부적절함을 깨닫는 자기부정의 반응이었다. 하나님의 부르심을 자각한 모세의 첫 번째 반응이 그러했으며(출 3:11 이하), 민족을 구원할 사사로 부름 받은 기드온의 반응이 그러했다(삿 6:11 이하). 또한 신약성서 누가복음 5장 8절에 나타난 사도 베드로의 고백 역시 그러했다.

목회지도자에게서 나타나는 삶에서의 실패의 첫 번째 징조는 '나('I')라는 단어가 모든 사역에서의 주어가 될 때부터라 할 수 있다. 목회사역의 주체가 '나'(I)가 되는 순간 하나님의 사역은 인간의 사업으로 변질되고 만다. 따라서 겸손이야말로 모든 목회자의 자기 갱신 또는 나아가서 새로운 자기 깨달음이 시작되는 덕목이라 하겠다. 이러한 겸손을 바탕으로 '오직 내 속에 거하시는 성령하나님 만이 나를 하나님께서 원하시는 방향으로 움직일 수 있는 원동력을 제공하신다'는 온전한 신뢰(믿음)야말로 목회자의 자기 정체성 이해의 중요한 방향이라 하겠다.

ii) 건강한 자기이해

건강한 교회는 담임목회자의 건강한 자기이해가 바탕이 될 때 가능해진다. 목회자가 자신의 강점과 약점, 자신의 과거와 상처를 건강하게 이해하고 수용할 때 목회자가 섬기고 돌보는 교인들의 강점과 약점, 과거와 상처를 건강하게 제대로 돌볼 수 있다.

이러한 목회자의 건강한 자기이해에 도움이 되는 대표적 방법 중의 하나는 목회자가 자기 인생을 '현재의 믿음의 눈'으로 다시 한 번 재조명해 보는 일이다. 다음에서 제시하는 풀러신학교의 리더십 교수 로버트 클린

턴의 '시간선'(時間線 Timeline)에 따른 자신의 생애분석은 목회자들이 자신을 새롭게 이해하는데 도움이 될 것이다.[5]

클린턴은 목회자가 자신의 인생에서 주어진 시기에 하나님께서 무엇을 하셨는가를 이해하는데 도움이 되게끔 자신의 삶을 다음의 여섯 단계로 구분하여 이해할 것을 제안한다: 정지(整地)단계, 인성개발단계, 사역단계, 인격 성숙단계, 수렴단계, 회상단계.

1단계-정지(整地)단계(출생~초기 성장기): 하나님께서 가정, 환경 또는 시대적 역사적 사건을 통하여 섭리적으로 역사하시는 시기이다. 이것은 개인의 출생과 함께 시작되는데 개인의 선택이 개입할 여지가 없기에 이 시기를 '섭리적'(providencial) 시기, 또는 정지(整地) 단계로 명명한다. 선택할 수 없었지만 하나님께서 가정을 통해 섭리가 있었고 그것을 믿음의 눈으로 인정하고 수용하며 그 중요성과 공헌을 깨닫는 일은 중요하다. 가정이나 자신의 과거와 화해하거나 수용하지 못하면 그 영향을 목회자가 행하는 모든 영역에 그 영향이 미친다. 이 시기에 목회자가 가정에서 경험한 부모와 가족의 돌봄과 사랑은 목회자 인성의 안정된 기본토대와 타인과의 관계를 형성하는데 바탕이 되는 안정된 신뢰감을 형성하는데 중요한 영향을 미친다.

2단계-인성개발단계(초기성장기~청소년 전기): 하나님을 포함하여 '중요한 타자'(significant others)와의 관계를 통하여 목회자는 자신의 기본적인 인성들을 형성해 간다. 이 단계에서 하나님께서는 여러 가지 시험(경험)을 통하여 목회자의 성품을 개발시키신다. 이 시기에 개인이 경건하고

5) Clinton, 「영적 지도자 만들기」, 76-82.

합당한 반응으로 응답한다면 하나님께서는 그에게 익히기를 원하는 근본적인 교훈(인성)을 갖추게 하신다. 만약 이 때 제대로 익히지 못한다면 같은 분야에 대해 다시 시험(경험)을 거치게 하신다.

3단계-사역단계(청소년 후기~청·장년기): 이 시기는 자신도 모르는 사이에 성령의 은사를 사용하는 시기이다. 이 시기에 하나님께서는 목회자에게 교회 사역을 통해 자신의 은사를 파악하게 하고 여러 종류의(긍정적이든 부정적이든...) 인간관계를 경험하게 하셔서 그리스도의 몸으로서의 교회가 무엇인가를 더 잘 이해하게 만드신다. 이 시기 역시 아직까지 기질과 성품이 개발되어가는 시기이며 하나님께서 사역을 통해 역사하시기보다는 개인의 기질이나 성품 안에서 역사하신다. 이 사실을 깨닫지 못할 경우 사람들은 결과(입시, 성적, 만남의 결과) 등으로 인하여 자신에게 실망하거나 좌절하거나 열등감을 느끼기도 한다. 이 시기는 개인이 성취한 것으로 평가받기보다는 개인의 잠재성과 기본 성품과 가치관관 인격의 바탕이 중요한 시기이다. 이 시기는 무엇보다 자기 정체성 형성과 친밀감(이성 및 동성)의 이슈가 건강하게 형성되어야 할 과제이다.

4단계-성숙단계(청·장년기~성인전기): 목회자가 자신의 사역 중에 만족을 주는 성령의 은사를 파악하고 그 것들을 사용하는 단계이다. 이 시기는 고립, 위기, 갈등 등을 통하여 목회자의 성품이 성숙해지는 시기이다. 이 단계에서 비로소 하나님에 대한 개인적 체험이 신학적으로 조금씩 정립되고 발전되어 간다. 교회 일에서의 자기만족이나 성공이나 칭찬보다 주님과의 인격적인 만남과 교통이 점점 중요한 위치를 차지한다. 이 시기에는 하나님께서 허락하시는 경험이나 현실에 대하여 긍정적이고도 적극적인 신앙적 태도로 반응하는 것이 중요하다. 이러한 사역과 관계를 통한 긍정적인 배움의 자세는 하나님과의 관계를 더욱 인격적으로 성숙하게 해주며 사역을 효과적이고도 지속적으로 할 수 있게 한다. 이 시기는 또한 가정을 이루는 시기이기에 이 또한 목회자에게 매우 중요한 경험이 된다.

5단계-수렴단계(성인전기~장년기): 하나님께서 목회자를 은사에 적합하고 사역 경험에 맞는 역할로 인도하여 그의 사역을 극대화시키는 단계이다. 목회자는 자신이 가진 최선의 것을 사역에 활용하는 때이며, 자신의 재능에 맞지 않는 사역은 하지 않아도 되는 때이다. 이 시기는 인격적 성숙과 사역의 성장이 함께 적절하게 조화를 이루는 황금기이다. 이 단계를 제대로 경험하지 못하는 이유로는 인격적인 개발이 부족하거나 소속 교회나 단체에서 그 사람에게 적합한 사역을 제공하지 않아 자신의 은사와 재능을 제대로 파악하지 못하는 경우가 있다. 이 단계에서 필요한 것은 목회자가 자신의 역량을 최대한 드러낼 수 있는 직책과 역할을 파악하고 담당하는 일이다. 이 때 목회자는 하나님의 인도를 전적으로 신뢰하고 마음에 평온을 유지하면서 지금까지 준비되고 개발된 모든 자질들을 하나님께서 사용하실 수 있도록 자신을 내어드리는 순종의 자세가 필요하다. 목회자는 자신의 삶을 긍정적으로 해석하고 하나님의 인도하심을 믿음으로 수용하며 자신을 사랑하시고 좋으신 것으로 채우시는 하나님에 대하여 올바른 자세를 지속적으로 유지할 필요가 있다.

6단계-회상(축제)단계(전기 노년기~임종): 전 생애를 통하여 이루어진 사역의 열매와 성장이 하나로 엮어져서 평가하는 시기이다. 이 시기는 직접적 영향력보다는 여러 영역(가정적으로나 교회적으로)에 걸쳐서 간접적인 영향력을 미칠 수 있는 시기이다. 전 생애를 통해 얻은 지혜와 통찰은 가정이나 교회에 긍정적으로 영향을 미친다. 이 시기의 주된 과제는 사역하며 살아온 자신의 생애를 돌아보며 하나님께 감사와 영광을 돌리며 평생을 함께하시며 돌보아 주셨던 하나님의 긍휼과 성실과 사랑을 되새기는 일이다.

(3) 상황에 대한 새로운 시각

하나님과 자신에 대한 목회자 자신의 새로운 이해는 필연적으로 자신과 교회를 둘러싼 상황에 대한 새로운 이해로 이어진다. 자신과 하나님에 대한 새로운 시각을 바탕으로 이제까지 자신의 교회와 사역을 둘러싸고 있던 상황적 요소들을 새롭게 평가하고 볼 수 있어야 한다. 이와 관련된 대표적인 성서적 예(例)가 출애굽한 이스라엘의 가데스바네아에서의 열두 정탐꾼의 서로 다른 해석에서 나타난다(민 13장).

하나님과 자신에 대한 새로운 깨달음은 현재 사역에 대한 새로운 이해로 나타나 부정적, 자기 패배적 상황이 긍정적이고도 소망적인 상황이해로 바뀌게 된다. 이러한 상황에 대한 새로운 시각은 교회 공동체 구성원들로 하여금 이전과는 다른 자세와 접근태도를 지니게 만든다. 예를 들면, 이전까지는 교회공동체에 부정적으로 비춰지던 사회경제적으로 열악한 교회 주변 환경이 오히려 긍정적인 사역의 대상과 기회로 바뀌게 되는 것이다.

2) 갱신을 위한 목회자의 준비(노력): 예측, 혁신, 탁월성

교회의 생애주기의 갱신을 통해 교회를 생동력 있게 만드는데 요구되는 목회자의 준비는 '예측'과 '혁신'과 '탁월성'이다.[6] 이에 대해 살펴보면

---

6) Shawchuck and Heuser, *Leading the Congregation*, 165-81, 양병모, 「목회상황과 리더십」,

다음과 같다.

(1) 예측능력

예측 능력이란 사회나 조직, 기관들에 속한 사람들의 새로운 관심, 추세 그리고 기회 등과 같은 징조나 신호들을 읽을 수 있는 능력 또는 미래를 읽을 수 있는 능력이라고 할 수 있다. 목회자가 성령 하나님의 인도하심에 대한 깊은 깨달음으로 교인들의 영적 관심, 추세, 경향 등을 파악할 수 있는 능력이 이에 속한다. 이러한 예측능력의 개발을 위해 목회자는 다음의 세 가지가 필요하다:

i) 목회지도자는 하나님께서 인도하시는 방향을 볼 수 있어야 한다

목회리더십의 핵심은 자신이 섬기는 교회를 향한 하나님의 뜻을 이루는 일이다. 따라서 목회자는 무엇보다 하나님의 인도하심에 대한 분별력과 깨달음이 있어야 한다. 즉, 속도보다는 방향이 제대로 되어야 한다는 것이다. 따라서 목회자는 자신에게 적합한 방식을 통한 깊이 있는 영성의 계발이 필요하다. 이때 다음의 질문이 도움이 된다: '자신이 누구이며 어디에 와 있으며, 하나님은 오늘날 나의 어디에 나의 무엇인가?'

ii) 목회자는 교회의 의사결정과정에 영적분별력을 발휘할 수 있는 능력을 길러야 한다

이를 위해 목회자는 교인들로 하여금 하나님의 인도하심에 대한 분별력을 갖도록 해야 하며, 다음과 같은 두 가지 조언이 도움이 된다:

첫째, 만약 당면한 현안이 교회의 현재와 미래에 중차대한 것일 경우,

297-300에서 재인용. 이 부분은 「목회상황과 리더십」의 내용을 목회학에 적합하게 부분적으로 수정하여 제시하였다.

투표하는 방식을 피하는 것이 좋다. 투표하기보다 하나님의 음성을 확실히 듣기위해 기도하고 잠잠히 기다리라. 투표의 결과는 항상 결과에 대해 불만족하는 사람이 있기 마련이다.

둘째, 사역에서 문제가 발견될 경우, 그 즉시 해결책을 강구하거나 의논하기보다 시간과 여유를 두라. 이는 기도할 시간을 얻고 실수를 줄이기 위함이다. 문제가 발견되거나 생긴 장소에서 즉시 해결하지 않는 것은 자칫 졸속으로 인한 실수의 위험을 줄이는 동시에 감정적인 결과로 인한 더 큰 어려움을 방지할 수 있게 한다. 따라서 시간과 장소를 달리해 문제의 해결책을 강구하고 의논하는 것이 좋다. 짧게는 10분 정도의 쉬는 시간을 가지거나 좀 더 신중해야 할 경우, 서로 간에 혹은 다른 사람과도 그 문제나 안건을 서로 말하지 않은 채 보름이나 한 달 정도의 기도시간을 갖는 것도 좋은 시도이다. 이 기간 동안, 목회자는 해당 의사결정과정에 참여하는 교인들에게 매일의 기도방향과 묵상에 필요한 성경구절, 일기쓰기 등의 하나님의 음성을 듣는 방법을 제시해주는 것이 필요하다. 그런 후에 결정을 하는 것이 좋다.

iii) 목회자는 미래에 대한 관심을 가지고 이것을 연구를 해야 한다

연구내용은 첫째, 인구통계적인 조사 결과 설명, 대표적인 사회문화적 변화 추세에 대한 자료, 미래학과 다음 세대에 대한 연구 등이다. 이러한 연구에서 가장 중요한 것은 10-20년 정도의 예측연구 자료이다. 하지만 오늘날의 급격한 변화와 변동의 추세를 감안하면 목회자는 또한 3-5년 정도의 단기 예측 자료 또한 관심을 가지고 연구할 필요가 있다.

(2) 혁신능력

혁신이란 현재 자신이 지니고 있는 것을 더 낫게 만드는 것, 기존의 자

원과 프로그램, 구조 등으로부터 새로운 것을 만들어내는 것을 말한다. 혁신이란 미래의 더 나은 장래를 위해 과거의 성공을 포기하는 것이며 죽음이 있어야 부활이 있듯이 현실의 성공을 잊어버려야 혁신이 용이하다.

목회자들이 종종 범하는 실수 중의 하나는 이전 교회의 성장기에서 효과를 봤던 방법이나 프로그램을 잊지 못하고 위기상황이나 필요한 경우 무의식적으로 과거의 방법이나 프로그램을 다시금 사용하려는 태도이다. 하지만 대부분의 경우 이러한 시도는 바라던 효과를 기대하기 어렵다. 왜냐하면 처음 그 방법이나 프로그램을 사용하였을 때와 지금은 여건, 즉 사람과 환경과 문화가 바뀌었기 때문이다. 목회자의 혁신능력 향상을 위한 방안은 다음과 같다:[7]

i) 혁신의 바탕이나 단초나 힌트들을 파악할 수 있어야 한다

이러한 것들의 예로는 다음과 같은 것들을 들 수 있다. 첫째, 목회지도자 자신이 예측하지 못한 것들, 즉 예측 못한 성공, 예측 못한 실패, 예외적인 사건들이 있다. 둘째는 계획과 프로그램이 본래 진행되어야 하는 방향과 그 일이 현실에서 또는 현장에서 실제로 진행될 때 드러난 방향의 차이가 있다. 셋째는, 사회나 그 지역사람들도 미처 예측하지 못한 변화, 즉 대대적인 감원, 부동산 경기상승 등이 있다. 마지막으로 넷째는 지역사회의 인구통계적 변화, 의식구조나, 지역사회 구성원의 변화, 지역사회의 분위기 등의 변화가 있다.

ii) 지도자는 교회의 프로그램이나 구조의 회생이 아니라 혁신에 관심을 가져야 한다

7) 양병모, 「목회상황과 리더십」, 299-300.

개선이나 회생이 아니라 혁신을 위한 방법의 대표적인 경우는 다음과 같다. 몇 번에 걸친 노력에도 기존의 프로그램이나 구조나 제도가 회생이 안 될 경우 목회지도자는 그것을 과감하고 명예롭게 그만두도록 해야 한다. 즉, 현실의 부정적 결과를 수용하는 자세가 필요하며 그리고 폐기되는 프로그램이나 제도와 관련된 인적, 시설 등의 자원들을 적극적으로 재교육하고 재구성하여 재배치해야 한다. 이때가 목회자의 목회리더십이 가장 필요할 때이다.

iii) 새로운 아이디어나 프로그램에 대한 민감성을 지녀야 한다

목회자는 교인들에게 새로운 사역개발을 적극적으로 권유하고, 적어도 일정기간 짧은 시간 내에 세 번 이상 각기 다른 사람으로부터 비슷한 내용의 이야기를 들을 경우, 목회자는 그 사람들을 모아서 함께 그 아이디어에 대해 생각을 나누어보도록 한다. 그런 후 목회자는 그 타당성을 면밀히 검토한 후 교회의 동역자인 지도자들에게 이를 심의해보도록 권고한다. 이를 위해서 도움이 되는 것은 교회 내의 자체 건의함이나 사역개발팀, 정기적 사역필요 조사가 도움이 된다.

(3) 탁월성

탁월성이란 최상의 것을 최적기에 가장 효과적인 방법으로 해내는 것을 의미한다. 탁월성에서 목회자에게 가장 필요한 능력은 우선순위의 분별능력이다. 탁월성은 또한 사역을 내일처럼 하는 자세에서 나온다. 이러한 탁월성 향상을 위해서는 다음의 방법들이 도움이 된다:[8]

---

8) Ibid., 300.

i) 일상적인 일에 익숙해지는 위험을 조심해야 한다

변화를 두려워하기 때문에 탁월성을 위해 애쓰는 것을 피하거나 너무 일이 익숙하기 때문에 탁월성에 대한 욕구가 없는 경우가 많다. 장기목회에서 오는 많은 문제가 이에 관련되어 있다. 변화를 두려워하는 자신을 솔직히 인정하고 성령의 도우심을 구하면서 아래의 제안을 실천하도록 노력하여야 한다.

ii) 아무리 사소한 사건이나 만남도 귀중하게 여기는 자세를 지닌다(골 3:23, "무슨 일을 하든지, 사람에게 하듯이 하지 말고 주님께 하듯이 진심으로 하십시오"). 그리고 목양의 본질인 관계는 그 성장이 보고 배움으로 가장 많이 성장한다(마 11:29-30, "너희는 내게 와서 배우라. 내 멍에는 쉽고 내 짐은 가벼움이니라"). 목회자의 탁월성은 교회의 탁월성의 모본을 가져온다.

iii) 계속적인 자기계발에 관심을 가지고 노력하는 사람이며 동시에 다른 사람의 제안이나 말에 귀를 기울이는 열린 사람이다. 이를 위해 목회자는 자신의 과거의 성장과정이나 상처에서 비롯된 열등감을 극복하고 건강한 자기인정과 자기 존중감을 지니도록 하여야 한다.

3. 교회공동체(회중)의 갱신

1) 갱신된 교회의 특징

우리가 교회갱신을 이야기 할 때 이러한 교회갱신의 모델 또는 갱신이 지향해야 하는 방향은 어떠한 곳이어야 하는가? 변화에 대응하고 변화를 사용하여 교회를 혁신시키는 목적은 바로 교회를 건강하게 하는 동시에 생동력을 유지하게 하기 위한 것이다. 따라서 교회가 갱신될 때 또는 교회가 갱신할 때 경험하게 되는 특징적 요소는 어떠한 것인가를 살펴보면

다음과 같다:9)

첫째, 모든 사람들이 의미 있는 사역에 참여하도록 격려하고 돕는 교회이다. 이러한 과정을 통해 교회 내의 직분이나 지위가 사역의 전부가 아님을 깨닫고 자신의 은사에 따라 의미 있는 분야에서 섬기는 교회이다.

둘째, 다양한 예배를 통해 교회의 각 구성원들의 영적인 필요와 선호도를 채우려는 교회이다.

셋째, 사역에서 지도력의 중요성과 평신도 사역의 중요성에 중점을 두는 교회이다.

넷째, 탁월하고도 현실감 있게 교회의 사역과 예배를 끊임없이 변화, 혁신시키려고 노력하는 교회이다.

다섯째, 교인간의 상호관계를 시대에 뒤떨어진 구조나 관료적인 체제 안에만 국한시키려는 유혹을 물리치는 교회이다.

2) 갱신을 위한 교회의 준비

하지만 이러한 교회갱신의 모습을 잘 알고 있더라도 교회가 갱신을 위해 극복해야 할 어려움은 한두 가지가 아니다. 이 가운데서 교회갱신을 방해하는 대표적인 어려움을 꼽는다면 그것은 바로 교회가 너무 근시안적이어서 교회건강의 필수적인 상호체계적 요소인 비전, 조직, 관계, 영성을 균형 있게 보지 못하고 눈앞에 필요한 한 가지 요소에만 집착하는 것이다.

교회갱신에는 교회의 건강한 변화에 필수요소인 비전, 조직, 관계, 영성 간의 균형있는 혁신이 요구된다. 이를 좀 더 설명하면 다음과 같다.

첫째, 목회자와 교인들이 교회가 존재하는 목적과 이유, 즉 교회의 비

---

9) 양병모, 「목회상황과 리더십」, 296.

전을 분명히 알아야 한다. 이 때 사역의 목표는 간명하면서도, 현실적이어야 하며, 수직적 수평적 영적 균형이 포함되어야 한다. 교회 안건토의의 80%가 재정과 관련된 것이다. 따라서 교회의 주된 토의 주제가 재정분야가 아닌 교회 본연의 목표/목적에 집중하는 교회가 되어야 한다.

둘째, 교회조직의 권한과 의무, 한계 등이 명확하게 규정되어야 하며, 교회의 사역 목표에 알맞게 조직이 짜여져야 한다. 그리고 반드시 공식 비공식 피드백 체계가 있어야 한다.

셋째, 성도 간의 친밀한 관계가 증진되도록 하여야 한다. 관계적 요소에서 성도 상호간의 영적 성장과 자기 가치의 실현 등을 구현할 수 있도록 질적인 관계증진에 관심 기울여야 한다.

넷째, 교회의 사역 방향과 성장을 나타내는 영적인 요소이다. 교회갱신은 결과적으로 교회공동체 구성원들의 성장과 성숙으로 나타나야 한다. 교회갱신을 위한 목회리더십은 이상에서 언급한 이러한 네 가지 영역을 균형 있게 갖추어야 한다. 따라서 다음에서는 균형있는 교회갱신의 과정에 대해 알아보자.

3) 균형 잡힌 교회갱신 과정

가야할 방향의 결정과 실행의 첫 단계는 현재 어디에 있는가를 아는 일이다. 따라서 교회갱신의 출발 역시 현재 우리교회가 어디에 있는가를 아는 일이다. 이를 위한 여러 방안들이 있지만 교회를 살아있는 조직의 관점에서 볼 때 조직의 생애주기를 파악하는 일이 도움이 된다.

(1) 교회갱신을 위한 교회 생애주기 이해

다른 사회 조직체들처럼, 교회도 생애주기를 가지고 있다. 어떤 교회는 생애주기를 지나는 동안 자신들의 생애주기를 알아 그에 적합한 쇄신방안을 배워 자신들의 생애주기를 더 늘리는 교회가 있는가 하면 그렇지 못한 경우도 있다. 그러므로 목회자는 자신이 현재 목양하고 있는 교회의 생애주기를 파악하여 그 교회의 앞날을 예측할 수 있어야 교회를 올바르게 인도하고 돌볼 수 있다.

교회생애주기 파악을 위해 본 장에서는 교회가 거치게 되는 태동과 출생기, 성장기, 성숙기, 쇠태기로 나누어 그 특성과 주요 요소를 제시하여 목회자 자신이 목양하는 교회의 현재를 파악하도록 돕고자 할 뿐 아니라 다음 단계를 예측하여 목양의 미래를 효과적으로 준비하는데 도움을 주고자 한다.

i) 태동과 출생기: 교회의 창립의 구성요소인 비전, 신앙적 기본가치, 교회존재목표 및 그 목표를 실현할 구조에 관하여 구성원들이 이것들을 공유하고 실현하고자 하는 하나님 안에서의 소명이 확고하게 정립되어야 한다.

이를 위해 첫째, 잘 정리되고 여럿이 함께 소유한 비전이 건강한 교회 창립에 필수적이다. 교회지도자는 교회가 공유할 비전을 구체적이며, 쉽게 알 수 있으며 누구나 공감하는 비전을 제시하고 그것을 전달할 수 있어야 한다. 이 과정에서 비전형성에 도움이 되는 질문 사항은 다음과 같다:

나는 어떤 그리스도인을 이상적인 그리스도인이라 생각하는가?
이 같이 내가 꿈꾸는 이상적인 그리스도인을 만들기 위해 어떤 프로그램을 준비해야 하는가?
이 같은 프로그램을 준비하고 실행하기 위해 어떤 사역팀이 필요하고 이를 어떻게 준비시켜야 하는가?

이러한 사역팀을 위해 나는 어떤 지도자가 되어야 하는가?

내가 원하는 지도자가 되기 위해 가정, 동료, 친구 등의 어떠한 도움이 필요한가?

둘째, 목회자와 개척교인들의 신앙적 기본가치와 목표가 정립되어야 한다.

신앙적 기본가치를 위해 신학적인 확신과 신앙적인 가치관들을 정리하여 지속적인 스터디와 토론을 통해 정리된 내용들을 구성원들이 공유하고 있어야 한다. 이것이 그 교회의 예배와 교회정치/행정 행태를 결정하기 때문에 매우 중요하다.

교회는 두 가지의 목표, 즉 내부적 목표와 외부적 목표가 있다. 첫째, 내부적 목표는 운영/생존을 위한 목표들로 대표적인 것이 교회교인성장 목표, 예산, 건물 등에 대한 목표가 이에 해당된다. 둘째, 외부적 목표는 교회사역의 목표로서 교회의 독특한 자기 정체성, 사역방향들, 지역사회에 대한 접근 등을 구체화한 것이다. 그런데 만약 목회자가 현재 사역하는 교회의 목표를 파악하기 어려울 경우 현재 자신이 섬기고 있는 교회의 예산, 인력, 관심 들이 어디를 향하고 있는지를 점검하면 도움이 된다.

만약 교회가 자신들의 목표가 불확실할 경우, 목회자가 목표계발을 위해 다음과 같은 방법으로 도울 수 있다. 첫째, 목표에 대해 설교/가르치고 의논할 기회를 제공하라. 둘째, 목표에 따른 우선순위를 정하라. 셋째, 목표를 구체화하라. 넷째, 목표에 따른 책임을 분담하라. 다섯째, 규칙적으로 점검하라.

태동기에서 마지막 세번째로 점검할 내용은 앞의 이러한 비전, 목표, 등을 실행할 구조를 점검하는 일이다. 교회의 구조에는 가시적(공식적) 구조와 잠재적(비공식적) 구조가 있다. 이 때 지도자는, 교회의 목표에 따른 인력과 재정과 기타 자원의 조직. 은사와 재능과 자원함으로 이루어지는 공식적 조직과 개인적인 필요와 요구에 따른 형성되는 비공식적인 조직(만남/관계)이 모두 필요함을 알고 그에 따라 지도력을 발휘해야 한다.

ii) 성장기: 교회 초기 구성원들의 열정과 신앙과 자원함으로 교회의 활력과 성장이 이루어지는 시기이다. 이 단계 교회의 지도자는 지속적으로 교회의 목표와 비전을 붙잡고 나아가며, 교우들이 서로 신뢰하며 좋은 관계를 유지하도록 도우며, 교우들의 필요와 요구를 파악하고 그것들을 충족시키려고 노력하며, 교우들에게 적절한 보상과 격려가 필요하다.

iii) 성숙기: 창립 1세대들의 비전과 목표들이 이루어지는 시기이다. 이 시기에 이르면 교회는 시간의 흐름과 구성원들의 다양성의 증가, 그리고 목회자의 교체 등으로 인해 교회가 점점 정체기에 들어서게 되는 시기이다. 교회갱신의 적기는 바로 이 시기라 할 수 있다.

iv) 쇠태기: "그 때가 좋았는데"로 대표되는 기간으로 교회가 활력과 구성원의 숫자가 감소하는 시기이다. 이 시기에 교회가 쇠락하는 여러 징조들을 교회 구성원들이 피부로 체감하는 단계이나 갱신을 위해서는 성숙기보다 더 힘든 노력이 요구된다.

이상에서 목회자가 교회갱신을 위한 준비로서 자신이 속한 신앙공동체의 생애주기를 파악하는 점을 제시하고 있다. 다음 순서는 앞의 생애주기 파악에 따른 적합한 교회갱신 실천방안을 마련하는 일이다.

(2) 교회갱신 실현을 위한 단계별 방안[10]

i) 1단계-갱신의 동기부여 단계

(i) 변화와 갱신에 대한 저항 요인 극복

이 단계는 변화의 준비성을 조성하는 동시에 변화에 대한 저항을 극복하는 단계이다. 먼저, 목회자는 현실의 문제점 지적과 불만을 적시함으로써 새로운 변화가 필요함을 느끼게 하도록 해야 한다. 이 때 현실에 대한 불만과 함께 교회의 변화에 대한 긍정적 기대감을 함께 지니도록 함으로써 의욕을 고취시킨다. 이를 위한 방안으로는 교회의 현재 문제를 노출하거나, 교회 내에 현재 상황진단팀을 만들고 교인들의 의견을 수렴한다.

변화의 동기유발 단계에서 가장 중요하게 다루어야 할 문제는 변화에 대한 저항/반대를 극복하는 것이다. 사실 대부분의 조직은 조직의 '항상성'(homeostasis)의 특성상 변화를 싫어한다. 그렇기에 변화가 필요한 시점에서도 변화를 위한 혁신을 시도하지 않거나 적절한 시기를 놓침으로 교회가 갱신을 시작할 수 없게 한다. 목회현장에서 이러한 변화를 방해하는 대표적 요인들은 다음과 같다:

첫째 요인은 무엇보다도 안일감이다. 이러한 안일감의 원천은 과거의 성공적 관행, 실제위기를 실감하지 못함, 집단이기주의로 인한 '남의 탓,' 희생 회피적 태도, 현실을 반영하지 못하는 교세나 재정의 지표들, 패쇄적이고도 권위주의적인 교회문화로 인한 피드백의 결핍이나 왜곡된 피드백, 교회의 비전 부재 등이다.

---

10) 이 부분의 더 자세한 설명은 이상욱, 「현대조직의 리더십 적용」, 408-10; Kotter, 「변화의 리더십」, 121-41도 참조하시오.

둘째 요인은 목회지도자에 대한 신뢰의 부족이다. 목회자에 대한 신뢰 없이는 갱신의 추진은 불가능하다.

셋째 요인은 현재 교회 상황에 대한 상이한 이해이다. 상황을 다르게 해석함으로 변화와 갱신의 필요성을 느끼지 못하는 경우가 이에 해당한다.

넷째 요인은 변화의 가능성에 대한 회의(懷意)와 실패에 대한 두려움이다.

다섯째 요인은 변화에 따른 자신들의 이해관계(지위나 영향력) 감소의 염려이다. 교회의 변화로 인해 자신들의 지위나 영향력이 감소하는 경우를 예상할 경우 교회의 주요 지도자들은 변화를 반대 내지는 방해한다.

여섯째 요인은 교회 본연의 가치와 이상에 대한 위협 인지의 정도 차이이다. 이에 대한 인지정도의 차이가 갱신에 대한 이견이나 반대를 불러온다.

일곱째 요인은 비용에 대한 염려이다.

(ii) 변화와 갱신에 대한 저항 극복 방안

변화에 대한 저항을 극복하기 위해서는 다음과 같은 방안을 생각해볼 수 있다:

첫째, 공감과 지원을 통해 교인들이 변화를 어떻게 경험하고 있는지를 이해하고,

둘째, 소그룹 모임을 통한 교육과 의사소통을 통해 변화의 내용과 이유를 충분히 설명하도록 해야 한다. 가능하면 변화과정의 프로그램에 직접 참여시켜서 직접 경험함으로 변화를 수용하도록 하는 방안이 좋다.

ii) 2단계–강력한 갱신추진/갱신지원 세력을 구축

갱신의 구체적 방안 모색의 두 번째 단계에서는 갱신과 변화 노력을 이끌기에 충분한 힘을 가진 집단을 구성하는 일이다. 갱신주도지원 세력 또

는 반대 세력을 파악하고, 갱신을 지원하는 평신도 지도자를 핵심 지위에 배치하며, 만약 핵심지위의 변동이 어려울 경우 핵심 지도자의 설득이 필요하다.

교회에서 변화를 위한 시도는 기존 교회 내 기존 세력 간의 균형을 위협한다. 변화에 의해 세력이 위협받는 쪽은 변화에 저항하고 방어적이 될 것이다. 반면 변화를 통해 세력을 확장하는 쪽은 변화의 필요성을 정당화하고 변화를 강력하게 추진하려고 할 것이다. 따라서 목회지도자는 이 단계에서 변화에 직접 영향을 받는 개인과 집단을 파악하여 특정 이해관계 개인이나 집단이 변화를 방해할 가능성을 최소화하고 당사자를 설득해 지원을 하도록 해야 한다.

동시에 갱신주도세력을 형성해야 한다. 이러한 주도세력은 다음과 같은 특징을 지녀야 한다. 첫째, 교회 내에서 지위적으로 영향력을 행사하는 사람이 포함되어야 한다. 둘째, 현재 위기와 관련된 전문지식과 능력이 있어야 한다. 셋째, 신뢰받는 사람이어야 한다. 넷째, 사람들로부터 인정받는 리더여야 한다. 다섯째, 협동정신(team work)을 지닌 사람이어야 한다.

iii) 3단계-비전 심기와 나눔

갱신의 세 번째 단계는 참여의 활성화를 위한 바라는 미래상태, 즉 비전을 제시하고 나누는 것이다. 지도자는 변화를 촉진하기 위해 변화의 목적과 이유, 변화를 통해 도달하게 될 바람직한 미래를 제시해야 한다. 이것이 바로 비전과 관련된 사항이다.

(i) 비전설정

비전이란 현실성 있고 믿을 만한 미래상이다. 비전은 교회변화의 설계, 실행 및 평가와 관련해 사람들에게 설득력 있는 내용을 제시하는 동시에 변화가 필요한 이유와 아울러 변화를 위한 노력을 기울일 만한 가치가 있는지에 대해 공동의 목표와 이유를 제공하는 기능을 한다.[11] 따라서 비전 설정에 있어서 목회자는 교인들이 교회에 대해 지닌 필요, 포부 그리고 꿈 등의 공통분모를 파악해야 한다. 그리고 이렇게 파악된 비전을 분명하고 구체적이며 긍정적인 말로 표현해야 한다.

비전수립 시에 주의해야 할 지침은 다음과 같다:

a) 주요 이해관계자를 참여시킨다.

b) 넓은 호소력은 지니는 주요목표를 파악한다.

c) 과거 교회에서 중요하게 여겨왔던 가치들과 관련된 요소를 파악한다.

d) 확정 전까지 지속적으로 평가하고 정교화하여 다듬는다.

(ii) 비전심기와 나눔의 핵심과제

비전의 전파와 공유 과정에서 핵심적인 과제는 목회지도자와 교인 사이의 신뢰관계와 열린 대화 자세이다. 어떠한 과제나 목표도 신앙공동체 구성원 간의 신뢰가 바탕이 되지 않으면 사상누각(沙上樓閣)과 같다.

a) 신뢰형성을 위한 첫 번째 과정은 목회자 자신의 개방이다.

자신의 가치관, 삶의 신조, 열망 등등을 주요 리더십 그룹과 나누는 일이다.

신뢰형성을 위한 두 번째 단계는 상대에 대해 민감성을 지니는 것이다.

즉, 상대의 필요, 소원, 가치관, 인생관 등을 적극적으로 듣고 적절하게 반응하는 태도이다. 이 단계에서 열린 대화가 필요한 이유는 대화를 통해 비전을 전달하는 것이 가장 효과적이며, 이 과정에서 문제점이나 개선할

---

11) 이상욱, 「현대조직의 리더십 적용」, 409.

점들을 서로 말하게 될 때 책임감을 가지는 사람들이 늘어나기 때문이다.

b) 열린 대화를 위해 도움이 되는 지침은 다음과 같다:

첫째, 비전의 초점을 흐리게 하는 의견이나 특정집단의 사람들의 의견에 치우치지 않도록 해야 한다.

둘째, 비전 전달에서 사람들이 조그만 성공들을 경험할 수 있는 단기적 목표설정이나 시험적인 프로그램이나 사역(pilot program)이 비전의 공유와 확신에 도움이 된다.

셋째, 현실적인 다른 필요들이 너무 많다고 느낄 때 정작 중요한 비전이 약화될 수 있다. 따라서 우선순위를 고수하는 것이 필요하다.

넷째, 교회 내에서 서로 간의 공동체의식, '우리의식'(we-feeling)이 필요하다. 즉, 서로의 일상적인 삶에 관심을 가지고 돌보며 공감하고 모이며 나누는 일이 도움이 된다.

iv) 4단계–비전의 실행과정

이 단계는 갱신으로 가기위해 필요한 구조와 활동계획을 수립하는 단계이다. 앞서 작성한 사명/사역선언문을 바탕으로 활동계획을 시간계획표와 함께 달성 정도를 시각화하고, 이를 실행하는데 필요한 인적, 재정적, 영적 후원과 참여계획을 마련하고 이를 점검할 체계도 마련한다. 이를 위해 목회자는 변화에 대한 상세한 계획을 작성해 성공적으로 이행하기 위한 활동들을 파악하는 동시에 변화에 동참시켜야 하는 개인과 집단을 파악하고 그들로부터 지원을 확보하기 위한 계획을 수립해야 한다. 따라서 변화를 추진하고 이행과정을 점검하고 실행하기 위한 구체적인 조직이나 팀을 만들 필요가 있다.

v) 5단계-갱신의 추진력 유지

교회 갱신과 관련해 지원의 제공을 체계화하고 조직화하며, 변화주도자에 대한 정서적, 가시적, 영적 지원체계를 갖추도록 한다. 교회 갱신을 위한 새로운 역량과 방법의 개발을 장려하며 그에 적합한 새로운 행동을 다양한 방법을 통해 강화하여 갱신의 체제가 정착되도록 한다.

이상에서 목회에서 가장 큰 관심이자 어려움의 대상인 교회갱신을 '주마간산'(走馬看山)식으로 살펴보았다. 사실 교회갱신이란 주제 하나로 한 학기 내지는 일 년 또는 박사과정 전체를 할애해도 충분하지 않을 정도로 교회갱신은 다면적인 접근과 모색방안이 필요한 영역이다. 하지만 목회학을 통하여 조금이나마 학생들이 교회갱신의 실마리라도 얻기를 바라는 마음에 오늘날 목회현장에서 가장 관심을 끄는 주제인 '교회갱신'을 살펴보았다. 바라기는 교회갱신을 대하는 우리의 마음자세가 기능적이며 방법적이기보다는 교회의 본질을 염두에 두고 주님의 몸 된 신앙공동체로서의 교회갱신을 대할 수 있기를 바란다.

참고자료

1. 단행본

강정애 외 4인. 「리더십론」. 서울: 시그마프레스, 2011.

곽안련. 「목회학」. 서울: 대한기독교서회, 1976.

교회성장연구소. 「Church Planting: 한국의 교회개척에 대한 심층 연구보고서」. 서울: 교회성장연구소, 2003.

_____. 「교회선택의 조건: 한국교회 교인 수평이동 및 교회 선택 요인에 관한 연구 보고」. 서울: 교회성장연구소, 2004.

교회성장연구소 교회경쟁력연구센터 편. 「한국교회 경쟁력 보고서」. 서울: 교회성장 연구소, 2006.

권석만. 「젊은이를 위한 인간관계의 심리학」. 서울: 학지사, 2004.

기독교윤리실천운동본부. 「2009년 한국교회의 사회적 신뢰도 여론조사 결과」. 서울: 기독교윤리실천운동, 2009.

김광웅. 「창조! 리더십」. 서울: 생각의 나무, 2009.

김현진. 「성경과 목회상담」. 서울: 솔로몬, 2007.

노재관. 「초대교회의 갈등과 성장」. 서울: 기독교문서선교회, 2015.

명성훈. 「교회개척의 원리와 전략」. 서울: 제네시스21, 1997.

박영배. 「현대조직관리」. 서울: 도서출판 청람, 2010.

박영철. 「셀 교회론」. 서울: 요단출판사, 2004.

사미자. 「종교심리학」. 서울 : 장로회신학대학교출판부, 2001.

신응섭 외 5인. 「리더십의 이론과 실제」. 서울: 학지사, 2005.

안도현. 「우울증, 죽음으로 향하는 다리」. 서울: 예영커뮤니케이션, 2003.

안희열. 「시대를 앞서 간 선교사 말콤 펜윅」. 대전: 침례신학대학교출판부, 2010.

양병모. 「목회상황과 리더십」. 대전: 침례신학대학교출판부, 2014.

양창삼. 「인간관계론」. 서울: 경문사, 2005.

오윤선. 「기독교 상담심리학의 이해」. 서울: 예영 B&P, 2007.

윤대혁. 「인간관계와 커뮤니케이션」. 서울: 탑북스, 2010.

이상욱. 「현대조직의 리더십 적용」. 서울: 시그마프레스, 2004.

이중표 외 10인, 「교회발전을 위한 인격개발」. 서울: 쿰란출판사, 1990.

전영복. 「기독교 상담의 이론과 실제」. 안양: 잠언, 1993.

정재영. 「소그룹의 사회학」. 서울: 한들출판사, 2010.

지용근 외 3인. 「인간관계론」. 서울: 박영사, 2004.

최봉기 편. 「침례교회」. 대전: 침례신학대학교출판부, 1997.

최윤식. 「2020.2040 한국교회 미래지도」. 서울: 생명의 말씀사, 2013.

침례신학대학교출판부. 「침례교회 목회 매뉴얼: 조직. 예전. 봉사」. 침례신학대학교출
　　판부, 2014.

한국기독교목회자협의회 편. 「한국기독교 분석리포트」. 서울: 도서출판 URD, 2013.

한국목회상담학회 편. 「현대목회상담학자연구」. 서울: 돌봄, 2011.

현유광. 「갈등을 넘는 목회」. 개정판. 서울: 생명의 양식, 2007.

Allender, Dan B. 「나를 찾아가는 이야기」. 김성녀 역. 서울: IVP, 2006.

Andre, Rae. *Organization Behavior: An Introduction to Your Life in Organizations.* Upper
　　Saddle River: Prentice Hall, 2008.

Augsburger, David. *Caring Enough to Confront.* Ventura, Calif.: Regal, 1981.

Baker, Robert A. *A Summary of Christian History.* Nashville, TN: Broadman Press, 1959.

Barnette, Henlee H. *Has God Called You? Nashville,* TN: Broadman, 1969.

Barnette, Henlee S. *Christian Calling and Vocation.* Grand Rapids, MI: Baker, 1965.

Barrett, Lois. 「가정교회 세우기」. 임종원 역. 서울: 미션월드 라이브러리, 2002.

Barsky, Allan Edward. 「갈등해결의 기법」. 한인영, 이용하 역. 서울: 시그마프레스,
　　2005.

Baxter, Richard. T*he Reformed Pastor.* Portland, OR: Multnomah, 1982.

Bennis, Warren and Burt Nanus. *Leaders.* New York : Harper & Row, 1985.

Benson, Lou. *Images, Heroes, and Self-Perceptions: The Struggle for Identity from
　　Mask-Wearing to Authenticity.* Englewood Cliffs, N.J.: Prentice-Hall, 1974.

Berger, Peter L. and Thomas Luckman. 「지식형성의 사회학」. 박충선 역. 서울: 홍성사,

1982.

Blackaby, Henry 외 2인. 「왜 목사가 되려 하는가, 어떻게 목회를 하려 하는가」. 임태호 역. 서울: 디모데, 2013.

Blackaby, Henry and Claude King. *Experiencing God*. Nashville, TN: Lifeway, 1990.

Bridges, Charles. *The Christian Ministry*. London: Banner of Truth, 1967.

Brister, C. W. *Pastoral Care in the Church*. 3rd ed., Rev. and Expanded. San Francisco : HarperSanFrancisco, 1992.

_____. *Caring for the Caregivers*. Nashville, TN: Broadman, 1985.

Brown, Colin, ed. *The New International Dictionary of New Testament Theology*. Vol. 3. Exeter, UK: Paternoster Press, 1975.

Buechner, Frederick. *Wishful Thinking: A Theological ABC*. New York: Harper & Row, 1973.

Burns, James M. *Leadership*. New York: Harper & Row Torchbooks, 1978.

Calvin, John. *The Epistle of Paul to Titus. In Calvin's New Testament Commentaries*. Ed. David W. Torrance. Grand Rapids: Eerdmans, 1964.

_____. *Institutes of the Christian Religion*. Translated by Henry Beveridge. Reprint. Grand Rapids, MI: Eerdmans, 1962. 2.

Campbell, Dennis. M. *Who Will Go for Us?* Nashville: Abingdon, 1994.

Capps, Donald. 「인간발달과 목회적 돌봄」. 문희경 역. 서울: 이레서원, 2001.

_____. *Reframing: A New Method in Pastoral Care*. Minneapolis, MN: Fortress, 1990.

_____. 「재구조화」. 김태형 역. 대전: 엘도론, 2013.

Chambers, Oswald. *My Utmost for His Highest: An Updated Version*. Grand Rapids, MI: Discovery House, 1992.

Chaney, Charles L. *Church Planting at the End of the Twentieth Century*. Wheaton, lla; Tyndale House, 1991.

Chapman, Gary D. 「5가지 사랑의 언어」. 장동숙, 황을호 역. 서울: 생명의 말씀사, 2010.

Clinton, J. Robert. *The Making of a Leader*. Colorado Springs, CO: Navpress, 1988.

Collins, Gary R. *Christian Counseling*. Dallas, TX: Word, 1998.

_____. 「기독교와 상담윤리」. 오윤선 역. 서울: 두란노, 1998.

_____. 「가정의 충격」. 안보헌, 황희철 역. 서울: 생명의 말씀사, 1997.

Crabb, Jr., Lawrence J. 「인간이해와 상담」. 윤종석 역. 서울: 두란노, 1993.

Criswell, W. A. *Criswell's Guidebook for Pastors*. Nashville, TN: Broadman, 1980.

Dale, Robert D. *Pastoral Leadership*. Nashville: Abingdon Press 1987.

Daman, Glenn. 「중·소형교회 성공 리더십」. 김기현, 민경식 역. 서울: 대한기독교서회, 2006.

Dargan, E. C. *Ecclesiology*. Louisville: Charles T. Dearing, 1897.

Deweese, Charles W. 편. 「21세기 속의 1 세기 신앙」. 김승진 역. 대전: 침례신학대학교 출판부, 2005.

Drucker, Peter F. *Managing the Non-Profit Organization*. New York: HarperBusiness, 1992.

Durnbaugh, Donald F. *The Believers' Church*. New York: Macmillan, 1968.

_____. 「신자들의 교회」. 최정인 역. 대전: 대장간, 2015.

Eppinger, Paul and Sybil Eppinger. *Every Minister Needs a Lover*. Grand Rapids: Baker, 1990.

Foster, Richard J. *Money, Sex, and Power: The Challenges of the Disciplined Life*. San Francisco: Harper & Row, 1985.

Frend, W. H. C. *The Donatist Church, a Movement of Protest in Roman North Africa*. Oxford: Clarendon, 1952.

Fromm, Erich. *Escape from Freedom*. New York: Rinehart and Co., 1941.

Flynn, Leslie B. *When the Saints Come Storming in* (Wheaton, IL: Victor Books, 1988)

Galvin, Kathleen M. and Cassandra Book. *Person to Person: An Introduction to Speech Communication*. 5th ed. Lincolnwood, IL.: National Textbook Company, 1994.

Gangel Kenneth O. and Samuel L. Canine. *Communication and Conflict Management*. Nashville, Tenn.: Broadman & Holman, 1992.

_____. 「교회갈등, 이렇게 해결하라」. 김윤하 역. 서울: 프리셉트, 2013.

Geisler, Norman L. *Christian Ethics: Options and Issues*. Grand Rapids: Baker Academic, 1989.

Geldbach, Erich and S. Mark Heim. "Free Church." In *The Encyclopedia of Christianity*. Vol. 2, 346-7.

Getz, Gene A. *The Measure of a Man*. Ventura, Calif.: Regal Books, 1974.

Gerkin, Charles V. 「목회적 돌봄의 개론」. 유영권 역. 서울: 은성, 1999.

Gibb, C. A. *Leadership: Psychological Aspects*. New York: MacMillan, 1974.

Gonzalez, Justo L. *The Story of Christianity*. Vol. 1. SanFranciscoL HarperCollins, 1984.

Gorman, Julie A. *Community That Is Christian*. Wheaton, IL: Victor Books, 1993.

Greenleaf, Robert K. *Servant leadership*. New York : Paulist Press, 1977.

Grenz, Stanley J. 「공동체를 향한 신학: 하나님의 비전」. 장경철 역. 서울: CUP, 2000.

_____. 「조직신학」. 신옥수 역. 고양: 크리스찬다이제스트, 2003.

Groom, Nancy. *From Bondage to Bonding*. Colorado Springs, CO: Navpress, 1991.

Guinness, Os. 「소명」. 홍병룡 역. 서울: IVP, 2009.

Harris, John C. *Stress, Power, and Ministry*. Washington, D.C.: The Alban Institute, 1977.

Harvey, Donald and Gene Williams. 「목회자 가정, 그들만의 스트레스」. 김재덕 역. 서울: 생명의말씀사, 2004.

Hateley, Barbara J. *Telling Your Story, Exploring Your Faith: Writing Your Life Story for Personal Insight and Spiritual Growth*. St. Louis: CBP Press, 1985.

Hayford, Jack. et al. *Seven Promises of a Promise Keeper*. Colorado Springs: Focus on the Family, 1994.

Hersey, Paul, et al. *Management of Organizational Behavior*. 7th ed. Upper Saddle River, NJ: Prentice Hall, 1998.

Hiltner, Seward. *Preface to Pastoral Theology*. Nashville, TN: Abingdon Press, 1958.

_____. 「목회신학원론」. 민경배 역. 서울: 대한기독교서회, 1968.

Hoge, Dean R. and Jacqueline E. Wenger. *Pastors in Transition: Why Clergy Leave Local Church Ministry*. Grand Rapids: Eerdmans, 2005.

Hodgson, Peter C. *Revisioning the Church*. Minneapolis: Fortress Press: 1988.

_____. 「교회론의 새 지평」. 박근원 역. 서울: 도서출판 진흥, 1996.

Holifield, F. Brooks. *A History of Pastoral Care in America*. Nashville: Abingdon Press, 1983.

Holmes, III, Urban T. *Spirituality for Ministry*. San Francisco: Harper & Row, 1982.

Huber, C. H. *Ethical, Legal and Professional Issues in the Practice of Marriage and*

Family Therapy. 2nd ed. New York, NY: Macmillan, 1994,

Hurding, Roger F. *The Tree of Healing.* Grand Rapids, MI: Ministry Resources Library, 1985.

Iorg, Jeff. 「성공하는 리더의 9가지 성품」. 서진영 역. 서울: 요단, 2010.

Jaeckle, Charles and William A. Clebsch. *Pastoral Care in Historical Perspective.* Englewood Cliffs, NJ: Prentice-Hall, 1964.

Jones, Ian F. *The Counsel of Heaven on Earth.* Nashville: B & H Publishing Group, 2006.

Kane, J. Herbert. *A Global View of Christian Missions.* Rev. Grand Rapids, MI: Baker, 1975.

Koocher, Gerald P. and Patricia Keith-Spiegel. *Ethics in Psychology: Professional Standards and Cases.* 2nd ed. New York: Oxford University Press, 1998.

Kotler, Philip and Alan Andreasen. *Strategic Marketing for Nonprofit Organizations.* Englewood Cliffs, NJ: Prentice-Hall, 1987.

Langford, Daniel L. *The Pastor's Family.* New York: The Haworth Pastoral Press, 1998.

Leas, Speed B. *Moving Your Church Through Conflict.* Washington D.C.: Alban Inst., 1985.

Leas, Speed and Paul Kittlaus. *Church Fight.* Philadelphia: Westminster, 1973.

Lee, Cameron. PK: *Helping Pastor's Kids Through Their Identity Crisis.* Grand Rapids: Zondervan, 1991.

Lee, Robert and Russell Galloway. *The Schizophrenic Church.* Philadelphia: Westminster, 1969.

Litchfield, Bruce and Nellie Litchfield. 「기독교 상담과 가족치료」. Vol. 5. 정동섭, 정성준 역. 고양: 예수전도단, 2007.

Love, J. Richard. *Liberating Leaders from the Superman Syndrome.* Lanham: University Press of America, 1994.

MacArthur, Jr. John et al. eds. *Rediscovering Pastoral Ministry.* Dallas: Word, 1995.

McCarty, Doran. *Leading the Small Church.* Nashville: Baptist Sunday School Board, 1991.

MacNair, Donald J. *The Practices of a Healthy Church.* Phillipsburg, NJ: P & R Publishing Company, 1999.

Madsen, Paul O. *The Small Church-Valid, Vital, Victorious*. Valley Forge, PA: Judson Press, 1975.

McIntosh, Gary L. and Samuel D. Rima. 「극복해야 할 리더십의 그림자」. 김기호 역. 서울: 두란노, 2015.

Malphurs, Aubrey. 「21세기 교회개척과 성장과정」. 홍용표 역. 서울: 예찬사, 1996.

McBeth, H. Leon. *A Sourcebook for Baptist Heritage*. Nashville: Broadman Press, 1990.

_____. 「침례교회의 역사와 유산」, 김용국 외 2인 역. 대전: 침례신학대학교출판부, 2013.

McNeill, John T. *A History of the Cure of Souls*. New York: Harper & Row, 1977.

McSwain, Larry L. and William C. Treadwell Jr. *Conflict Ministry in the Church*. Nashville, Tenn.: Broadman, 1981.

Means, James E. 「21세기에는 목회자가 변해야 교회도 변한다」. 배헌석, 김응국 역. 서울: 나침반, 1997.

Mickey, Paul A. and Ginny W. Ashmore. *Clergy Families: Is Normal Life Possible?* Grand Rapids: Zondervan, 1991.

Miller, Calvin. *The Empowered Leader: 10 Keys to Servant Leadership*. Nashville: Broadman & Holman, 1995.

Montgomery, Felix E. *Pursuing God's Call: Choosing a Vocation in Ministry* Nashville: Convention Press, 1981.

Mullins, E. Y. *The Axioms of Religion* (Philadelphia: American Baptist Publication Society, 1908.

Neighbour, Ralph W. 「셀교회 지침서」. 정진우 역. 서울: NCD, 2008

Niebuhr, H. Richard. *The Purpose of the Church and Its Ministry*. New York : Harper, 1956.

Niebuhr, H. Richard and Daniel D. Williams, eds. *The Ministry in Historical Perspectives*. New York: Harper & Brothers, 1956.

Northous, Peter G. 「리더십 이론과 실제」. 김남현 역. 서울: 경문사, 2011.

Nouwen, Henri J. M. *The Wounded Healer: Ministry in Contemporary Society*. New York: Image Books, 1979.

_____. *Life of the Beloved*. New York: Crossroad, 1992.

Noyce, Gaylord. 「목회윤리」. 박근원 역. 서울: 도서출판 진흥, 1992.

Oament, Steven. *The Age of Reform 1250-1550, an Intellectual and Religious History of Late Medieval and Reformation Europe.* New Haven: Yale, 1980.

Oates, Wayne E. *Protestant Pastoral Counseling.* Philadelphia : Westminster Press, 1962.

Oden, Thomas C. *Pastoral Theology.* San Francisco: HarperCollins, 1983.

Osborne, Cecil G. *The Art of Getting along with People* Grand Rapids, MI: Zondervan, 1980.

Parrott, Les and Leslie. 「5가지 친밀한 관계」. 서원희 역. 서울: 이레서원, 2015.

Patton, John. 「목회적 돌봄과 상황」. 장성식 역. 서울: 은성, 2000.

Payne, Earnest A. *Free Church Tradition in the Life of England.* London: SCM Press, 1944.

_____. *The Fellowship of Believers.* London: Carey Kingsgate Press, 1952.

Palmer, Donald C. *Managing Conflict Creatively.* Pasadena, Calif.: William Carey Library, 1990.

Pearce, Winston. *God Calls Me.* Nashville: Convention Press, 1960.

Pelikan, Jaroslav. *The Christian Tradition.* Chicago: University of Chicago Press, 1978. Vol. 3, 3.

Poirier, Alfred. 「교회갈등의 성경적 해결방법」. 이영란 역. 서울: 기독교문서선교회, 2010.

Rochelle, Jay C. 「디트리히 본회퍼의 목회학총론」. 김윤규 역. 서울: 한신대학교출판부, 2012.

Rothauge, Arlin J. *Sizing Up a Congregation for New Member Ministry.* New York: Seabury Professional Service, 1984.

Schaller, Lyle E. 「중형교회 컨설팅 보고서」. 임종원 옮김. 서울: 요단, 1999.

Schnase, Robert. *Ambition in Ministry: Our Spiritual Struggle with Success, Achievement, and Competition.* Nashville, TN: Abingdon, 1993.

Schwarz, Christian A. and Christoph Schalk. 「자연적 교회 성장 실행지침서」. 이준영, 오태균 공역. 서울: NCD, 2000.

Segler, Franklin M. *A Theology of Church and Ministry.* Nashville, TN: Broadman Press, 1960.

_____. *Christian Worship: Its Theology and Practice.* Nashville, TN: Broadman Press, 1967.

Shawchuck, Norman and Roger Heuser. *Leading the Congregation*. Nashville: Abingdon Press, 1993.

_____. *Managing the Congregation*. Nashville, Tenn.: Abingdon, 1996.

Shurden, Walter B. *The Baptist Identity: Four Fragile Freedom*. Macon, GA: Smyth & Helwys Publishing, 1993.

Skovholt, Thomas M. 「건강한 상담자만이 남을 도울 수 있다」. 유성경 외 3인 역. 서울: 학지사, 2003.

Snyder, Howard A. 「새 포도주는 새 부대에」. 이강천 역. 서울: 생명의 말씀사, 1981.

Stagner, Ross comp. *The Dimensions of Human Conflict*. Detroit: Wayne State University, 1967.

Stark, Rodney and Roger Finke. 「미국 종교시장에서의 승자와 패자」. 김태식 역. 서울: 서로사랑, 2009.

Stassen, Glen Harold and David P. Gushee. 「하나님의 통치와 예수 따름의 윤리」. 신광은, 박종금 역. 대전: 대장간, 2011.

Steere, David A. *Spiritual Presence in Psychotherapy: A Guide for Caregivers*. New York: Brunner/Mazel, 1997.

Stevens, Paul R. and Phil Collins. 「평신도를 세우는 목회자」. 최기숙 역. 서울: 미션월드 라이브러리, 2000.

Stogdill, Ralph M. *Handbook of Leadership: A Survey of Theory and Research*. New York: The Free Press, 1974.

Sugden, Howard F. and Warren W. Wiersbe. *When Pastors Wonder How*. Chicago: Moody, 1973.

Sweet, Leonard. 「의문을 벗고 신비 속으로」. 윤종석 역. 서울: IVF, 2007.

Teresa, Mother. *Mother Teresa: Contemplative in the Heart of the World*. Ann Arbor: MI: Servant Books, 1985.

Thurneysen, Eduard. *Die Lehre von der Seelsorge*, 6. Aufl. Zurich: Theolo, Verl., 1988.

Tripp, Paul David. 「목회, 위험한 소명」. 조계광 역. 서울: 생명의말씀사, 2013.

Viola, Frank and George Barna. 「이교에 물든 기독교」. 이남하 역. 대전: 대장간, 2011.

Volf, Miroslav. 「삼위일체와 교회」. 황은영 역. 서울: 새물결플러스, 2012.

Wagner, C. Peter. *The New Apostolic Churches*. Ventura. CA: Regal, 1998.

_____. *Church Planting for a Greater Harvest.* Ventura, CA: Regal Books, 1990.

Wagner, E. Glenn and Glen S. Martin. 「목사의 심장」. 진웅희 역. 서울: 규장, 2001.

Walton, Richard E. *Interpersonal Peacemaking, Confrontations and Third Party Consultation.* Reading, MA: Addison-Wesley, 1969.

Warren, Rick. 「새들백교회 이야기」. 김현회, 박경범 역. 서울: 디모데, 1996.

Watzlawick, Paul et al., *Change: Principles of Problem Formation and Problem Resolution.* New York: W. W. Norton, 1974.

Westin, Gunnar. *The Free Church through the Ages.* Nashville: Broadman, 1958.

White, Ruthe. 「사모가 사모에게」. 신영란 역. 서울: 나침반, 1995.

Wiersbe, Warren W. *The Integrity Crisis.* Nashville: Oliver-Nelson Books, 1988.

Wilkes, C. Gene. *Jesus On Leadership.* Nashville, Tenn: LifeWay, 1996.

Williams, Daniel Day. *The Minister and the Care of Souls.* New York: Harper & Brothers, 1961.

Wilson, Rod. 「상담과 공동체」. 김창대 역. 서울: 두란노, 1997.

Wise, Carroll A. *Pastoral Counseling: Its Theory and Practice.* New York: Harper & Brothers, 1951.

Wright, H. Norman. *How to Get along with Almost Anyone.* Dallas: Word, 1989.

Yancey, Philip. *Disappointment with God: Three Questions No One Asks Aloud.* Grand Rapids, MI: ZondervanPublishingHouse, 1992.

_____. 「교회, 나의 고민 나의 사랑」. 김동완 역. 서울: 요단출판사, 2000.

Yoder, John Howard. 「그리스도의 충만함」. 김복기 역. 대전: 대장간, 2012.

Yperen, Jim Van. 「교회 안의 갈등과 분쟁 어떻게 해결할 것인가?」. 김종근 역. 서울: 도서출판 NCD, 2003.

Yukl, Gary. 「현대조직의 리더십 이론」. 이상욱 역. 서울: 시그마프레스, 2004.

2. 에세이, 논문 및 정기간행물

권종선. "신약성서에 나타난 침례와 주의 만찬." 「침례교회예전」. 침례교신학연구소 편, 75-116. 대전: 침례신학대학교출판부, 2008.

김남수. "침례교회의 예배와 음악." 「침례교회 정체성: 역사.신학.실천」. 침례교신학연구소 편, 539-68. 대전: 침례신학대학교출판부, 2014.

김병권. "교회예전에 내장된 교회 윤리적 의미." 침례교신학연구소 편, 197-232. 「침례교회예전」. 대전: 침례신학대학교출판부, 2008.

_____. "기독교 윤리학." 「신학의 순례자를 위한 신학입문」. 침례교신학연구소 편, 339-41. 대전: 침례신학대학교 출판부, 2004.

김보경. "교단별 교회 개척 현황." 「목회와 신학」. 2008년 5월, 46-7.

김순성. "가정교회 소그룹 구조와 기능의 실천신학적 의의." 「복음과 실천신학」. Vol. 16 (2008 봄): 9-32.

_____. "Calvin의 목회원리와 실천: 송영으로서의 목회." 「복음과 실천신학」 20권 (2009. 가을호): 180-206.

김순환. "예배학." 한국복음주의실천신학회 편. 「21세기 실천신학개론」. 서울: 기독교문서선교회, 2006, 41-86.

김철수. "한국의 종교지형." 「21세기 종교사회학」. 김성근 외 9인. 서울: 다산출판사, 2013, 329-30.

김태복. "한국교회의 오염원, 신학교." 「월간목회」, 8월호 (1993), 50-9.

김한옥. "목회학." 『복음주의 실천신학개론』. 한국복음주의실천신학회편, 172. 서울: 세복, 1999.

_____. "한국교회 초기 부흥운동에 대한 목회학적 이해." 「성경과 신학」, 44권 (2007): 84-91.

남병두. "서론: 교회예전에 관한 역사적 고찰과 교회회복에 대한 전망." 「침례교회예전」. 침례교신학연구소 편, 13-45. 대전: 침례신학대학교출판부, 2008.

노용찬. "목회자 자녀들은 언제 상처받는가." 「목회와 신학」, 1999, 5월, 68-73.

박관희. "개척교회의 자립주기와 그 특성 연구." 「한국기독교신학논총」. Vol. 76 (2011, 7월): 325-40.

박광철. "목회인가, 가정인가." 「목회와 신학」. 1999년 5월, 51-5.

박봉배. "전통문화와 한국 목회자들의 윤리의식." 「목회와 신학」, 5월호 1993, 51-3.

박영철. 김현철, 홍순석 진행. "개척교회의 공동체성 만들기." 목회와 신학 편집부 편, 91-101, 「교회개척」. 서울: 두란노아카데미, 2010.

박창현. "한국교회의 개척방식의 문제점과 그 대안." 교회성장연구소, 153-4. 「Church Plating」. 서울: 교회성장연구소, 2003.

배태훈. "교회 개척목회자가 들려주는 교회개척 10계명." 목회와 신학 편집부 편, 210-22. 「교회개척」. 서울: 두란노 아카데미, 2010.

손봉호. "한국 교회의 목회자 윤리, 무엇이 문제인가." 「목회와 신학」, 5월호 1993, 41.

송기정. "목회자 자녀들이 경험하는 어려움에 대한 돌봄." 「가족과 상담」. Vol. 6, no. 1. 2016: 43-59.

신현광. "목회자의 자질." 한국복음주의실천신학회 편, 121-41. 「복음주의 목회학」. 서울: 기독교문서선교회, 2009.

안석모. "가정의 이미지가 문제다." 「목회와 신학」. 1999년 5월, 56-9.

양병모. "웨인 오우츠." 한국목회상담학회 편, 89-119. 「현대목회상담학자연구」. 서울: 돌봄, 2011.

_____. "지역교회갈등의 해결방안 및 제안." 「복음과 실천」. Vol. 39 (2007 봄): 411-6.

_____. "교회갈등의 주요 원인과 특성." 「복음과 실천」. Vol. 37 (2006 봄): 326-31.

_____. "목회상담자의 자기이해에서의 인간됨(Personhood)과 신학(Theology)." 「한국기독교상담학회지」. Vol. 11 (2006): 123-44.

_____. "목회탈진: 그 주요원인의 분석과 결과에 관한 소고." 「복음과 실천」. 35권. 2005 봄: 319-48

양현표. "한국교회 현실과 교회개척 패러다임의 전환." 한국복음주의실천신학회편, 43-55. 「제 30회 정기학술대회자료집」(2015, 11월).

윤승용. "한국 종교의 30년간 변화와 종교사적 과제." 「한국인의 종교」. 한국갤럽조사연구소 편. 서울: 한국갤럽조사연구소, 2015, 134

원호택. "권위주의와 물량주의를 극복하는 신행일치의 삶을 살자." 「목회와 신학」. 10월호 1992년, 28.

이경준, 이성희. "나의 가정사역을 공개한다." 「목회와 신학」. 1999년 5월, 96-100.

이관직. "목회상담의 정체성." 안석모 외 7인, 15-38. 「목회상담 이론입문」. 서울: 학지사, 2009.

이문장. "목회자의 가정, 어떻게 보아야 하는가?". 「목회와 신학」. 1999년 5월, 42-50.

이신철. "회심자 중심의 교회개척." 「개혁신학과 교회」. Vol. 12 (2002): 245-64.

이원규, "21세기의 한국교회의 변화와 수평이동 현상." 「교회선택의 조건: 한국교회 교인 수평이동 및 교회 선택 요인에 관한 연구보고」. 교회성장연구소, 137-64.

서울: 교회성장연구소, 2004.

이재훈. "한국 목회상담의 새로운 전망." 기독교사상 편집부 편, 56-69. 「한국교회를 위한 목회상담학」 서울: 대한기독교서회, 1997.

이중표. "위대한 목회자." 이중표 외 10인, 7-20. 「교회발전을 위한 인격개발」. 서울: 쿰란출판사, 1990.

이희철. "안톤 보이슨." 한국목회상담학회 편, 33-63. 「현대목회상담학자연구」. 서울: 돌봄, 2011.

최승호. "교단별 교회 개척 정책에 대한 평가 및 제언." 「목회와 신학」. 2008년 4월, 85-9.

한국갤럽조사연구소. 「한국인의 종교」. 서울: 한국갤럽조사연구소, 2015.

한만오. "건강한 미래형 소그룹 사역을 위한 효과적인 전략." 「복음과 실천신학」. Vol.16 (2008 봄): 33-67.

한평옥. "선교 1 세기를 맞는 한국 교회의 전망." 「교회문제연구」. 5권 (9월 1986): 31.

현유광. "한국 신학교육 이대로 좋은가?: 실천신학 커리큘럼과 교육방법을 중심으로." 「성경과 신학」. 40권 (2006): 132.

Arkel, Jan T de Jongh van. "Recent Movements in Pastoral Theology." *Religion & Theology*. Vol. 7. No. 2 (2000): 144.

Bagby, Daniel G. "Pastoral Counseling in a Parish Context." *Review and Expositor*. Vol. 94 (1997): 568.

Bainton, Roland H. "The Ministry in the Middle Ages." In *The Ministry in Historical Perspectives*. Ed. Richard Niebuhr and Daniel D. Williams. New York: Harper, 1956, 82-109.

Beatty, Richard W. and David O. Ulrich. "Re-engineering the Mature Organization." In *Managing Change*. Ed. Todd D. Jick. Homewood, IL: Richard D. Irwin, 1993.

Beck, Rosalie. "교회는 그리스도의 주님되심 아래에서 자유롭게 자체적인 결정을 할 수 있다." In Charles W. Deweese 편, 227. 「21세기 속의 1세기 신앙」. 김승진 역. 대전: 침례신학대학교출판부, 2005.

Bennett, G. Willis. "Ministry as Profession and Calling." *Review & Expositor*. Vol. 70, (Winter 1973): 6.

Bishop, Leigh C. "Healing in the Koinonia: Therapeutic Dynamics of Church Community." *Journal of Psychology and Theology.* Vol. 13, no. 1 (1985): 12-30.

Booth, Glenn. "Picking Up the Pieces after Conflict." *Church Administration* 39 (November 1996), 16-7.

Brackney, William H. "자원주의는 침례교 신앙전통의 핵심요소다." In Charles W. Deweese 편, 150. 「21세기 속의 1세기 신앙」. 김승진 역. 대전: 침례신학대학교출판부, 2005.

Carter, John D. "Maturity." In *Wholeness and Holiness.* Ed. H. Newton Malony. Grand Rapids, MI: Baku Book House, 1983, 184-8,

Chung, Byung Kwan. "Socio-Structural Consciousness and Church Growth in Korea." Th.M. Thesis, Fuller Theological Seminary, 1989.

Dunn, James M. "종교의 자유과 교회/국가의 분리는 떼려야 뗄 수 없는 것이다." In Charles W. Deweese 편, 128-9. 「21세기 속의 1세기 신앙」. 김승진 역. 대전: 침례신학대학교출판부, 2005.

Estep, Jr., William R. "국교반대주의(Nonconformity)의 사상이 침례교인들의 양심에 스며들어 있다." In Charles W. Deweese 편, 138. 「21세기 속의 1세기 신앙」. 김승진 역. 대전: 침례신학대학교출판부, 2005.

George, James M. "The Call to Pastoral Ministry." *Rediscovering Pastoral Ministry.* Ed. John MacArthur, Jr. Dallas, TX: Word, 1995, 102.

Hay, Aubrey D. "Conflict: Early Warning Signs." *Church Administration* 39 (November 1996), 8-9.

Hewett, John. "Ministerial Ethics." *Formation for Christian Ministry.* Eds. Anne Davis and Wade Rowarr, Jr. Louisville: Review and Expositor, 1988. 133-44.

Hinson, E. Glen. "The Church and Its Ministry." In *Formation for Christian Ministry*, eds. Anne Davis and Wade Rowatt, Jr., 15-28. Louisville, KY: Review and Expositor, 1988,

_____. "One Baptist's Dream." In *Southern Baptists & American Evangelicals.* Ed. Daivd S. Dockery, 212-5. Nashville, TN: Broadman & Holman Publishers, 1993.

House, Robert J. "A Path-Goal Theory of Leader Effectiveness." *Administrative Science Quarterly.* Vol. 16. No. 2 (1971): 321-9.

Jeffries, Jeanette. "Grow through Positive Management of Conflict and Criticism." *Church Media* 12 (Summer 1997), 15.

Jernigan, Homer. "Pastoral Counseling and the Identity of the Pastor." *Journal of Pastoral Care.* Vol. 15 (Winter 1961): 197.

Jones, A. "Spiritual Direction and Pastoral Care." *Dictionary of Pastoral Care and Counseling,* 1213-5.

Kihl, Young Whan. "The Legacy of Confucian Culture and South Korean Politics and Economics: An Interpretation." *Korean Journal* 34 (Autumn 1994): 45

Kim, Andrew E. "A History of Christianity in Korea: from Its Troubled Beginning to Its Contemporary Success." *Korea Journal.* Vol. 35 (Summer 1995): 34.

Kim, Andrew Woonki. "Protestant Chrisitianity in South Korea: A Historical Sociology of Its Cultural Reception and Social Impact, 1910-1989." Ph.D. diss., University of Toronto, 1996.

Kim, Kwang-Ok. "The Communal Ideology and Its Reality: With Reference to the Emergence of Neo-Tribalism." *Korean Journal* 38 (Autumn 1998): 19-37.

Kitchener, Karen S. "Intuition Critical Evaluation and Ethical Principles: The Foundation for Ethical Decisions in Counseling Psychology." *The Counseling Psychologist.* Vol. 12 (1984): 43-54.

Knox, John. "The Ministry in the Primitive Church." In *The Ministry in Historical Perspectives.* Edited by Richard Niebuhr and Daniel D. Williams, 1-26. New York: Harper, 1956.

Kraybill, Ronald S. "Handling Holy Wars." *Leadership* 7 (Fall 1986): 32.

Leas, Speed. "Inside Church Fight." Interviewed by Marshall Shelley and Kevin Miller. *Leadership* 10 (Winter 1989): 15.

Lightfoot, Joseph B. "The Christian Ministry." In *Saint Paul's Epistle to the Philippians.* Reprint. Grand Rapids: Zondervan, 1953, 196-201

Lim, D. S. "Evangelism in the Early Church." In *Dictionary of the Later New Testament & Its Developments,* 353-9.

MacArthur, Jr., John. "The Character of a Pastor." In John MacArthur, Jr. et al. eds. *Rediscovering Pastoral Ministry.* Dallas: Word, 1995, 87-101.

McBeth, H. Leon. "하나님은 영혼의 유능성과 모든 신자들의 제사장 직분의 원리를 주셨다." In Charles W. Deweese 편, 「21세기 속의 1세기 신앙」. 김승진 역, 108. 대전: 침례신학대학교출판부, 2005.

Mohler, Jr.,R. Albert. "A Call for Baptist Evangelicals & Evangelical Baptists: Communities of Faith and A Common Quest for Identity." In *Southern Baptists & American Evangelicals*. Ed. Daivd S. Dockery, 227. Nashville, TN: Broadman & Holman Publishers, 1993.

Mullins, E. Y. *The Axioms of Religion*. Philadelphia: American Baptist Publication Society, 1908.

Pak, Stephen Sikyong. "Adapting traditional Korean Leadership Models for Church Renewal." Th.M. Thesis, Fuller Theological Seminary, 1988.

Paek, Sang-Chang. "Modernization and Psychopathology in Korea." *Korea Journal* 30 (August 1990): 29.

Park, Keun-Won. "Evangelism and Mission in Korea: A reflection from an Ecumenical Perspective." *International Review of Mission*. Vol. 74, no. 293 (January 1985): 55.

Patton, John. "Pastoral Counseling." *Dictionary of Pastoral Care and Counseling*.

Polhill, John. "Toward a Biblical View of Call." *Preparing for Christian Ministry*. Eds. David P. Gushee and Walter C. Jackson. Wheaton, IL: Victor Books, 1996, 69.

Schaller, Lyle E. "Foreword." In Speed Leas. *Leadership & Conflict*. Nashville: Abingdon, 1982.

Smith, June A. "Parishioner Attitudes Toward the Divorced/Separated: Awareness Seminars As Counseling Interventions." *Counseling and Values*. Vol. 45, no. 1. October 2000: 17.

Son, Bong-Ho. "Some Dangers of Rapid Growth." In *Korean Church Growth Explosion*, ed. Bong-Rin Ro and Marlin L. Nelson, 335. Seoul, Koea: Word of Life, 1983.

Stagg, Frank. "Understanding Call to Ministry." In *Formation for Christian Ministry*, eds. Anne Davis and Wade Rowatt, Jr. Louisville, KY: Review and Expositor, Southern Baptist Theological Seminary, 1988, 31.

Stagg, Paul L. "An Interpretation of Christian Stewardship." In *What is the Church?* Ed. Duke K. McCall. Nashville, TN: Broadman, 1958, 148-63.

Stitzinger, James F. "Pastoral Ministry in History." John MacArthur, Jr. et al. eds., 34-63. *Rediscovering Pastoral Ministry*. Dallas: Word, 1995.

Thurneysen, Eduard. *Die Lehre von der Seelsorge*. 6, Aufl. (Zurich: Theolo, Verl., 1988), 9.

Wagner, C. Peter. *The New Apostolic Churches*. Ventura. CA: Regal, 1998.

Yarbrough, Slayden A. "선두와 중앙에 서야 할 사람들은 평신도들이다." In Charles

W. Deweese 편, 287. 「21세기 속의 1세기 신앙」. 김승진 역. 대전: 침례신학대학교출판부, 2005.

3. 기타 자료

Geldbach, Erich and S. Mark Heim. "Free Church." In *The Encyclopedia of Christianity*. Vol. 2.

http://www.yonhapnews.co.kr/bulletin/2015/02/12/0200000000AKR20150212066100005. HTML?input=1195m. [온라인 자료]. 2015년 2월 12일 접속.

http://www.yonhapnews.co.kr/bulletin/2015/02/12/0200000000AKR20150212066100005. HTML?input=1195m. [온라인 자료]. 2015년 2월 12일 접속.

http://ko.mythology.wikia.com/wiki/%EB%B0%94%EC%98%A4%EB%A1%9C%ED%8C%8C?oldid=97015.' [온라인 자료]. 2015년 3월 13일 접속.

http://www.pckworld.com/news/articleView.html?idxno=59514. [온라인 자료]. 2015년 8월 31일 접속.

http://www.pckworld.com/news/articleView.html?idxno=59514. [온라인자료]. 2015년 8월 31일 접속.

"[개척교회 '2012 新풍속도] 카페·식당… 개척교회는 변신 중." 「국민일보」 인터넷판. http://news.kmib.co.kr/article/view.asp?arcid=0006355414&code=23111211, [온라인 자료]. 2015년 11월 14일 접속.

[네이버 지식백과]. "카타리파." [온라인 자료]. 2015년 3월 13일 접속.

[네이버 지식백과]. "Albigenses." [온라인 자료]. 2015년 3월 13일 접속.

[네이버 지식백과]. "왈도파." [온라인 자료]. 2013년 3월 13일 접속.

「한국일보 인터넷판」. http://www.hankookilbo.com/v/13193c545cdb4d439b1bfd3ad5056c32. [온라인 자료]. 2016년 1월 1일 접속.

「한국일보 인터넷판」. http://www.hankookilbo.com/v/13193c545cdb4d439b1bfd3ad056c32. [온라인 자료]. 2016년 1월 1일 접속.

이제 지체는 많으나 몸은 하나라
눈이 손더러 내가 너를 쓸 데가 없다 하거나 또한 머리가 발더러 내가 너를 쓸 데가
없다 하지 못하리라
그뿐 아니라 더 약하게 보이는 몸의 지체가 도리어 요긴하고
우리가 몸의 덜 귀히 여기는 그것들을 더욱 귀한 것들로 입혀 주며 우리의 아름답지
못한 지체는 더욱 아름다운 것을 얻느니라 그런즉
우리의 아름다운 지체는 그럴 필요가 없느니라 오직 하나님이 몸을 고르게 하여 부족한
지체에게 귀중함을 더하사
몸 가운데서 분쟁이 없고 오직 여러 지체가 서로 같이 돌보게 하셨느니라
만일 한 지체가 고통을 받으면 모든 지체가 함께 고통을 받고 한 지체가 영광을 얻으면
모든 지체가 함께 즐거워하느니라
너희는 그리스도의 몸이요 지체의 각 부분이라

고린도전서 12장 20-27절

유기적 신앙공동체를 위한 목회학(개정판)

초판 1쇄 인쇄 2024년 03월 08일
초판 1쇄 발행 2024년 03월 15일
지은이 양병모

펴낸이 손용순
펴낸곳 엠씨아이(MCI)
출판등록 제2019-000031호
주소 대전광역시 유성구 은구비로 2 4층 (지족동)
전화 070) 4064-8014
팩스 0504) 345-8014
홈페이지 www.mcinstitute.co.kr
이메일 mci-0520@naver.com

ISBN 979-11-963169-5-2(93230)